U0136543

館長序

　　生於斯、長於斯，鄉土是人們情感依歸所在，解嚴後隨著本土意識抬頭，對鄉土地名尋根探源逐漸蔚為風潮。地名，是人們對熟悉的地方所約定成俗的代名詞，是空間與記憶的交匯所，不僅在日常生活上提供定位功能，更可見證先民開墾的足跡，或宗族聚落、鄉土情懷等歷史發展的軌跡，向來被視為研究鄉土史及臺灣史重要參考史料。

　　國史館臺灣文獻館長期致力於臺灣文獻史料的蒐集、整理、研究及展示，有鑑於臺灣歷經荷西、明鄭、清領、日治、民國等不同時期，地名的起源及其演化過程隨著時代變遷與行政區域的更迭，漸為世人所忽視而淡忘，新舊地名間產生斷層，若能及時建立地名基本資料，將有助於後世子孫對臺灣歷史文化源流的認識與瞭解。故臺灣文獻館先後於民國47年出版《蘭嶼入我版圖之沿革》、48年《臺灣地名手冊》、58年間出版《臺灣堡圖集》；另67年間從事地名沿革調查，出版「臺灣舊地名沿革」三冊，詳述臺北市、基隆市等縣市舊地名沿革。但有關臺灣地區全面性地名研究之專書仍甚為匱乏，因此於民國83年再度研訂「臺灣地名普查計畫」，針對臺灣地區作有系統之全面普查，首先擇定臺中市為試辦市，以建立普查模式，後為求計畫更臻完善且囿於人力、經費之限制，於84年起便委託臺灣師範大學地理系施教授添福所領導之團隊進行研究，研究團隊透過田野調查方式所獲得實證資料，較過往純以文獻探討取得更具參考價值。執行迄今完成基隆市等16縣市之地名普查並出版地名辭書，成果豐碩。

　　今（97）年適逢臺灣文獻館建館60週年，長期投注於臺灣地名研究之堅持，始終不因機關改制而有所改變，文獻館為分享研究成果並帶動「地名」學術研究之風氣，特邀請中央研究院臺灣史研究所與國立臺灣師範大學地理系共同合辦「臺灣地名研究成果學術研討會」。

　　本次研討會除安排實際參與地名普查計畫之研究團隊如花蓮教育大學鄉土文化系康培德教授、黃雯娟助理教授、台東大學區域所李玉芬教授、社會科教育學系廖秋娥副教授、臺灣師範大學地理系陳國川教授、吳進喜副教授、高雄師範大學地理系吳育臻副教授、許淑娟副教授、黃瓊慧博士生及本館劉組長澤民等，或以地名研究的回顧與展望、臺灣地名辭書的產生過程、地名調查研究法、臺灣的同名地名研究、臺灣日式地名的時空分布與意涵、臺灣「番」與「社」字地名的空間分布特性與意涵、馬來西亞柔佛笨珍縣文律區的聚落特色與地名、由地名系統建構楠梓仙溪中游的區域特色、臺灣市街「町」名之探討等議題，分別以論文方式，從不同層面切入研究臺灣地名之心得，並特別邀請專研臺灣地名之洪敏麟教授，以「臺灣地名之多樣性與稀有地名之探討」為題作專論報告。二天的研討會，反應熱烈，參與人數之眾，遠超預期，原場地座無虛席不得不增闢第二視訊會場，在在顯示民眾對於臺灣在地歷史文化內涵之重視。

　　本次研討會得以圓滿成功，感謝各場次主持人、論文發表人的熱誠參與，及中央研究院臺灣史研究所的經費支援。為分享研討會成果，特將審查修正之論文彙編出版，茲付梓在即，謹綴數語，略述緣起及其意義，以為序。

國史館臺灣文獻館 館長　謝嘉梁　謹識

臺灣地名研究成果學術研討會論文集
目錄

【專題報告】
臺灣地名之多樣性與稀有地名之探討

洪敏麟[*]

前言

　　臺灣之有地名是由先住民的平埔、山地族開始，然後大量的漢族之移民渡台，在平埔族生活圈中，創造了壓倒性的聚落群，各以其命名習慣，產生了大量的河洛、客族式地名，並以漢字將先住聚落，譯音末加「社」字，以與漢族部落區別之；在大航海時代的開始，首有荷蘭，接著西班牙之入據，對平埔族的聚落，多依原名，採羅馬字拼音，除山河岬角，海灣政廳、城堡外，殊少有荷、西式地名之出現；鄭氏之入台，主行政區名及屯田地之命名，多政教及軍隊編制之營、鎮、協、班名為地名。清朝之領台，除了府、縣、廳名外，聚落悉由民間命名，最具政教性的地名，便是嘉義和彰化。

　　日人之治台多沿原有聚落名，西元 1920 年（大正 9），將鄉鎮級地名簡化成二字外，新創「台中」一詞，並將「打狗」改「高雄」，「艋舺」改「萬華」，俱依原台讀音改以吉祥日讀近似音漢字，至於純日式地名，即出現在花蓮、台東為主的日本農人移民村，在市街則移日式「町名」。戰後是臺灣地名的空前大改變時代，其主要在村里級地名及山地鄉，多以四維八德，三民主義，及復興建國之字句為主，至於都市街道名，則輸入中國各省大都市名為主。

　　臺灣之地名除了上述命名者命名習慣及意識、語詞、讀音之多樣性外，受地域別之自然景觀與人文發展之差異影響鉅大。

一、先住民之聚落名

（一）平埔族社名

　　臺灣的平地，原為平埔族生棲的領域，山地即今稱山胞之分佈地，其聚落漢移民慣稱「蕃社」、「社寮」，初期在近社之漢人聚落即多稱「社頭」、「社口」、「社尾」以其相對位置為地名。平埔族聚落曾經以漢字音譯之，例如 Syekkau→錫口，Pourompon→大龍峒，Tausa-Talackey→大里杙。

　　因平埔族的語言，幾成死語，且其原聚落多已為漢族替代，有的改稱舊社、社仔，而失去原稱，就是保留原譯音漢字地名，亦不知其意義。

---

[*]私立東海大學副教授

（二）高山族聚落名

高山族之聚落名雖改為漢字地名，然當地人仍使用山地語之地名於日常生活中。綜觀其命名，多以地形、草木、英雄故事、狩獵、頭目名等相關。例如：地貌相關地名，有泰雅族之 Urai→烏來（溫泉），Kusiya-aran→阿冷（水邊），Kayo→佳陽（凹地）。排灣族之 Makazayazdya→馬可查牙查（傾斜地下方），卑南族之 Teborn→知本（崖），布農族之 Naniakaban→羅娜（平坦沃地）。

以草木為聚落名有：泰雅族 Raho→納哮（森林），Saramao→薩拉矛（茅草密生地）；布農族之 Ranarun→人倫（山椒）；阿美族之 Kuvitsu→奇密（蟹草），Oarippu→烏雅（鶴岡，豆名）；雅美族之 Iwaruginu→東清、伊瓦根努（草名）。

有關人名有泰雅族之 Buta→武塔（祖先名）；鄒族之 Tappan→達班（創社人）。

二、漢族移民之聚落創名

（一）閩粵移民之地名慣用詞

臺灣之早期漢族移民，概來自對岸閩之漳、泉、汀、粵嶺東之嘉應、潮、惠，其語言同屬上古、中古之古漢語。因其歷史的遭遇先後南遷而聚居，語音與語彙之差異呈現在地名上。其語詞有差異，亦有相似的。

（二）慣用地名用詞差異實例

河洛與客，於地名慣用詞多數是相吻的，但大同中有小異，為追溯命名的依據，必須加予消化。

河洛用詞	客族用詞
嶺：草嶺	崠：李崠山
山：大虎山	面：金山面
垺：大板垺	壢：中壢
坪：坪頂	崗：伯公崗
窟：大水窟	窩：竹窩仔
厝：林厝	屋：宋屋
塊：三塊厝	座：三座屋
舊：舊街仔	老：老田寮
圭柔：圭柔腳	雞油：雞油崠
腳：茄苳腳	下：崁下
頂：頂厝	上：上公館
後：後壁寮	背：大山背
濁：濁水	汶：汶水

三、外來統治者之創改地名

臺灣從西元 1624 年至 1996 年之 372 年間，輪番爲外來統治者掌控。其對臺灣地名影響可觀。

（一）荷蘭

荷人統治期間，將母國之地名移殖臺灣，如將荷蘭北部之州名移至安平之城堡，名作 Zeelandia，把其聯合 7 州名 Provintia，移殖於今台南市民權路，把臺灣本島極北端命名爲「岬」之荷語 Hoek（富貴角）。但多數平埔聚落名，則忠於原名之羅馬字拚音地名。如 Mattau（麻豆），Tavocan（大目降），Sarram（新港），Bakloan（目加溜灣），Soelangh（蕭壠）皆然。

（二）西班牙

西班牙人於 1626 年佔據北部臺灣，稱基隆爲 Santisima Trinidad，和平島爲 Sann Salvador，淡水爲 Casidor，淡水河爲 Ki-Amazon。

（三）鄭氏

從 1661 年至 1683 年的 30 餘年統治臺灣，這是漢族大量移民臺灣的開始，除了屯田相關的地名外，反清復明、政教性的地名爲最大特色，例如「承天」府名，「天興」、「萬年」州縣名，東寧以及「永康」、「歸仁」、「南化」、「善化」、「新化」、「仁德」、「佳里」、「武定」等。

（四）清代領台

西元 1683 年至 1895 年凡 212 年臺灣聚落大量產生，官方命名者多屬堡名，臺灣成爲正式之府名，因此衍生出臺北、臺南、台東縣州名，其具政教意義之行政區名，即有嘉義、彰化兩縣名。

（五）日治

西元 1895 年至 1945 年，半世紀，在市、街（部份）中移殖部份日式町名外，創州廳名「臺中」。從西元 1906 年起至 1935 年間，在台東、花蓮出現多處日本農民移民村，採用初鹿、樟原、長濱、瑞穗、舞鶴、鶴岡、豐濱、竹田等純日式地名。他地亦有將「湳仔」改爲「名間」，「茄苳腳」改作「花壇」，「艋舺」改爲「萬華」，「打狗」改作「高雄」等，俱以台語讀音更換，以日訓漢字音讀之諧音字爲之。

　　然日治時期最具規模的地名改革是 1920 年（大正 9）地方制度改正，將 100 多街庄名，原三個字地名悉數改作二個字。例如水返腳→汐止，冬瓜山→冬山，鶯歌石→鶯歌，鹹菜甕→關西，三叉河→三叉，潭仔墘→潭子，草鞋墩→草屯，二八水→二水，水燦林→水林，義竹圍→義竹，關帝廟→關廟，阿里港→里港，林仔邊→林邊等。

（六）戰後

　　西元 1945 年至民選總統之 1996 年的約半世紀間，原不設街庄之「蕃地」多依四維八德或光復、大同、復興等作為鄉名，原街庄經更改為新鄉鎮名達 26 處，增設新命名鄉鎮名 39 處，計達 65 處。

　　例如山地鄉之復興、和平、仁愛、信義、三民、大同；鄉鎮名之鷺洲→蘆洲，八塊→八德、舊港→竹北，海口→台西，小梅→梅山，番社→東山，火燒島→綠島，新社→豐濱，大嶼→七美。

　　戰後最大規模之地名更改為原大小字地名，即村里級地名 1,892 處，即原地名 2,990 處，有 83.3%，被更改。如金山面→金山，朴子口→朴子，軍功寮→軍工，八斗子→八斗，丘厝子→丘厝等。以上經改或增設地名多達 3,055 處，可說是臺灣傳統地名空前的大更改。

　　以上不包括都市中之街道名。其街道名普遍主要街道路為「中正」、「中山」、「民權」、「民族」、「民生」外，將中國大陸省市名大量搬到臺灣街市道路及村里名來，宛如南朝之「僑置郡縣」。

四、多樣自然、人文環境與地名的區域特性

（一）地貌

　　臺灣島雖僅 3.6 平方公里，地形複雜，有過 3,000 公尺之連峰，冰河雕蝕之冰窖，槽形谷，峽縱谷，斷崖絕壁，平直沙岸潟湖，隆起海岸平台，隆起珊瑚礁，盆地與海岸平原，錯落之台地丘陵。

　　這樣豐富的地形內涵，對漢人移民是新鮮的，所以成為聚落命名的敏銳的資材。例如尖、嶺、崠、巖、崁、坪、墩、台、崙、湖、洋、埔、角、鼻、澳、線、汕、傘等。

　　仔細觀察這些地形在分佈上，有其區域性。

　1.汕、傘、線、塭等地形詞多在濁水溪以南之西部隆起海岸、灣、澳、岬，即多在東北鋸齒形沈降海岸及北方澳至烏石鼻間。

　2.坪、崁、觸、湖、崎、隘等地形用詞概在西部平原與台地地形接觸地帶，例如赤崁、崁頭厝、大崁腳、崁頂、坪頂、阿母坪、坪林；近平原的高低交接處的崎頭、赤水崎、崎頂、牛屎腳；二高地緊接處的觸口、牛相觸；山間盆地的內湖、大湖、四湖、湖仔內；近平原連綿的山嶺的草領、關仔嶺、嶺頂、嶺腳、牛稠嶺；

又西部麓山地帶有以「隘」為地名通詞之地。例如：隘寮、隘口、隘丁嶺、隘門等。

（二）氣候

臺灣南北所跨緯度雖然不大，但在氣候上卻表現初差異性。東南部屬於熱帶雨林（AF 型），西南部為熱帶冬季寡雨（AW 型），西部平原是屬溫暖冬季寡雨（CWA 型），東北部為溫暖溼潤（CFA 型），3,000 公尺以上的雪山、玉山、南湖山地為高山冬季寡雨寒冷（GDW）。雖此氣候相關的聚落名極少，且限於對風與氣溫而已。例如：恆春、不知春、飛砂、楓港、風櫃尾等，且多在近海岸地帶。

（三）墾荒

三百餘年來，臺灣的土地開發，按地域由不同的組織進行。

1. 南部嘉南平原肇始於鄭氏之屯田制，因此形成之聚落名多鎮、營、協、宿或以營盤後加「埔」。例如前鎮、後鎮、左鎮、柳營、左營、後營、林鳳營、後協、角宿、營盤埔等。

2. 中部至北部多由墾首制度開墾，出現張犁、甲等地積為名的聚落，因此亦出現「公館」等聚落名。由於墾首多合股投資，墾成後劃分配地，故有「股」、「份」之地名，例如：頭份、五股、二分埔等聚落名。

3. 基隆河谷：由於墾務之進度，從西南向東北依序推進，故有「堵」之地名，例如七堵、八堵等。

4. 蘭陽平原：肇始於乾、嘉之交的墾首吳沙，墾務採「結」首制度，乃多「結」字聚落名，墾成後的土地配分，多頭結……十五結地名，且因為防禦原著之抵抗，築土石圍以禦，乃有「圍」為通詞地名，如：頭圍、二圍、三圍、湯圍；並因分地給民壯，而有民壯圍、壯一、壯二及抽配墾地之「圍」、「份」、「股」之地名。

5. 臺東縱谷：昔稱後山，為清廷治臺行政權末期始擴及之地。西元 1875 年執行的「開山撫番」，闢中北南路後，始有具規模之西部漢人再移民。在原阿美、卑南族的聚落間介入者，主要是中北部客族，所以有客人城（玉里鎮源城里）、客庄（大武鄉尚武村）、新城、水墜（碓）等聚落名之出現。

縱谷的具有規模的移民是來自日本的農業移民，臺灣總督府於西元 1906 年（明治 39）至 1908 年間，獎勵招募日本農民移台開墾，時有賀田金三郎招來 53 戶日農入墾，吳金城（壽豐鄉志學村）178 人墾於鯉魚尾（壽豐鄉池南村），加禮宛（新城鄉嘉里、嘉新、佳里村）43 人為嚆矢。1907 年起改為官辦，於是在縱谷內出現了日式地名之「村名」。迄今仍留鹿野、池上鄉名，餘原吉野村→吉安鄉，豐與壽二村成為壽豐鄉鄉名。

五、口述於稀有地名

(一) 舛誤實例

所謂稀有地名是乍看之下與常有地名無異，其緣起卻出自異常，亦則與表達之文字或其讀音毫無關聯之地名。換言之必在字義，讀音之外尋找其由來。

臺灣地名由來的探索，單從地方的傳述，往往因時過境遷，自然與人為變遷，至名不符實，或諧音字或誤字，發生之穿鑿附會，結果陷入舛誤。以往曾地名叫做「陝西」，引起以為在鄭氏時代陝西人落居之地，後來從該村之古墳墓碑祖籍勒記證實，進而查明是漳泉械閃避西方建村而名。因「陝」、「閃」皆讀作 Siam[2]，故道光版《彰化縣志》誤用字故也。

又豐原舊名葫蘆墩，出自巴宰海平埔族人之傳說觀音山麓地名 Haradan 之譯音漢字。清人吳子光之《一肚皮集》載：「葫蘆墩地，鄰東勢，非山，非邨，亦山亦邨，……墩高數十丈許，形頗似倒葫蘆，故名。」吾子光是按字義釋地名由來，或由口述而將之文字化，不得而知。後人之口述則悉據此。

再有外埔鄉的六分村，口述所得地名起源於墾成地六分，然從古契普查知農家收割之四分向林維源之四成圳納水租，自得六分而名。

蓋一地地名的產生，除了行政區名外，一般村落多數是缺文獻資料可據，然其命名絕對是受多數人的肯定且維繫而來的。雖此，日久其由來被淡化，致靠後人之推測，或雅化，或被更改，或諧音字所替代，在探查上遭困難。

(二) 容易引發誤解的地名

因臺灣地名緣起於非常繁多之依據，欲藉口述單線追查地名緣起是值得慎戒的，尤其是欲藉地名之文字所讀出的語音或字義來釋其由來是可能得到不正確答案的。須藉其他途徑來找出其緣由的，以下即實例：

1.鬼仔宿埤：KUI[2]-A[2]-SIU[3]-PI[1]

出自鄭氏之鬼宿鎮，鄭氏 28 宿鎮中之一，如今柳營乃原女宿（查畝宿）、柳營鎮，駐軍屯田之地。鬼宿鎮是駐高雄縣前鎮區屯田之鄭軍軍營，其所築之灌溉埤塘稱之。

2.縣丞：KOAN[7]-TSNG[1]

出自清行政官制之縣丞。現彰化縣芬園鄉縣庄村，地當彰南公路要站，為清代入埔里，通南投要地。雍正元年（1723）設彰化縣，一帶屬內山地區，乾隆 24 年，派縣丞駐南投街之前，曾暫駐此地，地名乃從「縣丞」之諧音而成「縣庄」。

3. 快官：KHOAI^3-KOA^{n1}（KOAN^1）

出自清代之捕快。今彰化市快官里是清代「鹿港擔埔社」的通路要衝上聚落。附近八卦台地逼近烏溪，行旅必經，又是盜匪出沒之地，為禦盜，保護行旅安全，派駐捕快之地故名。據《福惠全書・刑名部・盜賊上》：「失事，速遣馬步捕快。」

4. 石榴班：SIAH^4（SIK^8;SIP^4;CHIOH^8）-LIU^5-PAN^1

出自清代的班兵制度。清領台後，施琅建議，派兵一萬，調自福建各營，分駐各地，三年一換，謂之「班兵」。調自漳州漳浦之「石榴」，謂之「石榴班兵」屬北路協左營斗六汛。

5. 馬崗厝：BE^2-KONG^1-CHHU^3

出自清代派駐馬兵之地。今台中縣大雅鄉三和村，係「馬公厝」之諧音。馬崗厝地當梧棲港至今台中市之交通要衝，是挑夫們卸貨休息之地，該村有叫做梧棲埔之地。清代製售鹽歸官營，從梧棲港運鹽，道經此至臺中，兵備道派遣馬兵駐屯，其駐屋即稱公厝。

6. 洘浡潭：KHO^2-CHI^2-TAM^5

出自隆起海岸之潟湖，沙丘地形。現嘉義縣布袋鎮考試里，先民入墾時一帶多風成沙丘和潟湖。洘浡庄建在已涸乾潟湖畔的沙丘上故名。按「洘」意水乾，河洛語讀作 KHO^2。「浡」意水中高土，讀作 CHI^2。日積月累，終於誤作考試 KHO^2-CHHI^2。

7. 雞卵面：河 KE^1-NNG^7（LOAN^7）-BIN^7（BIAN^7）

出自客語雞籠面KAI-LON-MIEN。雞卵面為埔頂地方山丘面名。係今龍山、新莊、埔頂等里境內。新竹市東端關東橋一帶，即現交通大學、科學園區分佈之地。其北有頭前溪橫貫，南為金山面等竹東丘陵山丘錯落之處，昔附近曾為金廣福設隘，土著族出草之地，附近通稱「埔頂」，因有狀如「柴梳」、「雞籠」之山丘故以為名。即客語「籠」字，被換成河洛語音之「卵」所替代。

8. 哈隆台：HAP-LUNG-THOI

出自客語之罨卵。客語罨丸，哈隆乃其諧音字。哈隆台在台中縣和平鄉谷關附近，大甲溪岸河階地，因被大甲溪支谷切割為二，遠眺似罨丸，乃稱之。

9.凍頂：TANG³ TENG²

嵊是客語，指山頂的慣用詞。凍頂在南投縣鹿谷鄉茶葉產地，在大水窟（麒麟潭）西側之高位河階，海拔 740 公尺，命名者應該是出自客語稱山脊（嵊）上的平台地，後人誤將嵊作凍。

10.鳳凰：HONG⁷ HONG⁵

出自福建茶產地，鳳山與凰山。北苑茶與建陽茶為福建茶之濫觴，北苑在建安東北方 25 里鳳凰山下，西元 976-983 年（宋太平年間），製成龍鳳團茶進貢。鹿谷一帶清代稱「水沙連」，為臺灣原生茶「水沙連茶」產地。移民從武夷鳳凰二山引進，植於凍頂山下之河階栽植，故以鳳凰為名。

11.虎尾寮：HO² BOE²（BE²;BI²） LIAU⁵

寮是指簡陋小屋，《溪蠻叢笑》：「山猺穴居野處，雖有屋以蔽風雨，不過剪毛叉木而已，名曰打寮。」僧房〈陸游貧居詩〉：「囊空如客路，屋窄如僧寮。」閩粵漢人之入墾，初先在墾地築簡陋草茨以居，其具有規模之墾拓，由墾首招來大量墾丁，搭蓋長大寮舍，或謂之「大寮」，如高雄縣之大寮鄉之大寮、上寮村；台中市北屯區北興、北屯里曾在開墾時築有長如虎之尾巴的工寮，故稱「虎尾寮」。

12.不知春：PUT⁴-TI³ CHHUN¹

出自山谷河階之氣溫顛倒現象，在今南投縣竹山鎮福興里的一個聚落，位於清水右岸河階上，被夾在觸口丘陵與鳳凰山脈間，日出約至上午九時，日沒約下午三時半，日照時間短，日照量少，夜間所依「不知春山」（311 公尺）散熱迅速，午夜起有冷重氣流下降的氣溫顛倒現象，因全年無炎暑天氣，乃名不知春。

13.臺斗坑：TAI⁵ TAU² KEⁿ¹

嘉義市頂庄、中庄里，在舊縣城北門的北方。斗指北斗七星，臺指環拱北極星之上臺、中臺、下臺三星，臺斗乃堪輿學上指稱北門北方位之星宿。坑指北門北方的牛稠溪坑谷。

14.府路巷：HU² LO⁷ HANG⁷

現嘉義市區府路：功科、學圃等里，日治時其有經營洗澡間（風呂）業者，乃做為該巷道一帶之統稱地名。「府路」係日語「風呂」（HURO）之譯音。

15.八仙山：PAT⁴ SIAN¹ SAN¹

八仙山原無名。1911 年（明治 44）台中廳「蕃務課」課長率搜查隊，露營白姑大山支脈高地，標高 7,998 尺，乃四捨五入為 8,000 尺，日語八千讀作はっせん（HASSEN）與「八仙」讀音同，故名。

結 語

地名是藉語詞表達的特定空間的代號，臺灣島上從過去到現在，至少有七大類的不同語言的人棲息，或稱原著或稱他來，或是移民，或是殖民，各依其需要，以各自的語言來命名指標空間的自然物形貌。除了自然標的外，有更錯綜複雜的政治、產業、交易造成的事象，亦為命名所引用。因為移民、殖民、原著的交錯，使臺灣地名之由來更加不單純。如斯欲以單線探索臺灣地名之由來沿革，宛如以卵擊石。

臺灣地名群中，尤其是小地名，因村里級的小地名，在當地普遍幾乎是缺乏文獻資料的。小地名幾乎就是該地僅有的村史的文字紀錄，似如考古學上的「化石」。如僅靠地方口述為據，視為稀寶，應慎之戒之。

因為臺灣地名，無論其由來如何，今悉以漢字記寫，需特別留意。假使不拘其命名依據，是否與文字表達相符，照其字義詞意，作為探索地名的線索。因為地名的讀音，藉由漢字表達，將有可能非字義，是僅借音而已。且漢字地名常使用諧音字，照字義解釋舛誤難免；更有臺灣特殊字義或臺造字，瞭解其正確意義，都是正確探索地名由來無可避免的關鍵。

尺度、空間與景觀—地名研究的回顧與展望

康培德*

一、地名辭書與地名研究

　　針對地名起源、意義、使用、變遷與分類的討論，並訴諸於系統性的研究，一般稱之爲地名學（Toponomy），其學術分類係與人名學（Anthroponymy）併稱於名稱學（Onomastics）的傳統之下；如一 1952 年起，由美國名稱學會（American Name Society）主辦的學術期刊—《名稱》（*Names: A Journal of Onomastics*），即爲針對地名、人名、甚至機構名的學術研究成果發表領域。[1] 地名，不單可助於掌握不同人群的聚落發展形態，也可釐清不同人群在一地的活動時序；因此，地名研究的成果，在學術上往往爲研究區的歷史地理帶來珍貴的證據。[2] 另一方面，就實用性而言，地名研究的成果可提供製圖者處理地圖空間資訊時的重要參考，像美國官方負責管理地名的機構 （The United States Board on Geographic Names or US-BGN），其相關從業人員所組成的地名管理機構委員會（The Council of Geographic Names Authorities），每年舉辦年會讓官方相關從業人員與地名研究者之間，透過論文發表、專題討論等方式對話，讓各級政府在處理諸如命名、製圖、資料庫等與地名相關的工作時能廣納各方意見。[3]

　　地名研究的基礎工作，或是基礎研究成果，即爲地名辭書。地名辭書雖然具有強烈的工具書性質，但並未因此而不受國際學術出版界的青睞；以加州大學出版部 （University of California Press）爲例，2004 年即出版了原由加州大學柏克萊分校德文系教授 Erwin G. Gudde 主編，後由克羅拉多大學語言學背景的 William Brigh 教授擴充的第四版—《加州地名：現有地名的起源與字源》（*California Place Names: the origin and etymology of current geographical names*）。[4] 同一年，劍橋大學出版部（Cambridge University Press）出版了先前在 Durham 大學教授中世紀文學的語言學者—Victor Watts 主編的《劍橋英格蘭地名

---

* 國立東華大學鄉土文化學系教授。

[1] 美國名稱學會創於 1951 年，成立宗旨爲研究名稱背後的文化意涵、聚落發展、語言特色。學會除了出版學術期刊、舉辦年度學術論文發表大會、地區會議之外，也提供學會會報（ANS Bulletin）、網路討論通訊服務（ANS-L email discussion listserve）。2009 年學術論文發表大會即訂於 1 月在俄勒岡州波特蘭市（Portland, Oregon）舉行。

[2] R.I. McDavid, "Linguistic Geographic and Toponymic Research," *Names* 6 （1958）, pp. 65-73; M. Kaups, "Finnish Place Names in Minnesota: a study in cultural Transfe," *The Geographical Review* 56 （1966）, pp. 377-397. 如地方史研究，即相當重視地名所能提供的解釋與價值。參考 Ren Vasiliev, "Place Names," in Carol Kammen and Norma Prendergast （eds.）, *Encyclopedia of Local History* （Walnut Creek, CA: Alta Mira, 2000）, pp. 374-376.

[3] 以於 2007 年 10 月在肯塔基州 Lexington 市舉辦的年會爲例，即有討論肯塔基州 1960 年以來地名資料庫的強化過程、早年地質調查時的命名與現今地名間的關聯、地名資訊系統（Geographic Names Information System）的技術問題、US-BGN 於 1985 年 3 月訂下的歷史紀念性地名事後經考證發現有誤的可能處置方式等論文。

[4] Erwin G. Gudde, *California Place Names: the origin and etymology of current geographical names.* 4th edition, revised and enlarged by William Brigh （Berkeley: University of California Press, 2004）.

字典》（*The Cambridge Dictionary of English Place-Names*）。[5]而牛津大學出版部（Oxford University Press）在 2005 年甚至出版了曾擔任過英國外交公務人員，隸屬皇家地理學會（Royal Geographical Society）會員的業餘人士 John Everett-Heath 所主編的《世界地名簡明字典》（*The Concise Dictionary of World Place Names*）。[6]

　　歐美學術傳統中，語言學者在地名研究中佔有一席之地，研究地名起源與其字義屬字源學（etymology）的範疇，歷史語言學（philology）則扮演著關鍵的角色；這方面，早期德國學術界係龍頭。地名研究的成果往往帶給歷史研究重要的資訊，特別是史料文獻較缺乏的時代或地區。像賽爾特語（the Celtic）在歐洲早已為條頓（the Teutonic）或羅馬（the Romanic）語取代，但在西歐仍可從地名追溯其遺留痕跡。以英國為例，其聚落地名多半可分為賽爾特語（Celtic）、央格魯薩克遜語（Anglo-Saxon）、北歐語（Scandinavian）或羅曼語（Norman）等不同時期所遺留，若地名字尾為 -ing（ingas，表示一群人）、-ham（表示家園、財產）、-tun（表示圍籬、農場、農舍）、-ingtun 者，代表係央格魯薩克遜語的痕跡，人群活動的時期係早於地名字尾為 -ley（或 -leah，表示森林、森林中的空地、闢自森林之地）、-worth（表示宅邸、農莊）、-field（表示墾地）之處。[7]

　　以《劍橋英格蘭地名字典》為例，主編 Victor Watts 雖是語言學者，但還同時具有皇家歷史學會（Royal Historical Society）會員、英格蘭地名調查（English Place-Names Survey）此一學術團體榮譽主席及英格蘭地名學會期刊（Journal of English Place-Names Society）編輯等身分，字典係以英國政府地圖測繪機構出版《大不列顛軍需測量道路地圖》（*Ordnance Survey Road Atlas of Great Britain*）的地名為基礎，加上英格蘭地名調查的成果。字典每一筆地名詞條除標題（head-form）外，都會提供所屬的行政單位（e.g., county）與國土座標欄位（national grid reference and unique four-figure reference number）等空間資訊。此外，因調查研究者的學術背景多為語言學，加上書寫採用拼音文字，地名字義解讀（translation of the name）、唸法（pronunciation）、不同時期的拼法（dated historical spellings）、字源（etymology）[8]等項目則成為地名詞條的必備資訊。至於其他如解釋說明（explanatory comment）、資料出處（sources）等基本資訊雖一應俱全，但內容則簡單得多（Watts 2004: xvi-xix）。[9]

---

[5] Victor Watts,*The Cambridge Dictionary of English Place-Names: based on the collections of the English Place-Name Society*（Cambridge: Cambridge University Press, 2004）.

[6] John Everett-Heath, *The Concise Dictionary of World Place Names*（Oxford: Oxford University Press, 2005）.

[7] Brian Goodall, *The Facts on File Dictionary of Human Geography*（New York: Facts on File ,1987），p. 355.

[8] 字源部份，主要以討論字根的語言起源，如印歐語（Indo-European）、賽爾特語（Celtic）、原初威爾斯語（Primitive Welsh）、央格魯薩克遜語（Anglo-Saxon）、古北歐語（Old Norse）、古法語（Old French）、中世紀英語（Middle English）等。

[9] 以 Congresbury 此一地名為例，字義解讀為「Congar 的要塞地」，解釋說明方提及係因「聖 Congar 埋葬於此，據聞是一廢棄的修道院舊址。」

　　雖然《劍橋英格蘭地名字典》的地名詞條內容係以語言學旨趣為主，但對一些常見字根，特別是涉及自然景觀者，則列出一系列使用非常頻繁的詞彙表（Glossary of most frequent used elements），並輔以手繪實景解釋之。譬如說，同樣都是崙丘，beorg 與 dūn 則有所不同，如 Edlesborough、Granborough、Thornborough 對應 Billington、Scottesdon、Toot Baldon 等；同樣都是谷地，cumb 與 denu 亦不同，像 Whitecombe 對應 Standen 等；甚至脊或堤岸，也有 ofer 與 ōra 的差別。除此之外，《劍橋英格蘭地名字典》也附上一些地名分布圖，如地名中包含 Green、Street、End 等字的地名分布；或是同一字根但有不同拼法的變體字分布圖，如指庭院、宅邸、農莊等義的字根 worth，地名中即有 worth、worthy、worthine 等不同拼法；以及同字根但不同起源的地名，像 borough 此一字根，可源自 beorg 或 burch，兩字意思不同，前者指崙丘，後者指要塞、城堡。這些地名分布圖，係結合了歷史學、地理學以及語言學等不同學科旨趣，進一步挑選繪製的主題地圖，透過地圖即可對其地理分布的位置、密度等空間資訊瞭若指掌，以作為後續討論、研究的基礎。

　　以美國名稱學會於 2008 年 1 月在芝加哥舉辦的年度學術論文發表會為例，即有一場針對美國地名的小組，發表的論文中，有將美國地名中出現魔鬼、地獄（devil/diablo and hell）等字眼，與天使、天堂（angel and heaven）者進行比較，發現有魔鬼等字眼類的地名普及率較高，大多在西部或南部各州，且幾乎多與像是湖泊、山丘等自然景觀有關，而天使等字眼類的地名則多出現於市鎮、學校等居住活動場所；也有以辛辛那提的地名和姓氏名為例，描述獨立戰爭與南北戰爭結束後不同族裔背景的墾民，與聚落發展間的關聯；或藉由地名來討論當地人的日常生活。[10]

　　雖然地理學者在從事地名研究時，一般多將地名視為文化產物（cultural artifacts），精於收集、分類、與地圖繪製；透過地名作為線索，讓我們掌握老聚落的位置、特定人群遷移的方向與年代、地方的原始植物相、當地人的環境視覺、民俗文化的地理分布範圍、甚至是政治意識的變化等。透過地名，人類一方面對地表空間建構出次序性與親近感，另一方面也反映出其特有的文化價值觀。不過，相較於地表其他具體的現象，地名其實變動相當頻繁；因此，新近的研究往往也將地名命名視為一文化政治的表現（the cultural politics of place-naming）；舉凡國際社會的殖民與去殖民過程，或國家對少數民族的人權／文化權信念等討論，地名的變動往往是展示空間權力象徵的所在之處。[11] 如 1955 年於克拉克大學（Clark University）取得地理學博士學位、前 US-BGN 執行秘書 Ri-

---

[10] Ernest L. Abel, "Going to the Devil;" Frank Abate, "Cincinnati Names and Naming: From Settlement to Today;" Dwan L. Shipley, "Reminisces and Personal Findings Regarding Place Names in and Around the Town of Mannington, Marion County, West Virginia." All three papers were presented in the 2008 Annual Meeting of American Name Society, January the 4th, Chicago, Illinois, USA. 此次年會，國內學者僅有語言學背景的廖招治教授，於文學詞稱 (Literary Onomastics) 小組上，針對小說紅樓夢五種不同英譯版本的人名等名稱翻譯發表論文進行比較。

[11] Derek Alderman, "Place Names," in Barney Warf (ed.), *Encyclopedia of Human Geography* (London: Sage, 2006), pp. 358-360.

chard R. Randall，退休後於 2001 年出版的《地名：它們如何形塑世界》（*Place Names: how they define the world - and more*）一書，雖然設定的讀者群同時兼顧一般社會大眾，仍有專節處理冷戰時期國際政治與地名命名之間的關聯，此為觸及空間政治議題的例證。

　　簡言之，地名研究已逐漸發展成數個方向；針對古地名部分，一般多視地名為幫助我們重建當時歷史圖象的輔助材料。至於較近代的地名，則多用於討論命名者的文化脈絡與地名背後的文化象徵；若牽涉殖民情境等權力關係，像是牽涉地名更動或地名變動頻繁者，則會以空間文化政治的角度切入。至於近年來研究成果累積的心得，也已逐漸注意到當視地名為重建歷史圖象實證素材時的局限性為何；譬如說：文字記載某地名的時間層不盡然是其原有的時間層；詮釋地名的起源、或意義時會有模稜兩可之處；聚落地名會因人群遷徙而移動，因而無法全然用於判讀為當地景觀之用等，研究者因而在下推論前得更加謹慎小心。[12]

二、臺灣地名研究回顧

　　臺灣地名的研究成果，[13]大多展現於歷年來出版的地名辭書、辭典內容當中；其中，一般多以伊能嘉矩於 1909 年完成、又稱作《臺灣舊地名辭書》的《大日本地名辭書續編：第三臺灣》為濫觴。之後，則是安倍明義在 1938 年完成的《臺灣地名研究》。戰後，則首推陳正祥於 1960 年出版的《臺灣地名辭典》，到了 1980 年代起，先後有洪敏麟編纂的《臺灣舊地名之沿革》、陳國章的《臺灣地名辭典》。之後，則是原臺灣省文獻委員會（今已改為國史館臺灣文獻館）自 1995 年起委託國立臺灣師範大學地理系研究出版的《臺灣地名辭書》。[14]表一為比較上述六套地名辭書、辭典的詞條內容異同之處。

---

[12] Paul Glennie, "Place Names," in Ron J. Johnston et al. (eds.), *The Dictionary of Human Geography.* 4th ed. (London: Blackwell, 2000), pp. 584-585.

[13] 本節所介紹的臺灣地名研究成果，主要係以取材係全臺性的研究為主。其他以各縣市、或其他地域單位為對象的討論，如《苗栗縣地名探源》、《臺中市地名沿革》等，則不在介紹之列。參考呂榮泉（總編），《苗栗縣地名探源》（苗栗：苗栗縣地名探源編輯委員會，1981）；呂順安（主編），《臺中市地名沿革》（南投：臺灣省文獻委員會，1996）。

[14] 伊能嘉矩，《大日本地名辭書續篇：第三台灣》（東京：富山房，1909）。安倍明義，台灣地名研究》（台北：蕃語研究會，1938）。洪敏麟，《台灣地名沿革》（臺中：臺灣省新聞處，1979）；《臺灣舊地名之沿革》（南投：臺灣省文獻委員會，1980）；《臺灣舊地名之沿革》第二冊（南投：臺灣省文獻委員會，1983）。陳正祥，《臺灣地名辭典》（臺北：南天，2001）。陳國章，《臺灣地名辭典》（臺北：國立臺灣師範大學地理學系，2004）。施添福（總編纂），《臺灣地名辭書》，21 卷（南投：國史館臺灣文獻館，1996-）。

表一　六套臺灣地名辭書（辭典）詞條內容異同表

	伊能嘉矩（1909）	安倍明義（1938）	陳正祥（1960）	洪敏麟（1979）（1980、1983）	陳國章（2004）	《臺灣地名辭書》（1996、1999-2002、2004-2006）
含括範圍	全島	全島	全島	全島 中、北部	全島	全島*
地名起源	✔	✔		✔		✔
字義解讀					✔	✔
當地讀音	✔	✔			✔	
地名沿革		✔		✔		✔
絕對座標			✔			
地方概述	✔		✔			✔
相關地圖				✔		✔

附註：＊尚缺卷五高雄縣（二）、卷八嘉義縣、卷十四新竹縣、卷十五桃園縣、卷十六臺北縣、卷十九臺中市。

　　臺灣地名研究最常觸及的主題爲地名分類；其中，以針對地名起源的一般性解釋、以及地名所屬的時間層這兩個議題，最爲研究者所青睞。

　　有關臺灣地名起源的一般性解釋，前述伊能嘉矩、安倍明義、陳正祥、洪敏麟、陳國章等人都不可避免得觸及地名起源在解釋上的分類，近年來則有廖忠俊歸納前人的分類方式後，再重整一套分類標準，提出自然環境與人文環境等兩大類，前者再細分爲地形、地點、方位、排序、大小規模、象形（樣貌型態）、氣候、動植物礦產等八項，後者則包含交替聚落、土著族社語言譯音、異族統治及外來語譯音、閩粵移植（地緣）、姓氏血緣聚落、開拓墾殖（屯田制、墾殖組織、軍防設施、地積與租館、水利灌溉、農具與糧儲、拓墾之初戶數地名、拓墾先後新舊）、交通（水陸、陸路）、建築物（官衙、廟宇等）、紀念事蹟（歷史與個人事蹟）、產業營業聚落機能、政治動機與理想、地名演化（近音雅化，複合、縮減、日式等地名）、神仙傳說等十三項。[15] 不過，地名起源的一般性分類因牽涉研究者對分類標準的主觀認知，並沒有一定的標準與答案，加上研究者提出的各項分項標準彼此間並不一定相互排斥，故一地名有可能同時歸屬到不同的項目下。因此，針對地名起源的一般性分類到底得用什麼項目標準，並未有一定的答案，只能視研究的主題來界定。[16]

---

[15] 廖忠俊，〈從地名分類看臺灣傳統地名〉，《臺灣文獻》58.3（2007）：175-222。
[16] 其他如林衡道等研究者，亦有專文言及臺灣地名的分類。參考林衡道，〈臺灣地名的分類〉，《臺灣文獻》27.4（1976）：50-52。楊錫福，〈臺灣地名類型〉，《中國地理學會會刊》4（1976）：80-84。

針對地名所屬的時間層所進行的分類，首推謝覺民（Hsieh Chiao-min）借用地理學者 Derwent Whittlesey 於 1929 年提出的序列占領（sequent occupance）概念，此概念係以新英格蘭北部一約 15 平方哩的地區為例，借用生物學上的演化概念，針對同一地區不同文化群於不同時間如何影響地景變遷提出解釋；[17] 謝覺民將文化群轉成統治政權後，用以分析臺灣的地名變遷，將地名起源分成原住民（of Aboriginal origin）、歐洲（of European origin）、鄭氏（from the Cheng period）、漢人（from the Chinese period）、日本（from the Japanese period）等五個時期。[18] 近年來有蔡淑玲將語言視同文化，把臺灣地名分成原住民語、荷蘭／西班牙語、閩／客語、日語、華語等五個時期；[19] 蔡文雖是從語言學的角度切入，但卻將荷蘭語、西班牙語併為一節，閩南語、客家語合為一節，其分類明顯受歷史時間層的影響。

地名分類當然不盡然只限於上述這兩類，不同背景的研究者往往有不同的角度；如民俗文學背景，即會在政權交替、自然環境或族群語言等分類標準外，另加上地名傳說的劃分欄項，其下又分為人物傳說、歷史傳說、物產傳說、神怪及特殊風土傳說、習俗傳說等，並針對地名傳說的結構與特質，如與歷史或社會民俗之間的關聯、其集體意識與思維邏輯、傳播與變異特性、敘事方式與結構等角度進行討論。[20]

地名分類以外的系統性地名研究，首推陳國章的《臺灣地名學文集》。文集中收錄的文章，主要係以透過挑選具特殊意義或特定主題的地名來討論其涵義與空間分布，進而系統性地歸納這些地名的特色為何。作者討論的案例中，有的係採字義中含有空間對稱性概念的地名，如地名中具有「頂」與「下」、「前」與「後」、「內」與「外」、「東」與「西」等字；有的案例則取單一主題，如以蔬菜、以「崙」字為名、或漁業為據、或與「廍子」有關的地名。作者因其地理學的學術背景，各篇文章多會對地名的空間分布特色有所著墨；較特別的是，文章亦著重對語言（語音）差異的討論，此議題一般多屬語言學者所關切的領域。[21]

著重空間文化政治表現的地名研究，其討論對象多以變動頻繁的地名為主；其中，街道名一向是研究的重點。早期或官方出版的著作，大多沿習前述地名起源分類的解釋模式，僅作地名字義屬性的分類；以高雄市街道名為例，即有將其分為：依數字之序（如一心、二聖、三多、四維等）、紀念古今名人（如中山、中正、林森、黃興、曾子、吳鳳、葆楨等）、（中國）大陸省縣地名（如甘肅、西藏、重慶、汾陽等）、沿習在地舊地名（如鼓山、土庫、洲仔、廍後等）、宣揚三民主義理念（如民族、辛亥、博愛、大

---

[17] Derwent Whittlesey, "Sequent Occupance," *Annals of the Association of American Geographers 19* (1929): 162-166.

[18] Hsieh Chiao-min, "Sequent Occupance and Place Names," in Ronald G. Knapp (ed.), *China's Island Frontier: studies in the historical geography of Taiwan* (Honolulu: University of Hawaii Press, 1980), pp. 107-114.

[19] 蔡淑玲，〈台灣閩南語地名的語言層次與文化層次〉，《臺灣語言與語文教育》5（2003）：115-128。

[20] 陳佳穗，〈臺灣地名傳說研究〉（中國文化大學中國文學研究所博士論文，2004）。

[21] 陳國章，《臺灣地名學文集》（臺北：國立臺灣師範大學地理學系，1994）。

同、復華等）、象徵吉祥或慶祝（如文瑞、昌盛、龍德、萬壽等）、基於心理或物質建設為鵠（如政德、進學、民業等）、慶祝對日抗戰勝利（如海功、勝利、光復、同慶、興邦等）、發揚民族精神（如重忠、大勇、篤敬、宏義等）等九類。[22] 近年來則有針對街道名的變化，進一步詮釋握有命名權力的統治政權性質。[23]

除了學術界自身的地名研究成果外，官方與民間亦有類似的學術活動或出版品。官方部分，內政部於 2005 年舉辦的第一屆地名學術研討會即為一例，其性質類似美國US-BGN相關從業人員組成的地名管理機構委員會所舉辦的年會，重點以與地名相關的官方行政業務工作為主。會後論文集中收錄的文章，大多數與實務性工作有關，如地名標準化、地名管理機制、地名普查狀況、地圖地名譯註工作作業規範等官方面臨的議題，其他尚包含地名資料庫自建模式與地理教學、學童地名認知等教育、推廣類旨趣，屬地名研究的論文所占的篇數比例不高。[24]

民間方面，主要係以先前研究者的成果為基礎，配合近十餘年來對本土知識的市場需求，針對不同的讀者群而出版。如遠足文化出版事業的臺灣地理百科系列，第36冊即為舊地名的專文介紹；[25] 或以單一縣市為對象，以田野調查、文獻資料的基礎來介紹境內的地名；[26] 也有以伊能嘉矩的研究成果，再從政治、族群變遷的立場一併來討論臺灣的地名變遷；[27] 或藉由歷史典故與現地採訪來呈現臺灣各地的地名由來。[28] 甚至有以 50 個臺灣地名為謎底編寫而成的地名猜謎冊。[29] 至於專供兒童、青少年閱讀的地名故事出版品，係以透過地名來了解臺灣的歷史文化，或了解當地的人文地理為目的。[30]

三、地名與歷史地理研究

本論文集所收錄的論文，係立於國史館臺灣文獻館出版的各縣市《臺灣地名辭書》基礎之上，並於 2008 年 4 月 25、26 日，由國史館臺灣文獻館、中央研究院臺灣史研究所主辦，「臺灣地名研究成果學術研討會」發表的論文改寫而成。《臺灣地名辭書》，

---

[22] 曾玉昆，〈第十七章：道路名稱〉，收於氏著，《高雄市地名探源（增訂版）》（高雄：高雄市文獻委員會，1997）頁 253-263。

[23] 吳育臻，〈從地名的變遷看不同政權的特質—以嘉義市街路名為例〉，「第一屆地名學術研討會」，內政部主辦，2004 年 12 月 17 日。

[24] 范毅軍（主編），《第一屆地名學術研討會論文集》（臺北：內政部，2005）。

[25] 蔡培慧、陳怡慧、陳柏州（撰文）、金炫辰（繪圖），《臺灣的舊地名》（新店：遠足文化，2004）。

[26] 黃文博，《南瀛地名誌》，五冊（新營：台南縣立文化中心，1998）。

[27] 張德水，《台灣政治、種族、地名沿革》（臺北：前衛，1997）。

[28] 洪英聖，《情歸故鄉‧壹，總篇：臺灣地名探索》（臺北：時報文化，1995）；《台北市地名探索—情歸故鄉 2》（臺北：時報文化，2003）；《台北縣地名探索—情歸故鄉 3》（臺北：時報文化，2003）；《基隆市地名探索—情歸故鄉 4》（臺北：時報文化，2004）；《宜蘭縣地名探索—情歸故鄉 5》（臺北：時報文化，2004）。

[29] 曹銘宗，《臺灣地名謎猜》（臺北：聯經，1996）。

[30] 馬筱鳳（著）、張麗真（繪圖），《台灣地名的故事；阿公的布袋》（臺北：臺原，1995）；趙莒玲，《台灣地名的由來》，16 冊（新店：泛亞國際文化，2003）。

目前已爲中央研究院計算中心地名資料庫作爲重要的參考資料來源。本次地名研究發表的論文，除了進一步滿足地名學的研究旨趣外，並嘗試透過系統性的地名研究，進一步發掘歷史地理學的相關研究議題。

首先，由廖秋娥的〈「臺灣地名辭書」的產生過程〉介紹此套《地名辭書》的編寫過程。黃瓊慧的〈地名調查研究法—以屏東爲例〉，則以屏東縣爲例，介紹編纂《臺灣地名辭書》的基礎，除實地田野調查與訪問外，涉獵的歷代檔案文獻、歷代地圖、碑文、家族譜、古文書、報紙、辭書、遊記等其他文獻史料有哪些，以及如何運用等調查研究法，提供一個個案。

歷史地理學如何運用地名進行研究工作？以下僅就尺度（scale）、空間（space）、景觀（landscape）等三個角度切入，討論本次研討會發表的論文。

地名就如同地圖一般，不同的地理尺度即會呈現出不同的地表現象。而尺度大小的變化，不單只是地名所涵蓋的地域範圍大小而已。微觀尺度的地名，往往是現代國家體制建立後，官方對空間符號掌握較弱之處；換句話說，地名命名權力係與尺度政治（politics of scale）息息相關。[31]愈微觀尺度的地名，一般往往與在當地生活的人群愈密切，也愈能反映出其對空間次序的理解與掌握。李玉芬、田輝鴻的〈綠島的地名與居民的維生方式〉、以及許淑娟的〈由地名系統建構楠梓仙溪中游的區域特色〉，即建立在小尺度地區田野現地調查、採錄的在地地名之討論。以綠島的個案爲例，這些平常不會出現在地圖上、也不爲外人所熟悉的地名，因爲貼近當地人的生活所需，因而與土地利用、產業形態的變遷息息相關。綠島從早期伐林燒墾、農漁爲主的生活，到近年來日益朝向市場經濟、觀光產業的發展，呈現出當地居民對地名命名與使用上的變化；此一變化，表現的是其維生方式與生活空間在時間脈絡裡的烙印，其地名變遷的歷史分期，則不盡然與統治政權的歷史分期相關。這部分研究成果，呼應了先前提及 Derwent Whittlesey 的序列占領概念，當應用於地名時較適合微觀尺度的案例。

不過，尺度的大小不盡然是官方施展命名權與否的必然條件，地表上不同的空間，其各別重要性與意義並不對等；我們若挑兩處面積一樣大的空間，但一爲都市另一爲鄉間，呈現出的意義即截然不同。以都市爲例，對比於其鄉間腹地，一向是整個區域的行政、經濟重心，同樣是微觀尺度的地名，官方眼中的重要性自是不同。劉澤民的〈臺灣市街「町」名改正之探討—以臺灣總督府檔案相關資料爲範圍〉，即處理日本時代市街行政區塊的命名。在當時臺灣的市街町名分類中，地理指涉者最多，願景期望者次之，而紀念日本人物、天皇者最少；其空間分布，對比於戰後街道或行政區塊的命名，市街行政、交通要樞等代表統治權威、現代化表徵之處，並未命以統治階層要人之名。以感

---

[31] 有關尺度政治此議題，請參考 Robert B. McMaster and Eric Sheppard, "Introduction: scale and geographic inquiry," in Eric Sheppard and Robert B. McMaster (eds.), *Scale and Geographic Inquiry: nature, society, and method* (Oxford: Blackwell, 2004), pp. 1-5, 17-18.

念總督治績而以其名命名的地名爲例，其地名的空間分布多爲當事人的官邸或活動範圍所在地。相較於先前提及的戰後高雄市街道名爲例，不同的政權在處理都市公共空間的命名時，有著不盡然一致的手腕，也有著不同的意義。

　　日本時代市街行政區塊的命名，當然是前文提及的空間文化政治的表現，吳育臻的〈臺灣日式地名的時空分布及其意涵〉，則將尺度規模再放大，接續此一議題。論文研究發現，日本時代命名的日式地名，表現在臺灣東部、西部兩地的模式相當不一樣；西部在大正九年的變革後即趨向穩定，東部則遲至昭和十二年後才底定；期間，東部的行政區劃變動高達十餘次之多。地名變動的層級，扣除都市內部的「市街名」改爲「町名」此部分不算，西部的日式地名多爲「街庄」等地名涵蓋範圍較廣的層級，東部方面則不僅是「街庄」層級，地名涵蓋範圍較小的「大字」層級變動亦相當大；其中，日式地名的比例超過六成，以日本移入人口比例偏高的花蓮港廳爲最。此一特殊的時空分布，除了反映出外來政權如何透過地名對新移民進行撫慰，也驗證了總督府治理臺灣時的分區發展理念—強調東部內地化的移住型殖民地對比於西部的資本型殖民地，呼應施添福提出的「第二臺灣」論述。[32] 但是，另一耐人尋味的發現是，日本時代的地名改正，不論其涉及的尺度大小，比起戰後更新的地名，仍傾向於較注重在地性的特色，這點呼應了劉文以都市空間爲對象的討論。

　　空間，一向是地理學界習於著墨的議題。地名，作爲一地表空間單位的名稱，反映的是命名者的理念。空間議題除了可以從文化政治的展現此一視角切入外，如同〈臺灣日式地名〉一文中所提及地名，日式地名的改正其實係與撫慰來自日本的新移民不無相關。〈臺灣市街「町」名之探討〉一文告訴我們，日本時代臺灣市街町名的改正，不論是作爲殖民政府始政二十週年的系列措施、或市區發展過程中的空間規劃，其命名理念，係如何透過結合一些臺灣在地舊有地名，但以日人熟悉的雅化稱謂爲主，將地名作爲統治階層在存在空間（existential space）認知上的延伸。[33] 而〈綠島〉及〈楠梓仙溪中游〉等兩篇論文提及的地名，在系統性地歸納分析後，亦觸及當地人係如何透過命名對其營生生活空間賦予文化象徵意義，當地名的變動反映出人文環境生態變遷的同時，其實也反映出當下對存在空間的次序與意義已異於前人。

　　回到尺度規模，黃雯娟的〈臺灣「番」與「社」字地名的空間分布特性與意涵：地名作爲歷史地理研究的線索初探〉與吳進喜的〈臺灣的同名地名：以臺灣堡圖爲中心〉，如同〈臺灣日式地名〉一文係以全臺爲研究範圍；〈臺灣「番」與「社」字地名〉一文主要透過不同時期、不同比例尺地圖上含有「番」、「社」字的地名，討論其地理分布

---

[32] 施添福，〈日本殖民主義下的東部臺灣：第二臺灣的論述〉，「臺灣社會經濟史國際學術研討會—慶祝王世慶先生七五華誕」，中央研究院臺灣史籌備處主辦（2003），頁 1-47。

[33] 有關存在空間此議題，請參考 J. Nicholas Entrikin、Richard Peet 等的討論。J. Nicholas Entrikin, *The Betweenness of Places: towards a geography of modernity* (Baltimore: Hopkins University Press, 1991), p. 9; Richard Peet, Modern Geographical Thought (Oxford: Blackwell, 1998), pp. 39-45.

上的特色、以及與平埔族群社域或活動範圍之間的關聯性。〈同名地名〉一文則透過聚落地名中重複出現的頻率高低，重建當時較為普遍的舊有農村景觀；並討論同名超過20次者（如竹圍、新庄、三塊厝、山腳、新厝、水尾、崁腳、番仔藔、溪洲、田藔、埠頭、牛埔、瓦磘、下藔、中庄、公館、田心等）的空間分布規律性，以及福佬、客家人的同名地名異同之處。這兩篇論文相同之處，在於將地名的空間分布進行系統性地歸納分析以利後續的討論，與前文提及的《臺灣地名學文集》、或《劍橋英格蘭地名字典》附上的地名分布圖有著異曲同工之妙；但〈同名地名〉一文透過高重複頻率的地名來重建舊有農村景觀，與先前介紹以「綠島」、「楠梓仙溪中游」為研究對象的兩篇論文，在重建舊有景觀上的嘗試頗為類似，差別僅在於後兩篇論文重點在釐清不同階段的變化、以及係採取小尺度的規模。

　　地名用來作為重建舊有景觀的材料由來已久，其研究成果除了可輔助文獻史料所得出的結論之外，有時也能檢視出僅依賴文獻的研究結果所忽略之處，甚至能推論出不同的看法。早期文獻史料往往因撰寫者的族群、文化背景差異，對現象、事物的記載或解讀容易流於其特定的看法，特別是自身無文字傳統的人群，其歷史往往是由握有文字書寫權的外人所記載、詮釋，因而不見得能全然反映出當時的情況。以陳國川的〈馬來西亞柔佛笨珍縣文律區的聚落特色與地名〉為例，透過地名解讀，推論馬來西亞柔佛州（Negeri Johor）聚落開發過程中，除了福建、廣東一帶的華人移民外，特別在原有自然景觀為沼澤地的笨珍縣（Daerah Pontian）文律區（Mukim Benut），爪哇人、來自蘇拉威西的武吉斯人、以及來自婆羅州南部馬辰（Banjarmasin）等其他移入的人群，對當地土地開發、聚落發展亦扮演重要的角色。這方面是透過文獻史料的研究成果易於忽視的面向。

　　歷史地理學與地名研究之間的關係，當然不限於本論文集所收錄的論文主題，也不僅止於前述的問題探討方式。其他像地圖、地方等與地名息息相關的主題或概念，也是研究地名時無法不去碰觸的事物。盼本書所收錄的論文，能為國內的地名研究，不論在議題或研究法上，除了立下一里程碑之外，更能有拋磚引玉之效。

引用書目

伊能嘉矩

　　1909　《大日本地名辭書續篇：第三臺灣》。東京：富山房。

安倍明義

　　1938　《臺灣地名研究》。台北：蕃語研究會。

池永歆

　　1997　〈臺灣地名學研究回顧與地名義蘊的詮釋〉，《國立臺灣師範大學地理教育》
　　　　　4：7-18。

呂順安（主編）

　　1996　《臺中市地名沿革》。南投：臺灣省文獻委員會。

呂榮泉（總編）

　　1981　《苗栗縣地名探源》。苗栗：苗栗縣地名探源編輯委員會。

林衡道

　　1976　〈臺灣地名的分類〉，《臺灣文獻》27.4：50-52。

吳育臻

　　2004　〈從地名的變遷看不同政權的特質—以嘉義市街路名為例〉，「第一屆地名
　　　　　學術研討會」，內政部主辦，12月17日。

施添福（總編纂）

　　1996 -　《臺灣地名辭書》，21卷。南投：國史館臺灣文獻館。

洪英聖

　　1995　《情歸故鄉・壹，總篇：臺灣地名探索》。臺北：時報文化。

　　2003　《台北市地名探索—情歸故鄉2》。臺北：時報文化。

　　2003　《台北縣地名探索—情歸故鄉3》。臺北：時報文化。

　　2004　《基隆市地名探索—情歸故鄉4》。臺北：時報文化。

　　2004　《宜蘭縣地名探索—情歸故鄉5》。臺北：時報文化。

洪敏麟

　　1979　《臺灣地名沿革》。臺中：臺灣省新聞處。

　　1980　《臺灣舊地名之沿革》。南投：臺灣省文獻委員會。

　　1983　《臺灣舊地名之沿革》第二冊。南投：臺灣省文獻委員會。

施添福

　　2003　〈日本殖民主義下的東部臺灣：第二臺灣的論述〉，「臺灣社會經濟史國際
　　　　　學術研討會—慶祝王世慶先生七五華誕」，中央研究院臺灣史籌備處主辦，
　　　　　頁1-47。

馬筱鳳（著）、張麗真（繪圖）

　　1995　《臺灣地名的故事；阿公的布袋》。臺北：臺原。

范毅軍（主編）

　　2005　《第一屆地名學術研討會論文集》。臺北：內政部。

陳正祥

　　1958　〈臺灣地名之分析〉，《臺灣文獻》9.3：1-13。

　　2001　《臺灣地名辭典》。臺北：南天。

陳佳穗

　　2002　〈「龍潭」地名沿革與傳說研究〉，《空大人文學報》??

　　2004　〈臺灣地名傳說研究〉。中國文化大學中國文學研究所博士論文。

陳國章

　　1994　《臺灣地名學文集》。臺北：國立臺灣師範大學地理學系。

　　2004　《臺灣地名辭典》。臺北：國立臺灣師範大學地理學系。

黃文博

　　1998　《南瀛地名誌》，五冊。新營：台南縣立文化中心。

溫振華

　　1999　〈從地名「廍仔」談臺灣世界的榨蔗技術〉，《竹塹文獻》11：6-13。

張德水

　　1997　《臺灣政治、種族、地名沿革》。臺北：前衛。

曾玉昆

　　1997　〈第十七章：道路名稱〉，收於氏著，《高雄市地名探源（增訂版）》。高雄：高雄市文獻委員會，頁 253-263。

曹銘宗

　　1996　《臺灣地名謎猜》。臺北：聯經。

楊錫福

　　1976　〈臺灣地名類型〉，《中國地理學會會刊》4：80-84。

趙莒玲

　　2003　《臺灣地名的由來》，16冊。新店：泛亞國際文化。

蔡培慧、陳怡慧、陳柏州（撰文）、金炫辰（繪圖）

　　2004　《臺灣的舊地名》。新店：遠足文化。

蔡淑玲

　　2003　〈臺灣閩南語地名的語言層次與文化層次〉，《臺灣語言與語文教育》5：115-128。

廖忠俊

　　2007　〈從地名分類看臺灣傳統地名〉，《臺灣文獻》58.3：175-222。

Alderman, Derek

　　2006　"Place Names," in Barney Warf (ed.), *Encyclopedia of Human Geography*. London: Sage, pp. 358-360.

Entrikin, J. Nicholas

　　1991　*The Betweenness of Places: towards a geography of modernity.* Baltimore: Hopkins University Press.

Everett-Heath, John

　　2005　*The Concise Dictionary of World Place Names.* Oxford: Oxford University Press.

Glennie, Paul

　　2000　"Place Names," in Ron J. Johnston et al. (eds.), *The Dictionary of Human Geography.* 4th ed. London: Blackwell, pp. 584-585.

Goodall, Brian

　1987　*The Facts on File Dictionary of Human Geography.* New York: Facts on File.

Gudde, Erwin G.

　2004　*California Place Names: the origin and etymology of current geographical names.* 4th edition, revised and enlarged by William Brigh. Berkeley: University of California Press.

Hsieh Chiao-min

　1980　"Sequent Occupance and Place Names," in Ronald G. Knapp (ed.), *China's Island Frontier: studies in the historical geography of Taiwan.* Honolulu: University of Hawaii Press, pp. 107-114.

McMaster, Robert B. and Eric Sheppard

　2004　"Introduction: scale and geographic inquiry," in Eric Sheppard and Robert B. McMaster (eds.), *Scale and Geographic Inquiry: nature, society, and method.* Oxford: Blackwell, pp. 1-22.

Peet, Richard

　1998　*Modern Geographical Thought.* Oxford: Blackwell.

Randall, R. Richard

　2001　*Place Names: how they define the world - and more.* Lanham, Maryland: Scarecrow.

Vasiliev, Ren

　2000　"Place Names," in Carol Kammen and Norma Prendergast (eds.), *Encyclopedia of Local History.* Walnut Creek, CA: Alta Mira, pp. 374-376.

Watts, Victor

　2004　*The Cambridge Dictionary of English Place-Names: based on the collections of the English Place-Name Society.* Cambridge: Cambridge University Press.

Whittlesey, Derwent

　1929　"Sequent Occupance," *Annals of the Association of American Geographers* 19: 162-166.

「臺灣地名辭書」的產生過程

廖秋娥[*]

壹、緣起

　　1993 年 3 月初，臺灣省文獻委員會主委簡榮聰[1]主持主管會報中指示：為加強鄉土歷史文化之整理，請積極進行地名普查工作。（臺灣省文獻會 1993，頁 264）原因是簡榮聰未擔任文獻會主委前，曾在中廣電台以臺灣歷史文化為主軸，義務廣播七年，有一回介紹臺灣的地名時，發現臺灣現存書籍對臺灣地名的介紹不全[2]及不夠周詳，因此擔任文獻會主委之後，認為地名能反映臺灣原住民、漢人等族群的多元文化、拓墾歷史，及自然、人文景觀等特色，故應趁著老尚存時趕緊作調查，以保存地方歷史文化、激發鄉土意識，故有這套書的發軔。（簡榮聰 1996，2008.1 電話訪談）

　　根據 1993 年 3 月 5 日，省文獻會專案簽省政府民政廳（見附錄一）原來擬定的地名普查計畫為：八十三年度先擇定臺中市試行辦理，建立一個普查模式；八十四年度起至八十七年度止，預計每年度完成五縣市之普查工作。進行方式：除蒐集文獻之外，主要是由文獻會設計製作地名調查表格，分發各鄉鎮公所查填該管內之地名緣起及演變情形，最後再委請專家彙整撰述。後來該計畫依實際執行作改變。

　　1993 年 7 月 19 日以前，「地名普查計畫」工作原由文獻會整理組承辦。之後，則交由採集組負責。（82.7.15 省文獻會公文書）同時，7 月 19 日會議中，提及八十三年度「地名普查計畫」曾擬委請施添福教授負責執行，但與原編預算科目不符，必須按照既定計畫方式進行。（82.7.23 省文獻會公文書）又因無法僱用臨時人力，故八十三年度臺中市的「地名普查計畫」，由文獻會人員自行分區分工進行調查、整理並撰寫。（82.8.2 省文獻會公文）

　　同時會內討論：自八十四年度起每年度需完成五縣市之普查工作，非文獻會人力所能負荷，請教王世慶委員，他也推薦施添福教授及其學生之專業人力支援，若能委託施教授研究團隊合作，是最理想的研究方式。何況施教授概估所需經費亦比文獻會自辦預算經費經濟。（82.8.2 省文獻會公文書）至 8 月底，文獻會內部已確定：擬自八十四年度起委託臺灣師範大學地理系辦理「地名普查計畫」。（82.8.31 省文獻會公文書）

　　1993 年 12 月，「八十三年度臺中市地名普查實施計畫」已確立，（附錄二）由會內四位委員及八位編纂人員組成田野調查小組。田野調查以「里」為單位，普查臺中市

---

[*]國立臺東大學社會科教育學系副教授

[1]簡榮聰，1990 年 2 月到 1996 年 2 月，擔任臺灣省文獻委員會主委。爭取及主導興建目前臺灣文獻館所在的「臺灣歷史文化園區」。其著作多為臺灣歷史文化為重心。

[2]如臺灣省文獻委員會 1978 年前後出版洪敏麟的《臺灣舊地名沿革》三冊，只介紹到臺灣中北部縣市，南部及東部縣市則付之闕如。

轄區境內所有的地名，包括舊有的「大字」、「小字」和「土名」等。經由田野調查所獲得資料，彙整撰輯臺中市地名緣起演變專書。為了加強田調小組的田調技巧，在12月13-14日，邀請施添福教授演講「地圖之利用與田野調查技巧」；並由施教授會同田調小組及相關人員，前往臺中市北屯區做實地田野調查。（82.12.8省文獻會公文）最後，於1996年2月出版了《臺中市地名沿革》一書。

貳、簽約與協商

從1994年到2007年，省文獻會委託臺灣師範大學地理系辦理「臺灣地名普查研究計劃」，正式簽約11個年度，進行了19個縣市的調查，同時已出版完成15個縣市的地名辭書，另有1個縣市出版第一冊。這14年來，歷經省文獻會改隸國史館；政府採購法實施；計畫主持人改變；計畫執行者無法如期交稿等曲曲折折的過程，若非歷任臺灣省文獻會主委及臺灣文獻館館長（表一）的高瞻遠矚和鼎力支持，此一計畫恐難持續至今。畢竟在臺灣亦難得見到一個行政單位能支持如此大規模、長時間的研究計畫。[3] 除了主委或館長之外，會內許多委員、編纂及行政人員也給予本計劃不少協助，尤其是採集組人員，擔任這十餘年的聯繫、溝通、記錄、專書出版等工作，亦極為辛苦。

表一：與「臺灣地名辭書」有關的臺灣省文獻會主委與臺灣文獻館館長

單位名稱	任次	任期	主委或館長
臺灣省文獻委員會	第十任主委	1990.2-1996.2	簡榮聰
臺灣省文獻委員會	第十一任主委	1996.2-1999.9	謝嘉梁
臺灣省文獻委員會	第十二任主委	1999.9-2001.12	楊正寬
國史館臺灣文獻館	第一任館長	2002.1-2006.7	劉峰松
國史館臺灣文獻館	第二任館長	2006.7～	謝嘉梁

備註：原臺灣省文獻委員會於2002.1.1改制為國史館臺灣文獻館，第一任館長為劉峰松先生（2002.1.1-2002.10.31為代理館長）

臺灣師大地理系和省文獻會所簽的合約內容，如表二所見。表中整理了各年度的研究縣市、研究期間、研究經費、計畫執行人或撰述者等資料。從表二可初步看出本研究計畫的概況和演變：

（一）研究縣市—每年簽約二至三個縣市。地名普查計畫原為自八十三年度至八十七年度之五年計劃，自八十四年度起每年應完成五個縣市。後因省府經費困窘，每年

---

[3] 2008年3月29日「歷史地理研究工作室—地名研討籌備第九次會議」中，施添福教授特別有感而發，感謝歷任主委與館長。

度編列之預算僅能進行二至三個縣市之普查。

（二）**研究期間**—前三年度簽定的縣市，研究期間為一年，到後期二個年度簽桃園縣和新竹縣，研究期間延長至三年九個月，反映出本研究計劃的參與者大多為在職的教師，教學工作之餘，實難短期完成這龐大的計畫。

（三）**研究經費**—前七年度，每一研究的省轄市經費約 50-55 萬元，縣約 60-90 萬元；到第八年度以後研究的縣，經費才達百萬元以上。原來所編列的經費不敷使用，但研究者大多盡量儉省，甚至自掏腰包來從事此一研究。

（四）**計畫執行人或撰述者**—計畫執行人大部分是臺灣師大地理系教師及施添福教授博碩士的指導學生，少部分是長期在當地任職的中學及大學教師。且越到後期，計畫執行人或撰述者人數越多。

表二　省文獻會委託師大地理系辦理「臺灣地名普查研究計劃」之合約書整理

年度	研究縣市	研究期間	研究經費及分期	計畫執行人或撰述者
第一年	基隆市 新竹市 嘉義市	1994.7.1- 1995.6.30	150 萬元 分二期撥	廖秋娥 陳國川 吳育臻
第二年	高雄縣 臺南市	1995.7.1- 1996.6.30	135 萬元 分二期撥	吳進喜 許淑娟
第三年	臺東縣 宜蘭縣	1996.7.1- 1997.6.30	135 萬元 分二期撥	夏黎明 黃雯娟
第四年	屏東縣 嘉義縣	1997.10.1- 1998.12.31	150 萬元 分二期撥	黃瓊慧 陳美鈴
第五年	南投縣 澎湖縣	1998.7.1- 1999.12.31	150 萬元 分三期撥	羅美娥 郭金龍
第六年	臺南縣 雲林縣	2000.2.29- 2001.12.31	175.5 萬元 分三期撥	林聖欽 陳國川
第七年	花蓮縣 彰化縣	2001.12.1- 2003.12.31	175.5 萬元 分三期撥	潘文富 翁國盈
第八年	臺中縣（一） 苗栗縣	2003.6- 2005.12	175.8 萬元 分三期撥	陳國川 翁國盈
第九年	臺中縣（二） 嘉義縣	2004.8- 2006.12	194 萬元 分三期撥	翁國盈、葉韻翠 陳美鈴
第十年	新竹縣（一） 桃園縣（一）	2006.6- 2008.12	198 萬元 分三期撥	翁國盈、劉明怡 施崇武、劉湘櫻 唐菁萍
第十一年	新竹縣（一） 桃園縣（二）	2007.9- 2010.3	195 萬元 分三期撥	陳國川、林清泉 翁國盈、劉女豪 黃宜文

資料來源：臺灣文獻館採集組提供

以下根據明顯變化或差異較大，將省文獻會和臺灣師大地理系的簽約與協商分三期說明。

一、省文獻會時期的前三年——1994-1997 年

「臺灣地名普查研究計畫」中，省文獻會和臺灣師大地理系的意見溝通，主要集中在前三年，在這三年中雙方確認套書名稱、重做臺中市地名普查、延長研究時間、採團隊分工方式進行研究，以及建立期中報告、成果報告、審查會議的制度等。以下再分兩點說明。

（一）簽約與報告

1994 年 8 月，省文獻會正式簽約委託臺灣師範大學地理系辦理第一年，即八十四年度「臺灣地名普查研究計畫」——基隆市、新竹市、嘉義市。計畫主持人施添福教授，計畫執行人分別為廖秋娥、陳國川、吳育臻。研究經費共 150 萬元，研究期間自 1994 年 7 月 1 日-1995 年 6 月 30 日。（附錄三）

第二年，即八十五年度，也在 1995 年 8 月簽約，研究的縣市為——高雄縣、臺南市，計畫執行人為吳進喜、許淑娟。研究經費共 135 萬元，研究期間自 1995 年 7 月 1 日-1996 年 6 月 30 日。第三年，即八十六年度，研究的縣市為——臺東縣、宜蘭縣，計畫執行人為夏黎明、黃雯娟。研究經費共 135 萬元，研究期間自 1996 年 7 月 1 日-1997 年 6 月 30 日。

第一年基隆、新竹、嘉義三個市的研究計畫，第一次期中報告，是在 1995 年 2 月 25-26 日，臺中市德化大樓召開，參加人員有翁佳音、吳連賞，省文獻會 4 位代表及臺灣師大地理系 16 人。次年 1996 年 1 月 6-7 日，在臺中市德化大樓內舉行審查會議，出席之審查委員有王世慶、翁佳音、吳連賞，及臺灣師大地理系 18 人；列席有省文獻會代表蕭銘祥、陳德村。之後，基隆市、新市竹、嘉義市的地名辭書分別在 1996 年 9 月和 12 月出版。

1997 年 3 月 31 日，於省文獻會內舉行第一年三個市——基隆、新竹、嘉義市的成果發表會，並由三冊書的編纂翁佳音、王世慶、吳連賞擔任主評人。（86.3.11 臺灣地名普查計畫成果發表會 報告資料）同時，第二、三年度研究的四個縣市——高雄縣、臺南市、臺東縣、宜蘭縣，也在同一天，共同舉行期中報告及審查會議。（86.3.11 臺灣地名普查計畫第二、三年期中報告）

（二）討論與協商

1996 年 5 月 1 日，文獻會針對委託臺灣師大地理系辦理之「臺灣地名普查研究計畫」內部進行檢討會議。會中除確定本研究繼續委由臺灣師大地理系辦理外，針對臺灣師大地理系反應之意見進行研商，包括：（1）委託合約每年簽約一次，充滿不確定性。

可否改為一次簽訂二至五年長期合約，以便及早安排人力進行田野調查、撰稿工作？
（2）出版書刊名稱可否改用「臺灣地名辭書」？（3）該系每人一年內完成一縣市田野
調查、撰稿工作，時間上相當緊湊，可否延長交稿時間？決議：可考慮簽訂二年合約；
同意採用「臺灣地名辭書」名稱；交稿時間再協商，儘早依年度進度完稿。（85.5.11 省
文獻會公文書）

　　1996 年 6 月 8 日，省文獻會召開期中檢討協調會，編纂王世慶、翁佳音與臺灣師大
地理系 14 人出席。（附錄四）會議中，施添福教授提及：臺灣師大地理系接受省文獻會
委託後，即進行各該年度地名文獻蒐集、田野調查及撰稿、查證等工作；因期本研究具
備一定之學術水準，因此投入相當多的人力在田野調查及查證的工作上面；尤其本系學
生一向實事求是，秉持儉省的原則從事研究，原所編列的經費已捉襟見肘，不敷運用，
在有限經費下本系仍秉持著學術的理念，努力的調配人力執行，其中部份進度或許落後，
敬請見諒，本系仍會盡全力為臺灣地名的研究略盡心力。至於八十六、八十七年度以後，
本系恐要改變作業的方式，不再以每人負責一縣市，而係以團隊分工的方式，共同完成
一縣市地名調查工作。

　　會中也討論到地名普查計畫原為自八十三年度至八十七年度之五年計劃，後因省府
經費困窘，每年度編列之預算僅能進行二至三縣市之普查，省文獻會決議五年期滿後繼
續辦理，並再次簽報省府，將原計畫延長為十年計畫。

　　此外，臺灣師大地理系提議：為保持「臺灣地名辭書」的一致性及完整性，臺中市
以及高雄市、臺北市地名普查工作，是否在本省二十縣市普查完畢後繼續辦理？省文獻
會認為：基於行政職權之畫分與權限尊重，省文獻會先行作本省二十一縣市的地名普查，
待二十縣市調查後，委由臺灣師大地理系繼續進行臺中市地名普查；至於臺北市、高雄
市部份，請臺灣師大地理系逕洽各該市政府辦理。

二、 省文獻會時期的後三年—1998-2001 年

　　本期省文獻會對臺灣師大地理系研究人員之要求即：如期交稿結案！雖然本研究計
畫自第二年起，各縣市已逐漸採團隊的工作方式，但部份縣仍由計畫執行人自行負責，
由於縣的規模遠高於第一、二年的省轄市，故到本階段出現省文獻會向計畫執行人催稿
的現象。

　　1999 年 3 月 16 日的協調會議，主要催稿對象是高雄縣、宜蘭縣。（88.3.29 省文獻
會公文書）到 2000 年 1 月 24 日，省文獻會為執行年度預算保留款，請臺灣師大地理系
說明八十五至八十八年度委辦的縣目前的詳細進度。被要求說明的縣，除高雄、宜蘭縣
外，還有屏東、嘉義、南投和澎湖縣。（89.1.24 省文獻會公文）之後，在 2001 年 2 月
13 日向屏東、嘉義、南投、澎湖四縣催稿；2001 年 8 月 10 日再向屏東、嘉義、澎湖三
縣催稿。（附錄一）催稿如此急切，實因省文獻會恐有經費無法辦理保留之慮。

其實地名研究者大多在合約簽訂前即已提前進行籌備工作，但仍是無法如期完成。被催稿的縣如高雄、宜蘭、嘉義、南投四縣，都是個人獨立負責全縣的田調與撰稿工作，在教書之餘，這份地名普查工作實在沉重；且嘉義、南投兩縣後來又遭遇「921 大地震」，山區難以進入。而嘉義縣的負責人陳美鈴又於 2000 年 1 月 2 日，在研究室意外摔倒受傷，研究進度更受耽擱。另外，屏東、澎湖兩縣雖有 6-8 人的工作團隊，但澎湖縣因島嶼眾多（64 個）、幅員遼闊，田調人員受限於季風與離島交通之影響，故進度落後。而屏東縣負責人黃瓊慧，則在 1998 年 2 月 16 日田調時，被後面來車撞擊，發生車禍，使得此一地名研究工作停頓...。種種因素都是簽約當時不能預料到的。（89.3.29 省文獻公文）各縣市負責人實不願造成省文獻會行政上的困擾，但有天災又有人禍，夫復奈何！

鑒於這數年之間，地名普查工作嚴重落後，臺灣師大地理系自 2000 年以後辦理的縣市，一律採取集體合作的方式完成，不再有一個人負責一個縣市的狀況產生，也避免了被催稿嚴重的情形。同時，省文獻會也自 2000 年簽訂的臺南縣、雲林縣的契約中，開始加入以下條文：研究進度嚴重落後者，省文獻會得隨時終止合約，並追繳已撥付之研究經費。若提早完成，受委託者、計畫主持人及參與計畫的工作人員，將長期列入省文獻會書刊贈閱之寄送對象。可惜！此一獎勵條文未曾聽聞有人享受到。

1999 年，因政府採購法頒佈實施，基於研究理念及合作默契，省文獻會為了能繼續委託臺灣師大地理系，專函行政院公共工程委員會請示：本案省文獻會與臺灣師大地理系合作已五年，彼此對學術掌控之內涵與工作態度深具信心，對共同之需求性與期盼呈現之品質水準早有共識，如研究綱要、理念、方法、目的、步驟等都經過細膩規劃。又師大地理系所聘請之研究人員，對研究作業方式、田調重點、整理調查資料、撰寫研究報告格式等，也因延續性而遵循同一模式辦理中。...若重新委請其他研究單位辦理，一方面因規劃之學術層面與發展範圍，恐無法達成本計劃案，另一方面因缺乏持續既定之研究方式，本計劃將盡失原有之特色與學術價值，專輯出版後體例、內容亦將與本系列出版品迥異。（88.12.24 省文獻公文書）行政院公共工程委員會函釋：得依政府採購法第二十二條第一項第四款規定「如因與原有採購具相容或互通性之需要，必須向原供應廠商採購」，報上級機構核准後採限制性招標。

2001 年，從簽約的第七年度開始，因原計畫主持人施添福教授調任中研院台史所，故改擔任本研究計畫的協同主持人；計畫主持人則推請向來對本研究計畫有深入涉獵及專研的臺灣師大地理系陳國川副教授擔任。同時第五、六年計畫，因尚未完成，也在原委託合約書上註記變更計畫主持人。（90.7.16 省文獻會公文書）

三、 臺灣文獻館時期——2002-2007 年

　　從 2002 年元月開始，臺灣省文獻會改名「國史館臺灣文獻館」，隸屬於國史館，第一任館長劉峰松。本研究計畫主持人，由臺灣師大地理系陳國川教授擔任，施添福教授則為計劃指導人。

　　本時期的特色是：（1）簽約的每一縣研究時間都延長許多，從 2 年 1 個月、2 年半、3 年半，到 3 年 9 個月。（2）臺中縣、新竹縣、桃園縣均跨二個簽約年。（3）計畫執行人不再是當地的老師，幾乎都由臺灣師大地理系陳國川、翁國盈教授領銜掛名。這樣的改變意味著本時期的地名研究，時間將更充裕，各縣市的領導也將更有力吧！

　　在研究時間延長之下，相對的，臺灣文獻館在第十年——新竹縣、桃園縣簽約時，對未如期交期中報告或初稿者就加了以下條文：如未依規定期限完工，每逾一日，照當期應付價款 1‰ 處罰，...逾期三個月仍未交，文獻館得隨時解除契約並追繳已付款項。逾期違約金之總額以契約價金總額 20% 為上限。解除契約，臺灣文獻館請求之損害賠償以契約總額 10% 計算。可以說文獻館新的契約越來越嚴謹、周延，權利與義務條條分明。（附錄五）

　　自 1997 年至 2007 年，「臺灣地名辭書」各卷書已出版的情形如表三所見。目前尚有：卷五-高雄縣（二）、卷八-嘉義縣、卷十四新竹縣、卷十五-桃園縣、卷十六-臺北縣、卷十九-臺中市等未出版。改隸後之臺灣文獻館，仍繼續委請臺灣師大地理系辦理「臺灣地名普查」計畫。（臺灣省文獻會 2003，頁 447）至於臺北市、高雄市兩直轄市之地名，也計畫要納入普查的行列。

表三 「臺灣地名辭書」已出版的各卷書作者

卷名	出版時間	總編纂	編纂	撰述	結論-作者
卷一：宜蘭縣	2000 年 12 月	施添福	翁佳音	黃雯娟	黃雯娟
卷二：花蓮縣	2005 年 12 月	施添福	陳國川 翁國盈	潘文富、潘繼道、李宜憲、簡明捷、張振岳、翁純敏、楊盛涂	無
卷三：臺東縣	1999 年 12 月	施添福	王世慶	夏黎明、林玉茹、李玉芬、姜祝山、柯芝群、鄭漢文、胡龍雄、趙川明、傅　君	無
卷四：屏東縣	2001 年 10 月	施添福	吳連賞	黃瓊慧、鄭全玄、鍾瑾霖、李嘉雯、郭莉芳、翁淑芬	黃瓊慧
卷五：高雄縣（一）	2000 年 12 月	施添福	施添福	吳進喜	—
卷六：澎湖縣	2002 年 6 月	施添福	吳連賞	郭金龍、呂文雄、蔡丁進、張新芳、曾文明、謝宗達、陳萬允、王慧筠	郭金龍

卷七：臺南縣	2002 年 12 月	施添福	陳國川	林聖欽、顏明進、曾鈺眞、莊婉瑩、孫　細、李欣儒、翁健仁、孔慶麗、翁蕙君、陳岫傑、鄭永祥、林芳穗、張瑋蓁、董秀婷、莊惠如、林佳慧、賴素娥、薛毅白	林聖欽
卷八：嘉義縣					
卷九：雲林縣	2002 年 9 月	施添福	吳連賞	陳國川、許心寶、尹詩惠、葉韻翠、蕭莉婷、邱慧娟、楊淑卿	陳國川
卷十：南投縣	2001 年 12 月	施添福	陳國川	羅美娥	羅美娥
卷十一：彰化縣（上）（下）	2004 年 12 月	施添福	陳國川 翁國盈	葉爾建、劉螢君、葉韻翠、張伯鋒、吳素幸、王惠美、楊蕙禎、陳文祥、謝佩珊、吳佩盈、劉明怡、高銘澤	翁國盈
卷十二：臺中縣（一）（二）	2006 年 10 月 2007 年 9 月	施添福	陳國川 翁國盈	張伯鋒、張聖翎、黃兆毅、巫宜娟、鄭吉成、葉爾建、朱尉良、李育銘、邱慧娟、柯佳伶、高銘澤、廖彥婷	―
卷十三：苗栗縣（上）（下）	2006 年 10 月	施添福	陳國川 翁國盈	林聖欽、戴天來、許心寶、劉明怡、林愉庭、湯心怡、汪文嵩、陳祝筠、羅盈伶	林聖欽
卷十四：新竹縣					
卷十五：桃園縣					
卷十六：臺北縣					
卷十七：基隆市	1996 年 12 月	施添福	翁佳音	廖秋娥、黃致誠	廖秋娥
卷十八：新竹市	1996 年 9 月	施添福	王世慶	陳國川	陳國川
卷十九：臺中市					
卷二十：嘉義市	1996 年 9 月	施添福	吳連賞	吳育臻	吳育臻
卷廿一：臺南市	1999 年 2 月	施添福	王世慶	許淑娟、李明賢、鄭全玄、孔慶麗	許淑娟

資料來源：整理自「臺灣地名辭書」已出版的各卷書

參、臺灣師大地理系的內部討論

2008 年 3 月 29 日，以臺灣師大地理系教師與畢業生為主的一群人，在中央研究院臺灣史研究所八樓的會議室，召開「歷史地理研究工作室─地名研討籌備第九次會議」，主持人為施添福教授。一年多前，施教授得知臺灣文獻館將於 2008 年舉辦 60 週年館慶活動，同時文獻館將與地名普查研究團隊共同發表 10 餘年來之地名研究成果，並進一步將地名引入學術研究中。所以，施老師召集過去地名普查計畫的研究者，同意以每二個月一次為原則，開始為 2008 年 4 月 25、26 日的地名研討會準備。

這樣的場景類同於 1994 年 7 月到 1996 年 5 月舉辦的「臺灣歷史地理論文研討會」，這是以施添福教授指導的臺灣師大地理系博碩士學生為主的研討會，每兩個月聚會一次，共舉行了 14 次。研討會中主要是報告博碩士生學位論文的內容；及當時正進行中的「臺灣地名普查計畫」相關的報告和討論。（附錄六）

文獻館和臺灣師大地理系雙方合作「臺灣地名普查計畫」，能彼此讚賞並而有所成就，實因各有投入與付出。14 年間，臺灣師大地理系投入百餘人心力與時間撰寫這套書，能夠大致上遵循同一模式研究，則須歸功於 1994-1996 年間參與地名研究的人員在「臺灣歷史地理論文研討會」中的討論與摸索。

本套「臺灣地名辭書」，是以田野調查為主，文獻、地圖資料為輔，從縣市、鄉鎮區的地名解讀及區域特色的敘寫，到解讀村里名並清查村里內的聚落、道路、山川、廟宇等名稱。沿襲《臺中市地名沿革》一書，尊重現代狀況，以「村里」為研究單位，是與過去或同時代地名辭書最大的不同。

為了「臺灣地名辭書」整套書體例一致，在「臺灣地名普查計畫」前三年，各卷書的計畫執行人，幾乎是在「臺灣歷史地理論文研討會」中討論和報告相關的地名研究。關於整套書的定位、田野調查、凡例撰寫、章節安排、地圖詳略、縣市鄉鎮區特色，以及地名質量的取捨等，歷經不斷的實作與討論，逐漸塵埃落定。「臺灣歷史地理論文研討會」14 次研討會中，前二年的各卷書作者至少在 9 次研討會中提出報告。（附錄六）

「臺灣地名普查研究計畫」的第一年度，在 1994 年 8 月簽約之前，基隆、新竹、嘉義三市的計畫執行人已開始工作，在 1994 年 7 月第一次「臺灣歷史地理論文研討會」中，基隆市的計畫執行人廖秋娥，首次發表相關的論文─〈基隆港區的發展〉。同年 10 月、11 月，第三、第四次研討會中，三個市的負責人陳國川、吳育臻、廖秋娥都發表和三個市地名研究相關的文章。尤其是陳國川發表的新竹市撰述計畫，是本套書的討論基礎，其中有關章節安排、田野工作項目、地名調查表格，都在此次討論和凝聚共識。

到了 1995 年 12 月，第十二次研討會，高雄縣負責人吳進喜第一次報告。1996 年 3 月，第十三次研討會，臺南市負責人許淑娟也進入第一次報告；同時第一年進行的基隆市、新竹市、嘉義市計畫執行人，也在此次發表該卷和〈結論〉章節相關的里名演變和起源表。

1994 年 7 月開始的研討會，和地名普查研究相關的討論，最重要的是：本套書的定位與資料的取捨問題。因本套書進行大量的田野工作，故作者往往會取得大量的第一手資訊，在撰寫中大多很輕易就超出原訂篇幅。所以如何取捨變成重要的議題。會議中不斷就書本定位及各方面如何取捨作出決議。如：

一、**本書定位**—會中多次強調本套書定位在作為一部「有系統而嚴謹的工具書」，所以不必針對某些現象說明太多或特別多，只要「五臟俱全」，可資作為教學或研究或其他需要者的索引即可。亦即作者必須從該書是「工具書」的角度，考慮使用者需求及篇幅，作適度刪減。

二、**地名取捨**—凡聚落名、行政區名、廢村等，一定要收錄；有歷史意義的路名、河名、山川名才予以記錄，其他由作者依史料判斷其意義，加以選擇解讀。

三、**地圖的繪製**—「地名何在」的地圖不可省，可以合併的話即行合併。其他如氣候、地質等圖，不是地名工具書的重點，可斟酌刪除。

其次，本套書與過去地名工具書之不同點在於以「村里」為單位，故對於如何解讀村里名、如何呈現村里特色、應描述村里到什麼程度…，都一再討論。最後確認村里描述重點：包括詳述村里名的由來、村里中的地名及其起源。村里中具有歷史意義的主要文物，如廟宇、碑文、橋等，則略加說明即可；少數舊地名，無法查出其緣起者，則寫不詳，地名仍要列出。

「臺灣地名辭書」作為一套書，撰寫凡例須具有一致性。這部份由陳美鈴負責，從1995 年 2-6 月的第七到九次的「臺灣歷史地理論文研討會」後，大致上確定整個撰寫凡例。

作為一套書，大家討論後，也期望在各縣市的結論中，都能整理出縣市內「村里名的演變」、「村里名的起源」兩個表格。其中村里名的演變，在 1994 年 10 月第三次的「臺灣歷史地理論文研討會」，陳國川的「新竹市撰述計畫」中已確立。共分三類：1.完全沿用舊地名—沿用清代，沿用日治時代的大字，小字；2.部分沿用舊地名—沿用清代，沿用日治時代的大字，小字；3.完全創新。村里名的起源，則由林聖欽負責把地名文章找出來，以整理出不同文章中有關地名起源分類的系統與方法。（臺灣地名普查研究計畫第一年審查會議 1996.1）這兩個表格，最後在 1996 年 3 月「臺灣歷史地理論文研討會」第十三次研討會中確定，表格內容如下。

村里名的演變表格如下：

鄉鎮別	完全沿用舊地名的村里名			部分沿用舊地名的村里名			完全創新的村里名	里數
	沿用清代地名	沿用日治時代		沿用清代地名	沿用日治時代			
		大字名	小字名		大字名	小字名		

村里名的起源表格如下：

區域/項目	位置與時間	自然環境	維生方式	血緣或地緣	名勝或人文設施	拓墾	軍事與眷村	意識型態	…

肆、各卷書的結論整理

在已完整出版的各縣市地名辭書中，除了卷二-花蓮縣和卷三-臺東縣兩卷書，並無結論這一章之外，其餘各卷書最後一章均有撰述「結論」一章。

各卷書結論大多先將各縣市鄉鎮區的區域特色作一整理，再來敘述「村里名的演變」和「村里名的起源」兩表格的統計結果及其意義。另外，因本套書調查主體是「地名」，故有不少作者也特別將所有調查出來的地名按鄉鎮市區作一統計、分類、排序和說明的。如：南投縣-各鄉鎮地名分類表、十三鄉鎮各類地名排序表；基隆港市-各區地名數。也有特別挑縣市內特殊分佈的地名作分析的。如：臺南縣-有關明鄭時期營鎮地名的分布、有關「寮」小地名的分布；苗栗縣-有關「厝」的小地名分布、有關「崗」、「岡」的小地名分布、有關樟腦事業「份」的小地名分布。（附錄七）

總計 13 個縣市村里名的演變，七種分類中比例最高的是「完全新創」的村里名，佔有約 41%的比例。又總計 13 個縣市村里名的起源，十三種起源分類中，最高比例為「意識型態」佔約 25%。

整體而言，戰後臺灣各縣市村里名的命名，最多的是「完全新創」具有「意識型態」的村里名，這和戰後國民政府將各級鄉鎮村里名，視為政治教化的工具有關，故村里名很難反應出在地縣市鄉鎮的歷史、地理、族群、文化等特性。其中澎湖縣村里名命名以「完全沿用清代地名」、反應「自然環境」佔有最高比例，（41-42%）可說是個異數。

伍、檢討與展望

「臺灣地名辭書」這套書已出版完成 15 個縣市，14 年間，不論是省文獻會、臺灣文獻館或臺灣師大地理系，都投入無數人的心力與時間，雖然計畫仍在執行，總有需檢討、改進之處。以下分為研究時間的不足、研究經費的不足、研究成果的不足，以及未來的展望這幾方面來談。

一、研究時間的不足

就臺灣師大地理系投入此地名研究歷程而言，或許內部成員低估了地名普查的工作量，以致於前五年有 6 個縣市是採一個人負責一個縣市的撰寫模式，因無法如期交稿，造成省文獻會行政作業困擾。當然同一本書越少人撰寫，素質越能掌控或體例越能齊一，

這或許是計畫執行之初參與研究者之單純想法。這想法或許沒錯，因某些縣市確實田調與撰寫人員眾多，每個人所受訓練不同，所以同一縣市各鄉鎮撰寫的水準參差不齊；當然該縣市的負責人也不願有此種情事，然而面對研究期限的壓力，當發現狀況不佳時，往往也只能竭盡所能的作調整。

1996 年 5 月，臺灣師大地理系已經提及時間壓力一事，希望能簽 2-5 年的長約，及延後交稿。省文獻會答覆：可考慮簽訂二年合約，交稿時間再協商，儘早依年度進度完稿。（85.5.11 省文獻會公文）但是，稍後在 1996 年 7 月簽的臺東縣和宜蘭縣，仍然只有一年的研究期間；隔年簽的屏東縣和嘉義縣，也只有一年二個月的研究期間。為什麼會這樣呢？省文獻或許有難以突破的行政困難吧！但往後再簽訂的地名普查研究計畫，針對研究期限臺灣文獻館亦逐漸作調整。

二、研究經費的不足

臺灣師大地理系在投入計畫之初，低估地名普查之工作量，尤其是田野的工作量[4]，所以可能因此低估了研究經費的需求額度。編撰之初，每年一百多萬元，每一縣市只有五十萬左右，扣除行政管理費後，分布至每一鄉鎮，各鄉鎮的普查、研究經費實在有限。不過施添福教授說：「沒給經費都應該作研究，何況還給經費！」所以經費不足，計畫執行人只好自掏腰包解決。或者就告訴各鄉鎮的撰稿者「每個鄉鎮只有○萬的經費」，各鄉鎮的撰稿者也只好一起共襄盛舉了。除了鄉鎮的撰稿者，各縣市也有一些兼任的研究助理，這些助理也有不少是免費奉獻自己時間的。所以在少許的經費之下，能完成各縣市的地名普查與撰寫工作，真的必須感謝許多人—許多名字未出現在本篇文章的人。

三、研究成果的不足

這套書確實是臺灣師大地理系花了很長的時間討論，費了很多人力完成，成果也頗值得肯定的一套書。但仔細檢討，其研究成果仍有一些不足之處：（1）某些縣市某些鄉鎮撰寫的水準不夠；（2）某些縣市沒有寫「結論」這一章，所以也沒有統計和敘明縣市「村里名的演變」和「村里名的起源」，不符合本套書原先的期望；（3）本套書討論過地名若源於不同族群的發音，希望能夠取得當地人的讀音，由研究者先自行注音，較正確的注音法，再另作討論。這一點，大部分各卷書並未處理妥當。

「臺灣地名辭書」這套書，如果不計算臺北市和高雄市，至少還有 6 個縣市將陸續完成與出版，上述所提的研究時間、研究經費的不足，希望都能成為過去式，不再有任何遺憾發生。至於研究成果盡量追求完美，至少能回應本套書原先所設定的一些期望吧！

---

[4] 如以村里為單位的地名調查，必須把地名標在村里之中，所以第一步要知道村里界線在哪裡？ 1994 年時，臺中市有里界圖，但基隆市沒有里界圖，這時只能從最基礎的里界踏查開始。

　　本套書除了紙本資料，已出版的各縣市所有地名及其解釋，都可以在內政部地政司建置的「臺灣地區地名整合檢索系統」中可查詢到。2002 年，內政部為辦理「臺灣地名查詢系統建置計畫」，要求臺灣文獻館同意引用或全文數位化「臺灣地名辭書」。引用部份，臺灣文獻館原則同意，惟強調引用的範疇需知會臺灣文獻館和臺灣師大；至於全文數位化則文獻館將自行規劃辦理。（91.5.17 臺灣文獻館公文書）不過，內政部地政司建置的地名檢索系統中，只要是「臺灣地名辭書」已出版的縣市，所有地名清單與文字說明幾乎全抄自本套書，但其在「普查使用之地圖與文獻」一欄中，如只註明「臺灣地名辭書 卷一 宜蘭縣，臺灣省文獻會」，未見註明撰述者黃雯娟，也未見註明總編纂施添福教授，更未提及研究團隊是臺灣師大地理系。

　　2004 年 7 月 26 日，宜蘭縣政府曾發文給臺灣文獻館，為豐富宜蘭縣府全球資訊網站內容要求轉載《臺灣地名辭書 卷一 宜蘭縣》部分章節文字。臺灣文獻館回函表示：原則同意，但縣府轉載必須詳註本館出版、施添福教授研究團隊研究撰述。（93.8.6 臺灣文獻館公文）照此標準，轉載更多縣市資料內容的內政部地政司，是否應該懂得尊重撰述者、研究團隊等人的智慧財產權呢？這應該也是值得檢討的一件事吧！

　　最後，謹向曾經及繼續從事本套書的研究者及行政人員致意！同時感謝所有曾經幫忙過本套書的所有在地人士與研究助理！由於大家的努力，我們有了一套臺灣地名普查最徹底、最基層也最廣泛的工具書，可作為鄉土教育及學術研究的起點。至於身為地名研究者的我們啊，不要忘了施添福教授的諄諄教誨：要踩在這套地名調查的基礎工具書之上，將地名研究帶向更具深度、更為廣博的學術研究領域之中！

參考文獻

簡榮聰 1996〈序四〉《臺中市地名沿革》頁 7 臺灣省文獻會
臺灣省文獻會 1993《臺灣文獻》44（2,3）：264
臺灣省文獻會 2003《臺灣文獻》54（2）：447

附錄一　臺灣省文獻會有關「臺灣地名辭書」的公文整理

時間-文號	主旨	主委	相關組員
82.3.5 永久檔號 6216 號	檢陳本廳省文獻會所擬之「地名普查」計畫乙份	簡榮聰	整理組長周菊香
82.7.15 永久檔號 6216 號	地名普查計畫擬請於 82 年 7 月 19 日起自整理組移交由採集組接辦	簡榮聰	整理組長周菊香
82.7.23 永久檔號 6216 號	檢陳文獻會研商 83 年度地方地名普查執行計畫草案紀錄乙份	簡榮聰	整理組長周菊香
82.8.2	有關本會「地名普查」計畫預算經費，84 年度起擬改以委辦經費編列案。	簡榮聰	採集組長呂順安 專員黃宏森 組員陳德村
82.8.31	據本廳所屬省文獻會辦理「地名普查」工作，擬自 84 年度起委託師範大學地理系辦理案	簡榮聰	採集組長呂順安 專員黃宏森 組員陳德村
82.11.22	辦理 83 年度「地名普查」計畫工作進行前邀請施教授來會作講習案	簡榮聰	採集組長呂順安 專員黃宏森 組員陳德村
82.12.27 八二文探字第 4472 號	辦理臺中市「地名普查」工作，討論田野調查內容有關事宜	簡榮聰	採集組長呂順安 組員陳德村
83.9.16 永久檔號 142.5 號	檢陳內政部召開研商臺灣地區地名普查工作計畫草案會議開會通知單及工作計畫草案	簡榮聰	採集組長呂順安 專員黃宏森 組員陳德村
85.5.11 八五文探字第 1236 號	檢送本會辦理「地名普查」工作檢討會議紀錄乙份	謝嘉梁	採集組長呂順安 專員黃宏森 組員陳德村
85.5.23	辦理全省「地名普查」工作，擬購置航照圖以因應業務實際需要案	謝嘉梁	採集組長蕭銘祥 專員黃宏森 組員陳德村
85.7.10 八五文探字第 2123 號	檢陳本會「地名普查」委託計畫期中檢討協調會議紀錄乙份	謝嘉梁	採集組長蕭銘祥 專員黃宏森 組員陳德村
88.3.29 八八文探字第 0890 號	檢送「臺灣地名辭書」編纂協調會議紀錄乙份	謝嘉梁	採集組長劉澤民 專員石瑞彬 組員陳德村
88.12.02	檢陳本會 89 年度辦理地名普查計畫案向國立師範大學地理系聯繫情形	楊正寬	採集組長劉澤民 專員石瑞彬 約聘助理研究員俞惠鈴

88.12.24 八八文探字第 4711 號	為本會委託研究辦理 89 年度地名普查計劃案，是否適用政府採購法第二十二條第五款或第四款疑義	楊正寬	採集組長劉澤民專員石瑞彬約聘助理研究員俞惠鈴
88.12.29	貴會委託辦理 89 年度地名普查計劃，如因與原有採購具相容或互通性之需要，必須向原供應廠商採購，得依政府採購法第二十二條第一項第四款規定，報上級機關核准後採限制性招標	楊正寬	採集組長劉澤民專員石瑞彬約聘助理研究員俞惠鈴
89.1.24 八九文探字第 0345 號	本會為確實瞭解掌握委託貴系辦理地名普查計劃案進度，並有效執行年度預算保留款，請提供 85 年至 88 年度委辦理縣（市），目前已完成、待完成之詳細	楊正寬	採集組長劉澤民專員石瑞彬約聘助理研究員俞惠鈴
89.3.20 八九文探字第 1005 號	本會 85 年到 88 年委託貴系辦理地名普查研究計畫案，進度嚴重落後，且逾期多時，造成本會年度預算保留款執行困擾，請貴系最遲於 89 年 4 月 30 日前交稿	楊正寬	採集組約聘助理研究員俞惠鈴
90.2.13 九 0 文探字第 0423 號	本會 87、88 年度委託貴校辦理嘉義縣、屏東縣、澎湖、南投二縣之地名普查計劃案，查該等計劃進度嚴重落後且皆逾期多時，敬請 惠予轉知督促，俾利儘速繳交逾期稿件，以利出版結案	楊正寬	採集組陳惠芳
90.7.16	貴校前接受本會委託辦理「臺灣地名普查研究計畫第五、六年」研究計劃，因故調整計畫主持人案，本會尊重 貴校之決定並請於原委託合約書上註記變更事項、日期確認後雙方用印以資憑據	楊正寬	採集組長李維真組員陳惠芳
90.8.10 九 0 文探字第 2413 號	本會 87、88 年度委託貴校辦理嘉義縣、屏東縣、澎湖等縣市之地名普查計劃案，查該等計劃進度嚴重落後且皆逾期多時，敬請惠予轉知相關人員儘速依約繳交逾期稿件，俾利出版結案	楊正寬	採集組員陳惠芳
90.9.21 九 0 文探字第 2830 號	檢送「臺灣地名普查研究計畫」執行進度檢討會議紀錄乙份	楊正寬	採集組長李維真組員陳惠芳

91.2.8 九十一台探字第 0327 號	「臺灣地名普查計畫第七年研究計畫執行說明會議」紀錄乙份	代館長劉峰松	採集組長李維眞組員陳惠芳
91.5.17 九十一台探字第 1248 號	鈞部為辦理「臺灣地名查詢系統建置計畫」，擬請本館同意引用或全文數位化臺灣地名辭書案	代館長劉峰松	採集組陳惠芳
91.10.15	本館 90 年度委託國立臺灣師範大學辦理「花蓮縣、彰化縣地名普查研究計畫」之期中報告審查案	代館長劉峰松	採集組長李維眞專員陳惠芳
92.4.10 台探字第 0920600876 號	檢送「國史館臺灣文獻館 92 年度苗栗縣、臺中縣（一）地名普查委託研究計畫審查會議」紀錄乙份	館長劉峰松	採集組長李維眞專員陳惠芳
93.8.6 台探字第 0930000956 號	貴府為豐富網站內容及提供民眾了解轄內地名之意涵，建置「臺灣地名辭書卷一宜蘭縣」部分資料函請本館同議案。	館長劉峰松	採集組長李維眞專員陳惠芳
95.6.22 台探字第 0950601389 號	檢送「本館 95 年度新竹縣（一）、桃園縣（一）地名普查委託計畫（草案）審查會」會議紀錄乙份	館長劉峰松	採集組長李維眞專員陳惠芳

資料來源：臺灣文獻館採集組提供

附錄二　八十三年度臺中市地名普查實施計畫

一、依據：

　　省議會第九屆第五次定期大會議會決議事項辦理並奉主席核可定爲五年專案計畫，於八十三年度起編列預算實施在案。

二、目標：

　　將臺中市轄區境內大、小地名作系統之全面普查、考證，透過地名的解讀以探究臺中市的歷史沿革和地區特色，並予以彙整編印出版臺中市地名緣起演變專書。全書約計二十萬字。

三、普查地點：臺中市

四、執行方法：

　（一）先期工作：

　　1.蒐集「臺中市地名相關文獻資料」，包括古代地圖、現代地圖、行政區域圖及市志…等（向臺中市教育會索取有關資料）。

　　2.函請各區公所提供行政區域圖、鄰里圖暨當地耆老或可能提供協助人士名冊，以供田調人員運用，並協助必要之實地田野調查。

　（二）進行方式：

　　1.併臺中市耆老口述歷史座談會辦理舊地名普查採訪，所採訪資料做爲普查參考。

　　2.由本會委員、編纂組成田野調查小查，辦理田野調查工作，各分組主持人、指導人分派情形如后：

區別	分組主持人	指導委員
北屯區	吳政恆	鄭委員喜夫
北區	莫光華	鄭委員喜夫
西屯區	廖財聰	郭委員嘉雄
西區	陳文達	郭委員嘉雄
東區	林栯顯	黃委員文瑞
中區	李西勳	黃委員文瑞
南屯區	劉繕紳	魏委員永竹
南區	李宣鋒	魏委員永竹

　　3.田野調查：以「里」爲單位，普查臺中市轄區境內所有的地名，包括舊有的「大字」、「小字」、「土名」等。

　　4.經由田野調查所獲得資料彙整撰輯臺中市地名緣起演變專書。

五、調查內容：

（一）地名的「位置」與「地點」。

（二）地名的「地形狀況」。

（三）地名的「聚落形成時間」。

（四）地名的「創建相關人氏」、「主要姓氏」。

（五）地名的「淵源」及「歷史變革」與「史事傳承」。

（六）「古蹟」、「古建物」、「遺址」。

＊檢附調查卡乙種（詳如附件）

六、執行進度：

（一）蒐集資料—八十二年七月至十月

（二）舉辦耆老座談會—八十二年十月

（三）召開籌備會議—八十二年十一月

（四）實地田野調查及整理資料—八十二年十二月至—八十三年二月

（五）查證資料—八十三年三月

（六）撰寫專輯完稿交稿—八十三年四月

（七）依審查意見、修正、交稿—八十三年六月十五日

（八）付印八十三年六月底前

七、人員配置：

（一）按臺中市八個行政區域劃分，由本會委員（四人）每人負責二區，搭配編纂
（八人）每人負責一區，組成田調小組合計八組，進行口述採集、調查訪問、
資料整理、彙集撰述專輯初稿。

（二）委請（臺灣）師大地理系（所）施教授添福為總編纂，負責初稿之整合，撰輯
完稿。

八、經費需求：依照年度預算核實勻支。

（資料來源：臺灣省文獻會八二文採字第 4247 號公文，中華民國 82 年 12 月 8 日發文）

附錄三　八十四年度「臺灣地名普查研究第一年：基隆市、新竹市、嘉
　　　　義市」委託計劃合約書

委託機關：臺灣省文獻委員會（以下簡稱甲方）

受託單位：國立臺灣師範大學（以下簡稱乙方）

本委託合約經雙方同意訂立委託條款如左：

一、研究計劃名稱：臺灣地名普查研究計畫第一年：基隆市、新竹市、嘉義市。

二、研究計劃內容：由乙方依據甲方所訂計畫內容要點，擬定研究計劃說明書，經甲方
　　同意後，做本委託合約之附件（附件（一））。

三、研究經費：共計新台幣壹百伍拾萬元整，於本委託合約簽訂之日起，由甲方分二期
　　撥付給乙方。

　　第一期：於合約簽訂後撥付總經費百分之八十。

　　第二期：於研究報告初稿完成審查通過後撥付百分二十。

四、研究期間：自中華民國八十三年七月一日起至八十四年六月三十日止。

五、研究報告交付：研究期間屆滿時由乙方提出研究報告，每縣市一卷，第一年共三卷
　　交付甲方。

六、研究報告出版：研究報告完成後，以「臺灣地名普查研究」爲總書名出版，各縣市
　　分冊名稱及其編號，如附件（二）。

七、研究報告版權：版權歸甲方所有，研究計劃期間，如因不可抗拒因素，致需中止計
　　畫，而乙方仍設法另行繼續研究，並需將所有成果彙集出版時，應本互惠原則經雙
　　方協議後，始能將已出版之研究成果保留版權頁合併出版。

八、研究工作進行期間，甲方得依委託合約議定之研究計劃。

九、乙方纂述文稿時，所需資料以自行蒐集爲原則，但必要時得請甲方提供相關之行政
　　協助。

十、甲方及總編纂、編纂對纂述人所纂述之文稿，認爲有修改之必要時，纂述人應負修
　　改之責。

十一、專書出版時，版權頁應載明總編纂、編纂、纂述人之姓名，以負文責。

十二、專書出版後，每卷應由甲方贈送乙方肆拾冊，以供研究參考。

十三、研究經費之支用，由乙方參照八十四年度臺灣省總預算編審辦法：附件九臺灣省
　　　各機關單位預算有關用途科目編列基準表（附後），依照計劃核實支用，於研究
　　　期間終了時，乙方應將經費支用情形按表列預算項目收支明細表，並檢付支出憑
　　　證，備函於年度結束前送甲方報銷。

十四、研究計畫應在合約規定限內完成，如有延長，所需各項費用概不另行加追補助。

十五、本委託合約書於必要時，得經由甲、乙雙方會商同意後修改之。

十六、本委託合約書經雙方簽妥，加蓋印信後，即日生效，正本兩份，由甲、乙雙方各

執一份，副本甲方四份，乙方二份，分別轉存有關機關。

十七、本委託有關其他事項，依照『臺灣省政府暨所屬各機關（構）辦理委託研究實施要點』辦理。

立委託合約書

委託機構（甲方）：臺灣省文獻委員會

代表人：簡榮聰

委託單位（乙方）：國立臺灣師範大學

代表人：呂溪木 校長

計畫執行人：國立臺灣師範大學地理系 施添福

中華民國八十三年

（出處：臺灣省文獻委員會八三文採字第2876號公文，中華民國83年10月7日發文）

附錄四　臺灣省文獻委員會地名普查委託計畫期中檢討協調會議記錄

時間：八十五年六月八日（星期六）上午十時

地點：本會第一會議室

主持人：謝主任委員嘉梁

紀錄：陳德村

出席人員：

學者專家—王世慶、翁佳音。

（臺灣）師大地理系—施添福、吳育臻、林聖欽、江美瑤、夏黎明、吳進喜、陳美鈴、黃雯娟、陳國川、羅美娥、廖秋娥、林誠偉、鐘郁芬、李敏慧。

本會人員—江錫賢、呂順安、蕭銘祥、黃宏森。

（臺灣）師大地理系委託計畫執行說明

施添福教授：

　　本系自八十四年度接受貴會委託後，即進行各該年度地名文獻蒐集、田野調查及撰稿、查證等工作；為期本地名調查細密詳實、具備一定之學術水準，能與國外類似的研究相媲美，因此投入相當多的人力在田野調查及查證的工作上面；尤其本系學生一向實事求是，秉持儉省的原則從事研究，原所編列每年一百五十萬（後減少為一百三十五萬）已捉襟見肘，不敷運用，在有限經費下仍秉持著學術的理念，努力的調配人力執行，其中部份進度或有些許落後，敬請見諒，不過本系仍會盡全力把它完成，為臺灣地名的研究略盡心力。

　　至於八十六、八十七年度調查工作，本系恐要改變作業的方式，不再以每人負責一縣市，而係以團隊分工的方式，就個人的專長與地域之便分配的調查範圍，數人共同完成一縣市地名調查工作。八十六年度預定辦理臺東縣、宜蘭縣調查；八十七年度辦理屏東縣、花蓮縣調查。

討論事項

議案一

案由：本會地名普查自八十四年度起即委託（臺灣）師大地理系辦理，合作順利，調查報告—臺灣地名辭書，甚具學術價值，八十六年度及八十七年度擬繼續委託（臺灣）師大地理系辦理，（臺灣）師大地理系是否同意接受委託，請公決。

決議：（臺灣）師大地理系同意接受委託。八十六年度預定辦理臺東縣、宜蘭縣調查；八十七年度辦理屏東縣、花蓮縣調查。

議案二

案由：地名普查計畫原報計畫期程爲自八十三年度至八十七年度之五年計劃，計劃期滿後，尚未辦理普查之縣市是否繼續辦理？經費預算上如何編列支應？

說明：

一、地名普查計畫原報計畫期程爲自八十三年度至八十七年度之五年計劃，原計畫爲八十三年度擇一縣市試辦，其後每年度辦理五縣市普查，預計五年計劃期滿後可辦理臺灣省二十一縣市普查工作。惟期間因省府經費困窘，每年度編列之預算僅能進行二至三縣市之普查，雖經八十四年五月間簽陳省府延長爲十年計畫，惟遭省主計處簽註以「在原有經費內或檢討現有計畫執行情形調整編列」退回在案。

二、據本計畫目前之執行觀之，本計畫五年期滿後，僅辦理臺中市、基隆市、新竹市、嘉義市、高雄縣、臺南市、屏東縣、臺東縣、花蓮縣、宜蘭縣等十縣市普查，其餘尚未普查之十一縣市是否繼續辦理，經費預算上如何編列支應？

擬辦：

甲案：再次簽報省府，將原計畫延長爲十年計畫。

乙案：依主計處簽註之意見，檢討本會現有計畫執行情形調整編列。

丙案：先再次簽報省府將原計畫延長爲十年計畫，如未獲支持則依主計處簽註之意見，檢討本會現有計畫執行情形調整編列。

決議：五年期滿後繼續辦理，並採甲案，於再次簽報省府，將原計畫延長爲十年計畫。

議案三（臺灣）師大地理系提

案由：爲保持臺灣地名辭書的一致性及完整性，臺中市以及高雄市、臺北市地名普查工作，是否在本省二十縣市普查完畢後（不含臺中市）繼續辦理。

說明：

一、貴會於八十三年度辦理臺中市地名調查，出版「臺中市地名沿革」一書，在體制、內容上與「臺灣地名辭書」套書不同，爲求套書之一致性與完整性，是否於本省二十縣市（不含臺中市）調查後委由（臺灣）師大地理系繼續進行臺中市地名調查。

二、另高雄市、臺北市在行政上不隸屬臺灣省，惟亦爲臺灣地區之一部份，爲求臺灣地名辭書之完整性，是否於臺灣省調查完畢後，進行臺北市、高雄市之調查工作。

擬辦：

甲案：臺中市地名沿革一書已由本會出版，因此僅作本省其餘二十縣市之普查。

乙案：基於行政職權之畫分與權限尊重，本會僅作本省二十一縣市之地名普查，於本省二十縣市（不含臺中市）調查後委由（臺灣）師大地理系繼續進行臺中市地名調查；至於臺北市、高雄市部份，請（臺灣）師大地理系逕洽各該市政府辦理。

丙案：做完本省二十一縣市地名普查後，繼續委託辦理臺北市、高雄市普查工作。

決議：採乙案，基於行政職權之畫分與權限尊重，本會僅作本省二十一縣市之地名普查

（含臺中市），至於臺北市、高雄市部份，請業務組協助先行與各該市政府連繫溝通，並請（臺灣）師大地理系逕洽各該市政府辦理。

議案四

案由：有關臺灣地名辭書編印事宜（如各卷分配、各卷封面、書背、首頁、版權頁、序文等事項），謹請討論公決。

說明：本會委託（臺灣）師大地理系辦理之基隆市、新竹市、嘉義市地名普查文稿，均已完稿交印刷廠承印，預定六月底出版，有關編印事宜，如各卷分配、各卷封面、書背、首頁、版權頁、序文等事項亟待雙方會商解決。

散會：上午十二時十分。

（資料來源：臺灣省文獻委員會八五文採字第 2123 號公文，發文日期：中華民國 85 年 7 月 10 日）

附錄五　九十五年度新竹縣（一）、桃園縣（一）地名普查委託計畫案契約書

國史館臺灣文獻館

受文者：本館採集組

發文日期：中華民國九十五年七月七日臺密字第 0950401458 號

主旨：檢送本館「95 年度「新竹縣（一）、桃園縣（一）地名普查」委託計劃案」契約書一式乙份（如附件），請查照。

國史館臺灣文獻館委託研究計畫契約書

委託機關：國史館臺灣文獻館（以下簡稱甲方）

受託單位：國立臺灣師範大學（以下簡稱乙方）

本委託契約經雙方同意訂立委託條款如左：

一、研究計畫名稱：臺灣地名普查研究計畫第十一年─新竹縣（一）、桃園縣（一）。

二、研究計畫內容：由乙方依據甲方所訂計畫內容要點，擬定研究計畫說明書如附件一，經甲方同意後，作為本委託契約之附件。

三、研究經費：計新台幣壹佰玖拾捌萬元整，於本委託契約簽訂之日起，由甲方分三期撥付乙方。經費撥付方式如下：（詳如經費分費表）

　　（一）第一期：於甲、乙雙方契約簽訂後，撥付總經費百分之三十。

　　（二）第二期：乙方提交期中報告並經召開審查會議通過後，撥付總經費百分之五十。

　　（三）第三期：乙方提交研究報告初稿完成送審，經審查通過後，撥付總經費百分之二十。

四、研究期間：自民國九十五年六月起至九十七年十二月止。

　　（一）九十五年六月至九十六年十月：以田野調查及資料蒐集整理為主。

　　（二）九十六年十月至九十七年十二月：研究工作以資料補充及撰寫文稿為主。

五、研究報告交付：

　　（一）九十六年九月三十日前，提交期中工作進度報告。

　　（二）九十七年十月三十日前，提交研究報告初稿。

　　（三）研究期滿，由乙方提出研究報告，共二卷交付甲方。

六、研究報告出版：研究報告完成後，以「臺灣地名辭書」為總書名出版，各縣市分冊名稱及其編號，如附件二。

七、研究報告著作權歸屬：

　　（一）依本契約完成之研究報告，著作財產權、著作人悉歸甲方所有，乙方保有著作人格權。本研究報告之一部或全部引用，應註明引用出處或事先經甲方書面同

意，乙方始得或使他人對外發表，若有違反，乙方應負損害賠償之責。

（二）本計畫完成之研究報告，於本館公開發表前，應經本館同意，研究人員始得或對外發表，但本館已公開發行者除外。

（三）乙方擔保本著作物無侵害第三人著作權之情事，如嗣後第三人因甲方行使本著作物之財產權而主張甲方侵權，乙方應負責處理，並賠償甲方因此所受之損害。

（四）乙方需無條件同意本著作物鍵入學術網路提供公眾使用。

（五）本研究報告於乙方交稿且審竣修畢後一年，甲方如未將本研究報告本出版，乙方得將本研究報告轉讓第三人出版。

八、履約管理：

（一）乙方履約有下列情形之一者，甲方得暫停給付契約價金至情形消滅為止：

1.履約實際進度因可歸責乙方之事由，落後預定進度達百分之三十以上者。

2.履約有瑕疵經書面通知改善而未改善者。

3.為履行契約應辦事項，經通知仍延不履行者。

4.乙方履約人員不適任，經通知更換仍延不辦理者。

5.其他違約情形。

（二）除天災、人禍等不可抗力因素或有正當理由，經本館同意者外，乙方不得已任何理由要求延長履約期限或更換計畫主持人及撰稿人員。

（三）甲方於乙方履約中，若可預見其履約瑕疵，或其有其他違反契約之情事者，得通知乙方限期改善。乙方不於前款期限內，依照改善或履行者，甲方得採行下列措施：

1.乙方應將執行本契約所蒐集之資料全部交與甲方，甲方得請乙方協助第三人改善或繼續其工作，其費用，均由乙方負擔。

2.終止或解除契約。並得請求損害賠償。

3.通知乙方暫停履約。

（四）乙方未遵守法令致生履約事故者，由乙方負責。因而延遲履約者，不得據以免責。

（五）研究工作進行期間，甲方得依委託契約議定之研究計畫說明書，隨時派員訪問查證，俾暸解研究情形。

九、罰則：乙方應依第五條交付期程辦理，未能如期於契約規定期限內完工，每逾一日，依當期應付價款千分之一處罰，逾期違約金甲方得自應付價金中扣抵或由乙方自行以現金繳納。若乙方逾期三個月仍未完成交貨，甲方得隨時解除契約並追繳已付款項，乙方不得有異議。逾期違約金之總額，以契約價金總額之百分之二十為上限。終止或解除契約，甲方請求之損害賠償以契約總額百分之十計。

十、乙方纂述文稿時，所需資料以自行蒐集為原則，但必要時得請甲方提供相關之行政

協助。

十一、乙方之總編纂、編纂對撰述人所撰述之文稿，認爲有修改必要時，纂述人員應負修改之責。

十二、專書出版時，版權頁應載明總編纂、編纂、撰述人之姓名，以負文責。

十三、專書出版後，每卷應由甲方贈送乙方 40 冊，以供研究參考。

十四、研究經費之核銷：乙方應依契約規定檢送領據，而支出原始憑證請妥爲保管以備審計機關及甲方查核。

十五、本委託契約書任何變更、修改或未規定事項，均需雙方同意後，以書面或文字爲之；若甲方原訂需求修正或變更亦同。

十六、本契約內容及文字如發生疑義時，以甲方解釋爲準，如仍有不同意，至衍生履約爭議時均按政府採購法履約爭議處理規定程序辦理，雙方如有爭訟事項，同意以臺灣南投地方法院爲管轄法院。乙方在履約爭議及訴訟期間，仍需依契約規定，繼續執行契約內之相關工作。

十七、本委託契約書經雙方簽妥，加蓋印信後，即日起生效，正本兩份由甲、乙雙方各執一份，副本甲方三份，乙方六份，分別轉存有關機關。

十八、本委託有關其他事項，依照「政府採購法」及「行政院所屬各機關委託研究計畫管理辦法」辦理。

立委託合約書

委託機構（甲方）：國史館臺灣文獻館

代表人：劉峰松

受委託單位（乙方）：國立臺灣師範大學

代表人：校長 郭義雄

計畫執行人：國立臺灣師範大學地理系 陳國川

計畫指導人：施添福

中華民國九十五年

附錄六 「臺灣歷史地理論文研討會」中和「臺灣地名辭書」有關的論文發表與決議

開會時間	論文發表與重要決議
第 1 次 1994.07.30	論文發表：廖秋娥—基隆港區的發展
第 3 次 1994.10.01	論文發表：陳國川—臺灣地名辭書 卷十八：新竹市（撰述計畫）
第 4 次 1994.11.04	論文發表：吳育臻—臺灣地名辭書 卷十九：嘉義市 廖秋娥—地名調查研究-基隆市
第 7 次 1995.2.25 —2.26	**臺灣地名普查研究第一次報告** 論文發表：陳國川—卷十八：新竹市 　　　　　陳美鈴—《臺灣地名普查研究》纂寫凡例 　　　　　廖秋娥—卷十七：基隆市 　　　　　吳育臻—卷十九：嘉義市 會中決議： 1.本套書定位在作爲一「有系統而嚴謹的工具書」，所以不必針對某些現象說明太多或特別多，只要「五臟俱全」，可資作爲找其他資料的索引即可。 2. 凡聚落名、行政區名、廢村等，一定要收錄。其他由撰稿人依史料判斷其意義加以選擇解讀。 3. 提示「地名何在」的地圖不可省，其他如氣候、地質等圖，不是地名工具書的重點，可斟酌刪除。 4.許多地名源於原住民音或客家音，若當地人能唸出正確讀音，則須加注音，注法另外討論。 5.臺灣年號分別以荷治時代、明鄭時代、清代、日治時代、民國（戰後）稱呼。
第 8 次 1995.4.30	論文發表：陳國川—《臺灣地名普查研究》新竹市仙水里與新莊里、關東里（柴梳山地區） 　　　　　陳美鈴—《臺灣地名普查研究》纂寫凡例 會中決議： 1.由執筆者從「該書是作爲工具書」的角度，考慮使用者需求及篇幅，作適度刪減。 2.圖的設計應力求經濟，可以合併的圖即行合併。 3.無法查知其起源、沿革的地名，仍應記錄並以羅馬拼音標記。 4.除非是新發現的碑文，否則不錄其全文，指出參考書目即可。 5.有歷史意義的路名才予以記錄，河名、山川名之選擇比照路名。

第 9 次　1995.6.2	論文發表：陳美鈴—《臺灣地名普查研究》纂寫凡例 會中決議：陳美鈴整理的凡例確定，並確定各卷書的章節結構。
第 10 次　1995.8.13	會中決議： 1.鄉土特色移到「鄉鎮市區」層級撰寫。 2.里的重點包括「由來」、「地名及其起源」。里中具有歷史意義的主要文物，如廟宇、碑文、橋等，略加說明即可，少數舊地名，無法查出其緣起者，則寫不詳，地名仍要列出。 3.有些地名不會寫，會用羅馬拼音，就用羅馬拼音；否則使用注音，以後再討論。 4.里界不必全面清查，否則費時太多。
第 12 次　1995.12.17	論文發表：吳進喜—臺灣地名普查研究：高雄縣　第一次報告 　　　　　吳育臻—嘉義市的人口變遷
第 13 次　1996.3.3	論文發表：許淑娟—臺南市東區地名緣起 　　　　　林聖欽—地名的分類問題 　　　　　陳國川—新竹市里名的分類 　　　　　吳育臻—嘉義市各里里名演變表 　　　　　廖秋娥—基隆市各里里名的由來 會中決議： 1.確定「村里名的演變表」。 2.確定「村里名的起源表」。

資料來源：「臺灣歷史地理論文研討會」歷次的資料與會議記錄

附錄七　「臺灣地名辭書」各卷〈結論〉中的節名與表名

卷名	節名—項名	表名
卷一：宜蘭縣	一、宜蘭縣各鄉鎮村里名的演變	
	二、各鄉鎮村里名的起源及其意義	表 15-1 宜蘭縣各鄉鎮村里名的演變
	三、各鄉鎮地名的特色	表 15-2 宜蘭縣各鄉鎮村里名的起源
卷二：花蓮縣		
卷三：臺東縣		
四：屏東縣	一、屏東市 二、東港鎮 三、潮州鎮 四、恆春鎮 五、里港鄉 六、九如鄉 七、高樹鄉 八、鹽埔鄉 九、長治鄉 十、麟洛鄉　　十一、萬丹鄉 十二、新園鄉 十三、坎頂鄉 十四、南州鄉 十五、林邊鄉 十六、琉球鄉 十七、佳冬鄉 十八、竹田鄉　十九、內埔鄉 二十、萬巒鄉　二十一、新埤鄉 二十二、枋寮鄉 二十三、枋山鄉 二十四、車城鄉 二十五、滿州鄉 二十六、三地門鄉等八個原住民鄉	表 36-1 屏東縣各鄉鎮市村里名的起源 表 36-2 屏東縣各鄉鎮市村里名的演變
卷五：高雄縣 （一）		
卷六：澎湖縣	一、澎湖縣的沿革與轄境的演變	
	二、各鄉市村里名的演變	表 9-1 澎湖縣各鄉市村里名的演變
	三、各鄉市村里名的起源及其意義	表 9-2 澎湖縣各鄉市村里名的起源
	四、各鄉市地名的特色	
	五、在各村里轄境的地名清查方面 之研究成果	
卷七：臺南縣	一、臺南縣各鄉鎮村里名的演變	表 34-1 臺南縣各鄉鎮村里名的演變 表 34-2 臺南縣各鄉鎮村里名的起源
	二、臺南縣各鄉鎮村里名的起源及 其意義	
	三、臺南縣小地名的分布及其意義	表 34-3 臺南縣有關明鄭時期營鎮地 名的分布 表 34-4 臺南縣有關「寮」小地名的 分布
卷八：嘉義縣		

卷九：雲林縣	一、雲林縣各鄉鎮村里名的演變	表 23-1 雲林縣各鄉鎮村里名的演變
	二、雲林縣各鄉鎮村里名的起源及其意義	表 23-2 雲林縣各鄉鎮村里名的起源
卷十：南投縣	一、在南投縣設置沿革與轄境演變方面	
	二、在南投縣的地區特色方面	
	三、在南投縣各鄉鎮市名稱的由來	
	四、就縣轄各鄉鎮的地區特徵而言	
	五、各鄉鎮所轄村里的調查結果	表 16-1 南投縣十三鄉鎮地區特色 表 16-2 南投縣十三鄉鎮村里名的演變 表 16-3 南投縣十三鄉鎮村里名來源分類表 表 16-4 南投縣鄉鎮土地面積與地名數目比較表 表 16-5 南投縣各鄉鎮地名分類表 表 16-6 南投縣十三鄉鎮各類地名排序表
卷十一：彰化縣（上）（下）	一、彰化縣各鄉鎮市的村里名演變	
	二、彰化縣各鄉鎮市的村里名起源	表 29-1 彰化縣各鄉鎮市的村里名演變 表 29-2 彰化縣各鄉鎮市的村里名起源
卷十二：臺中縣		
卷十三：苗栗縣（上）（下）	一、苗栗縣各鄉鎮村里名的演變	表 21-1 苗栗縣各鄉鎮市村里名的演變
	二、苗栗縣各鄉鎮村里名的起源及其意義	表 21-2 苗栗縣各鄉鎮村里名的起源
	三、苗栗縣小地名的分布及其意義	表 21-3 苗栗縣有關「厝」的小地名分布 表 21-4 苗栗縣有關「崗」、「岡」的小地名分布 表 21-5 苗栗縣有關樟腦事業-「份」的小地名分布

卷十四:新竹縣		
卷十五:桃園縣		
卷十六:臺北縣		
卷十七:基隆市	一、基隆市的地區特色方面	
	二、基隆港市各區的地區特色方面	
	三、各區的里名演變和起源方面	表 11-1 基隆市里名的演變
	四、各區里的地名釋義方面	
	五、各區里的「其他」方面	表 11-2 基隆市里名的起源 表 11-3 基隆港市各區地名數
卷十八:新竹市	一、在新竹市的沿革與轄境演變方面	
	二、在新竹市的區域特色方面	表 6-1 新竹市轄境的演變(1901-1995)
	三、就市轄各區的地域特徵而言	
	四、各區所轄里境的調查結果	表 6-2 新竹市各區里名的演變
	五、在各里轄境的地名清查方面	表 6-3 新竹市各區里名起源
	六、經由本研究的過程及其展現的成果	
卷十九:臺中市		
卷二十:嘉義市	一、聚落地名的特徵	表 5-1 嘉義市各集村聚落的角落土名
	二、不同時代出現的地名及其意義	表 5-2 嘉義市市街部分各時代所出現的地名
	三、里名中的地名傳承與里名起源	表 5-4 嘉義市各里里名演變表 表 5-5 嘉義市各里里名起源表
卷廿一:臺南市	一、地名的分布特色 二、地名的發展 三、各區地名的特色 四、小結	表 10-1 臺南市各區里名演變表 表 10-2 臺南市各區里名的起源

臺灣「番」與「社」字地名的空間分布特性與意涵
---地名作為歷史地理研究的線索初探---

黃雯娟[1]

一、前言

臺灣對具有地理學傾向的地名研究，仍多停留在介紹聚落地理環境或開發歷史的描述。本研究即希望重新審視地名的學術研究價值，將地名作為一個歷史地理研究的重要線索。

選擇以番字地名作為研究的起點，的原因是：長久以來臺灣平埔的研究受資料所限，大都以日治時期的研究為基準，劉益昌認為要突破平埔族研究的瓶頸，必須建立紮實的平埔族聚落定點工作。聚落定點事實上必須從地名研究著手，在臺灣地名研究上一般認為：凡是有「番」和「社」二字，多半指涉原住民（包括平埔族、高山族）的聚落單位，例如：番子寮：意「番人的小屋」，地點：台北縣汐止鎮樟樹里；桃園縣大溪鎮瑞源里等[2]；舊社：意「從前的番社」，地點：台北縣貢寮鄉龍門村；雲林縣斗南鎮舊社里；嘉義縣竹崎鄉昇平村等[3]。）那麼透過「番」和「社」字地名空間分布的確認，將可以提供考古學、歷史學者另一個指認平埔族社址的方法，也可以將地名做為檢驗既有認定社址的依據。

因此本研究即是想透過留存在臺灣各地的『番』字地名，去釐清番字地名與平埔族社址的空間關係，以及『番』字地名，在臺灣空間分布上有何區域差異及形成此種差異的機制是什麼？

基於上述的研究動機，本研究的目的有：

（一）釐清番字地名的內涵

（二）了解臺灣番字地名的空間分布特性

（三）分析『番』字地名與既有認定的平埔社空間分布的關聯性

二、研究方法與步驟

本研究主要以地理學空間觀點及歷史地理學的區域史研究方法，並透過文獻蒐集和GIS系統處理的方法進行研究。採取空間觀點是希望全面檢視臺灣番字地名與番社的空間分布特性，並歸納可能的原因。區域史的研究方法，是希望可以呼應多族群研究觀點，

---

[1] 國立東華大學鄉土文化系助理教授。
[2] 陳國章，1999，《台灣地名辭典》：p.265
[3] 陳國章，1999，《台灣地名辭典》：p.330

要對整個臺灣平埔族群系統的了解，必須全面掌握每一個族群的特性，臺灣雖小，然而每一個地區有著不同的環境、住民、甚至國家政策亦因地而異，只有透過區域性的分析才能釐清每一個族群在其生活空間下的特性，特別是漢番接觸的關係。在這樣的研究方法下，我的研究步驟是：

（一）將臺灣有關平埔族的研究進行比對分析，將有關平埔族社址，地圖上標示出來。

（二）以日治時代的臺灣堡圖（1904）上的地名為範圍，進行番字與社字地名的清查與整理，並建構番字與社字地名的基本屬性資料，並將之繪製成圖。

（三）分析番字地名空間分布的特性

（四）以 GIS 方法，將社地位置與番字、社字地名進行疊合分析

（五）比較各地域空間內番字地名與社地位置的空間關係，並分析其關連性。

三、番字地名的意涵

在人群分類上，清初基於治安對漢人與平埔居址有所區分，「（番）社」指非漢民族的村落；漢人村落則稱為「庄」。基本上從臺灣地名的觀點來看平埔族聚落，大抵與平埔族有關的聚落地名可以分為三類，其一：保留原社名，但不一定出現社字，如台北平原的唭里岸、宜蘭平原的瑪璘社，（這類的地名所在地通常與平埔族社址有密切關聯，雖然隨著漢人土地的擴張，原來平埔族的社地多轉為漢庄，平埔族人也可能他遷，但一般而言多為原社址所在地）；其二：只保留社字，但沒有社名的聚落，這類的地名很單純，一般而言直接指涉平埔族聚落所在地，如：社子、番社，有些則依成立的先後分為舊社、新社，或依相對位置分為社頭、社尾等；其三：有番字的地名（為避免混淆，此類地名不能出現社字，比如：番社雖有番但亦有社字，則歸入社字的地名類），例如：番仔厝、番仔寮等。

臺灣各地「番」字地名的出現時間，根據學者研究 [4] 主要集中於十八世紀，說明「番」字地名的普及，與漢人的拓墾活動有關。也就是隨著漢人土地的擴張，原來平埔族的社地轉為漢庄，平埔族人他遷，另擇地居住。一般而言，漢人會把平埔族活動的地區冠以番或社字地名作為指認。

根據洪麗完 [5] 的研究，也認為番字地名所指涉的多是平埔族移住後的新社，例如：

> 牛罵舊社，即位在斷層線西側西勢一帶（今清水鎮西社、西寧等里）。依1650 年的人口資料，Gomach（牛罵社）人口為 193 人、58 戶。漢人全面性入殖，始於 1733 年閩、粵漢人入墾秀水十三庄地（臺中縣清水鎮），請墾範圍幾

---

[4] 洪麗完，《台灣中部平埔族群古文書研究與導讀：道卡斯族崩山八社與拍瀑拉族四社》，上冊

[5] 洪麗完，《台灣中部平埔族群古文書研究與導讀：道卡斯族崩山八社與拍瀑拉族四社》，上冊

乎囊括牛罵社域範圍之半。隨漢人拓地活動的開展，乾隆年間牛罵社人遷離舊居，並向其東邊大肚山麓位移，形成新社。光緒年間，牛罵人又遠離新社，分別退往大肚山上，在「番仔埔」之北，形成「番仔城」（今臺中縣清水鎮楊厝里）；於大甲溪口三角形地帶，形成「番仔寮」（今臺中縣清水鎮高北里）。

也就是說學者普遍認為：番字地名是指認平埔族社地最後據點的重要線索。

然而根據施添福[6]從契約文書對屏東平原鳳山八社的社址與活動領域的解讀，卻發現：鳳山八社中平埔族舊社所在地的地名，除了加藤社及阿猴社稱為番仔厝外，其他不是保留原社名（如力力社），就是保留社字地名，如：社尾、社口、番社等。那麼番字地名所指涉的到底是不是一定是平埔族的聚落所在？則還有討論的空間。

根據文獻資料與地圖的蒐集整理，我們發現與番字有關的地名，大抵皆由兩個名詞組成，這些名詞大致可以區分為人物類（包括：番婆、番割、番仔、番童等）、聚落類（包括：厝、寮、社、城、庄等）、土地類型（包括：田、園、林等）、地形（包括：埔、坑、堀、澳、嶺、崙、窩、潭、湖、崎、洞等）及設施（包括：溝、圳、埤、井、汛、渡頭）等，一般而言皆以人物當前置詞，後以形容聚落等名詞為受詞，例如：番社，即指涉平埔族所居的聚落，其他如：番仔田、番仔埔、番仔圳等則分別指稱與平埔族有關的所有土地或設施。除此之外，與番字有關的地名也會依所在的位置，而再冠以前、後、中、頂、下、口、尾、內等區別相對位置，如番社前、社尾、後番仔坑，也會依據聚落成立時間在分為新、舊，如：新社、舊社等。由於地名是漢人對地域的辨別指標，番字地名乃是漢人對平埔族活動空間的指認，對於人數越來越少的平埔族，漢人並未區隔族系的差異，因此除了少數出現番婆洲、番童埔等地名外，大部份地名，只冠以番或社來區別原漢聚落的差異如表一所示。然而從表中我們也發現：除了與聚落類型有關的番字地名，比較可能指涉平埔族聚落所在地外，其他類型如：番仔嶺、番仔渡頭等，到底是平埔族聚落所在地或者只是反應平埔族活動的空間？或許可以透過空間分布的特性來解讀。

四、臺灣番字、社字地名的空間分布特性

不論番字地名、社名或社字地名[7]，都是地表上具有指認平埔族分布空間的指標意義，那麼針對臺灣番字、社字地名的分布，比對既所認定的平埔族社址位置，也許可以當作比對平埔族社址甚至社域空間的線索。

由於日治初期花東地區以原住民居多，因此社名地名是主要的聚落，由於聚落性質與西部的差異，並不宜一起比對，因此不在本論文的討論範圍。本文主要處理的空間範

---

[6] 施添福，2001，〈國家與地域社會-以清代台灣屏東平原為例〉，《平埔族群與台灣歷史文化論文集：》33-112
[7] 由於社名地名與社字地名部分重疊，為了統計上的方便，一起併入統計。

圍為：中央山地以西，番界線[8]以內的地區，也就是堡圖上番地以外的西北部平原地區，即所謂的第一臺灣或西部臺灣[9]（圖1）。

表1　番字地名的類型

		人物屬性				位置	時間
		番割	番婆	番、番子 （仔、雅）	番童		
			番婆			上番婆	
聚落	厝			番仔厝			
	社			番社		番社後 社尾	舊社 新社
	寮			番子寮			
	城			番子城			
	庄		番婆庄	番子庄			
土地類型	田	番割田		番子田			
	園			番子園			
	林		番婆林	番仔林			
地形特徵	埔			番仔埔	番童埔		
	坑		番婆坑	番子坑		後番子坑	
	澳			番子澳			
	嶺		番婆嶺	番子嶺			
	崙			番子崙			
	窩			番子窩			
	潭			番子潭			
	湖			番子湖		上番仔湖	
	崎			番仔崎			
	洞			番仔洞			
	洲		番婆洲				
	堀			番子堀			
設施	圳			番仔圳			
	溝			番仔溝			
	井			番仔井			
	埤			番子坡			
	路			番仔路			
	渡頭			番子渡頭			

資料來源：1.臺灣總督府臨時臺灣土地調查局，1904《臺灣堡圖》
　　　　　2.臺灣總督府，1921，《新舊對照管轄便覽》，臺灣日日新報

[8]西部臺灣的番界線，確立於明治37年土地調查事業結束之時。
[9]施添福，〈日本殖民主義下的東部臺灣：第二台灣的論述〉

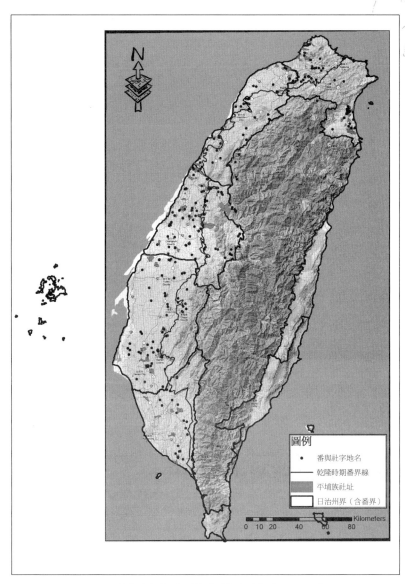

圖 1　番字地名與社字地名的空間分布圖

　　清查堡圖上的所有的地名點，將所有番字地名與社字地名[10]，依據 1901 行政區域整理（表 2，圖 2），我們發現番字地名以阿猴廳、彰化廳、鹽水港、台北廳數量最多；社字地名的分佈，則以台中廳最多，其次則為阿猴、苗栗、宜蘭、台北。如果一併考量所有的番與社字地名，那麼以阿猴廳最多，其次為台北、台中、彰化、嘉義及鹽水港；或以州區範圍來看，則以台中州、台南州最多，最少的為新竹州，但各州差距並不大。

　　我們也發現一個有趣的現象，也就是社字地名與番字地名的分布並不一致，其中社字地名與番字地名數量差距最大的分別是：苗栗廳、宜蘭廳及台中廳，而這些廳也都是社字地名數量較多的廳。

―――――――――――――

[10] 各廳詳細的地名與所在位置請見本文單元五各表

表 2 依 1901 年二十廳廳界劃分的番字地名分布

	所在行政區域	社字地名數	番字地名數	小計
台北州：64 社	宜蘭廳	15	2	17
	台北廳	15	13	28
	基隆廳	2	1	3
	深坑廳		2	2
	合 計	32	18	50
新竹州：16	桃園廳	7	4	11
	新竹廳	6	6	12
	苗栗廳	17	4	21
	合 計	30	14	44
台中州：37	台中廳	17	7	24
	彰化廳	13	14	27
	南投廳	10	7	17
	合 計	35	28	68
台南州：14	斗六廳	10	4	14
	嘉義廳	5	6	11
	鹽水港廳	11	14	25
	台南廳	8	2	10
	合 計	34	26	60
高雄州：8	鳳山廳	3	1	4
	蕃薯寮廳	3	4	7
	阿猴廳	16	19	35
	恆春廳	1		1
	合 計	23	24	47
總 計		164	110	274

資料來源：1.臺灣總督府臨時臺灣土地調查局，1904 《臺灣堡圖》

2.臺灣總督府，1921，《新舊對照管轄便覽》，臺灣日日新報

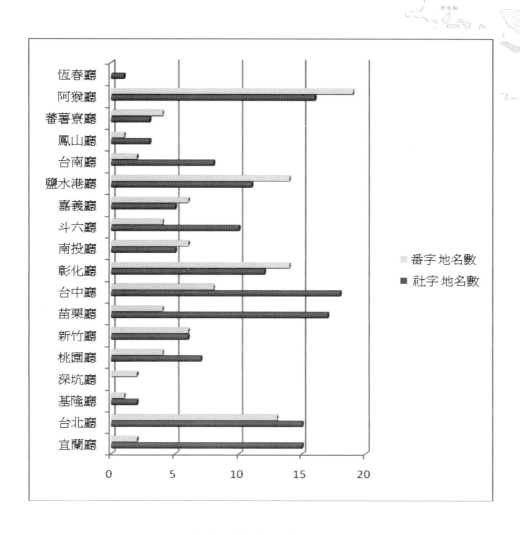

圖 2　各廳番字與社字地名統計圖

　　如果番字、社字地名的數量與平埔族歷史活動的區域有關，那麼與平埔族的人口分布是否有一定關係？我們比對日治時代所推估的平埔族人口資料，發現平埔族人口顯著集中的區域有：高雄州的番薯寮、阿猴地區，台南州的台南、台中州的南投、新竹州的苗栗及台北州的宜蘭（圖 3），其他則以花東地區居多。

	所在行政區域	平埔族人口數 1915	平埔族人口數 1920
台北州：64 社	宜蘭廳	2,241	3,290
	台北廳	919	
	合　計	3,160	
新竹州：16	桃園廳	457	2,747
	新竹廳	1,926	
	合　計	2,383	
台中州：37	台中廳	580	6,036
	南投廳	5,280	
	合　計	5,860	

台南州：14	嘉義廳	1,657	7,379
	台南廳	6,002	
	合　計	7,659	
高雄州：8	阿猴廳	21,678	22,408
臺東廳		2,333	
花蓮港廳		467	
總　計		40,740	41,860

　　平埔族人口較集中的地區，除了番薯寮廳及南投廳外，也是番字地名與社字地名較多的地區；顯然番字與社字地名較多的地區平埔族人口普遍較多。如果從平埔族社數來對照番與社字地名數，則會發現社數多的地區番字地名與社字地名，並不一定較多。例如台北州平埔族社高達64社，但番字與社字地名並不比台中或台南州多；當然這也部分因為社名地名並不全然出現"社字"雖然臺灣各地有平埔族活動的地區一定會出現相對應的社名地名，只是隨著漢人與平埔族勢力的轉移，這些社名地名（特別是不帶社字的社名），多已轉化為漢庄，因此在統計上為了區隔並未計入。但此一事實也顯示出只有透過各分區的細部討論，才能較細緻釐清社址與番字、社字地名的關係，因此以下將分區討論。

圖3　平埔族人口分布圖：大正9年人口資料

五、番字與社字地名分佈與族群社址

　　平埔研究學群近年來日漸以社群取代原來的族系[11]，張素玢在彰化平埔族的研究中也指出：荷蘭時期三個語言區，或黃叔璥對北路諸羅番的區分方式，較符合社群互動的關係，並且從各社群最新研究成果所勾勒出的空間地圖中，指出清代以「保」所劃分的行政區與平埔社群的地域空間有密切關係，是重新瞭解平埔社域空間的鎖鑰。[12]

　　既然清代的保與平埔社群的地域空間有密切關係，日治時代的行政區域雖略有變動，但基層空間單位大抵延續清代，因此本文亦希望從區域的觀點來看平埔族的社域與地名的關係。主要的行政空間以明治 37 年（1901）的二十廳為基本範圍，此外由於大正 9 年的州界大致為二十廳空間之合併，因此簡化以州區範圍分析。並佐以臺灣平埔族研究所建置的族系資料，各州平埔族族系與社如表 3 所列，各族系各社社址所在地[13]，如圖 4 所示。

表 3　各州平埔族系、社群與分部區域

州	族系	社	分布區位
台北州：63 社	噶瑪蘭族	噶瑪蘭 36 社	宜蘭平原
	凱達格蘭族	基隆河 10 社	台北盆地
		淡水地區 5 社	台北盆地
		北部濱海 3 社	北部濱海
		新店溪大漢溪 9 社	台北盆地
新竹州：16 社	凱達格蘭族	霄裡社、南崁社、坑仔社、龜崙社 4 社	桃園台地
	道卡斯族：蓬山八社 (6)	吞霄社、房裡社、苑裡社、貓盂社、日北、日南社、雙寮社	分布於新竹縣湖口臺地以南，大甲溪以北的平原淺山區苗栗丘陵、大甲平原
	道卡斯族：後攏五社	後攏、中港社、新港社、貓裡與嘉志閣	分布於中港溪和後龍溪之間
	道卡斯族：竹塹社	竹塹社	新竹平原
台中州：37 社	道卡斯族：蓬山八社 (2)	大甲西社、大甲東社	台中大甲鎮
	拍宰海族：樸仔籬社群	水底寮社、山頂社、大湳社、大馬僯社、社寮角社	北起大甲溪岸，南迄潭子鄉，東達東勢一帶，西至大肚山為界之地帶

---

[11] 有關社群概念的研究請參見：劉益昌、潘英海主編，1998，《平埔族的區域研究論文集》，台灣省文獻委員會。

[12] 張素玢，〈東螺社與眉裡社平埔社群空間地圖的解釋〉

[13] 主要根據：伊能嘉矩，《台灣地名辭書》及黃叔璥，1957《臺海使槎錄》，臺灣文獻叢刊第四種（臺北：臺灣銀行經濟研究室）。

	拍宰海族：阿里史社群	阿里史北社、阿里史中社、阿里史南社	今天台中縣的豐原市、神岡鄉、石岡鄉、新社鄉、東勢鎮、潭子鄉等地區[14]。
	拍宰海族：岸裡社社群	西勢尾社、葫蘆墩社、崎仔腳社、翁仔社、蔴薯舊社、蔴裡蘭社、岸南社、岸東社、岸西社）	臺中市西屯、北屯，臺中縣大雅、神岡、潭子、豐原、石岡、新社、東勢、后里以及苗栗縣三義、銅鑼與卓蘭等區
	拍宰海族：烏牛欄社	烏牛欄社	今臺中縣豐原市境
	拍瀑拉族	牛罵、沙轆、水裡與大肚等四社。	拍瀑拉族分布於大肚溪以北至清水以南、大肚臺地以西之海岸平原地帶。
	巴布薩族（貓霧捒）	東螺社、二林社、阿束社、貓霧捒社、馬芝遴社、眉里社、半線社、柴仔坑社、西螺社	彰化平原及雲林大部，其一部分亦深入臺中縣盆地，至今臺中市西方。
	洪雅族：阿立昆（Arikun）支族。	包括貓羅社、大武郡社、大突社、南投社、北投社、萬斗六社	彰化平原 南投地區
台南州：14社	洪雅族：羅亞（Lloa）支族	包括哆囉國社、紫裡社（亦名斗六門社）、西螺社、他里霧社、貓兒干社、諸羅山社	臺中縣霧峰鄉以南，臺南縣新營鎮以北，接近山麓之平地
	西拉雅支族	新港、目加溜灣、蕭壠、麻豆	臺南縣佳里鎮、麻豆鎮附近
	大武壠支系，又稱四社熟番	加拔、芒仔芒、頭社、宵里等四社	曾文溪流域之平原地帶，即今臺南縣玉井、大內二鄉境內。
高雄州：8社	馬卡道支族：鳳山八社	力力社、茄藤社、放索社、阿猴社、上淡水社、下淡水社、搭樓社、武洛社	原居鳳山地方至下淡水溪（高屏溪）流域，後移至屏東平原之山麓地帶

資料來源：

黃叔璥，1957《臺海使槎錄》，臺灣文獻叢刊第四種（臺北：臺灣銀行經濟研究室）

李汝和主修，《臺灣省通志》，卷八同胄志，第一冊，（台中：臺灣省文獻委員會，1972年），頁19-21。

張耀錡，《平埔族社名對照表》，臺灣省文獻委員會文獻專刊，第二卷，第一、二期，另冊（台北：臺灣省文獻委員會，1951年），頁6-13

安倍明義，《臺灣地名研究》（台北：武陵出版有限公司，2000年，三版），頁173-187

---

[14] 洪麗完，《台灣中部平埔族：沙轆社與岸裡大社之研究》，台北：稻鄉出版社

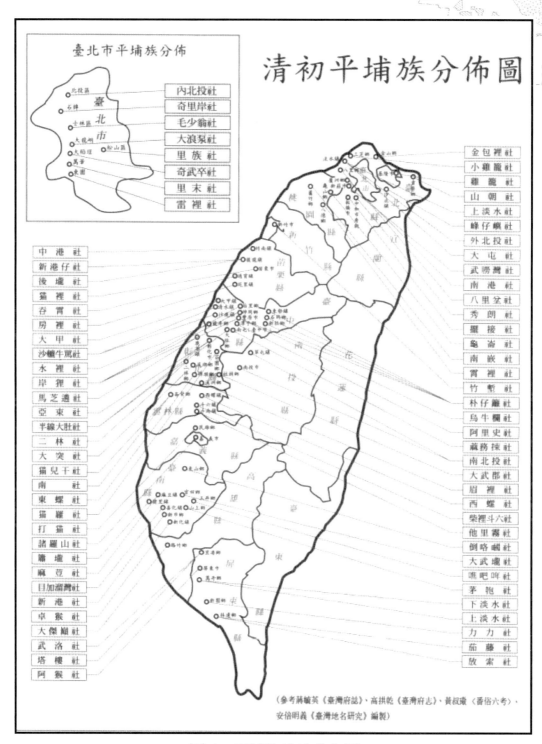

圖4　平埔族社址分布圖

　　由圖可見平埔族社所分布的位置除了噶瑪蘭族之外，全系分布於清代番界線以西之地，而且以平原為主。我們進一步想知道的社址與番字、社字地名的空間關係？由於番字與社地名一般所指涉的即是平埔族分布地空間，因此我們假定番字、社字地名的分布與平埔族社地會有相當程度的關聯性。

　　根據此一假定，我們利用 GIS 的疊圖分析，將既所認定的平埔族社址空間與堡圖上所有的番、社字地名進行套疊比對，比對結果如圖 5、圖 6 所示。根據這樣的套疊我們發現番字地名與社址空間，還是出現明顯的區域差異，茲依州區空間進行討論：

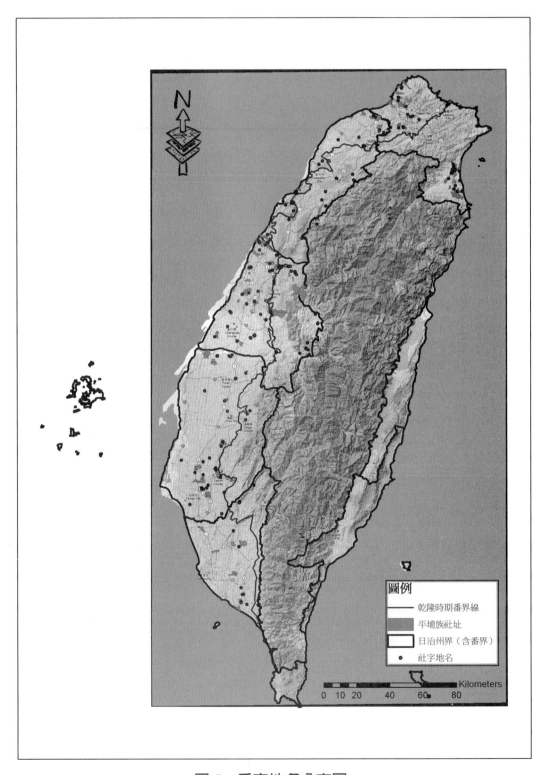

圖 5　番字地名分布圖

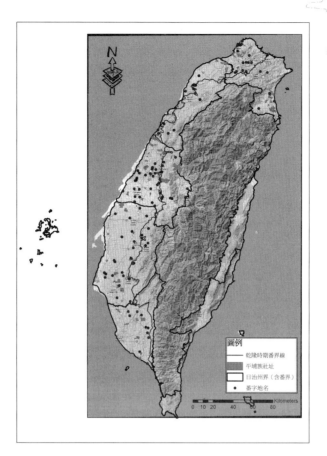

圖 6　社字地名分布圖

（一）台北州區

主要包括宜蘭廳、台北廳及桃園廳，地形上分屬宜蘭平原、台北盆地及桃園丘陵。各區族系茲分述如下：

1.宜蘭平原：噶瑪蘭族分布區

我們將宜蘭平原上的番字與社字地名及其所在街庄整理成表 4，並將社址與番字與社字地名的套疊（圖 7），我們發現宜蘭平原上的 17 個番、社字地名中，除了水尾社、番社、番婆州外，大致與噶瑪蘭各社空間相符。顯示宜蘭地區番字與社字地名與社址相當一致，這也因為宜蘭是開發相對較晚的地區，大部分的社名在堡圖上仍然保留，所以社址與地名的符合度很高，然而比較值得關注的是：宜蘭平原的平埔族人口相對較多，且宜蘭地區平埔族社址數量頗多，但番字地名卻只有 2 個，如果番字地名指涉的是平埔族的活動領域或分社，這是否與宜蘭地區在清代實施加留餘埔制 [15]，平埔族社址相對穩定有關？則還需要進一步討論。

---

[15] 自嘉慶元年漢人入墾以後，噶瑪蘭族的生活空間受到限制日益縮小，蘭地納入清版圖以後，正始將番社納入行政管理，嘉慶 16 年閩浙總督汪志伊因恐社地被漢人瓜分，乃奏請在溪南地區設立加留餘埔，在大社保留周圍二里，小社保留周圍一里的私有地，並將溪北自烏石港口起，至東勢界止，約長三十餘里，寬一、二里不等的土地，劃為溪北二十社的社地。並逐一丈量甲數，繪圖造冊，永禁漢人侵占。

表 4　宜蘭廳平埔族社與番字、社字地名

編號	番與社字地名	街庄	堡	廳	對應社別
1	奇立丹社	奇立丹庄	四圍堡	宜蘭廳	奇立丹社
2	淇武蘭社	淇武蘭庄	四圍堡	宜蘭廳	淇武蘭社
3	社頭	大福庄	頭圍堡	宜蘭廳	哆囉里遠社
4	番割田	番割田庄	四圍堡	宜蘭廳	
5	瑪璘社	瑪璘庄	四圍堡	宜蘭廳	瑪璘社
6	踏踏社	踏踏庄	四圍堡	宜蘭廳	踏踏社
7	辛仔罕社	武暖庄	四圍堡	宜蘭廳	辛仔罕社
8	武暖社	武暖庄	四圍堡	宜蘭廳	武暖社
9	抵美社	抵美庄	四圍堡	宜蘭廳	抵美社
10	番社	公館庄	民壯圍堡	宜蘭廳	奇立板社
11	擺里社	珍仔滿力庄	員山堡	宜蘭廳	擺里社
12	水尾社	下三結庄	二結堡	宜蘭廳	
13	加禮宛社	頂清水庄	利澤簡堡	宜蘭廳	加禮宛社
14	社尾	頂清水庄	利澤簡堡	宜蘭廳	社尾
15	掃笏社	下五結庄	二結堡	宜蘭廳	掃笏社
16	番婆洲	叭哩沙庄	浮州堡	宜蘭廳	
17	鼎橄社	鼎橄社庄	茅仔寮堡	宜蘭廳	打朗巷社

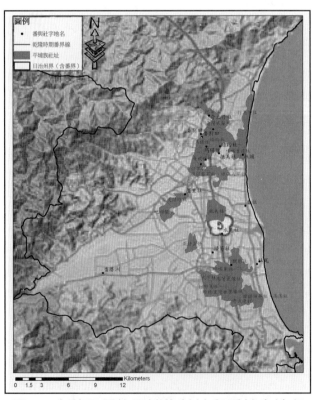

圖 7　宜蘭平原的平埔族社址與番社字地名

2.臺北盆地（台北廳）：凱達格蘭族分布地域

本區為凱達格蘭族主要的分布地，本區所出現的番字與社字地名如表5所示：根據社址與番字、社字地名的套疊（如圖8），我們發現台北地區的33個番、社字地名中有16個與社址空間並不相符，且其中番字地名高達12個。

表5　臺北廳平埔族社與番字、社字地名

編號	番與社字地名	街庄	堡	廳	對應社別
1	舊社	社里庄	三貂堡	基隆廳	三貂社
2	新社	田寮洋庄	三貂堡	基隆廳	
3	番仔坑	石底庄	石碇堡	基隆廳	
4	番仔坑	十分寮	石碇堡	基隆廳	
5	社後頂	社後庄	石碇堡	基隆廳	房仔嶼社
6	社後下	社後庄	石碇堡	基隆廳	
7	番仔寮	樟樹灣庄	石碇堡	基隆廳	
8	番仔坑	排寮庄	文山堡	深坑廳	
9	番婆厝	萬盛庄	文山堡	深坑廳	
10	番社後	小基隆新庄	芝蘭三堡	臺北廳	小基隆
11	番婆林	錫板庄	芝蘭三堡	臺北廳	小基隆
12	番仔崙	後厝庄	芝蘭三堡	臺北廳	
13	番社後	後厝庄	芝蘭三堡	臺北廳	
14	蕃社口	大屯庄	芝蘭三堡	臺北廳	大屯
15	番社前	大屯庄	芝蘭三堡	臺北廳	大屯
16	番仔厝	頂圭柔山	芝蘭三堡	臺北廳	圭柔
17	番仔田	灰瑤仔庄	芝蘭三堡	臺北廳	
18	番仔崙	草埔尾庄	芝蘭三堡	臺北廳	
19	番社角	北投仔庄	芝蘭三堡	臺北廳	外北投
20	社寮	竿蓁林庄	芝蘭三堡	臺北廳	
21	番仔樹空	菁礐庄	芝蘭一堡	臺北廳	
22	番仔坡	內湖庄	芝蘭一堡	臺北廳	
23	社仔	社仔庄	芝蘭一堡	臺北廳	麻少翁社
24	番社	大直庄	芝蘭一堡	臺北廳	
25	社寮	北投庄	芝蘭二堡	臺北廳	內北投社
26	頂社	坑仔庄	八里坌堡	臺北廳	八里坌社
27	外社	坑仔外庄	八里坌堡	臺北廳	
28	番仔厝	下塔悠庄	大加蚋堡	臺北廳	塔塔悠
29	蕃社	里族庄	大加蚋堡	臺北廳	里族
30	番仔溝	番仔溝庄	大加蚋堡	臺北廳	浪泵社
31	大龍峒	番仔溝庄	大加蚋堡	臺北廳	浪泵社
32	社後庄	社後庄	擺接堡	臺北廳	擺接社
33	番仔園	番仔園庄	擺接堡	臺北廳	
34	番仔園	龜崙蘭溪洲庄	擺接堡	臺北廳	龜崙蘭
35	番仔埔	溪洲庄	擺接堡	臺北廳	
36	新社	港仔嘴庄	擺接堡	臺北廳	
37	舊社	港仔嘴庄	擺接堡	臺北廳	

圖 8　台北廳凱達格蘭族分布地域與番、社字地名

　　台北地區番字地名與社址空間的落差，或許與行政區域的變動有關，由圖 8 隱約可以發現社址與番字社字地名以北部海岸地區一致性較高，台北市區則因為行政區域的變動，社址空間可能出現誤差，再者有關台北地區平埔族社社址的定位，包括：伊能嘉矩、安培明義、洪敏麟、翁佳音及溫振華都有部分爭議存在，這樣的爭議在加上番字地名與社址空間的明顯落差，似乎也代表著本區社址空間的定位與平埔的社域空間探討，有再繼續深入研究的必要。而另一個必須關注的事實是：番字地名與社址空間的明顯差距，也反映了有必要重新檢視番字地名的意涵。

（二）新竹州：

新竹州除了桃園廳部分南崁社、坑仔社、龜崙社，霄裡社屬於凱達噶蘭族外，大部分屬於道卡斯族，道卡斯族主要包括：1.分布於新竹縣湖口臺地以南，大甲溪以北的平原淺山區苗栗丘陵、大甲平原的崩山（蓬山）社群（蓬山八社），即：吞霄社、房裡社、苑裡社、貓盂社、日北、日南社、雙寮社、大甲西社、大甲東社八社的合稱等社；2.分布於中港溪和後龍溪之間的後攏五社，包括後攏、中港社、新港社、貓裡與嘉志閣；3.分布於新竹平原的竹塹社三大群界。

本區所出現的番字與社字地名如表6所示：

表6　新竹州平埔族社與番字、社字地名

編號	番與社字地名	街庄	堡	廳	對應社別
1	社庄	楓樹坑庄	桃澗堡	桃園廳	龜崙
2	社後坑大湖頂	兔仔坑庄	桃澗堡	桃園廳	龜崙
3	社後坑大坵田下	兔仔坑庄	桃澗堡	桃園廳	龜崙
4	舊社	三座屋庄	桃澗堡	桃園廳	
5	蕃仔窩	南崁頂庄	桃澗堡	桃園廳	南崁
6	番仔厝	南崁廟口庄	桃澗堡	桃園廳	南崁
7	番子寮	番仔寮庄	桃澗堡	桃園廳	霄裡
	霄裡	八塊庄	桃澗堡	桃園廳	霄裡
8	社仔	社仔庄	桃澗堡	桃園廳	霄裡
9	社仔	社仔庄	竹北二堡	桃園廳	
10	番婆坟	番婆坟庄	竹北二堡	桃園廳	
11	老社	老社庄	竹北二堡	桃園廳	
12	下番仔湖	番仔湖庄	竹北二堡	新竹廳	竹塹社
13	上番仔湖	番仔湖庄	竹北二堡	新竹廳	
14	中番仔湖	番仔湖庄	竹北二堡	新竹廳	
15	貓兒錠	貓兒錠	竹北二堡	新竹廳	貓兒錠
16	馬福社	八十份庄	竹北一堡	新竹廳	
17	番仔陂	番仔陂庄	竹北一堡	新竹廳	
18	新社	新社庄	竹北一堡	新竹廳	竹塹社
19	舊社	湳雅庄	竹北一堡	新竹廳	竹塹社
20	番婆	古羊崙庄	竹北一堡	新竹廳	
21	番仔寮	六張犁庄	竹北一堡	新竹廳	
22	番仔社	樹杞林街	竹北一堡	新竹廳	
23	老社	四灣庄	竹南一堡	新竹廳	中港社
24	獅頭驛社	南庄	竹南一堡	新竹廳	
25	日南社	公司寮庄	苗栗一堡	苗栗廳	日南社
26	嘉志閣社	南勢坑庄	苗栗一堡	苗栗廳	嘉志閣社
27	社寮崗	社寮崗庄	苗栗一堡	苗栗廳	

28	番仔寮	北勢窩庄	苗栗二堡	苗栗廳	
29	番仔埔	石圍牆庄	苗栗一堡	苗栗廳	
30	番仔寮	五里牌庄	苗栗二堡	苗栗廳	
31	社角	大湖庄	苗栗一堡	苗栗廳	
32	番坑	竹圍庄	苗栗一堡	苗栗廳	
33	西社	新港庄	苗栗一堡	苗栗廳	新港社
34	東社	新港庄	苗栗一堡	苗栗廳	
35	社腳	新港庄	苗栗一堡	苗栗廳	
36	番社	苑裡坑庄	苗栗二堡	苗栗廳	苑裡
37	舊社	舊社庄	苗栗二堡	苗栗廳	苑裡
38	西勢社	西勢庄	苗栗三堡	苗栗廳	雙寮社
39	社苓	社苓庄	苗栗二堡	苗栗廳	日北社
40	東勢社	雙庄	苗栗三堡	苗栗廳	雙寮社
41	日南社	日南社庄	苗栗三堡	苗栗廳	日南社
42	社尾	社尾庄	苗栗三堡	苗栗廳	
43	中社	中社庄	苗栗三堡	苗栗廳	
44	尾社	中社庄	苗栗三堡	苗栗廳	
45	舊社庄	舊社庄	苗栗三堡	苗栗廳	

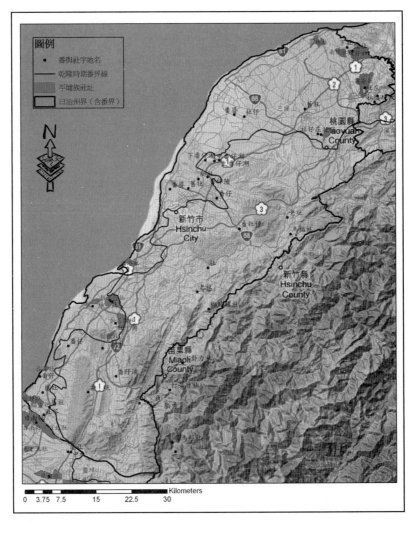

圖 9　新竹州平埔族社與番字、社字地名分布圖

74

　　根據社址與番字、社字地名的套疊（如圖 9），顯示出：不在社址上的番字、社字地名有 17 個，且其中竹塹社所在的新竹廳就多達 10 個，這或許與竹塹社因為舊社區漢人進駐而向外遷徙有關[16]。至於桃園廳南崁四社與苗栗地區的後攏五社、崩山八社分布區相對的社址與番字或社字地名的符合度較高，而大部分又以社字地名為主，苗栗地區也是社字地名明顯多於番字地名的地區之一；這樣的地名特色的意涵，對立地相對穩定的後龍社較具說服力，但蓬山八社前後卻有兩次的遷移活動：第一次在嘉慶九年（1804）大甲社與吞霄社，響應巴宰族阿里史社土目潘賢文號召，與中部平埔族各社男女老幼千餘名，從苗栗內山穿過、經斗換坪、大東河，溯鳳山溪上游，翻山越嶺到達噶瑪蘭五圍；第二次大規模遷移是道光年間的入墾埔里，蓬山八社移入的時間差距很大，最早的是雙寮社、日北社，此後十幾年，吞霄、房裡、苑裡、雙寮以及日北社、日南社，陸續展開遷移埔里的大規模行動。[17] 是否因為遷徙地較遠而未就地形成分社？也許也是一個可能的答案。

（三）台中州

　　本區域範圍的族系與社，包括：台中境內包括道卡斯族的崩山八社中的大甲西社、大甲東社；拍瀑拉族的牛罵、沙轆、水裡與大肚等四社；巴宰海族四大社群，即：樸仔籬社群（水底寮社、山頂社、大湳社、大馬僯社、社寮角社）、阿里史社群（阿里史北社、阿里史中社、阿里史南社）、岸裡社社群（西勢尾社、葫蘆墩社、崎仔腳社、翁仔社、蔴薯舊社、蔴裡蘭社、岸南社、岸東社、岸西社）及烏牛欄社等，其各社群活動的主要範圍包括了今天台中縣的豐原市、神岡鄉、石岡鄉、新社鄉、東勢鎮、潭子鄉等地區[18]；彰化境內則包括巴布薩族的東螺社、二林社、阿束社、貓霧捒社、馬芝遴社、眉里社、半線社、柴仔坑社等。[19] 及洪雅族阿立昆（Arikun）支族：貓羅社、大武郡社、大突社、南投社、北投社、萬斗六社，可以說是平埔族系最為複雜的一州。巴宰族可以說是中部最活躍的一族，而其中又以岸裡社為主，因為屢建軍功，清政府不斷賞賜，故岸裡社幾乎成為巴宰族的代名詞。

　　本區所出現的番字與社字地名如表 7 所示：

[16] 李季樺、王世慶〈竹塹社七姓公祭祀公業與采田福地〉，《平埔族研究論文集》:127-171。

[17] 詹素娟、張素玢，《臺灣原住民史平埔族史篇（一）：北臺灣平埔族群史》，2001

[18] 洪麗完，《台灣中部平埔族：沙轆社與岸　大社之研究》，台北：稻鄉出版社

[19] 張耀錡編，《平埔族社名對照表》，1951

表 7 台中州平埔族社與番字、社字地名

編號	番與社字地名	街庄	堡	廳	對應社別
1	社口	社口庄	大肚上堡	臺中廳	大肚
2	社腳	社腳庄	大肚下堡	臺中廳	
3	社角	社角庄	揀東上堡	臺中廳	
4	社仔	朴仔口庄	揀東上堡	臺中廳	
5	翁仔社	翁仔社庄	揀東上堡	臺中廳	
6	新社	新社庄	揀東上堡	臺中廳	
7	大社	大社庄	揀東上堡	臺中廳	
8	社口	社口庄	揀東上堡	臺中廳	
9	二社	新伯公庄	揀東上堡	臺中廳	
10	尾社	新伯公庄	揀東上堡	臺中廳	
11	番社	新伯公庄	揀東上堡	臺中廳	
12	頭社	新伯公庄	揀東上堡	臺中廳	
13	下舊社	舊社庄	揀東下堡	臺中廳	
14	頂舊社	舊社庄	揀東下堡	臺中廳	
15	番田	軍功寮庄	揀東下堡	臺中廳	
16	番仔崙	西大墩街	揀東下堡	臺中廳	
17	番社	番社庄	揀東下堡	臺中廳	
18	番仔井	學田庄	揀東下堡	臺中廳	
19	番仔路	番仔路庄	藍興堡	臺中廳	
20	番婆	番婆庄	藍興堡	臺中廳	
21	番仔寮	番仔寮庄	藍興堡	臺中廳	
22	番仔園	溪心埧庄	貓羅堡	臺中廳	
23	舊社	萬斗六庄	貓羅堡	臺中廳	萬斗六
24	社口	社口庄	貓羅堡	臺中廳	貓羅社
25	番仔田	快官庄	貓羅堡	彰化廳	貓羅社
26	番雅溝	下犁庄	線西堡	彰化廳	
27	西勢社	頭前庄	線西堡	彰化廳	
28	東勢社	頭前庄	線西堡	彰化廳	
29	番社口	番社口庄	線東堡	彰化廳	阿束社
30	番社	南門口庄	線東堡	彰化廳	阿束社
31	頂番婆	頂番婆庄	馬芝堡	彰化廳	
32	番同埔	牛埔厝庄	馬芝堡	彰化廳	馬芝遴社
33	下番婆	橋頭庄	馬芝堡	彰化廳	
34	中番婆	橋頭庄	馬芝堡	彰化廳	
35	社尾	番社庄	馬芝堡	彰化廳	馬芝遴社
36	番社	番社庄	馬芝堡	彰化廳	

37	番社	挖仔庄	二林上堡	彰化廳	二林社
38	番仔崙	番仔崙庄	武東堡	彰化廳	
39	番婆	阿媽厝庄	武西堡	彰化廳	
40	番挖	番挖庄	深耕堡	彰化廳	
41	舊社	舊社庄	武東堡	彰化廳	大武郡社
42	社頭	社頭庄	武東堡	彰化廳	大武郡社
43	大紅毛社	大紅毛社庄	武東堡	彰化廳	大武郡社
44	小紅毛社	小紅毛社庄	武西堡	彰化廳	大武郡社
45	舊社	中西庄	二林下堡	彰化廳	
46	番仔厝	番挖庄	深耕堡	彰化廳	
47	番仔寮	番仔寮庄	深耕堡	彰化廳	
48	社尾	番仔埔庄	東螺西堡	彰化廳	東螺社
49	番仔埔	番仔埔庄	東螺西堡	彰化廳	東螺社
50	番仔	鼻仔頭庄	東螺東堡	彰化廳	
51	番仔口	過圳庄	東螺東堡	彰化廳	
52	番仔田	番仔田庄	北投堡	南投廳	北投
53	番社內	新庄	北投堡	南投廳	
54	埔里社	埔里社街	埔里社堡	南投廳	埔里社
55	埔里社街	埔里社街	埔里社堡	南投廳	
56	生番空	生蕃空庄	埔里社堡	南投廳	
57	小埔社	小埔社庄	埔里社堡	南投廳	
58	社仔	社仔庄	集集堡	南投廳	集集
59	番仔井	包尾庄	南投堡	南投廳	
60	番仔寮	番仔寮庄	南投堡	南投廳	
61	番仔吧頂	後寮庄	南投堡	南投廳	
62	番仔吧	後寮庄	南投堡	南投廳	
63	水社	水社庄	五城堡	南投廳	水社
64	頂社	頭社庄	五城堡	南投廳	
65	頭社	頭社庄	五城堡	南投廳	
66	下社	頭社庄	五城堡	南投廳	
67	拔社埔	拔社埔庄	五城堡	南投廳	
68	番仔田	司馬按庄	五城堡	南投廳	

　　根據社址與番字、社字地名的套疊（如圖 10），可以發現，不在社址上的番字、社字地名分部顯然有明顯的區域差異，其中台中廳內不在社址上的番字、社字地名只有 10個，數量最少，彰化與南投則不在社址上的番字、社字地名相當普遍，從圖上也可以明顯看出，彰化地區的不在社址上的地名明顯的以番字地名偏多。此外，由於社址建構以

原居地為考量，南投地區多為平埔族再次遷徙地，因此大部分的番字、社字地名都不在社址上；這樣的問題也是未來在社址的空間建構上，須進一步考量的地方。

　　如果以遷徙的區位來衡量各區社址與番社字地名的關係，台中地區社址與番社字地名的關聯度高，也許與巴則海族的向外部遷徙有關。

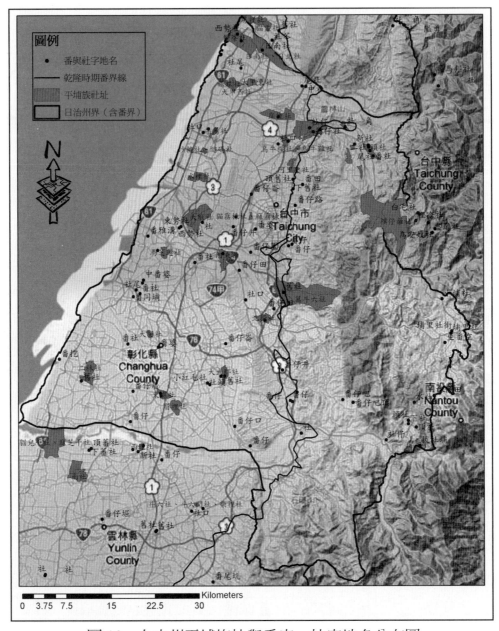

圖 10　台中州平埔族社與番字、社字地名分布圖

　　巴則海族至嘉慶之後，共有兩次大規模的遷移，第一次是發生在嘉慶九年，向北移入宜蘭平原，第二次則是在道光三年移往埔里。第一次遷徙至宜蘭並不成功，除了少數社眾留下，大部分返回故里；但是第二次遷徙，包刮中部平埔族五族十四社參加，在此次的大遷移中，巴宰族則分別在建立了大馬璘（今埔里愛蘭里）、烏牛欄（愛蘭里）、阿里史（鐵山里），此三個聚落（稱作烏牛欄三社），另外又在眉溪建立大湳（大湳

里）、蜈蚣崙（蜈蚣里）、牛眠山（牛眠里）、守城份（牛眠里）等聚落（眉溪四社）。[20]
除此之外，包括巴布薩族各社（其中東螺社之一部移至宜蘭）及阿立昆（Arikun）支族
各社放棄原居地，大舉遷移至埔里盆地。[21] 是否也與苗栗蓬山八社原居地一樣，因爲遷
徙地較遠而未就地形成分社？

　　張素玢另從環境的觀點[22]檢視彰化地區的平埔社群的遷移提出一個以「水文」的穩
定性爲基礎，將彰化縣分爲三個地理區；穩定區、次穩定區、不穩定區，來解釋平埔社
群遷移的原因。這三個地區分別是；

1. **穩定區**：八卦臺地西側，北從大肚溪南岸南到濁水溪北岸，這區域的社群爲半線
   社、柴坑仔社、大武郡社，這三社的聚落甚少遷移，道光年間的平埔社群大遷
   徙，也屬人數較少的社群。

2. **次穩定區**：彰化隆起海岸平原，從大肚溪至麥嶼厝溪，這區域的社群包括阿束社、
   馬芝遴社和大突社。這三個社群的聚落遷移，皆與水患有關，但是遷徙地點仍在
   社域範圍之內。

3. **不穩定區**：濁水溪沖積平原，從麥嶼厝溪以南到濁水溪之間，扇頂在鼻仔頭隘路，
   扇端至臺灣海峽成一喇叭狀平原。區域內的平埔社群包括東螺社、眉裡社、二林
   社。這個區域不但是彰化地區，甚至是臺灣最不穩定的水文區之一，社群遷移頻
   繁，最後可說毫無戀倦地離開故土。

　　如果以彰化地區不在社址上的番字、社字地名的空間分布來看，我們也發現環境最
不穩定，最後離開故土的東螺社、眉裡社、二林社附近的數量最少，環境最穩定的八卦
台地西側區，數量相對較多；遷徙區位與番字、社字地名似乎有著相當程度的關聯？

（四）台南州

　　本區主要包括分布於嘉義地區的洪雅族羅亞（Lloa）支族及台南地區的西拉雅族。
西拉族又可分爲西拉雅、馬卡道（Makatao 或 Makabau）、人武壟等三支族其中西拉雅
支族以臺南地方之平地爲居地，昔以新港（今臺南縣新市鄉）、目加溜灣（今臺南縣善
化鎮）、蕭壟（今臺南縣佳里鎮、漳州里、海澄里）、麻豆（今臺南縣麻豆鎮）等四大
社最著名，爲荷人致力從事於教化工作之主要平埔族社；大武壟支系，主要分布於台南
近山玉井一帶又稱四社熟番，即：加拔、芒仔芒、頭社、宵里等四社，族系頗爲單純。

　　西拉雅社分布區域是臺灣最早開發的地方，因此自荷蘭、明鄭以降，外力衝擊、壓
榨了西拉雅族群的生存空間，使得西拉雅社群便陸續出現遷徙行動；及至清治以後，漢

[20] 洪麗完1995 ＜大社聚落的形成與變遷（1715-1945）：兼論外來文化對岸裡大社的影響＞，《台灣史研究》3（1）：
　　31-95。
[21] 張耀錡編，《平埔族社名對照表》，1951
[22] 張素玢，＜平埔社群空間地圖的重構與解釋— 以東螺社與眉裡社爲中心＞

人大量入侵，遷徙行動更是頻仍且規模也變大。

其中原活動於台南附近的赤崁社，天啓五年（1625）荷蘭人於台南築赤崁城時遷移至新市一帶，改稱新港社；明鄭以後漢人逐漸進入，遂又再次遷移至隙仔口（新化東里）、崗仔林（左鎮）、舊新木柵（高雄內門）與柑子林（旗山一帶）。一部分社人則越過中央山脈遷移到臺東的新開園（台東縣池上鄉）、成廣澳（台東縣成功鎮）等地區；另外有一部份的新港社番，在日治時期仍然居住於現今臺南縣下東山鄉東河村、左鎮鄉岡林村一帶。而同系社群的卓猴社原居於山上鄉平陽村卓猴庄一帶，後亦遷徙至蕃薯寮（旗山）[23]。

入清後漢人大量湧入，因此迫使西拉雅族群進行較大規模之遷徙行動；主要路線有陸路三線與海路一線。陸路包括有北路：由荖濃溪上游越過中央山脈，沿新武呂溪向東遷移；中路：由枋寮經大武至台東卑南；南路：自恆春半島沿海岸至卑南。海路則由屏東乘船至成廣澳上岸，再逐漸遷至水母丁（長濱鄉三間村水母丁溪南）一帶。除了漢人的侵入使得社番向外遷徙外，西拉雅各社群之間亦有勢力範圍的衝突，如新港社南方二層行溪流域的大傑巔社由路竹鄉、湖內鄉一帶的下社、大社等原居地遷移至羅漢內門處，但漢人與遷徙而至的新港社番又迫使大傑巔社在轉至羅漢外門的蕃薯寮、六龜、甲仙地區。[24] 嘉義地區的羅亞（Lloa）支族之斗六門、貓兒干二社亦移至埔里，其餘則留居原地。

本區所出現的番字與社字地名如表 8 所示，根據社址與番字、社字地名的套疊（如圖 11），可以發現，不在社址的番字、社字地名的數量約 27 個，約佔全州所有番字、社字地名的半數，且這些地名的空間分布比較分散，比較看不出地名與遷徙的關係，是否與區域發展歷史較久有關，可能還需進一步釐清。

[23] 王詩琅，1954〈新港社及卓猴、大傑顛社的播遷〉，《南瀛文獻》第 2 卷，1、2 期

[24] 相關論述可參見安倍明義，《台灣地名研究》（台北：武陵出版有限公司，2000 年，三版）。

盧嘉興，〈臺南縣下古番社地名考〉，收於臺南縣政府民政局編校，《臺南縣地名地名研究輯要》（臺南：臺南縣政府民政局，1982 年），頁 63-81。

表 8　台南州平埔族社與番字、社字地名

編號	番與社字地名	街庄	堡	廳	對應社別
1	社口	社口庄	沙連堡	斗六廳	
2	社口	埔心庄	西螺堡	斗六廳	西螺
3	番仔	番仔庄	西螺堡	斗六廳	
4	新社	新社庄	西螺堡	斗六廳	
5	蕃社	西螺街	西螺堡	斗六廳	西螺
6	下蕃社	蕃社庄	布嶼堡	斗六廳	
7	頂蕃社	蕃社庄	布嶼堡	斗六廳	
8	番仔寮	番仔寮庄	海豐堡	斗六廳	貓兒干
9	番仔溝	林仔頭庄	斗六堡	斗六廳	
10	社口	大潭庄	斗六堡	斗六廳	
11	番仔堀	石廟仔庄	大坵田堡	斗六廳	
12	番仔溝	溪墘	大坵田堡	斗六廳	
13	舊社	舊社庄	他里霧堡	斗六廳	他里霧
14	府番	後溝仔庄	大棟槺東頂堡	斗六廳	
15	番仔溝	番仔溝庄	大棟槺東頂堡	斗六廳	
16	番尾坑	大湖底庄	打貓東頂堡	斗六廳	
17	番仔庄	番仔庄	打貓南堡	嘉義廳	
18	社溝	菁埔庄	打貓南堡	嘉義廳	
19	番仔	獅仔頭庄	打貓東下堡	嘉義廳	
20	番仔潭	番仔潭庄	打貓東下堡	嘉義廳	
21	番婆	番婆庄	牛稠溪堡	嘉義廳	
22	新社坑	瓦厝埔庄	大木根堡	嘉義廳	
23	舊社	內埔仔庄	大木根堡	嘉義廳	
24	北社尾	北社尾庄	嘉義西堡	嘉義廳	
25	番仔溝	竹圍仔庄	嘉義西堡	嘉義廳	
26	番仔路	番仔路庄	嘉義東堡	嘉義廳	
27	社口	社口庄	嘉義東堡	嘉義廳	
28	番仔坑	社口庄	嘉義東堡	嘉義廳	
29	番仔	番仔庄	下茄苳南堡	鹽水港廳	
30	番社	番社街	哆囉嘓西堡	鹽水港廳	哆囉嘓
31	番社	番社街	哆囉嘓西堡	鹽水港廳	
32	舊社	番社街	哆囉嘓西堡	鹽水港廳	

33	番仔	孫厝庄	鹽水港堡	鹽水港廳	
34	番仔庄	番仔厝庄	鹽水港堡	鹽水港廳	
35	番仔厝	牛肉崎庄	哆囉嘓東頂堡	鹽水港廳	哆囉嘓
36	番仔	牛肉崎庄	哆囉嘓東頂堡	鹽水港廳	
37	社仔	巷口庄	漚汪堡	鹽水港廳	
38	番仔厝	漚汪庄	漚汪堡	鹽水港廳	漚汪
39	社內	茅港尾庄	茅港尾東堡	鹽水港廳	
40	中社	中社庄	赤山堡	鹽水港廳	
41	番仔田	番仔田庄	赤山堡	鹽水港廳	
42	社仔	社仔庄	善化里東堡	鹽水港廳	目加溜灣
43	社仔中社	社仔庄	善化里東堡	鹽水港廳	
44	社仔新社	社仔庄	善化里東堡	鹽水港廳	
45	社仔舊社	社仔庄	善化里東堡	鹽水港廳	
46	番仔渡頭	番仔渡頭庄	善化里東堡	鹽水港廳	
47	番仔	麻荳口庄	佳里興堡	臺南廳	麻荳
48	番仔	番仔寮庄	蕭壠堡	臺南廳	
49	番仔	大庄	西港仔堡	臺南廳	
50	社仔	謝厝寮庄	麻荳堡	臺南廳	
51	番仔溝	頭社庄	善化里西堡	臺南廳	
52	頭社	頭社庄	善化里西堡	臺南廳	
53	社內	曾文庄	善化里西堡	臺南廳	
54	大社	大社庄	新化北里	臺南廳	
55	社仔頂	港仔墘庄	外新化南里	臺南廳	
56	口社	內庄仔庄	外新化南里	臺南廳	
57	社內	社內庄	新化西里	臺南廳	
58	社內角	社內庄	新化西里	臺南廳	
59	社皮	新店庄	新化西里	臺南廳	
60	番仔巷	新店庄	新化西里	臺南廳	
61	番仔車路	塗庫庄	仁德北里	臺南廳	
62	番社	番社庄	內新豐里	臺南廳	

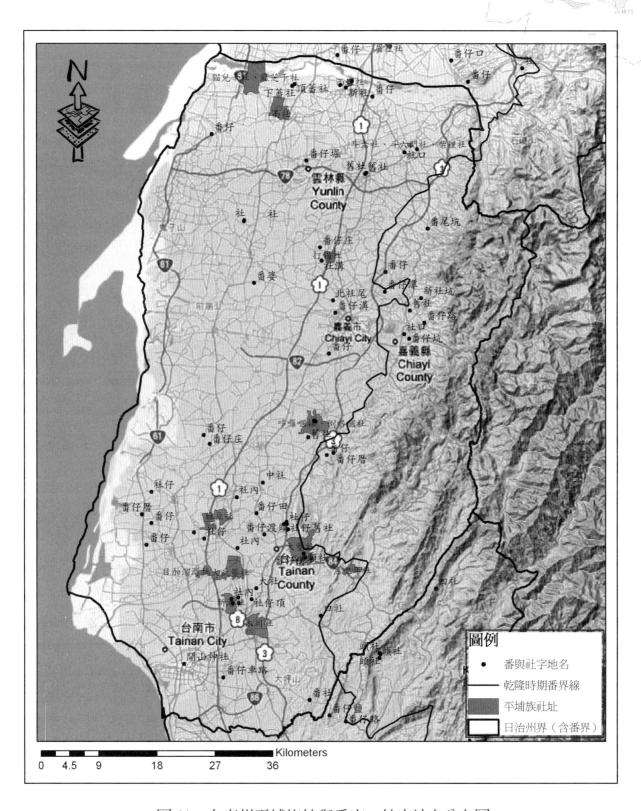

圖 11　台南州平埔族社與番字、社字地名分布圖

（五）高雄州

本區範圍主要屬西拉雅馬卡道支族分布區，西拉雅馬卡道支族，原居鳳山地方至下淡水溪（高屏溪）流域，後移至屏東平原之山麓地帶（今屏東縣萬巒鄉、內埔鄉之老埤、枋寮鄉之水底寮），並再移至恆春、臺東方面。各社系的遷徙如下：

1.大傑顛社系

原居地在岡山地方路竹鄉的下社及大社，後移至下淡水溪流域之旗山，於道光九年，有三十餘戶相率南下至枋寮，並越山順東海岸北上至臺東，復與卑南族不睦，乃續北移至大庄開墾。數年後經由布農族之導引，自新武路入山，越關山南方鞍部，返回故土荖濃、六龜地方，率殘留之族眾及新港、卓猴二社族眾計十二戶，越山至新墾地。

2.阿猴社系

阿猴社系原址在高雄，後移至屏東市附近，其一部分自屏東地方南下至恆春平原，與原住之排灣族斯卡羅龍鑾社訂立和約，贈與水牛得地居住，以二千牛隻從事墾殖。光緒十七年至十八年尚有百戶，因遭大水災，家屋田園被沖毀，乃遷往臺東、公埔方面。

3.鳳山八社

包括：上淡水社（亦稱大木連社，屏東縣萬丹鄉上社皮）、放索社（自高雄縣仁武鄉大庄移至屏東縣林邊鄉田墘厝）、下淡水社（屏東縣萬丹鄉下社皮）、搭樓社（屏東縣里港鄉搭樓）、茄藤社（屏東縣林邊鄉東路乾）、武洛社（亦稱大澤機社屏東縣里港鄉武洛）、力力社（屏東縣新園鄉力社）。後移至屏東平原之山麓地帶，並再移至恆春、臺東方面。

本區所出現的番字與社字地名如表9所示，根據社址與番字、社字地名的套疊（如圖12），由於堡圖上的地名在本區並不完整，因此單從圖中較難認定，因此本區地名的採計主要參考施添福屏東平原的研究[25]，根據所採錄的47個地名中，番字地名（23）與社字地名（24）數量相當，根據施添福從契約文書對屏東平原鳳山八社的社址與活動領域的解讀，卻發現：鳳山八社中平埔族舊社所在地的地名，除了加藤社及阿猴社稱爲番仔厝外，其他不是保留原社名（如力力社），就是保留社字地名，如：社尾、社口、番社等。也就是從社址與地名重疊的觀點來看，本區不在社址的番字、社字地名，多爲番

[25] 施添福，2001，〈國家與地域社會-以清代台灣屏東平原爲例〉，《平埔族群與台灣歷史文化論文集》：頁33-112、中央研究院台灣史研究所籌備處。

字地名。比較其他各州也發現，不在社址的番字、社字地名，亦多爲番字地名。顯然社
字地名與番字地名的意涵並不相同，社字地名與社址的關聯度較高，較適合作爲社址空
間的指認，但番字地名可能只是代表平埔族活動的區域，從前文番字地名的分析事實上
也可看出端倪。

表 9　高雄州平埔族社與番字、社字地名[26]

編號	番與社字地名	街庄	堡	廳	對應社別
1	頭社	溝坪庄	羅漢外門里	蕃薯寮廳	
2	四社	阿里關庄	楠梓仙溪東里	蕃薯寮廳	四社
3	番仔寮	阿里關庄	楠梓仙溪東里	蕃薯寮廳	四社
4	番仔鹽	中埔庄	羅漢內門里	蕃薯寮廳	
5	番仔路	腳帛寮庄	羅漢內門里	蕃薯寮廳	
6	番仔厝	田寮庄	嘉祥內里	蕃薯寮廳	
7	新番社	溪州庄	羅漢外門里	蕃薯寮廳	
8	武洛社	武洛庄	港西上里	阿猴廳	武洛社
9	塔樓社	塔樓庄	港西上里	阿猴廳	塔樓社
10	番仔寮	土庫庄	港西上里	阿猴廳	塔樓社
11	蕃社	後庄	港西上里	阿猴廳	塔樓社
12	番仔寮	番仔寮庄	港西中里	阿猴廳	阿猴社
13	番仔厝	海豐庄	港西中里	阿猴廳	阿猴社
14	番仔埔	歸來庄	港西中里	阿猴廳	阿猴社
15	番仔橋	歸來庄	港西中里	阿猴廳	阿猴社
16	番仔寮溪	德協庄	港西中里	阿猴廳	阿猴社
17	番仔厝	番仔厝庄	港西中里	阿猴廳	上淡水社
18	社皮	社皮庄	港西中里	阿猴廳	
19	番仔埔	內埔庄	港西下里	阿猴廳	下淡水社
20	番仔厝	甘棠門	港西下里	阿猴廳	下淡水社
21	番子園	興化廓	港西下里	阿猴廳	下淡水社
22	社尾	新庄仔庄	港西下里	阿猴廳	下淡水社
23	社口	新庄仔庄	港西下里	阿猴廳	下淡水社
24	下社皮	新庄仔庄	港西下里	阿猴廳	下淡水社
25	番社	萬丹庄	港西下里	阿猴廳	下淡水社
26	社皮	萬丹庄	港西下里	阿猴廳	上淡水社

---

[26] 本表地名除了堡圖外主要參考施添福，2001，〈國家與地域社會-以清代台灣屏東平原爲例〉，《平埔族群與台灣歷
史文化論文集》：頁 33-112、中央研究院台灣史研究所籌備處。

27	番仔厝	內埔庄	港西下里	阿猴廳	上淡水社
28	番子厝	檨仔腳	港東上里	阿猴廳	茄藤社
29	力社	力社庄	港東上里	阿猴廳	放索社
30	社邊	濫頭庄	港東中里	阿猴廳	放索社
31	社口	濫頭庄	港東中里	阿猴廳	放索社
32	蕃社	武丁潭庄	港東中里	阿猴廳	放索社
33	番仔寮	羌園庄	港東中里	阿猴廳	放索社
34	社寮	糞箕湖庄	港東中里	阿猴廳	茄藤社
35	番仔庄	番仔崙庄	港東下里	阿猴廳	放索社
36	番仔腳	番仔崙庄	港東下里	阿猴廳	放索社
37	番仔崙	番仔崙庄	港東下里	阿猴廳	放索社
38	社尾	崁頂庄	港東上里	阿猴廳	茄藤社
39	社皮	崁頂庄	港東上里	阿猴廳	茄藤社
40	番仔角	崁頂庄	港東上里	阿猴廳	茄藤社
41	番仔厝	七塊厝庄	東港中里	阿猴廳	茄藤社
42	竹社	保力庄	興文里	恆春廳	
43	社寮	社寮庄	德和里	阿猴廳	
44	番仔田	千秋寮庄	觀音上里	鳳山廳	
45	大社	大社庄	觀音中里	鳳山廳	
46	下社	下社	維新里	鳳山廳	
47	大社	大社	維新里	鳳山廳	

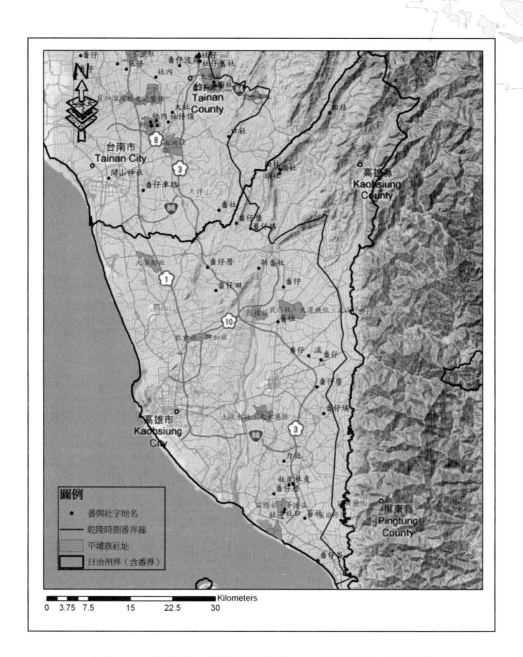

圖 12　高雄州平埔族社與番字、社字地名分布圖

七、結論

　　從各地理分區的分析可以發現：番字與社字地名的數量，各州差距並不大，數量最多的台南州有 60 個，最少的新竹州亦有 44 個；就各州社祉空間與番、社字地名的符合度來看，以台北州 62%符合度較高，台南州 55%符合度最低，顯然差距並不明顯，但若檢視根據不在社址的番、社字地名，我們發現整體而言，社祉空間與社字地名的符合度較高，與番字地名的符合則較低，此一事實反應出過去將番字地名作為平埔族遷徙的新社祉的論點，有重新檢視的必要。

　　透過區域的分析，我們也發現一個現象：番字與社字地名的數量與空間分布的關係，可能與環境特性、歷史開發、土地制度、平埔族遷徙有關，其中平埔族遷徙的距離與番社字地名數量有顯著關係，部落就近遷徙者，區域內多番與社字地名，跨區域遷徙者則區域內番與社字地名較少，此一現象的進一步分析，仍待小區域研究繼續追蹤解讀。

	台北州	新竹州	台中州	台南州	高雄州
平埔族社數	64	16	37	14	8
平埔族人口數	3,290	2,747	6,036	7,379	22,408
有番及社字的地名數（A）	50	44	63	60	47
位於社址上的番及社字地名數（B）	31	27	36	33	26
B/A%	62%	61.8%	57.1%	55%	59.6%
不在社址番及社字地名數（A－B）	19	17	27	27	19
（A－B）/A	38%	38.6%	42.9%	45%	40.4%
不在社址番字地名數（C）	13	11	20	22	11
C/（A－B）	68.4%	64.7%	74.1%	81.5%	57.9%

八、參考文獻

1.臺灣總督府臨時臺灣土地調查局，1904 《臺灣堡圖》。

2.臺灣總督府，1921，《新舊對照管轄便覽》，臺灣日日新報。

3.陳國章，1999，《臺灣地名辭典》，臺灣師範大學地理系。

4.伊能嘉矩，1904《大日本地名辭書》，東京：富山房。

5.洪敏麟編，1984《臺灣舊地名之沿革》第二冊下，臺中：臺灣省文獻委員會。

6.安倍明義，1992《臺灣地名研究》，臺北：武陵出版社。

7.黃叔璥 1957（1722）《臺海使槎錄》（1722），臺灣文獻叢刊第4種，臺北：臺灣銀行經濟研究室。

8.洪麗完，《臺灣中部平埔族群古文書研究與導讀：道卡斯族崩山八社與拍瀑拉族四社》，上冊。

9.洪麗完，《臺灣中部平埔族：沙轆社與岸裡大社之研究》，台北：稻鄉出版社。

10.洪麗完 1995 〈大社聚落的形成與變遷（1715-1945）：兼論外來文化對岸裡大社的影響〉，《臺灣史研究》3（1）：31-95。

11.施添福，2001，〈國家與地域社會-以清代臺灣屏東平原為例〉，《平埔族群與臺灣歷史文化論文集》：頁 33-112、中央研究院臺灣史研究所籌備處。

12.施添福，2002〈日本殖民主義下的東部臺灣：第二臺灣的論述〉。

13.劉益昌、潘英海主編，1998，《平埔族的區域研究論文集》，臺灣省文獻委員會。

14.張素玢，東螺社與眉裡社平埔社群空間地圖的解釋。

15.李季樺、王世慶（竹塹社七姓公祭祀公業與采田福地），《平埔族研究論文集》：127-171。

16.張耀錡，1951年《平埔族社名對照表》，臺灣省文獻委員會文獻專刊，第二卷，第一、二期，另冊，台北：臺灣省文獻委員會。

17.李汝和主修，《臺灣省通志》，卷八同胄志，第一冊，（台中：臺灣省文獻委員會，1972 年），頁 19-21。

臺灣日式地名的時空分布及其意涵

吳育臻[*]

一、前言

　　地名的發生乃源於人類對地點的辨認和指稱，為了要辨識地點，所以通常會以明顯的地形或地物來命名；因為是某一人群對地的指稱，所以和該人群使用的語言關係密切，因此可以說地名本身就是該地人地關係的一種寫照。當一群人在一個地方生活日久而對地產生地方感時，往往也會將對該地的情愫寄託在地名上，以致在他鄉聽聞故鄉的地名時，會油然生出一種溫暖親切的情懷。正因為地名具備這樣的特質，所以隨著人群的移動，人們常會將原鄉的地名帶到新移居地，然而這種情形通常經由兩種方式而成，一是隨人群開發新地點而自然生成，一是政治力作用的結果，特別是這個政治力是外來政權時。

　　一地的外來政權利用地名這種特質，強制將相對於在地居民而言是陌生的地名鑲嵌在舊有地名之間，主要在於地名的兩種功能，一是撫慰，撫慰新移民；一是教化，教化原居民。

　　臺灣雖是蕞爾小島，但在政治史的變化卻是巨大的，在清代，由於政府的消極治理態度，透過政治力干預所生成的地名很少，大概只有「嘉義」、「彰化」而已；在日治時代，臺灣作為日本的殖民地，基於異民族的統治以及語言的差異，地名的撫慰與教化功能愈形重要，因此經由政治力生成許多日式地名，至今仍影響臺灣人的生活，例如「高雄」、「關山」、「池上」等；在國民黨政府時期，比較弔詭的是，雖然不是異族統治，但地名的撫慰與教化功能比起日治時代卻不遑多讓，因此大多數鄉鎮都有中國式地名的街路，例如「溫州街」、「南京路」、「重慶路」等。

　　本文討論主要聚焦在日治時代透過政治力干預所生成的日式地名，藉由日式地名出現的時空脈絡，探究或印證日本的治台政策與特質。而本文所謂的日式地名，係指帶有濃厚日本風的地名，即在日本本國內有完全相同或極為相似風格的地名者，[1]而不論其來源為何，例如岡山，雖然其命名由來和原本附近的大小崗山有關，但因為日本國內有岡山這個地名，故仍視為日式地名。必須說明的是，日本原本就有漢字地名，其中有些和

---

[*] 本文之完成，感謝以施添福教授為首的「臺灣歷史地理研究工作室」成員之提供意見，以及研討會主持人洪敏麟教授的指正和鼓勵，特此申謝。作者國立高雄師範大學地理系副教授。

[1] 本文判別是否為日式地名的方式是，查閱《日本地名讀音詞典》中的日本地名，以及在維科日語版網頁上檢索，如果該地名可在詞典中或網頁上查到，表示日本國內有這個地名，即定義為日式地名，又或經過行政力更改後的地名，其風格和日本地名極為相似者，皆屬之。又市街的町名，雖然其命名來源可能是當地的漢名，但町是日式地名用詞，故所有的「○○町」，本文皆視為日式地名。《日本地名讀音詞典》由西藤洋一、慧子編著，上海學林出版社於 2005 年出版。

臺灣原有地名完全一樣，例如「大甲」、「新屋」、「新市」等，為了分辨起見，本文所認定的日式地名，必須是經過行政力更改且具日式風格者。

　　日本雖於明治 28 年（1895）領有臺灣，然而和戰後國民黨政府急於更改地名不同，[2] 臺灣西部一直到大正 9 年（1920）才利用地方制度改正的機會作大規模的地名更改，但更改的地名僅限於街庄級的行政區名，以及少數和街庄同名的大字；而臺灣東部則是到昭和 12 年（1937）行政區劃變更時，予以大量而徹底的更改地名，除了街庄級外，大部分大字地名也都改為日式地名。臺灣東西部之所以有這樣的差異，和臺灣總督府的治台政策關係密切，因此本文分別敘明臺灣西部與東部更改地名的不同歷程，最後再探究影響其差異的原因。

二、臺灣西部的日式地名

　　臺灣西部的日式地名主要有兩種，一種是主要市街改為町名制後，出現大量的日式地名，如臺北市的永樂町、高雄市的新濱町、嘉義市的宮前町等，這是都市內部的區域名稱，涵蓋的空間範圍較小；一種是大正 9 年（1920）地方制度改正後出現的日式地名，這些日式地名涵蓋的空間範圍較廣，多為街庄級的行政區名。其中各市街路改為町名的時間綿亙極長，最早為明治 29 年（1896）的媽宮街（今馬公市），最晚則為昭和 16 年（1941）的彰化市和宜蘭市；[3] 而街庄級的地名更改則集中於大正 9 年那一年。

1.市街的町名

　　臺灣的市街出現町名有兩個不同層級，一個是地方政府基於〈街庄社長設置規程第一條〉「街庄社長管轄區域ヲ縣知事廳長之ヲ定ム」而自行訂定，這種町名相當於土名或土名下的小名，[4] 只是市民對市內各地的通稱，在地籍與戶籍上並不登錄使用，各地方情形不一，端看地方政府首長的態度，例如明治 29 年的媽宮街、大正元年（1912）的打狗、大正 5 年（1916）的臺中和臺南、大正 7 年的阿緱街、大正 8 年的臺東街、昭和 16 年（1941）的彰化市都是屬於這個層級的町名。[5] 另一個是經由町名改正，將市街分區塊訂定町名，屬於正式行政區劃的大字，使用在地籍和戶籍上，一旦實施這個層級的町名改正，必須重新製作市街圖，且土地台帳等需重新整理抄寫，要耗費大筆經費。大正 8

[2] 民國 34 年 8 月日本戰敗投降，10 月 25 日國民政府接收臺灣，行政長官公署「為破除日本統治觀念」，隨即於 11 月 17 日制訂公布「臺灣省各縣市街道名稱改正辦法」，並通令全省各地於縣政府成立後兩個月內改正。見吳育臻，〈從地名的變遷看不同政權的特質—以嘉義市街路名為例〉，《第一屆地名學術研討會論文集》，臺北市：內政部與中研院合辦，2004 年，B4-1 頁 7。

[3] 劉澤民，〈臺灣市街「町」名探討—以臺灣總督府檔案相關資料為範圍〉，「臺灣地名研究成果學術研討會」論文，國史館文獻館主辦，2008 年，頁 52、79。

[4] 劉澤民，〈臺灣市街「町」名探討—以臺灣總督府檔案相關資料為範圍〉，頁 53。

[5] 劉澤民，〈臺灣市街「町」名探討—以臺灣總督府檔案相關資料為範圍〉，頁 66、79。

年（1919）臺南市首先通過此層級的町名改正，其後通過的則有大正11年的臺北市、大正15年的臺中市和高雄市、昭和6年（1931）的基隆市和嘉義市、昭和10年的新竹市，以及昭和14年的屏東市。[6]

通稱的町名須經由地方向總督府申請，但條件似乎並不嚴格，總督府雖然會給點意見，但沒有申請資格的要求，因此像媽宮或臺東街這樣小規模的市街，也有通稱的町名；但大字級的町名改正卻要求嚴格，一個都市必須在市街景觀與衛生條件等方面都達到一定水準，才有資格「町名改正」。以嘉義市為例，早在大正13年以前即組織調查委員會從事町名的命名和製圖，[7]並經由台南州政府向總督府提出申請，過程中還組織町名改正委員會、町名改正協議會等，地方各界都參與並努力爭取町名改正，然而卻一再被總督府駁回，理由包括町名太多、命名不佳、預算不夠等，直到昭和6年終於通過，而於昭和7年元旦開始實施。[8]

從嘉義市町名改正的過程來看，可以發現「町名改正」並非自上而下的強制執行，而是嘉義市各界仕紳積極努力爭取而來。事實上，臺灣其他都市的町名改正過程也大抵如此，雖說日本人住在都市的較多，但都市中還是臺灣人占多數，何以地方上那麼努力爭取將市街改為日本內地式的町名呢？因為嚴格的資格限定，臺灣總督府在操作町名改正的過程中，已然賦予這種日式町名一種尊榮的符號象徵，對臺灣的都市而言，能夠擁有和日本內地一樣的町名制度，是一種至高的榮耀，於此似乎可窺見殖民者對殖民地那種高高在上的態度。

至於町名的命名過程，主要是由地方呈報給總督府，經總督府認可後公佈實施。以臺灣七大都市的町名為例（表1），若將町名命名分為日本內地式和臺灣傳統式兩種，則可發現日本內地式的町名數量至少都占70%以上，其中臺中市還100%都是日本內地式的町名，比較有趣的是，地方上在命名時，顯然極力。

---

[6]〈臺灣市街「町」名探討—以臺灣總督府檔案相關資料為範圍〉，頁57-58。

[7]《臺灣日日新報》，大正13年11月5日〈嘉義街町名改正〉。

[8]吳育臻，〈從地名的變遷看不同政權的特質—以嘉義市街路名為例〉，頁5-6。

表1　臺灣七大都市在日治時代的町名命名

市	日本內地式町名	量	臺灣傳統式町名	量	合計
臺北市	明石町、表町、本町、京町、大和町、榮町、乃木町、水道町、富田町、樺山町、幸町、旭町、福住町、錦町、新榮町、千歲町、兒玉町、佐久間町、川端町、馬場町、東園町、西園町、老松町、若竹町、末廣町、元園町、入船町、有明町、新富町、堀江町、壽町、築地町、濱町、綠町、柳町、大宮町、圓山町、河合町、宮前町、大橋町、永樂町、日新町、大正町、泉町、港町、蓬萊町、三橋町	47 73%	書院町、東門町、古亭町、文武町、龍口町、南門町、北門町、八甲町、新起町、西門町、龍山寺町、大龍峒町、太平町、上奎府町、下奎府町、建成町、御成町	17 27%	64
高雄市	湊町、新濱町、山下町、田町、壽町、堀江町、入船町、榮町、北野町、平和町、綠町	11 79%	鹽埕町、旗後町、哨船町	3 21%	14
基隆市	日新町、入船町、明治町、旭町、高砂町、元町、雙葉町、天神町、壽町、幸町、東町、綠町、曙町、眞砂町、濱町、寶町、西町、堀川町、瀧川町、大正町、昭和町	21 75%	義重町、福德町、玉田町、田寮町、社寮町、仙洞町、觀音町	7 25%	28
新竹市	田町、新富町、宮前町、錦町、旭町、表町、榮町、住吉町、花園町、黑金町、新興町	11 73%	北門町、西門町、東門町、南門町	4 27%	15
台中市	橘町、綠川町、榮町、大正町、寶町、錦町、新富町、柳町、初音町、若松町、末廣町、旭町、村上町、利國町、幸町、明治町、千歲町、壽町、老松町、敷島町、木下町、有明町、曙町、花園町、楠町、櫻町、高砂町、干城町、新高町、梅?枝町、川端町	31 100%		0	31
嘉義市	新高町、山下町、宮前町、檜町、元町、朝日町、榮町、新富町、末廣町、黑金町、堀川町、玉川町、白川町	13 76%	東門町、北門町、南門町、西門町	4 24%	17

台南市	旭町、壽町、竹園町、清水町、高砂町、開山町、綠町、幸町、錦町、白金町、末廣町、大宮町、泉町、濱町、大正町、花園町、本町、明治町、臺町、老松町、寶町、福住町、永樂町、入船町、港町、田町、新町	27 87 %	北門町、東門町、南門町、西門町	4 13 %	31

資料來源：町名根據澤田久雄，《臺灣地名の讀方及び人口表》。東京市：日本書房，1938，頁3-4、11、19、28、39。分類係根據舊地名，以及查閱維基百科日語版確認日本地名，標準和本文的日式地名定義相同。

想要「內地化」，反而是臺北市和嘉義市的町名命名，其間都曾被總督府要求要「尊重傳統」、「尊重舊名」而駁回。[9]值得一提的是，地方在籌畫町名的命名時，是以組織委員會的方式，由委員們根據當地情況配合日式町名而討論命名，例如嘉義市的黑金町，雖是一個典型的日式町名，卻是配合當地的縱貫鐵路車站而命名；高雄市的入船町則和港口有關。[10]亦即這些町名表面上看起來充滿日本風味，實際上仍有濃厚的"在地"況味，較之戰後所更改的市街名，更具有在地的精神。

2.街庄級的日式地名

日治時代臺灣西部地名的更改和總督田健治郎的「內地延長主義」關係密切。田健治郎於大正8年10月（1919）就任為臺灣第一位文官總督，其治臺方針為「內地延長主義」，標榜「內台融合」、「一視同仁」、「同化政策」等，[11]為縮短臺灣和日本內地地方行政組織的距離，提高地方官員的地位和職權，以便作為在臺灣實施地方自治的基礎，乃決定進行地方官制、地方行政組織和行政區域的改革。並於大正9年7月26日，以勅令第二一八號公布「臺灣總督府地方官官制」，在人口較多、產業和文化較發達的臺灣西部，廢廳設州，廢支廳設郡市，廢區設街庄，[12]但此次行政區域的改革未及於臺灣東部，東部仍設廳和支廳。全臺灣原有的十二廳改為五州二廳，重劃行政區域的同時並伴隨若干地名的改稱，而街庄級的日式地名也就在此時出現。

這次對地名的改稱有一些通則，即：[13]

---

[9] 劉澤民，〈臺灣市街町名改正之探討─以臺灣總督府檔案相關資料為範圍〉，頁19、25。

[10] 劉澤民，〈臺灣市街町名改正之探討─以臺灣總督府檔案相關資料為範圍〉，頁37、50。

[11] 許雪姬等，《臺灣歷史辭典》。台北市：行政院文建會，2005年，頁0266。

[12] 施添福，《關山鎮志 下冊》。臺東縣關山鎮：臺灣縣關山鎮公所，2001年，頁66。

[13] 臺灣日日新報社編，《新舊對照管轄便覽》，臺北市：臺灣日日新報社，頁306-308，1921年。此為該書附錄的府報內容，經作者重新整理而成。

1. 原有街、庄、社（花東）、村、鄉（澎湖）的地域改爲「大字」，原有土名改爲「字」。

2. 從來的街、庄、社（花東）、村、鄉（澎湖）名中，去掉「街」、「庄」「社」及「鄉」字，若原有地名含街、庄或社共兩個字，則不在此限。

3. 地名中的「仔」改成「子」；「藔」改成「寮」；「份」改成「分」；「陂」改成「坡」；「什」改成「十」；「墩」改成「屯」；「灣」改成「澳」；「崗」改成「岡」；「坔」改成「丘」；「蔴」改成「麻」；「佃」改成「田」。

除此之外，各州改地名的情況似有地域差異（表 2），其中雖然臺南州更改地名的街庄數最多，比例也最高，但更改爲日式地名的數量與比例都是臺中州最高，甚至占更改地名數量的一半，其次則是臺北州；更改爲日式地名數量最少的是新竹州，比例最低的爲高雄州。西部五州總計 263 個街庄，其中有 167 個街庄名稱變動，改爲日式地名的街庄數爲 56 個，約占總數的五分之一，約占更改地名數量的三成。

表 2　大正 9 年（1920）西部五州地名更改情形

州別	總街庄數	改名的街庄數		改爲日式地名的街庄數		
		數量	占總數%	數量	占總數%	占改名%
臺北州	41	25	61	12	29	48
新竹州	43	24	56	6	14	25
臺中州	61	38	62	19	31	50
臺南州	68	48	71	12	18	25
高雄州	50	32	64	7	14	22
合　計	263	167	63	56	21	34

資料來源：根據臺灣日日新報社編，《新舊對照管轄便覽》所統計。

臺北州街庄更改為日式地名者共 12 個（表 3），其中有 8 個是只更動一個字而成日式地名，如枋橋改成板橋（台語發音未變）、漳和改為中和；有 1 個是保留原意而修改文字，如水返腳改為汐止；其餘 3 個則是完全的更改，如錫口改為松山、叭哩沙改為三星，以及瑞芳的命名。

表 3　大正 9 年臺北州的地名改正與日式地名

州	郡	舊地名	新地名	日式地名	備註
臺北州	七星郡	水返腳	汐止	★	《日本地名讀音詞典》頁 189
		錫口	松山	★	
		平溪仔	平溪		由土名改
	淡水郡	八里坌	八里	◇	
			三芝	◇	芝蘭三堡
	基隆郡	頂萬里加投	萬里		
		金包里	金山	★	由土名改
			瑞芳	◇	*西福寺瑞芳軒
		槓仔藔	貢寮		
		頂雙溪	雙溪		
	宜蘭郡		壯圍		民壯圍堡
	羅東郡	頂五結	五結		
		叭哩沙	三星	★	維基百科日文版
		冬瓜山	冬山		
	蘇澳郡	蘇灣	蘇澳		
	文山郡	坪林尾	坪林		
		深坑仔	深坑		
	海山郡	枋橋	板橋	★	
		漳和	中和	★	維基百科日文版
		鶯歌石	鶯歌		
		三角湧	三峽	◇	
	新莊郡	新庄	新莊	★	《日本地名讀音詞典》頁 206
		和尚洲	鷺洲	★	*大阪市福島区鷺洲町
		五股坑	五股		
		樹林口	林口		由土名改

資料來源：臺灣日日新報社編，《新舊對照管轄便覽》，臺北市：臺灣日日新報社，頁 1-29，1921 年。

註：★代表和日本內地完全相同的地名；◇代表有強烈日式風格的地名

新竹州街庄更改爲日式地名的只有 6 個（表 4），其中有 5 個是保留原地名其中一個字，或將三個字縮減爲兩個字，如六張犁改爲六家、大坵園改爲大園；完全更改的只有咸菜硼改爲關西。

表 4　大正 9 年新竹州的地名改正與日式地名

州	郡	舊地名	新地名	日式地名	備註
新竹州	新竹郡	紅毛港	紅毛		今新豐鄉
		大湖口	湖口		
		咸菜硼	關西	★	
		六張犁	六家	◇	
	中壢郡	安平鎮	平鎮		
		楊梅壢	楊梅		
		石觀音	觀音		
	桃園郡	蘆竹厝	蘆竹		
		大坵園	大園	★	
		龜崙頂	龜山	★	由土名改
		八塊厝	八塊		今八德鄉
	大溪郡	大料崁	大溪	◇	
		龍潭陂	龍潭		
	竹東郡	樹杞林	竹東		
		九芎林	芎林		
		月眉	峨眉	★	《日本地名讀音詞典》峨眉野町
		草山	寶山		
	竹南郡	三角店	竹南		
		頭份	頭分		
		後壠	後龍		
	苗栗郡	崁頭屋	頭屋		
		銅鑼灣	銅鑼		
		三叉河	三叉		今三義鄉
		罩蘭	卓蘭		

資料來源：臺灣日日新報社編，《新舊對照管轄便覽》，臺北市：臺灣日日新報社，頁 31-50，1921 年。
註：★代表和日本內地完全相同的地名；◇代表有強烈日式風格的地名

臺中州街庄更改爲日式地名的高達 19 個（表 5），其中神岡與石岡是依據改名通則修改；保留原地名至少一個字的有 10 個，如大里杙改爲大里、田中央改爲田中；修改文字但保留原台語發音的有茄苳腳（Ka-tang-kha）改爲花壇（Ka-tan）、湳仔（Lam-a）改爲名間（Na-ma）；完全更動的則有豐原（葫蘆墩）、清水（牛罵頭）、竹山（林杞

埔）、鹿谷（羌仔寮）等。

表 5　大正 9 年臺中州的地名改正與日式地名

州	郡	舊地名	新地名	日式地名	備註
臺中州	大屯郡	大里杙	大里	★	《日本地名讀音詞典》頁 37
		阿罩霧	霧峰	★	
		太平	大平	★	今太平市
		三十張犁	北屯		今台中市
		西大墩	西屯		今台中市
		犁頭店	南屯		今台中市
	豐原郡	葫蘆墩	豐原	★	
			內埔		今后里鄉
		神崗	神岡	★	
		堪雅	大雅	◇	
		潭仔墘	潭子		
	東勢郡	東勢角	東勢		
		石崗仔	石岡	★	
	大甲郡	牛罵頭	清水	★	
		梧棲港	梧棲		
			外埔		
			大安	★	《日本地名讀音詞典》頁 34
		沙轆	沙鹿		
		茄投	龍井		
	彰化郡	南門口	南郭		今彰化市
		大竹圍	大竹	★	今彰化市
		和美線	和美	★	＊長野縣、群馬縣之間和美峠
		下見口	線西		
		茄苳腳	花壇	★	《日本地名讀音詞典》頁 81
	員林郡	大庄	大村	★	
		大埔心	坡心		今埔心鄉
		關帝廟	永靖		
		田中央	田中	★	
		二八水	二水		
	北斗郡	番挖	沙山	◇	今芳苑鄉
		大城厝	大城	★	《日本地名讀音詞典》頁 35
		內蘆竹塘	竹塘		
	南投郡	草鞋墩	草屯		
		湳仔	名間	◇	
	能高郡	埔里社	埔里		
		內國性	國姓		
	竹山郡	林杞埔	竹山	★	
		羌仔寮	鹿谷	★	＊兵庫縣飾磨郡鹿谷村

資料來源：臺灣日日新報社編，《新舊對照管轄便覽》，臺北市：臺灣日日新報社，頁 51-75，1921 年。
註：★代表和日本內地完全相同的地名；◇代表有強烈日式風格的地名

臺南州街庄更改為日式地名的有 12 個（表 6），其中有一半是保留原地名中的一個字或原意者，如內庄改為大內、山仔頂改為山上；修改文字但保留相近台語發音的有噍吧哖（Ta-pa-ni）改為玉井（Tami-i）、打貓（Ta-niau）改為民雄（Tami-o）、撲仔腳改為朴子；完全更改的是白河（店仔口）。

表 6　大正 9 年臺南州的地名改正與日式地名

州	郡	舊地名	新地名	日式地名	備註
臺南州	新豐郡		永寧		永寧里，今仁德鄉
		塗庫	仁德		仁德南（北）里
			歸仁		歸仁南（北）里
		關帝廟	關廟		
			龍崎		龍船、崎頂
		埔姜頭	永康		永康中上里
		安順藔	安順		今台南市
	新化郡	大目降	新化		新化西里
		直加弄	安定		安定里東堡
		灣裡	善化		善化里西堡
		山仔頂	山上	★	＊福島縣相馬郡山上村
		噍吧哖	玉井	★	＊埼玉縣大里郡玉井村
		茄拔庄	楠西		楠梓仙溪西里
		南庄	南化		內新化南里
	曾文郡	蔴荳	麻豆		
		官佃	官田		
		內庄	大內	★	
	北門郡	蕭壟	佳里		佳里興堡
		西港仔	西港		
		七股藔	七股		
		北門嶼	北門		
	新營郡	鹽水港	鹽水		
		查畝營	柳營		
		後壁藔	後壁		由土名改
		店仔口	白河	★	＊福島縣白河市
	嘉義郡	水堀頭	水上	★	
		打貓	民雄	◇	＊在日本多為人名
		新港	新巷		今新港鄉
		雙溪口	溪口		
		大莆林	大林	★	＊廣島市安佐北区大林町
		梅仔坑	小梅	★	＊群馬縣桐生市小梅町
		竹頭崎	竹崎		
		番仔路	番路		
		後大埔	大埔		

斗六郡	庵古坑	古坑		
	他里霧	斗南	★	* 陸奧國斗南藩
	大埤頭	大埤		
	莿桐巷	莿桐		
虎尾郡	五間厝	虎尾	★	* 三重縣伊勢市虎尾山
	二崙仔	二崙		
	海口厝	海口		今麥寮鄉、台西鄉
北港郡	水燦林	水林	★	《日本地名讀音詞典》頁 167
東石郡	撲仔腳	朴子	◇	
	六腳佃	六腳		
		東石		頂東石
	布袋嘴	布袋		
	鹿仔草	鹿草		
	義竹圍	義竹		

資料來源：臺灣日日新報社編，《新舊對照管轄便覽》，臺北市：臺灣日日新報社，頁 77-111，1921 年。
註：★代表和日本內地完全相同的地名；◇代表有強烈日式風格的地名

　　高雄州街庄更改為日式地名的有 7 個（表 7），其中保留原地名至少一個字的有 3 個，如港仔墘改為小港；修改文字但保留相近台語發音的有打狗（Ta-kau）改為高雄（Taka-o）、蚊蟀（Mang-sut）改為滿州（Man-syu）；完全更動的為岡山（阿公店）、竹田（頓物）。

表 7　大正 9 年高雄州的地名改正與日式地名

州	郡	舊地名	新地名	日式地名	備註
高雄州	高雄郡	打狗	高雄	★	
			燕巢		援巢中（右）
		楠梓坑	楠梓		
	岡山郡	阿公店	岡山	★	
		阿嗹	阿蓮		
		半路竹	路竹		
		彌陀港	彌陀		
	鳳山郡	港仔墘	小港	◇	
			林園		林仔邊
		大樹腳	大樹		
		鳥松腳	鳥松		
	旗山郡	蕃薯藔	旗山		
		瀰濃	美濃	★	
		山杉林	杉林	★	《日本地名讀音詞典》頁 153
		甲仙埔	甲仙		由土名改
			內門		羅漢內門里
		田藔	田寮		
	屏東郡	阿緱	屏東		
		高樹下	高樹		
		六龜里	六龜		
		阿里港	里港		
		九塊厝	九塊		今九如鄉
	潮州郡	頓物	竹田	★	
		新埤頭	新埤		
		枋藔	枋寮		
	東港郡	林仔邊	林邊		
		茄苳腳	佳冬		
	恆春郡	蚊蟀	滿州	◇	＊為日本稱呼中國東北之地名
	澎湖郡	媽宮	馬公		
			白沙		白沙島
			西嶼		西嶼
		網垵	望安		

資料來源：臺灣日日新報社編，《新舊對照管轄便覽》，臺北市：臺灣日日新報社，頁 113-130，1921 年。
註：★代表和日本內地完全相同的地名；◇代表有強烈日式風格的地名

綜觀大正 9 年西部五州的地名更改，雖然改為日式地名者占更改地名數的三成左右，但我們可以發現，大部分地名其實和原地名或有文字的保留、或有發音的保留，完全和原地名無關者總共才 11 個，約占更改地名街庄數的 6.5%。臺灣作為被異族統治的殖民地，這樣的地名改動似乎和"想像"中的殖民者印象不同。值得一提的是，這個地名更改僅止於街庄這個層級，和百姓生活息息相關的大字層級的地名，除了和街庄同名的大字隨之更動外，只作前述通則的文字改變，亦即，雖然是在「內地延長主義」的方針下所施行的地名更動，但並不及於大字層級的地名。

三、臺灣東部的日式地名

臺灣東部出現日式地名並非如西部一樣在大正 9 年一次完成，其過程遠較西部複雜許多，約可分成兩個時期來看（附錄）：

1. 昭和 12 年以前的日式地名

這一時期相當漫長，約為日治初期到昭和 11 年（1936），這期間地名的變動和西部一樣，是隨著行政區劃的改變而來。明治 42 年（1909）花蓮港廳自臺東廳分出，由於轄境內分佈許多原住民住居地，故這時花蓮港廳共有 86 個街庄社，而臺東廳則有 91 個街庄社；明治 43 年 2 月 27 日總督府以府令第十號，直接將花蓮港廳奉鄉的馬於文社改為舞鶴庄，[14] 這是東部最早出現的日式地名；明治 43 年總督府確定實行官營移民村，[15] 移住內地日人到東部後，即於明治 44 年 8 月 3 日以府令第五十六號，將東部原有的「街、庄、社」之外，新增「村」，花蓮港廳有 9 個村，臺東廳有 6 個村，所有村名概為日式地名，包括有平野村、吉野村、賀田村、豐田村、長良村、末廣村、瑞穗村、大和村、林田村、美和村、旭村、大原村、鹿野村、富原村、池上村等。

大正 3 年（1914）的行政區劃變動，主要是將為數眾多的庄和社合併縮編，花蓮港廳由 86 個合併為 40 個，臺東廳由 91 個合併為 60 個，移民村地名這時仍在原行政區地名之內，並未成為行政區名。大正 6 年為了配合東線鐵路由花蓮港到璞石閣段通車，將鯉魚尾改稱壽村、璞石閣改稱玉里，花蓮港廳原有部分日式移民村的層級提高，取代漢地名成為行政區名。大正 8 年臺東廳持續合併庄社，並增設月野村。[16] 大正 9 年當西部行政區變革廢廳改州時，總督府基於財政狀況、居住族群、人民生活樣態以及官營移民制度的考量，認為隱含街庄自治的州市街庄制並不能立即施行於東部，[17] 因此東部的行政區劃並未改變，僅是將地名中的「庄」和「社」去掉，移民村的「村」字則保留，此

---

14 臺灣總督府府報
15 林玉茹，〈沿革〉，《台東縣史·地理篇》，臺東：臺東縣政府，1999 年，頁 22-36。
16 詳附錄中總督府發佈之各府令。
17 林玉茹，《殖民地的邊區-東臺灣的政治經濟發展》，台北市：遠流出版社，2007 年，頁 52、54。

時所有日式移民村地名皆提升爲庄層級的地名。

（1）日式地名的出現模式

由上述的地名變動過程來看，我們可將之歸納爲「加入—凸顯」的模式，先在原有的庄行政區名下增設移民村地名，再隨著行政區劃的變動，讓日式地名逐漸浮出取代原有地名而成爲主要行政單位名稱。這種模式的操作方式以瑞穗爲例說明，瑞穗村在明治44年係加入原有的水尾庄之下，之後大正3年將許多庄合併，水尾庄仍爲行政區名，到大正6年時，瑞穗已經取代水尾庄成爲正式較大單位的地名（圖1）。

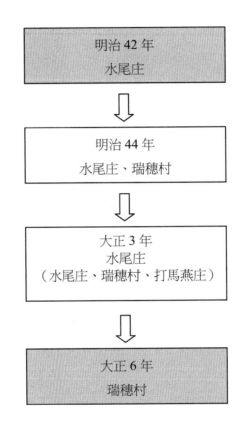

圖1　「加入—凸顯」模式（以水尾庄為例）

之所以是以這樣的模式逐漸以日式地名取代原有地名，而非如同西部是直接更改地名的主要原因，在於日本領有臺灣時東部仍存在大片的未開發原野，當時一個地名所涵蓋的空間範圍可能很大，當總督府透過若干法令創造官有地，並以土地整理的名義圈占移民地後，[18] 這些未開發的原野，隨即被賦予日式的移民村地名，這時是原地名和新地名並列，原地名所指涉的空間範圍縮小，之後藉由行政區調整改名時，將日式地名作爲大單位的行政區名，而成爲較主要的地名（圖2）。

---

[18] 施添福，〈日本殖民主義下的東部台灣：第二台灣的論述〉，發表於中研院台史所主辦「台灣社會經濟史國際學術研討會」，2003年，頁10-12。

（2） 日本移民村的命名

　　東部這種循著「加入-凸顯」模式出現的日本移民村地名，其命名並非隨意抓取日本
內地的地名，而是慎重地經過移民事務委員會討論出來幾個原則。明治42年（1909）臺
灣總督府經過調查與各方面的評估後，選定了臺灣東部9個集團地作為官營移民收容地，
隨即考慮為了讓母國的農民對於新移住天地有親切感，有必要將原有的蕃地名或漢地名
改為母國的地名，以療望鄉之情，並下定永久居住的決心，於是在明治44年2月21日
召開移民事務委員會決定移民村命名原則有五：[19]

一、與移住者鄉土有關者

二、語調名稱吉祥佳良者

三、與移住地的地形有關者

四、參考原有地名者

五、與移住地有緣故關係者

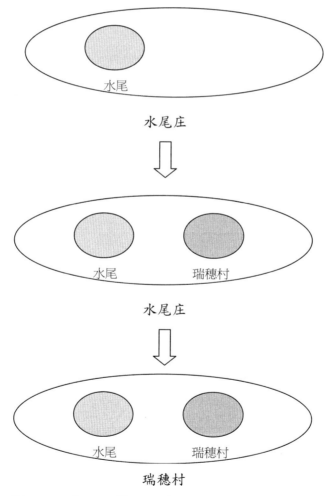

水尾庄

水尾庄

瑞穗村

圖2　「加入－凸顯」模式的空間示意圖（以水尾庄為例）

---

[19]《官營移民事業報告書》，臺北：臺灣總督府，1919年，頁57-59。

並依據命名原則，爲十五個移民村命名（表 8），並於該年 8 月 3 日以府令第五十六號公布之。這些移民村座落於原地名空間內，其中有的並逐漸取代大的空間範圍，而成爲行政區名。

表 8　日式移民村的命名理由

原地名	新地名	命名理由
七腳川	吉野村	最初來到七腳川原野的移民係大部分來自德島縣吉野川沿岸的住民，況且吉野字意佳良，母國人耳熟能詳，故名之
水尾	瑞穗村	水尾和瑞穗的日語發音相近，文字又瑞祥，故名之[20]
鹿寮	鹿野村	取原地名的「鹿」字，加原野的「野」而成
鯉魚尾	豐田村	該地水田多且土地豐饒
吳全城	賀田村	由於賀田組在此地拓墾多年有成，且一般人即稱賀田庄，故命名爲賀田村
呂家	旭村	旭村是臺東廳下移民村之首，故名之
大埔尾	大原村	因爲大埔尾的大原野而命名[21]
鳳林	林田村	因爲附近有大片平地林，且地多水田，故名之
新開園	池上村	附近有大池，且移民收容地在大池上方，故名之
加禮宛	平野村	因附近地勢平野而名之
加路蘭	富原村	
針塱	末廣村	新名稱字意佳良，有平和發展之意，且對母國人民而言親切，故名之
璞石閣	長良村	
拔仔	大和村	
知本	美和村	

資料來源：《官營移民事業報告書》，臺北：臺灣總督府，1919 年，頁 60-62。

2. 昭和 12 年以後的日式地名

昭和 12 年，因爲東部兩廳的教育，特別是就學率和國語普及的程度不比西部差，產業、交通和衛生等方面亦有顯著的進步，加上這年的 7 月爆發中日戰爭，爲了戰爭，臺灣總督府亟需仰賴東部的開發，如山地資源的開發、特殊農作物的獎勵、移民的招募等，爲求地方行政制度能夠充分配合，乃有改革東部行政的必要，遂於 9 月起開始修正或制

---

[20] 水尾音爲"みずを"，瑞穗音爲"みずは"，感謝洪敏麟教授指導。
[21] "埔"日語作"原野"，感謝洪敏麟教授指導。

定一系列法令，9月29日以府令第百十二號修正大正9年府令第四十八號的「街庄名稱及管轄區域」，廢支廳為郡，廢區為庄，[22] 正式實施在西部自大正9年即已施行的街庄制，並伴隨非常徹底的地名改正。

不同於之前的漸進式更改地名，除保留原先移民村的地名外，這次是直接將原有地名，包括街庄層級和大字層級予以改為日式地名，不但直接而且數量龐大。

其中臺東廳（表9）街庄級的地名共11個，日式地名占了7個，為64%；大字級地名共60個，日式地名占了42個，為70%。花蓮港廳（表10）街庄級地名共9個，日式地名占了6個，為70%；大字級地名共47個，日式地名占了35個，為74%。整體而言，日式地名至少都占六成以上，跟大正9年臺灣西部日式地名的比例相差懸殊。值得注意的是，花蓮港廳無論在街庄層級或大字層級，日式地名所占的比例都比臺東廳更高。

臺灣東部這次更改的日式地名較之西部的日式地名，帶有極為濃厚的日本風，且不限於兩個字，如瀧、日奈敷、堺等，其中有些跟西部一樣，是更改文字而保留原地名的發音者，如呂家改利家（Ri-ka）、猴仔蘭（台語）改香蘭（Koo-ran）、虷仔崙改金崙（Kana-long）、打腊打蘭改多多良（Tata-ra）、甘那壁改加奈美（Kana-bi）、獅仔獅改彩泉（Sai-sen）、馬稼海改眞柄（Ma-kara）、都蠻改都蘭（To-ran）等，[23] 這類型的地名更改，其數量在臺東廳遠比花蓮港廳來的多，似乎意味著花蓮港廳比臺東廳更內地化、更日本化。

表9　昭和12年後臺東廳的行政區劃與地名（加網點者為日式地名）

郡名	街庄名	管轄區域大字名
臺東郡	臺東街	臺東、旭、馬蘭、加路蘭、石山、上原、富原
	卑南庄	卑南、利家、日奈敷、初鹿、知本、美和
	太麻里庄	太麻里、北太麻里、西太麻里、南太麻里、香蘭、森川、金崙、大溪、多多良、瀧
	大武庄	大武、大鳥、彩泉、初屯、大竹、加奈美、加津林
	火燒島庄	南寮、中寮、公館
關山郡	關山庄	關山、月野、日出
	池上庄	池上、新開園、萬安
	鹿野庄	鹿野、雷公火、大原
新港郡	新港庄	新港、鹽濱、小湊、大濱、都歷、小馬
	長濱庄	長濱、中濱、眞柄、三間屋、樟原、寧埔、城山
	都蘭庄	都蘭、八里、高原、大馬、佳里

資料來源：施添福，《關山鎭志》下冊，2002年，頁107。

---

[22] 施添福，《關山鎭志 下冊》。頁71。

[23] 李南衡，〈一九二〇年臺灣地名變更及其語音變化〉，《地理研究》第48期，頁49，2008年。

表 10　昭和 12 年後花蓮港廳的行政區劃與地名（加網點者為日式地名）

郡市名	街庄名	管轄區域大字名
花蓮郡	花蓮港街	花蓮港、宮下、米崙、豐川、佐倉
	吉野庄	田浦、南浦、舟津、吉野
	壽庄	壽、賀田、月眉、豐田、水璉
	研海庄	新城、北埔、平野、加禮
鳳林郡	鳳林街	鳳林、林田、山崎、萬里橋、上大和、富田
	瑞穗庄	大和、鶴岡、白川、瑞穗、舞鶴、奇美
	新社庄	豐濱、戶敷、新社、磯崎、大港口、靜浦、石梯
玉里郡	玉里街	玉里、末廣、三笠、春日、觀音山、落合
	富里庄	富里、大里、竹田、堺

資料來源：《臺灣總督府行政區域便覽》，臺灣總督府官房統計課，1944 年，頁 110-115。

四、臺灣日式地名的分布與意涵

綜觀全臺灣的日式地名分布（圖 3），我們可以發現幾點特色：

1.西部五州中以臺中州日式地名的街庄數最多，比例也最高。

2.西部五州日式地名數占總街庄數至多約三成，東部兩廳則高達六、七成。

3.西部五州的日式地名僅止於街庄層級，東部兩廳的日式地名則涵蓋到大字層級。

4.花蓮港廳的日式地名比例遠較臺東廳為高。

日式地名這樣的分布現象代表什麼意涵呢？是偶然發生的嗎？還是總督府有意的安排呢？筆者嘗試從日本的治臺政策析論之。首先討論何以東部的日式地名既多且深入大字層級，而西部則否；其次分析何以花蓮港廳的日式地名在數量和命名方法上比臺東廳更內地化。

日式地名在臺灣的作用主要是撫慰和教化，對臺灣西部而言，日式地名止於街庄級，而不及於大字級，特別在當時是農業社會時代，除了都市外，大部分人較少出門遠遊移動，大字級仍是漢式舊地名的話，對一般平民百姓的生活影響不大，因此我們可以說臺灣西部的日式地名其功能主要在於教化。

對臺灣東部而言，日式地名不但深化到大字層級，而且其日本風遠較西部的日式地名濃烈，這種深入生活且帶著濃濃的家鄉味的地名，很顯然是要撫慰這裡的日本人，那為什麼要撫慰這裡的日本人呢？我們或可從施添福「第二臺灣」的論述得到解答。

日本對臺灣的統治並非拿著預先設計好的藍圖照圖施工，事實上，沒有殖民經驗的日本政府對臺灣的統治經常是，隨著殖民國面臨的世界局勢、內部發展，以及和殖民地的互動，而逐漸調整和改變。在這種情況下，一方面因為臺灣本身的區域差異，一方面

因為總督府因地制宜的經營方式，逐漸分化成三個臺灣，即第一臺灣：指西部臺灣，是資本型殖民地；第二臺灣：指東部臺灣，是移住型殖民地；第三臺灣：指山地臺灣，是封鎖型殖民地。[24]

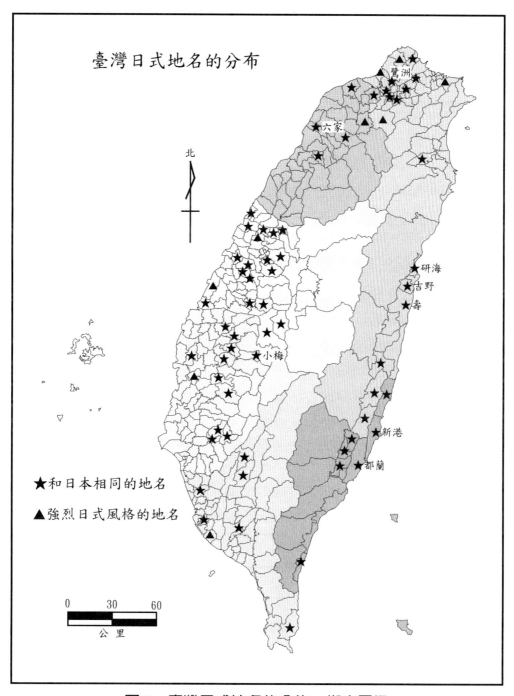

圖3　臺灣日式地名的分佈—街庄層級

資料來源：表3-7。圖中標出地名名稱者，係表示和今日地名不同。

---

[24] 施添福，〈日本殖民主義下的東部臺灣：第二台灣的論述〉，臺灣社會經濟史國際學術研討會論文，2003年，頁1、5。

　　臺灣東部之所以成為移住型殖民地，起源於三個日本官員治理殖民地的理念，即水野遵、鹿子木小五郎和東鄉實，水野遵認為「臺灣土地肥沃、物產豐富、…遺利尚多，尤其東部蕃地為然。…擬定辦法，移住內地人，以興未開之利…」[25]；鹿子木認為移植內地人到臺灣勢在必行，但在歷史經驗中外族常被漢人所同化，為恐重蹈覆轍，所以必須在臺灣建立一個內地人自守自保的基地，這個基地的最佳位置就是東部臺灣；東鄉實認為在臺灣移殖內地農民，進行熱帶移民的實驗和研究，對決定帝國將來的殖民政策，具有重大關係。[26]無論是水野遵的理念或鹿子木、東鄉實的看法，都得到臺灣總督及日本官員、民間有識之士的認同，而逐漸在東部實踐出來。首先是將東部的土地透過種種法令予以收奪，並放領給日本內地資本家，特別是扶植賀田組在東臺灣的事業；其次是興辦官營移民事業，並引進製糖企業，企圖透過糖業的發展來帶動東部的開發。[27]

　　在一系列的政策施行之下，臺灣東部逐漸成為日本人在殖民地臺灣的根據地，這可從許多中央級的重要官員經常到東部巡訪得到證明（表 11），這些官員排除旅途的疲累，必定巡訪日本移民村，也必定參拜移民村內的神社，具有極大的指標作用。特別是當時東部的交通狀況極差，到東部巡訪必須先到蘇澳，換搭船到花蓮港，再搭接駁船上岸等，可說是非常的舟車勞頓。其次，從日本人的人口數占各州廳總人口數的比例來看，也很清楚可以看出東部成為日人新故鄉的趨勢。以昭和 4 年的統計資料為例[28]（圖 4），該年日本人數比例最高的州廳是花蓮港廳，日本人比例高達 15.2%，其次是臺北州的10.6%，再其次是臺東廳的 7.1%。臺北州日人比例較高的原因很明顯是由於為臺灣總督府所在地，最高層級的行政機關都設在此，而政府要職多由日人擔任，連同這些官員家屬的人數計算，故比例較高，但仍遠低於花蓮港廳，而臺東廳日人比例也僅次於花蓮港廳和臺北州而已。

---

[25] 直接引自吳育臻，〈臺灣東部的區域差異：從國家機器與糖業經營的觀點（1895-1945）〉，第十一屆臺灣地理國際學術研討會論文。2007 年，頁 5。

[26] 施添福，〈日本殖民主義下的東部臺灣：第二台灣的論述〉，頁 5-8。

[27] 施添福，〈日本殖民主義下的東部臺灣：第二台灣的論述〉，頁 10-20。

[28] 由於日本人在各州廳所占比例到了昭和初期已經穩定，各年的變化不大，為了能明白表示日本人的比例多寡，故以昭和 4 年的統計資料為例說明。

表 11　日治時代中央級官員對臺灣東部的巡訪

職稱	官員姓名	巡訪東部日期	備註
總督府技師	田代安定	明治 29 年（1896）8 月 20 日-12 月 12 日	東部調查
總督府技師	八戶道雄	明治 32 年（1899）3 月 2 日-9 日	森林調查
臺灣總督	佐久間左馬太	明治 40 年（1907）1 月 31 日-3 月 3 日	地方巡視
民政長官	祝辰巳	明治 40 年 7 月 4 日-11 日	臺東視察
民政長官	內田嘉吉	明治 44 年（1911）6 月	東部視察
民政長官	下村宏	大正 5 年（1916）9 月 6 日-15 日	東部視察
總務長官	後藤文夫	大正 14 年 9 月 30 日-10 月 6 日	東部視察
臺灣總督	伊澤多喜男	大正 15 年（1926）3 月 27 日	主持東部鐵道開通式
臺灣總督	上山滿之進	昭和 2 年（1927）4 月 1 日-9 日	東部視察
臺灣總督	川村竹治	昭和 3 年 10 月 7 日-13 日	東部視察
臺灣總督	石塚英藏	昭和 4 年 9 月 29 日-10 月 6 日	東部視察
總務長官	人見次郎	昭和 4 年 12 月 10 日-16 日	東部視察

資料來源：《臺灣時報》各年期。直接引自吳育臻，〈臺灣東部的區域差異：從國家機器與糖業經營的觀點（1895-1945）〉，頁 8。

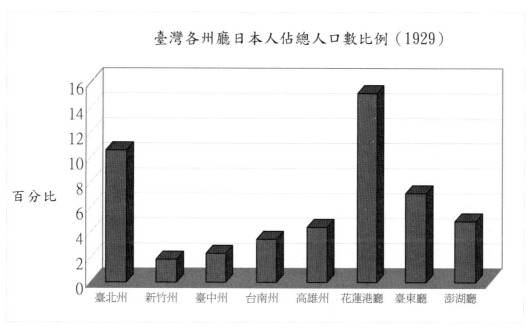

圖 4　臺灣各州廳日本人占總人口數比例（1929）

資料來源：《臺灣總督府統計書》昭和 4 年期，臺灣總督府官房統計課。

　　至於為什麼花蓮港廳的日式地名在數量和命名方法上比臺東廳更內地化？首先我們可以從這兩地的日本人人口數得到解答。那就是雖然臺灣東部是日本人建設新故鄉的基地，但顯然他們較鍾情於花蓮港廳，因此花蓮港廳的日本內地人口數經常是臺東廳日本人口數的將近三倍（圖5），這個差距不算小。

　　問題是什麼因素導致花蓮港廳似乎更適合日本人居住呢？亦即花蓮港廳的發展何以能超越清代做為東部行政中心的臺東廳呢？

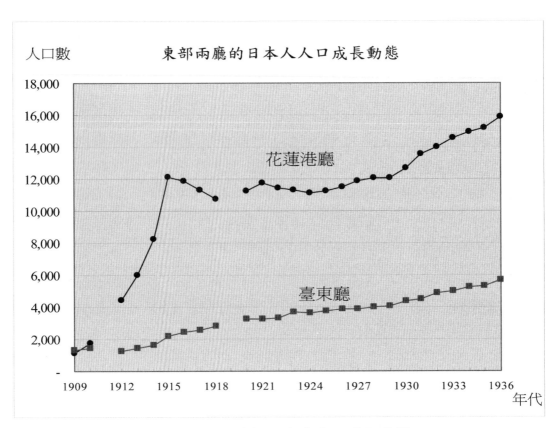

圖5　東部兩廳的日本人人口成長動態

資料來源：《臺灣總督府統計書》各年期，臺灣總督府官房統計課。

施雅軒在其文章中提到：[29]

　　最早的東臺灣行政中樞—臺東街，並非是臺東鐵道的興築起點，反而在另一端的花蓮港街，在明治42年成立鐵道部的花蓮港出張所，正式成為整個鐵道部運作的指揮中心，也開始確立花蓮港街在東臺灣的重要性。…加上鐵道以先行完成者先通車，使得花東縱谷平原上的聚落，與花蓮港街的易達性逐漸提高，對外的資源紛紛先集中於花蓮港街再向外四散，如此的交通要點，使得花蓮港街的政經地位於東臺灣逐漸上昇，最後終於超越了卑南（臺東）街。

---

[29] 施雅軒，〈花蓮平原於中央政策措施下的區域變遷：從清政府到國民政府〉。臺北：國立臺灣大學地理學研究所碩士論文，1995年，頁70、72。

那麼何以臺東鐵道自花蓮港開築呢？雖然史料上找不到直接答案，但可以想見的是，和賀田組的開發東臺灣有關。明治 42 年（1909）時東糖的前身野田製糖都還沒設立，而賀田組在臺東廳內的事業只是粗放的畜牧而已，換句話說，這時候的臺東廳內並沒有大的投資案，反過來看花蓮港廳，賀田組事業的重心在此，且先前就已有輕便鐵路的修築，官營移民村也選定在花蓮港廳內先辦，兩相對照下，臺東鐵道當然要從花蓮港開築。[30]

除此之外，因為臺灣總督府經營臺灣東部的策略與手法，是想借用有力的企業家引領開發，企業家經營的成功與否，幾乎決定了該地是否能夠發展。在花蓮港廳接續賀田組事業的是鹽水港製糖株式會社，鹽糖在臺灣總督府的政策配合下--官營移民村提供勞力和甘蔗原料、臺東鐵道和花蓮港築港提供運輸之便。努力從事糖業的經營，在蔗作獎勵、農業經營上投入心力改進，以致雖然面對暴風雨常襲的自然環境，經營績效仍為良好，並且也因此帶動了花蓮港廳的發展。

在臺東廳最有力的企業則是臺東製糖株式會社，但東糖株式會社在資金較少、土地條件較差的情況下，並不思努力克服困境，反而苛刻對待蔗農和移民，以致雖然圈占臺東廳下縱谷地區大批土地，卻在糖業經營上成效不彰，其失敗也影響臺東廳的發展。[31]大正 15 年（1926）時，當時的殖產局長還明白指出「同社（臺東製糖）社運不振，陷入困憊之極，反而成為臺東（廳）管內開發上的障礙」[32]。

因為花蓮港廳和臺東廳不同的發展歷程與際遇，使得花蓮港廳的發展較臺東廳佳，因此成為日本人在東部臺灣優先選住的地方，為了撫慰這些離鄉的日本人，花蓮港廳的日式地名數量不但較臺東廳多，其命名和原地名也切割得較徹底。

五、結論

因為人們對地方情感的寄託，地名除了指認地方的功能外，還有撫慰與教化的功能，在日治時代的臺灣，基於語言與文化不同的異族統治，地名的撫慰和教化功能顯得更為重要，因此乃有日式地名的出現，並且有許多仍為今日臺灣的重要地名。

在日治時代，總督府對臺灣西部與東部的治理態度不同。

臺灣西部的日式地名有兩類，一類是都市市街內的町名，一類是街庄名稱。總督府對都市市街是否實施町名改正，是採較為消極的態度，由於町名改正的資格是都市的發展是否到達一定水準，因此町名改正代表一種榮譽，經常是由地方仕紳與官員發起，努力向總督府爭取而來，於此可見日式町名在此被塑造為一種高高在上的象徵符號。西部街庄級的日式地名是大正 9 年隨著行政區劃變更而來的，其中以臺中州的數量最多，比

---

[30] 吳育臻，〈臺灣東部的區域差異：從國家機器與糖業經營的觀點（1895-1945）〉，頁 9。

[31] 施添福，〈日治時代台灣東部的熱帶栽培業和區域發展〉，發表於中研院台史所籌備處主辦「台灣史研究百年回顧與專題研討會」。1994 年，頁 18-39。

[32] 片山三郎，〈東臺灣鐵道の開通と其利用〉，《臺灣時報》，1926 年 4 月，頁 11。

例也最高。整個西部的日式地名約占總地名數的二成左右，比例不算高，而且僅止於街庄級的地名，命名方式也和原地名多有相關，可見此主要在於地名的教化功能。但殖民當局似乎並不積極，和一般想像中殖民者粗暴的嘴臉似乎不同。

臺灣東部日式地名出現的方式有兩種，在昭和 12 年以前，是以「加入-凸顯」的模式逐步浮現出日式地名；昭和 12 年伴隨地方制度改正，日式地名是直接且徹底地出現在花東兩廳，日式地名的數量至少都占六成以上，其中又以花蓮港廳的日式地名數量多，命名方式也和地方割離。

臺灣東西部日式地名分佈的差異，主要導因於總督府的治臺政策，總督府欲將東部臺灣建設為日本人的新故鄉，為了撫慰這些離鄉的日本人，因此日式地名的數量多且深入到大字層級。花蓮港廳比臺東廳的日式地名多，乃因為東部的開發過程，從賀田組、修築臺東鐵道、鹽糖的經營等，都使得花蓮港廳的發展超過臺東廳，因此花蓮港廳的日本人口數接近臺東廳的三倍，顯然花蓮港廳比臺東廳更適合作為新故鄉，因此日式地名數量較多。

引用文獻

《官營移民事業報告書》，臺北：臺灣總督府，1919 年，頁 57-59。

《新舊對照管轄便覽》，臺北市：臺灣日日新報社，1921 年

《臺灣總督府府報》，臺北市：臺灣總督府。

《臺灣日日新報》，大正 13 年 11 月 5 日〈嘉義街町名改正〉。

片山三郎

    1926　〈東臺灣鐵道の開通と其利用〉，《臺灣時報》，1926 年 4 月。

西藤洋一、慧子編著

    2005　《日本地名讀音詞典》。上海：學林出版社。

吳育臻

    2004　〈從地名的變遷看不同政權的特質-以嘉義市街路名為例〉，《第一屆地名學術研討會論文集》，臺北市：內政部與中研院合辦。

    2007　〈臺灣東部的區域差異：從國家機器與糖業經營的觀點（1895-1945）〉，第十一屆臺灣地理國際學術研討會論文。臺北：臺灣師大地理系主辦。

李南衡

    2008　〈一九二〇年臺灣地名變更及其語音變化〉，《地理研究》第 48 期，頁 47-62。

林玉茹

    1999　〈沿革〉，《台東縣史‧地理篇》，臺東：臺東縣政府，頁 22-36。

    2007　《殖民地的邊區-東臺灣的政治經濟發展》，台北市：遠流出版社。

施添福

　1994　〈日治時代臺灣東部的熱帶栽培業和區域發展〉，「臺灣史研究百年回顧與專題研討會」論文，中研院台史所籌備處主辦。

　2001　《關山鎮志·下冊》。臺東縣關山鎮：臺灣縣關山鎮公所。

　2003　〈日本殖民主義下的東部臺灣：第二臺灣的論述〉，「臺灣社會經濟史國際學術研討會」論文，中研院台史所主辦。

施雅軒

　1995　〈花蓮平原於中央政策措施下的區域變遷：從清政府到國民政府〉。臺北：國立臺灣大學地理學研究所碩士論文。

許雪姬等

　2005　《臺灣歷史辭典》。台北市：行政院文建會。

劉澤民

　2008　〈臺灣市街「町」名探討-以臺灣總督府檔案相關資料為範圍〉，「臺灣地名研究成果學術研討會」論文，國史館文獻館主辦。

澤田久雄

　1938　《臺灣地名の讀方及び人口表》。東京市：日本書房，1938，

【附錄】東部的行政區變更與地名演變

台東廳

●明治四十二年十月二十五日（明治三十八年十二月府令第八十九號廢止）廳位置及管轄區域　府令第七十五號

●明治四十四年八月三日　府令第五十六號

●大正三年五月二十三日　府令第三十五號

●大正八年一月十五日　府令第五號

●大正九年八月十日　府令第四十七號 州、廳的位置，管轄區域及郡市的名稱、位置、管轄區域如左相定，自大正九年九月一日開始實施，明治四十二年十月府令第七十五號廢止

●昭和十二年九月二十九日　府令第百十二號 大正九年府令第四十八號中如左改正

●府報號外 自昭和十二年十月一日實施之臺東、花蓮港兩廳下郡及庄設置新舊地名對照

行政劃分	明治 42 年	明治 44 年	大正 3 年	大正 8 年	大正 9 年	昭和 12 年
南鄉	卑南街			臺東街	臺東	臺東街
	馬蘭社				馬蘭	馬蘭
	阿勝班那社				知本	知本
	知本社	知本社 美和村	知本社	知本社	美和村	美和
	射馬干社					
	卑南社				卑南	卑南
	檳榔樹格社				檳榔樹格	日奈敷
	阿里擺社				呂家	利家
	太巴六九社		呂家社			
	呂家社	呂家社 旭村			旭村	旭
	北絲鬮社		北絲鬮社		北絲鬮	初鹿
	斑鳩社					
	老吧老吧社		老吧老吧社		月野村	月野
	擺仔擺社					
	新良庄		大埔尾社 新七腳川社	鹿野村 月野村 大原村		
	大埔尾社 新七腳川社	大埔尾社 大原村			大原村	大原
	鹿寮社	鹿寮社 鹿野村			鹿野村	鹿野
	猴仔山社			改屬廣鄉	猴子山	石山
	利基利吉社				利基利吉	上原
	太麻里社				太麻里	太麻里

	猴仔山社			猴子蘭	香蘭
	鴨仔蘭社			鴨子蘭	西太麻里
	文里格社			文里格	森川
	巴塱衛社	巴塱衛社		大武	大武
	巴塱衛庄				
	羅打結社			羅打結	北太麻里
	大武窟社			大武窟	南太麻里
	虷仔崙社			虷子崙	金崙
	打腊打蘭社			打腊打蘭	多多良
	鴒仔籠社			鴒子籠	加津林
	獅仔獅社			獅子獅	彩泉
	大鳥萬社			大鳥萬	大鳥
	拔仔洞社			拔子洞	初屯
	察腊密社			察腊密	瀧
	大得吉社			大得吉	大溪
	大竹高社			大竹高	大竹
	甘那壁社			甘那壁	加奈美
廣鄉	加路蘭社	加路蘭社 富原村		加路蘭	加路蘭
				富原村	富原
	都巒社			都巒	都蘭
	八里芒社			八里芒	八里
	大馬武窟社			大馬武窟	大馬
	加里猛狎社			加里猛狎	佳里
	嘎嘮吧灣社			嘎嘮吧灣	高原
	小馬武窟社			小馬武窟	小馬
	都歷社	都歷社		都歷	都歷
	叭翁翁社				
	加只來社	加只來社		加只來	鹽濱
	跋便社				
	施龜彌咳社	蔴荖漏社	蔴荖漏社	蔴荖漏	新港
	蔴荖漏社				
	芝路古咳社				
	微沙鹿社	微沙鹿社			
	白守蓮社				
	成廣澳庄		成廣澳庄	成廣澳	小湊
	石雨傘庄				
	阿龜眉社	石雨傘庄			
	都威社				
	沙汝灣社	沙汝灣社	沙汝灣社	沙汝灣	大濱
	沙汝灣庄				
	月且口曼社				
	烏石鼻社	石寧埔庄		石寧埔	寧埔

	石寧埔社		石寧埔庄		石寧埔	寧埔
	僅那鹿角社		彭仔存庄		彭子存	城山
	八桑安社					
	彭仔存庄					
	大竹湖社		大掃別庄		大掃別	中濱
	小竹湖社					
	大掃別社					
	大掃別庄					
	加走灣庄				加走灣	長濱
	城仔埔庄		馬稼海社		馬稼海	眞柄
	石杭社					
	馬稼海社					
	三間屋庄		三間屋庄		三間屋	三間屋
	大俱來社					
	水母丁庄					
新鄉	里壠庄		里壠庄		里壠	關山
	德高班寮社					
	雷公火社			改屬南鄉	雷公火	日出
						雷公火
	萬安庄				萬安	萬安
	新開園庄	新開園庄 池上村		新開園庄	新開園	新開園
	大坡庄		大坡社		池上村	池上
	大坡社					
奉鄉	加錄社		姑仔律社		姑子律	樟原
	大峰峰社					
	大尖石庄					
	姑仔律庄					
火燒島	南寮庄				南寮	南寮
	中寮庄				中寮	中寮
	公館庄				公館	公館
紅頭嶼	小紅頭嶼					

花蓮港廳

●明治四十二年十月二十五日（明治三十八年十二月府令第八十九號廢止）廳位置及管轄區域 府令第七十五號

●明治四十三年二月二十七日 府令第十號

●明治四十四年八月三日 府令第五十六號

●大正三年五月二十三日 府令第三十五號

●大正六年九月八日 府令第四十二號

●大正九年八月十日 府令第四十七號 州、廳的位置，管轄區域及郡市的名稱、位置、管轄區域如左相定，自大正九年九月一日開始實施，明治四十二年十月府令第七十五號廢止

●昭和十二年九月二十九日 府令第百十二號 大正九年府令第四十八號中如左改正

●府報號外 自昭和十二年十月一日實施之臺東、花蓮港兩廳下郡及庄設置新舊地名對照

行政劃分	明治 42 年	明治 43 年	明治 44 年	大正 3 年	大正 6 年	大正 9 年	昭和 12 年
蓮鄉	花蓮港街				花蓮港	花蓮港	花蓮港
	加禮宛庄		加禮宛庄 平野村			加禮宛	加禮
						平野村	平野
	十六股庄			十六股庄		十六股	豐川
	三仙河庄						
	軍威庄			軍威庄		軍威	宮下
	農兵庄						
	薄薄社			薄薄社		薄薄	南浦
	飽干社						
	屘屘社			里漏社		里漏	舟津
	里漏社						
	米崙庄					米崙	米崙
	荳蘭社					荳蘭	田浦
	七腳川社		吉野村			吉野村	吉野
	歸化社					歸化	左倉
	吳全城庄						
	賀田庄		賀田村	賀田村		賀田村	賀田
	知伯社						
	鯉魚尾社		鯉魚尾社 豐田村		壽村	壽村	壽
						豐田村	豐田
	月眉庄					月眉	月眉
奉鄉	蔡扇埔庄			納納社		納納	靜浦
	納納社						

	大港口庄		大港口庄		大港口	大港口
	北頭溪社					
	石梯庄				石梯	石梯
	姑律庄				姑律	戶敷
	貓公社				貓公	豐濱
	新社				新社	新社
	加路蘭社				加路蘭	磯崎
	璞石閣庄	璞石閣庄 長良村	璞石閣庄	玉里	玉里	玉里
	客人城庄				長良村	長良
	中城庄					
	針塱庄	針塱庄 末廣村	針塱社	末廣村	末廣村	末廣
	迪佳庄			三笠村	三笠村	三笠
	馬久荅社					
	猛仔蘭社					
	觀音山庄		觀音山庄		觀音山	觀音山
	馬打林社					
	蔴汝社					
	大料寮社					
	水尾庄	水尾庄 瑞穗村	水尾庄	瑞穗村	瑞穗村	瑞穗
	打馬燕庄					
	加納納社					
	掃叭社		舞鶴社		舞鶴社	舞鶴
	馬於文社	舞鶴庄				
	高溪坪社					
	烏鴉立社		烏鴉立社		烏鴉立	鶴岡
	大度壓社					
	烏漏社					
	謝得武社					
	苓仔濟社		織羅社		織羅	春日
	織羅庄					
	織羅社					
	奇密社				奇密	奇美
	拔仔庄	拔仔庄 大和村	拔仔庄		拔子	白川
	巫老僧社					
	周武洞社				大和村	大和
	人仔山社					
	照員庄					
	紅座社					
	石公坑庄		下勝灣社		下勝灣	落合
	殺牛坑社					
	下勝灣社					

	六階鼻庄					六階鼻	山崎
	鳳林庄		鳳林庄 林田村	鳳林庄	鳳林 萬里橋村	鳳林 林田村	鳳林 林田
	馬里勿社					萬里橋村	萬里橋
	太巴塱庄			太巴塱社		太巴塱	富田
	太巴塱社						
	馬於文社						
	沙荖社						
	鎮平庄			馬太鞍社		馬太鞍	上大和
	善化社						
	良化社						
	馬佛社						
	馬太鞍社						
	節朱芒社						
	水璉尾庄					水璉尾	水璉
新鄉	公埔庄			公埔庄		公埔	富里
	石牌庄						
	里行庄						
	螺仔溪庄						
	堵港埔庄			堵港埔庄		堵港埔	堺
	賬賬埔庄						
	頭人埔庄			頭人埔庄		頭人埔	竹田
	馬家錄庄						
	萬人埔庄						
	大庄					大庄	大里

資料來源：臺灣總督府府報

臺灣市街町名改正之探討
—以臺灣總督府檔案相關資料為範圍

劉澤民*

壹、問題緣起

本文所稱臺灣市街，即指臺灣在日治時期的「街」與「市」。日本統治早期，街與庄是堡里以下的基本行政層級，但街是人口集中、經濟繁榮的區域。明治38年（1905）府令第89號中，臺灣共有70餘個街。[1]而在大正9年地方制度改正，街庄是郡以下的行政層級，在郡之下共有35個街。與本文有關的街包括媽宮街、基隆街、宜蘭街、新竹街、臺中街、彰化街、嘉義街、阿緱街、臺東街（前身是卑南街），除媽宮街外，其他街在大正9年之後陸續改為市。

臺灣的「市」，基本上在大正9年（1920）之前並無「市」的層級。明治38年（1905）府令第89號中臺南廳列有「臺南市」，[2]明治40年（1907）的堡里街庄土名表中亦列有「台南市」，其下列有甲、乙、丙、丁、戊、己、庚、辛八個土名。[3]但水越幸一認為大正9年以前在行政區劃及公文書上並無「市」的稱呼，只是一般的通稱而已。[4]而臺灣真正有市，是從大正9年開始，當時臺灣有3市，即臺北市、臺中市、臺南市，是與郡相當的行政層級。大正13年（1924）12月25日打狗街、基隆街改制為高雄市、基隆市。昭和5年（1930）1月20日嘉義街、新竹街改制為嘉義市、新竹市；昭和8年（1933）12月20日彰化街、屏東街改制為彰化市、屏東市。至昭和10年（1935）臺灣市街共有9市、38街，昭和15年（1940）10月28日宜蘭街改為宜蘭市、花蓮港街改為花蓮港市；到日本治臺末期的昭和19年（1944）止，共有11市。與本文相關的市包括臺北市、基隆市、新竹市、宜蘭市、臺中市、彰化市、嘉義市、臺南市、高雄市、屏東市等。

---

* 國史館臺灣文獻館整理組組長。

[1] 臺北廳下有臺北城內、艋舺、大稻埕、大龍峒街、枋橋街、士林街、滬尾街，基隆廳有基隆街、水返腳街、暖暖街，宜蘭廳有宜蘭街、頭圍街、羅東街，深坑廳有石碇街，桃園廳有桃園街、大料崁街、鹹菜硼街，新竹廳有新竹街、中港街、樹杞林街、新埔街，苗栗廳有苗栗街、大甲街、通霄街，臺中廳有臺中街、梧棲港街、葫蘆墩街、埧雅街、西大墩街、犂頭店街、四張犂街、大里杙街、牛罵頭街，彰化廳有彰化街、鹿港街、員林街、北斗街，南投廳有南投街、集集街、埔里社街，斗六廳有斗六街、林杞埔街、北港街、西螺街，嘉義廳有嘉義街、水堀頭街、打貓街、新港街、大莆林街、樸仔腳街，鹽水港廳有鹽水港街，臺南廳有安平街、灣裡街、大目降街、新市街、關帝廟街、蕃薯寮廳有蕃薯寮街，鳳山廳有鳳山街、旗後街、楠梓坑街、阿公店街、哨船頭街，阿緱廳有阿緱街、東港街、阿里港街，臺東廳有馬蘭街、卑南街、新街、新港街、花蓮港街，恆春廳有恆春街，澎湖廳有媽宮街。參見《臺灣總督府公文類纂》000010670070106〈廳位置及管轄區域ヲ定ムルノ件〉。另亦參見明治38年12月1日《臺灣總督府府報》第1873號。

[2] 參見《臺灣總督府公文類纂》000010670070106〈廳位置及管轄區域ヲ定ムルノ件〉。

[3] 參見《臺灣總督府公文類纂》000014090090265〈總督府管內堡里街庄土名表〉臺南廳。

[4] 水越幸一述，〈本島の現行地方制度成立經過覺え書（九）〉，《臺灣地方行政》第4卷2月號，頁91。

　　臺灣市街的現代化，許多是從日治時期開始。而日本人在市區改正或都市計畫的過程中，基於外來統治者的本質，對行政上的區域名或生活上常使用的街路名，也嘗試引用日本內地風格的名字，「町」就是日本人所帶來戶籍與地籍上的單位名稱。

　　「町」，據《大漢和辭典》「町」是指自治單位的名字，另一義是距離的單位，360尺爲一町。查《禮記註疏》有「偃豬之地，九夫爲規，四規而當一井；原防之地，九夫爲町，三町而當一井。」則在中國，「町」似乎亦有作爲土地面積之義。而作爲地名則曾見於《南史》〈列傳侯景傳〉有「先是江陵謠言：『苦竹町，市南有好井。荊州軍，殺侯景。』及景首至，元帝付諮議參軍李季長宅，宅東即苦竹町也。」[5]日本的「町」有多種意義，一是地方公共團體，明治21年（1888）町村制公布，主要負責行政與警察事務之執行。[6]二是指市下更細的區劃。三是指市街區而言。四是長度與面積的單位。[7]日治時期在臺灣施行的「町」，即是指第二種意義，並不具有地方自治團體的性質，早期只是一般的通稱，相當於土名，後期則是戶籍與地籍的整合單位，相當於大字。

　　《臺灣舊地名之沿革》一書中，提到「臺南市町名是在大正9年使用」、「臺中市、臺北市在民國9年至34年間更改爲町名」、「基隆市、高雄市在民國13年12月將舊大字改爲町名」、「民國22年彰化市、屏東市的町名也有改稱」[8]等，到底這些市街的町名改正年代、町名名稱是不是如該書所載？是不是有若干市街有町名改正而該書未記載？另《臺灣地名辭書》中對各市街町名改正詳略不一，並無一統一完整的敘述，而且町名改正是否如其書中所載？也都是筆者所想知道的。所以本文即是利用臺灣總督府公文類纂，以及相關的出版品，探討這些町名改正的經過及町名的意涵，町名改正在臺灣實施的原因到底是什麼？從什麼時候開始實施？改正的過程如何？町名的命名依據是什麼？是本文探討的重點。

貳、市街町名改正

一、媽宮街（馬公街）

　　日治初期稱爲屬東西澳媽宮（城），明治32年（1899）已稱爲「媽宮街」[9]，「媽宮街」在大正9（1920）年改爲「馬公街」。[10]據《臺灣地名辭書澎湖縣》「各里沿革表」所載，馬公街從大正9年（1920）開始出現西町、南町、東町、北町、旭町；昭和

---

[5]《新校本南史》〈列傳侯景傳〉，頁2017。
[6]明治21年（1888）實施市制、町村制。其後明治44年（1911）法律第69號，到昭和22年（1947）地方自治法制訂而廢止。而現行日本的町，依照平成16年法律第59号「市町村の合併の特例等に関する法律（しちょうそんのがっぺいのとくれいとうにかんするほうりつ，）要具備若干條件。
[7]長度1町，即60間，一間相當於6尺，約爲今109.09公尺。面積1町，即10反，相當於今991.47平方公尺。
[8]洪敏麟編著，《臺灣舊地名之沿革第一冊》，（臺中：臺灣省文獻委員會，民國69年），頁34、37至39。
[9]《臺灣總督府公文類纂》000010800230216明治32年12月澎湖廳令第10號。
[10]蔡丁進等撰，施添福總纂，《臺灣地名辭書澎湖縣》，（南投：臺灣省文獻委員會，民國91年），頁30

19 年（1944）時馬公街分為西町、本町、東町、北町、旭町。[11] 針對該書一記載，筆者有兩個疑問。第一個疑問是媽宮街（馬公街）是否從大正 9 年（1920）才有「町」的區劃？第二個疑問是媽宮街的町名到底是「西町、南町、東町、北町、旭町」或是「西町、本町、東町、北町、旭町」？又是否有其他町名？再據《馬公市志》所載，「光緒 22 年（西元 1896 年，日明治 29 年）8 月 1 日為編製住民戶口，將前媽宮三甲，延劃為北町、南町、東町三區。」「馬公城內清代以前…為聚落自治方便乃劃為東、南、北三甲。日據時代城內初按原之三甲，改稱為東町、南町、北町，後因人口增加為行政管理方便，改為東町、西町、北町、南町一區、南町二區、宮內町等六區。」[12] 到底明治 29 年（1896）媽宮街是不是只劃為東、南、北 3 町？宮內町及西町是不是後來才出現？南町一區、南町二區是何時出現？這些問題都有待澄清。

依照《臺灣總督府公文類纂》資料顯示，明治 30 年（1897）11 月 4 日澎湖廳長伊集院兼良，發佈〈澎湖廳令第 9 號〉，「媽宮」隸屬東西澳，下有宮內町、東町、西町、南町、北町。[13] 並以澎甲第 200 號函報臺灣總督府。再依澎湖島廳明治 29 年（1896）12 月 11 日告示，澎湖警察署直轄有「宮內町、東町、西町、南町、北町」。[14] 而另有關「媽宮」町名的文件有二，一是明治 29 年 6 月 30 日澎湖島司宮內盛高的〈町頭的選定告示〉：「…本廳茲謀爾民人之便益，就媽宮城宮內、東、西、南、北五町，每町各選有賢德之士各一名，乃全市五名以為町頭。…」[15]，並在同月 30 日以澎第 110 號函報民政局長水野遵。二是澎湖島島司宮內盛高於明治 28 年 12 月 5 日所提〈澎湖島十一月份機密報告〉中提及：「警察官吏已如前完成部署，接著不得不進行行政區劃業務，先暫時將媽宮城內分為五町，各町區分一丁目至三丁目的小區劃，這是為行政區劃上的方便。」[16] 顯示媽宮街的町名，早在明治 28 年（1895）即已使用，此 5 町相關位置如附圖 1a、附圖 1b。另此五町名亦見於明治 33 年（1900）3 月 1 日施行的〈街鄉長管轄區域改正〉[17] 及同年 2 月印製的《臺灣總督府郵便區劃市內外堡里街庄社便覽》[18]。

以上町名雖見於各相關文件，但未見於總督府公布之有關管轄區域之文件，如明治 30 年（1897）6 月 10 日的府令第 21 號〈縣廳辨務署ノ名稱位置及管轄區域發令之件〉[19]、

[11] 蔡丁進等撰，施添福總纂，《臺灣地名辭書澎湖縣》，頁 30-31。

[12] 蔡平立，《馬公市志》，（馬公市：馬公市公所，民國 73 年），頁 106、191。

[13] 《臺灣總督府公文類纂》000003180190247〈澎湖廳令第 9 號〉。

[14] 《臺灣總督府公文類纂》000000860580267〈澎湖島廳告示第 17 號〉。

[15] 《臺灣總督府公文類纂》000000860290175〈澎湖島島司宮內諭告町頭選定〉。所謂町頭，應該類似於保甲的甲頭，與後來大正 9 年市制施行之町委員（1 町 1 名或數町 1 名）相似，但大正 10 年町委員改為置 1 至 3 名。昭和 10 年廢町委員置區長（1 町劃為 1 區或 1 町劃為 2 區或數町 1 區）。

[16] 《臺灣總督府公文類纂》000000260360268〈澎湖島十月份機密報告〉

[17] 《臺灣總督府公文類纂》000003920430236〈澎湖廳令第 10 號〉。

[18] 《臺灣總督府公文類纂》000004820070225。

[19] 《臺灣總督府公文類纂》000001230020009〈縣廳及弁務署位置及管轄區域〉。

明治 42 年的府令第 75 號〈州廳ノ位置、管轄區域及郡市ノ名稱、位置、管轄區域〉。媽宮街的町名是澎湖廳依照明治 30 年（1897）6 月府令第 30 號〈街庄社長設置規程第一條〉「街庄社長管轄區域ヲ縣知事廳長之ヲ定ム」所訂定，是澎湖廳自行決定，相當於土名，所以未列入總督府的相關文件之中。但明治 33 年臺灣總督府民政部所公布的〈臺灣總督府郵便區劃市內外堡里街庄社便覽〉，澎湖島郵便電信局室內東西澳下列有「媽宮宮內町、媽宮東町、媽宮西町、媽宮南町、媽宮北町」。[20]

　　再查大正 4 年（1915）5 月 12 日澎湖廳告示第 22 號，警察官吏派出所管轄區域中，媽宮街下有「宮內町、東町、西町、南町、北町、築地町」[21]，再往前查明治 40 年（1907）7 月 1 日媽宮街內即有「宮內町、東町、西町、南町、北町、築地町」[22]，這兩則記載顯示「宮內町、東町、西町、南町、北町」一直存續到大正年間，也顯示至少在明治 40 年（1907）媽宮街已增加一個町「築地町」。「築地町」增設年代還有回溯的空間，查明治 38 年（1905）11 月 27 日發佈澎湖廳令第 10 號附記「媽宮街」下有「宮內町、東町、西町、南町、北町、築地町、天清」等 6 個土名。[23]而「築地町」的命名是由澎湖廳於明治 37 年（1904）10 月 10 日以澎廳第 6238 號函[24]報臺灣總督府，表示要將媽宮港東至海、西至第三棧橋、南至海、北至城壁的埋立地（即海埔新生地），面積共 1,373 坪（4 分 6 厘 5 毫）的土地編入媽宮街，並命名為「築地町」。臺灣總督府以指令第 2157 號認可。[25]澎湖廳於明治 37 年（1904）11 月 19 日以澎湖廳告示第 35 號發佈命名為「築地町」。因此「築地町」始於明治 37 年 11 月 19 日。

　　前述「南町一區」及「南町一區」到底何時出現？查昭和 8 年 9 月 11 日《澎湖廳報》第 312 號〈秋季大清潔法施行日割〉，中有「舊南町一區」及「舊南町一區」，昭和 9 年 3 月 5 日《澎湖廳報》第 327 號中亦使用「舊南町一區」及「舊南町一區」。而往前查閱，在昭和 5 年 8 月 22 日《澎湖廳報》中仍使用「南町」，因此或可推論「南町一區」及「南町一區」可能在昭和 5 年至昭和 8 年時出現，而其中最可能的時間或許是昭和 7 年，因為昭和 7 年澎湖廳以廳令 11 號頒佈〈保甲條例施行細則〉，有可能因而調整町名區域。[26]而南町之所以分為一區及二區，有可能是因為南區範圍較大、人口較多；在明治 37 年澎湖實施保甲制度時，媽宮宮內町是為媽宮第一保、東町是第二保、西町是第三保、北町是第六保，獨有南町劃為第四及第五保，其戶數共 227、人口共 1,053，比

[20]《臺灣總督府公文類纂》000004820070156〈市內外堡里街庄社郵便區劃〉。
[21]《臺灣總督府公文類纂》000023680030042。另亦參見大正 4 年 5 月 12 日《澎湖廳報》第 83 號〈澎湖廳告示第 22 號〉。
[22]《臺灣總督府公文類纂》000012970670230。另亦參見明治 40 年 7 月 1 日《澎湖廳報》第 192 號〈澎湖廳告示第 25 號〉。
[23]《臺灣總督府公文類纂》000010780100043〈第十號街鄉長管轄區域名稱等改正ノ件〉。
[24]《臺灣總督府公文類纂》000010070340083〈澎湖廳媽宮港埋立地媽宮街ヘ編入並二附與ノ件認可〉
[25]《臺灣總督府公文類纂》000010070340084，同前件。
[26]昭和 7 年 7 月 18 日《澎湖廳報》第 267 號〈保甲條例施行細則〉。

次多的西町 125 戶、611 人超出許多，[27] 這或許是後來分爲南町一區及二區的原因。但是前面《臺灣地名辭書澎湖縣》所稱之「旭町」，則尚未查到何時使用。

除了前述「南町一區」的調整外，東町的區域在明治 41 年（1908）略有變動。明治 41 年 4 月 15 日澎湖廳長橫山虎次以澎庶第 200 號〈街鄉境界變更之件二付禀申〉，希望將紅木埕鄉埔仔尾倂入媽宮街，而臺灣總督府在同年 5 月 30 日以指令第 2265 號同意 [28]，澎湖廳並以澎湖廳令第四號〈東西澳紅木埕鄉中土名變更ノ件〉公告。[29]

臺灣各地在日治時期所使用的町名，在民國 34 年（1945）11 月 17 日發佈民甲 101 號「臺灣省各縣市街道名稱改正辦法」，通令各縣市修改，其主要目地是破除日本統治觀念，凡名稱具有紀念日本人物、宣揚日本國威、顯然爲日本味名稱者，都要改爲具有發中華民族精神、宣傳三民主義、紀念國家偉大人物、具有意義之地名。[30] 澎湖在民國 34 年（1945）12 月 28 日將町名改爲光復街、啓明街、長安街、復興街、重慶街、中央街等 6 街。[31]（見表 1）都是具有意義的地名，光復、啓明、復興等象徵美好與期望，長安、重慶大陸大城市地名，又具有長治久安、雙重喜慶之意。

表 1　民國 34 年（1945）馬公町名改稱一覽表

町　　名	街　　名
朝陽町	光復街
東町及宮內町一部份	啓明街
西町	長安街
南町第二區及南町一區一部份	復興街
北町	重慶街
宮內町一部及南町一區一部份	中央街

資料來源：《行政長官公署檔案》0311003500011〈澎湖復名及街道更名表呈送案〉。

二、打狗街（高雄市）

「打狗」一名字清代即有，至日治初期更設打狗辨務署，但明治 33 年時已倂入鳳山辨務署。[32] 但在堡里街庄區劃上，明治 30 年（1897）時「旗後」是所謂街庄層級，管轄區域包括烏松庄、鹽城埔庄、哨船頭庄、鹽埕庄、旗後街等地方。明治 38 年（1905）尚

---

[27]《臺灣總督府公文類纂》000048130080319〈澎湖廳保甲實施ノ狀況同廳長報〉。
[28]《臺灣總督府公文類纂》000019220130128。
[29]《臺灣總督府公文類纂》000014100060170。
[30]《行政長官公署檔案》031100350004、5、6。
[31]《行政長官公署檔案》0311003500011〈澎湖復名及街道更名表呈送案〉。
[32]《臺灣總督府公文類纂》000004720150272〈辨務署名稱位置及管轄區域中臺南縣ノ部改正〉。

無「打狗街」之名。[33]同年將鳳山廳下的打狗支廳所在地由旗後街遷到哨船頭。[34]明治41年（1908）公布打狗市區改正計畫，所稱「打狗市街」主要即包括「哨船頭街、鹽埕庄、旗後街」。[35]明治43年公告的街庄社長管轄區域，在打狗支廳下有打狗區，街長役場在旗後街，管轄區域包括「鹽埕庄、烏松庄、旗後街、中洲庄、哨船頭街、鹽埕埔庄」。[36]大正元年（1912）「旗後街」變為土名，「打狗」成為街庄層級，區長役場設於打狗。[37]其後「打狗街」名字一直使用到大正9年，才改為高雄街，大正13年（1924）再改為高雄市。

一般對高雄市的町名改正，都認為是大正15年（1926）才開始，如《高雄市志續修概述篇》也只提及大正14年12月27日將高雄市劃分為14町；[38]另《高雄市今昔圖說》引前書亦作如是說；[39]甚至連成書於昭和9年的《高雄市制10週年略誌》，都載明高雄市是在大正15年1月26日町名改正。[40]但從相關資料來看，高雄市的町名改正則遠從以「打狗」為名之時代即已開始。打狗的町名改正早在明治45年（即大正元年1912）3月即已開始。在當年3月之前，臺南廳即已提出，但似乎未快速獲得臺灣總督府的回應，所以在明治45年（1912）5月3日，以臺南庶第1169號函〈堡里街庄名改正ノ義稟申〉，認為必要而且急迫，請總督府趕快核准。[41]5月21日臺灣總督府地方課簽辦公文[42]，該簽尚未奉批示，臺南廳又於6月15日以臺南庶第1169之1號函洽催。[43]總督府在6月28日先以地方政125號函覆，意見摘要如次：「擬依照臺南市，將打狗市作為對應堡里之機構，並加上相當於街庄的町名。然不僅其下各地方過於狹隘，單獨與臺南市相比照，而與其他大多數市鎮比較，則有欠統一。所以將興隆內里和大竹里編入打狗，而以『打狗』作為街名稱呼，其下若有必要設定本地地名（土名），那就加上二、三個本地地名，若並無強烈必要，那所希望的町名，也僅是稱呼上的地名而已。請再考慮，原件附還。」另外，在該函後有附啟，針對將烏松庄及中洲庄編入烏松町一節，總督府採納財務局稅務課的意見，認為「目前似無編入市街地的必要，請再作調查。」[44]

---

[33]《臺灣總督府公文類纂》000010670070143〈廳位置及管轄區域ヲ定ムルノ件〉。
[34]《臺灣總督府公文類纂》000010660030038、39〈鳳山廳打狗支廳位置變更二關スル件〉、000010760050029〈第五號打狗支廳ノ位置改正ノ件〉。
[35]《臺灣總督府公文類纂》000017510140117〈打狗市區改正計畫說明書〉。
[36]《臺灣總督府公文類纂》000016250050218〈告示第三號區ノ名稱及其區域內ノ街庄社名并區長役場ノ位置ヲ定ムル件〉。
[37]《臺灣總督府公文類纂》000019220190160〈府令第二十二號四十二年府令第七十五號廳位置及管轄區域中改正〉。
[38]尹德民，《高雄市志續修概述篇》，（高雄市：高雄市文獻委員會，民國57年），頁138。
[39]週局鄉撰文，楊云生主編，《高雄市今昔圖說》，（高雄市：高雄市（高雄市：高雄市文獻委員會，民國79年），頁29。
[40]高雄市役所，《高雄市制10週年略誌》，（高雄市：高雄市役所，昭和9年），頁19。
[41]《臺灣總督府公文類纂》000019220190170〈堡里街庄名改正ノ義稟申〉。
[42]《臺灣總督府公文類纂》000019220190173〈打狗ノ堡里街庄名改正ノ關シ臺南廳二照會ノ件〉。
[43]《臺灣總督府公文類纂》000019220190172。
[44]《臺灣總督府公文類纂》000019220190173-74〈打狗ノ堡里街庄名改正ノ關シ臺南廳二照會ノ件〉、000019220190171。

臺灣總督府的這一封回函，等於是表示三點意見，一是不同意改爲堡里層級的「打狗市」，只同意改爲街庄層級的「打狗街」；二是並不同意設置等於街庄的「町名」，町只是一般的通稱，三是不同意將烏松庄及中洲庄編爲烏松町。當時臺南廳長松木俊茂經過重新檢討後，於7月13日以臺南庶第1169號之2函報總督府地方部長龜山理太平，部分依照總督府意見修正，但仍希望將打狗改爲「打狗市」，並列爲街庄層級，下有鹽埕埔、哨船頭、旗後三個土名。在鹽埕埔土名下有濱崎町、入船町、堀江町、鹽埕町、北野町、鹽町等小名；哨船頭土名下有新濱町、湊町、哨船町、山手町、山下町、田町等小名；旗後土名下有旗後町、平和町、烏松町等小名。臺南廳仍堅持使用「打狗市」，也認爲「烏松庄應編入打狗市，因爲旗後街地區近年戶口增加，使該街逐漸變得狹隘，爲因應搬入本庄居住日漸增多，實在有編入的必要。」案經同年（即大正元年）9月11日佐久間總督以電報核定，同意〈堡里街庄名、區名及役場管轄區域中改正ノ件〉。9月17日發文，以府令第22號發佈〈明治42年10月府令第75號廳位置及管轄區域中改正〉，並發指令第452號給臺南廳，同意臺南廳庶字第1169號所報的土名改正，並且烏松庄改爲烏松町，一併併入打狗；更要求臺南廳於9月21日以廳令與府令同日發佈。[45]各町相對位置如附圖2。從大正元年（1912）9月25日臺南廳告示第19號內容看來，打狗下分列鹽埕埔、哨船頭、旗後、烏松四個土名，土名下各有小名，如表2。[46]

表2　大正元年打狗町名一覽表

街庄名	土名	小　　　　　　　　　　　　　　　　　　　名
打狗	鹽埕埔	濱崎町、入船町、堀江町、鹽埕町、北野町、鹽町
	哨船頭	新濱町、湊町、哨船町、山手町、山下町、田町
	旗後	旗後町、平和町
	烏松	烏松町

資料來源：《臺灣總督府公文類纂》000019301530328 台南廳告示第199號〈打狗ノ土名及小名改稱〉。

大正元年的町名應該一直使用，包括在大正元年9月22日的嘉義廳告示出現「鹽埕町」[47]及在大正5年（1916）3月12日的《臺南廳報》第239號即有打狗相關町名之使用。其後，大正9年（1920）打狗街改高雄街，大正13年（1924）成立高雄市，大正14年12月27日報載即已確定町名改正[48]，但是高雄州內務部長於大正15年（1926）1

---

[45] 《臺灣總督府公文類纂》000019220190159-163〈堡里街庄名、區名及役場管轄區域中改正ノ件〉。

[46] 《臺灣總督府公文類纂》000019301530328〈臺南廳告示第第19號打狗ノ土名及小名改稱〉。

[47] 《臺灣總督府公文類纂》000019291550384 嘉義廳令第18號〈臺南廳下大竹里打狗土名鹽埕町興隆內惟庄外二庄ヲ牛疫流行地〉。

[48] 參見《臺灣日日新報》大正14年12月27日第6版〈高雄市管轄區域改正〉。

月 20 日高地第 591 號函請臺灣總督府法務課長表示意見，並於 1 月 23 日以電報催請法務課急速回復，法務課於大正 15 年（1926）1 月 23 日以法第 264 號電報函覆無意見[49]，直到大正 15 年 1 月 26 日才以高雄州告示第 18 號公布高雄市內的大字名及小字名如表 3，各町名稱與相對位置如附圖 3。

表 3　大正 15 年（1926）高雄市大字町名及小字丁目一覽表

市　　　　　名	大　字　名	字　　　　　　　　　　　　　　　　　　　　　名
高雄市	哨船町	一丁目、二丁目、三丁目
	湊町	一丁目、二丁目、三丁目、四丁目、五丁目
	新濱町	一丁目、二丁目、三丁目
	山下町	一丁目、二丁目、三丁目、四丁目、
	田町	一丁目、二丁目、三丁目、四丁目、
	壽町	
	堀江町	一丁目、二丁目、三丁目、四丁目、五丁目
	入船町	一丁目、二丁目、三丁目、四丁目、五丁目、六丁目
	鹽埕町	一丁目、二丁目、三丁目、四丁目、五丁目、六丁目
	榮町	一丁目、二丁目、三丁目、四丁目、五丁目、六丁目
	北野町	一丁目、二丁目、三丁目、四丁目、五丁目
	旗後町	一丁目、二丁目、三丁目、四丁目、五丁目
	平和町	一丁目、二丁目、三丁目、四丁目、五丁目
	綠町	

資料來源：整理自大正 15 年 1 月 26 日《高雄州報》第 703 號。

　　比較大正元年與大正 15 年（1926）的改正，有二個變化。一是大正元年改正「町名」是土名以下的「小名」，而大正 15 年「町名」已變爲大字名。二是若干町名改變，大正 15 年大致上是沿用大正元年的町名，但是「鹽町」改爲「榮町」、「山手町」改爲「壽町」、「烏松町」改爲「綠町」、「濱崎町」併入「入船町」（如表4）。其中「山手町」位置即後來之「壽町」，町境內有壽山而得「壽町」知名。考「壽山」命名之由來，是大正 12 年 4 月 21 日裕仁皇太子登該山，後來在同年 4 月 29 日裕仁皇太子 23 歲生日時，侍從長入江爲守回想登山之事，經過裕仁皇太子同意，以電報告知臺灣總督田健治郎，將高雄山（打狗山）改爲「壽山」。[50]果然在大正 12 年（1923）4 月 29 日，以告示第 83 號將高雄山（打狗山）改爲「壽山」。[51]其後在區域改正之時，便因町內有「壽山」而改名「壽町」。

---

[49]《臺灣總督府公文類纂》000111790650311 至 315〈臺北市町名變更二伴フ登記事物終了ノ件〉。

[50] 參見臺灣總督府編，《臺灣日誌》，（臺北市：南天書局，1994），頁 39。另亦見《臺灣日日新報》大正 12 年 5 月 2 日第 13 版〈壽山之命名〉、澤田久雄，《日本地名大辭典》，（東京市：日本書房，昭和 14 年改定第 2 版），頁 2856。

[51]《臺灣總督府公文類纂》000035610150259 至 265〈高雄山改稱ノ件（告示第 83 號）〉。

表4　打狗（高雄）大正元年（1912）與大正15年（1926）町名對照一覽表

年　　　　代	町							名
大正元年小名	哨船町	湊町	新濱町	山下町	田町	堀江町	鹽埕町	北野町
大正15年大字名	哨船町	湊町	新濱町	山下町	田町	堀江町	鹽埕町	北野町
大正元年小名	旗後町	平和町	鹽町	鳥松町	山手町	入船町	濱崎町	
大正15年大字名	旗後町	平和町	榮町	綠町	壽町	入船町		

資料來源：本研究整理。

　　除前述町名之變動外，高雄市在昭和10年10月1日以告示第41號〈高雄市ノ區ノ名稱竝二區域〉將町分入各區。各町所歸入之區如表5，除了哨船町區包括哨船町全部及壽町的一部份、山下町區包括山下町全部及壽町的一部份、綠町畫入中洲區以外，基本上是一町一區。又在昭和11年4月1日以告示第16號〈高雄市ノ區ノ名稱竝二區域〉，將鹽埕町分爲鹽埕町一區及鹽埕町二區。[52]

表5　昭和10年高雄市區名及區域摘要表

名　稱	區　　　　　　　域	名　稱	區　　　　　　　域
哨船町區	哨船町、壽町（西子灣）	堀江町區	堀江町
湊町區	湊町	入船町區	入船町
新濱町區	新濱町	榮町區	榮町
山下町區	山下町、壽町（1番至19番）	旗後町區	旗後町
田町區	田町	平和町區	平和町
鹽埕町區	鹽埕町	中洲區	綠町、中洲
北野町區	北野町		

資料來源：《高雄市報》昭和10年10月1日〈號外〉高雄市告示第41號。

　　高雄市在民國35年（1946）2月11日以高民甲字第783號函，將道路改換名稱臺灣省行政長官公署備查。[53]而有關地籍的大字町名，也在民國42年（1943）6月16日臺灣省政府准予改換。[54]哨船町改爲哨船段、湊町改爲渡船段、新濱町改爲濱海段、山下町改爲山下段、田町改爲鼓岩段、壽町改爲壽山段、堀江町改爲江東段、入船町改爲忠孝段、鹽埕町改爲鹽埕段、榮町改爲光復段、北野町改爲府北段、旗後町改爲旗後段、平和町改爲平和段、綠町改爲鳥松段。

---

[52]《高雄市報》第403號，昭和11年4月1日。
[53]《行政長官公署檔案》0311003500074〈高雄市府街名改換對照表呈送案〉。
[54]《臺灣省政府公報》，42年夏字第69期，頁788、789。

三、臺中街（臺中市）

　　明治 30 年（1897）及明治 34 年（1901）雖均稱「臺中城內」[55]，但一般使用已有稱「台中街」者，甚至官方文書亦有稱「台中街」。[56] 其後臺中街下轄的區劃，在「臺中街」之下有「臺中、東大墩」兩個土名。在明治 37 年（1904）4 月報請同意在臺中街之下分區劃爲北興街、珠墩街、致祥街、新盛街、棠蔭街、小北門街、南興街等，但未獲臺灣總督府同意。[57] 一直到明治 42 年臺中廳以「臺中街」雖有「臺中」、「東大墩」兩個土名，但民眾一直以「臺中街」稱呼，因而以土名區劃甚爲不便爲由，報請臺灣總督府廢止該二土名。而臺灣總督府也在明治 42 年（1909）12 月以指令 1731 號同意廢止該二土名，而臺中廳也在經過一番作業後，於明治 43 年 4 月 1 日以臺中廳告示第 91 號公告地籍變更。[58]

　　有關市街町名，據《臺中市發展史》載大正 2 年（1913）之後才改用日式町名，10 年（1921）起街町名確立。[59]《臺中市志卷一土地志地理氣候篇》載「民國 2 年（即大正 2 年）間制訂新名，將原街改稱日式『町』，廢除原有街稱，初釐定 11 町，直至光復前增到 30 町。」[60]《臺灣舊地名之沿革》有關臺中市各區的行政沿革敘述隱含臺中市町名是從大正 9 年開始。[61] 到底臺中市町名是否從大正 2 年開始實施？最初是否只有 11 町？是不是到光復前才增加至 30 個町？

　　在町名改正以前，臺中市民就已使用「新町」、「常盤町」等地名[62]，其中「新町」之名不止在明治 36 年（1903）即常使用[63]，甚至在明治 28 年（1895）就已出現，據說是當年在今三民路 2 段建有日式洋樓，名爲新町。但只是一般市街地的稱呼而已。[64] 臺中市在在明治 36 年臺灣總督府所公布的堡里街庄土名表中，臺中街（相當於街庄）之下有臺中及東大墩兩個土名。[65] 而明治 37 年市區改正時曾考慮使用北興街、珠墩街、致祥

---

[55] 《臺灣總督府公文類纂》000001230020010〈明治 30 年府令第 21 號縣廳及弁務署位置及管轄區域〉及《臺灣總督府府報》明治 30 年 6 月 10 日號外府令第 21 號。

[56] 《臺灣總督府公文類纂》000003880120141〈明治 32 年臺中縣告示第 19 號〉。

[57] 《臺灣總督府公文類纂》000048000220220〈臺中市街二土名ノ外字ヲ付スル件二付同廳ヘ照會ノ件〉。

[58] 《臺灣總督府公文類纂》000016260030084〈土名廢止認可ノ件〉、000016350910112〈臺中廳告示第 91 號藍興堡臺中街ノ各土名ヲ廢止シ地番變更ノ件〉。

[59] 賴順盛、曾藍田，《臺中市發展史》，（臺中市：臺中市政府。民國 78 年），頁 162。

[60] 洪敏麟編纂，王建竹、曾藍田主修，《臺中市志卷一土地志地理氣候篇》，（臺中市：臺中市政府，民國 67 年），頁 51。

[61] 例如中區之敘述「至民國 9 年廢廳置州，本區屬於臺中州臺中市，包括橘町、綠川町、榮町…」，其他各區也是相同敘述模式，似乎認爲中市町名改正是在大正 9 年實施。參見洪敏麟編著，《臺灣舊地名之沿革第二冊》，頁 36、38、40、41、43。

[62] 《臺灣總督府公文類纂》000024920120261〈街名並街庄區域變更ノ件〉。

[63] 《臺灣總督府公文類纂》000010070010008〈臺中城內外官地貸付並二異動臺中廳長報告ノ件〉。

[64] 賴順盛、曾藍田，《臺中市發展史》，頁 163。

[65] 參見《臺灣總督府公文類纂》000008370320086〈第三十二號街庄長管轄區名及ヒ其區域表中土名追加ノ件〉。

街、新盛街、棠蔭街、小北門街、南興街等。[66] 再查閱相關資料，臺中街於大正 2 年即已開始町名改稱的工作，當時有以津島吉兵衛等公共團的會員便已要求在新改正的市區道路加上町名。[67] 在大正 2 年（1913）11 月臺中公共團即提出町名，向臺中廳申請認可，在同年 12 月 22 日召集官民協商，修正後報告臺灣總督府，將在大正 3 年 1 月 1 日實施。在大正 2 年（1913）《臺灣日日新報》報導[68]，臺中新定的町名共有 29 個，以街路的兩側同屬一個町名。但是到了大正 3 年並未如期實施，其原因不得而知。到大正 3 年（1914）9 月所預定的 29 個町名包括「相生町、有樂町、末廣町、若松町、老松町、元町、幸町、新高町、干城町、壽町、彌生町、綠川町、有明町、日吉町、初音町、旭町、新富町、錦町、寶町、高砂町、榮町、綠町、橘町、泰平町、曙町、東雲町、松山町、干城町、北岡町」等（如附圖 4），主要是就東京各區定名比較容易稱呼者選定使用。[69] 臺中街町名改正於大正 5 年（1916）11 月 3 日公告實施，自臺中市以後的這一波市街町名改正，似乎是爲了始政 20 週年紀念大典的活動。《臺灣日日新報》報導：「計畫紀念大典之事，各地無不熱心考究，或爲整理市街之地、改稱內地町名。…各地中心市街宜乘此機，改爲內地町名，用資紀念，於國語普及定多效果，某氏云云。」[70] 但最後町名改正時程則各有先後，大部分與始政 20 週年紀念大典的活動脫鉤。

　　前述大正 5 年（1916）11 月 3 日公告之臺中市町名改正過程，是臺中廳長三村三平於該年 3 月 20 日以中庶第 598 號之 1 函總督安東貞美催辦。[71] 而其所送的町名資料就是大正 3 年（1914）《臺灣日日新報》所報導的。[72] 從該公文看來似乎之前曾有中庶第 598 號函，亦即本次町名改正發動時間更早。以臺中街區域發展相當迅速，請准將臺中街及頂橋頭庄、公館庄、東勢仔庄等庄的一部份，以現在實施臺中市市區改正區域合併稱爲「臺中市」。臺中市之稱係仿臺南市的先例，而町名是在新形成的街道上所加的新名稱，有別於其他街庄係更改舊有名稱。[73] 總督府方面主管本項業務的地方部，將公文送到官房文書課，是在 3 個月後的同年 6 月 28 日才開始簽辦，直到 11 月 2 日才由民政長官下村宏代總督核定，同意擴大原臺中街的範圍，但仍不許可稱爲臺中市，只同意稱爲臺中。[74] 這

[63] 《臺灣總督府公文類纂》000010070010008〈臺中城內外官地賣付並二異動臺中廳長報告ノ件〉。

[64] 賴順盛、曾藍田，《臺中市發展史》，頁 163。

[65] 參見《臺灣總督府公文類纂》000008370320086〈第三十二號街庄長管轄區名及ヒ其區域表中土名追加ノ件〉。

[66] 《臺灣總督府公文類纂》000048000220220 至 0234〈臺中市街二土名ノ外字ヲ付スル件二付同廳へ照會ノ件〉及 0000480002290001001M。

[67] 參見臺中市役所，《臺中市史》，（臺中市：臺灣新聞社，昭和 9 年），頁 332 至 334。《臺灣日日新報》大正 2 年 11 月 21 日第 7 版〈町名命名會〉。

[68] 《臺灣日日新報》大正 2 年 12 月 27 日第 7 版〈町名の實施期〉。

[69] 《臺灣日日新報》大正 3 年 9 月 27 日第 7 版〈町名の實施期〉。

[70] 《臺灣日日新報》大正 4 年 8 月 17 日第 5 版〈改稱與戶番整理〉。

[71] 《臺灣總督府公文類纂》000024920120261 同前件。

[72] 《臺灣總督府公文類纂》000024920129002001M〈臺中市街圖〉。

[73] 《臺灣總督府公文類纂》000024920120261 同前件。

[74] 《臺灣總督府公文類纂》000024920120255 府令第六十號（臺中廳）廳位置及管轄區域中改正。

件公文拖了 5 個月之久，中間還有數次公文往返。總督府方面於 9 月 6 日函請臺中廳照所提意見修正，臺中廳在召集官民代表協商後在 9 月 16 日提出修正案函覆。總督府地方部長於 10 月 24、25 兩日連發兩通照會，24 日之照會質疑臺中的町名（旭町、壽町、花園町、老松町、寶町、高砂町、錦町、末廣町、幸町）幾乎與臺南一樣，只差一個是「臺中」，一個是「臺南」，恐怕會引起內地人的誤會，但是對明治町及大正町之名稱則無意見。25 日的照會則對町名主要是沿著縱線道路分佈，希望有些町沿著橫向道路命名，但是如果臺中方面有困難，也不強求照辦 。[75] 臺中廳快速於 10 月 26 日回復地方部，表示有關町名都已經經過官民仔細調查商議，地方部遂於 11 月 2 日以民地 2705 之 1 號函告知臺中廳，表示對臺中町名認可，並預定於 11 月 3 日告示。民政長官也於 11 月 2 日批示了府令第 60 號〈明治 42 年（1909）10 月府令第 75 號廳位置及管轄區域中改正〉。如附圖 5

　　從前述公文往返中，似乎看不到町名有何變動，但是實際上町名變動非常大。在 10 月 14 日臺中召開會議，決定將町名作變動，其中參照總督府的意見將新高町改為明治町、高砂町改為大正町，可見總督府也表示過意見。[76] 另外將原訂的老松町改為村上町、元町改為利國町、有明町改為木下町，以分別紀念前任知事村上義雄、木下周一、兒玉利國。而大正 5 年町名改正的最大特點是町名的搬風，有如大風吹，並無任何理由與根據。原來的「日吉町」改為「若松町」，「若松町」改為「旭町」，「旭町」改為「柳町」；「彌生町」改為「老松町」、「老松町」改為「村上町」；「有樂町」改為「綠川町」、「綠川町」改為「敷島町」；「南町」改為「有明町」、「有明町」改為「木下町」。（如表 6）

---

[75]《臺灣總督府公文類纂》000063910010012 至 15。
[76] 參見《臺灣日日新報》大正 5 年 10 月 16 日第 5 版〈臺中の町名 改稱と共に市と稱す〉。

表 6 臺中街（市）歷次町名改正對照一覽表

大正 3 年町名	大正 5 年町名改正	大正 8 年町名改正	大正 15 年町名改正
相生町	川端町	川端町	川端町
末廣町	末廣町	末廣町	末廣町
若松町	旭町	旭町	旭町
老松町	村上町	村上町	村上町
元町	利國町	利國町	利國町
幸町	幸町	幸町	幸町
新高町	明治町	明治町	明治町
千歲町	千歲町	千歲町	千歲町
壽町	壽町	壽町	壽町
彌生町	老松町	老松町	老松町
綠川町	敷島町	敷島町	敷島町
有明町	木下町	木下町	木下町
南町	有明町	有明町	有明町
日吉町	若松町	若松町	若松町
初音町	初音町	初音町	初音町
旭町	柳町	柳町	柳町
新富町	新富町	新富町	新富町
錦町	錦町	錦町	錦町
寶町	寶町	寶町	寶町
高砂町	大正町	大正町	大正町
榮町	榮町	榮町	榮町
綠町	（分散入前四町）		
有樂町	綠川町	綠川町	綠川町
橘町	橘町	橘町	橘町
泰半町	櫻町	櫻町	櫻町
曙町	楠町	楠町	楠町
東雲町	花園町	花園町	花園町
松山町	曙町	曙町	曙町
干城町	干城町	干城町	干城町
北岡町	新高町	新高町	新高町
帝國製糖株式會社地	高砂町	高砂町	高砂町
		梅枝町	梅枝町

資料來源：本研究整理。

　　大正 5 年（1916）的町名改正之後並無大變化。僅在大正 8 年（1919）4 月 18 日以告示 83 號增加「梅枝町」[77]；大正 15 年（1926）管轄區域改正，是將原來只是通稱使用的町名，變爲「大字」，而町以下的「丁目」則提升爲「字」。及在昭和 3 年（1928）臺中州告示第 43 號對干城町、敷島町區域作小變動。[78]而稍大的變動是昭和 10 年 10 月 28 日公告的臺中市〈區ノ名稱及區域〉，將臺中市各町分爲 10 區如表 7：

表 7　昭和 10 年臺中市區名及所屬區域一覽表

區　　　　名	區　　　　　　　　　　　　　　　　　　　　　　　　　　　域
第 1 區	壽町、千歲町、明治町、幸町、利國町、村上町、旭町、末廣町、公館
第 2 區	橘町、綠川町、榮町、大正町、寶町
第 3 區	錦町、新富町、新高町
第 4 區	柳町、初音町、若松町、川端町
第 5 區	梅枝町、後壟子
第 6 區	樹子腳、半平厝、番婆、下橋子頭
第 7 區	頂橋子頭
第 8 區	老松町、敷島町、木下町、有明町
第 9 區	橘町、楠町、花園町、曙町
第 10 區	干城町、高砂町、旱溪、東勢子

資料來源：《臺中市報》昭和 10 年 10 月 28 日〈號外〉。

　　民國 35 年（1946）2 月 23 日臺中市政府，將新舊街道名稱對照表函請長官公署備查，原有町名改爲公園路等 86 條街路。[79]而有關地籍的大字町名，則於民國 44 年（1955）5 月 9 日奉臺灣省政府核定改換爲段，川端町改爲平和段、末廣町改爲平民段、旭町改爲中民段、村上町改爲東昇段、利國町改爲三民段、幸町改爲利民段、明治町改爲光明段、千歲町改爲民生段、壽町改爲福壽段、老松町改爲正義段、敷島町改爲萬安段、木下町改爲信義段、有明町改爲城隍段、若松町改爲中華段、初音町改爲仁愛段、柳町改爲柳川段、新富町改爲中墩段、錦町改爲平等段、寶町改爲重慶段、大正町改爲自由段、榮町改爲繼光段、綠川町改爲綠川段、橘町改爲建國段、櫻町改爲復興段、楠町改爲立德段、花園町改爲花園段、曙町改爲忠孝段、干城町改爲干城段、新高町改爲水源段、高砂町改爲樂業段、梅枝町改爲文正段。[80]

---

[77] 大正 10 年 4 月 18 日《臺中州報》第 81 號。
[78] 昭和 3 年 2 月 18 日《臺中州報》第 186 號〈臺中州告示第 43 號〉。
[79] 《行政長官公署檔案》0311003500049、50〈臺中市政府改正街名報告表呈送案〉。
[80] 《臺灣省政府公報》44 年夏字第 34 期。

四、臺南市

前已述及水越幸一認爲在大正9年（1920）以前臺南市只是通稱，並未見於公文書，又查《臺灣地名辭書臺南市》認爲台南市是在大正9年升格爲市，故「臺南市」之稱始於大正9年迨無疑問。再則有關日治時期臺南市行政區畫沿革，在《臺灣地名辭書臺南市》一書中認爲，自明治28年（1895）稱爲「台南市街」，下分5區；[81]明治42年（1909）分爲甲、乙、丙、丁、戊、己、庚、辛8區，分屬東區及西區。[82]筆者認爲以上的敘述都有待釐清。查明治38年（1905）府令第89號，即臺南廳管轄區域即已有「臺南市」之名，[83]但這不是「臺南市」名稱的最早使用。臺灣土地調查局在明治36年（1903）時即已強調已經過臺南廳長的同意，將臺南市作爲一個獨立的單位，在地籍上均稱爲「臺南市」。[84]所以「臺南市」之稱呼不是開始於大正9年，本文大正9年以前仍以臺南市稱之。另有關《臺灣地名辭書臺南市》認爲明治42年（1909）臺南市分爲8區乙節，查明治42年10月發佈的府令七十五號〈廳位置及管轄區域發布ノ件〉，臺南市下並未8區之區劃，[85]而是在明治43年（1910）1月18日臺灣總督府發佈之告示第3號，臺南市改爲東區及西區，東區下分甲、乙、町、戊、己，西區之下分丙、庚、辛。[86]但追查臺南市下分爲甲、乙、丙、丁、戊、己、庚、辛並非始自明治43年，而是在明治36年（1903）時臨時土地調查局因爲就有揭露區分複雜，遂決定將臺南市分爲8區。[87]

在《臺灣地名辭書臺南市》中，有關「町」的敘述，僅載有「明治42年（1909）臺南市轄區再度變更，原來的五區分爲甲乙丙丁戊己庚辛八區，再合併爲東西二區。大正9年（1920）臺南街升格爲臺南市，同時市區也隨之擴大，併入效忠里、辛昌里、及仁和里永康下里、外武定里的部分區域。共轄有本町、大正町等31個町及桶盤淺8個大字，後來又將38個町字劃分爲18個區。」[88]這段文字雖給研究者臺南市「町名」粗淺輪廓，不止對町名改正時間仍未能作清楚交代，而且認爲。

臺南市的町名改正與臺中街同時，也是在大正5年（1916）11月3日同一天實施。整個臺南町名改正相關文件，目前最早只找到大正5年（1916）9月26日臺南庶第4419號〈臺南市新町名ニ關スル件〉，在該文中顯示總督府地方部曾在大正5年（1916）9月6日照會臺南廳，請其補充提出町名命名的理由書。[89]也就是說臺南市在9月初以前就已經向總督府提出町名改正之公文。有關臺南市町名改正當時《臺灣日日新報》有如

[81] 《臺灣總督府公文類纂》00000322001000〈臺南縣縣令第10號街庄社長管轄區域〉。
[82] 《臺灣總督府公文類纂》00001467007013〈台南市街廢合ノ義ニ付稟申ノ件〉。
[83] 《臺灣總督府公文類纂》000010670070106〈廳位置及管轄區域ヲ定ムルノ件〉。
[84] 《臺灣總督府公文類纂》000044080180247、248〈臺南市街ノ名稱及區域查定ノ件伺〉。
[85] 《臺灣總督府公文類纂 000014680030051。
[86] 《臺灣總督府公文類纂》000016250050210〈告示第三號區ノ名稱及其區域內ノ街庄社名并區長役場ノ位置ヲ定ムル件〉。
[87] 《臺灣總督府公文類纂》000044080180245〈臺南市街ノ名稱及區域查定方〉。
[88] 許淑娟等撰，施添福總纂，《臺灣地名辭書臺南市》，（南投：臺灣省文獻委員會，民國90年1版2刷），頁4。
[89] 《臺灣總督府公文類纂》000063910020027〈臺南市新町名ニ關スル件〉。

下的報導：「臺南市現在街名有百四十餘之多，其中有二三軒爲一家，稱名且極難讀者亦不少。當局夙定以內地風町三十餘改稱之。現其原案調濟爲畢，正與官廳內關係各掛磋商。然欲期無遺漏，播諮問於民間側，故尚須多少時日。」[90]當時所提出的案子有「旭町、竹園町、東門町、北門町、壽町、榮町、花園町、老松町、寶町、大正町、清水町、高砂町、綠町、開山町、臺町、白金町、本町、錦町、大宮町、末廣町、幸町、南門町、泉町、福住町、西門町、永樂町、港町、田町、新町、入船町、濱町」等 31 町。[91]

在 10 月 24 日地方部提出的照會，質疑臺南市的町名「旭町、壽町、花園町、老松町、寶町、高砂町、錦町、末廣町、幸町」幾乎與臺中一樣，雖然是爲內地人著想，卻讓內地人容易發生錯誤，因爲只差一個是「臺中」，一個是「臺南」，所以希望臺南廳與臺中廳能協調後再陳報。[92]而臺南市此次有關町名改正，報紙報導總督府的評價頗高，其他市街的町名改正可以參考臺南市。[93]最後所公告的町名（小名）如表 8，此次臺南市的改正是將臺南市認同是「堡里」，其下以甲、乙、丙、丁、戊、己、庚、辛 8 區爲街庄，街庄下爲以「町」命名的小名 31 個，各町相對位置圖如附圖 6、7。大難子有〈改正成〉詩：「新町名土名變更。地番全部改正成。多年呼慣一朝輟。甲乙丙丁戊已庚。」[94]

表 8　大正 5 年臺南市街庄名及小名（町名）一覽表

堡里名	街庄名	小　　　　　　　　　　　　　　　　　　　　　　名
臺南市	甲	旭　町、竹園町、東門町、北門町
	乙	壽　町、清水町、高砂町、綠　町、開山町、幸　町
	丙	白金町、錦　町、大宮町、末廣町、本　町、南門町、泉　町、西門町
	丁	壽　町、明治町、花園町、大正町、清水町、高砂町、白金町、本　町
	戊	臺　町、白金町、本　町、錦　町、大宮町、西門町
	己	北門町、明治町、花園町、老松町、寶　町
	庚	福住町、西門町、永樂町、入船町
	辛	西門町、永樂町、港　町、田　町、新　町、濱　町

資料來源：大正 5 年 11 月 3 日《臺南廳報》第 278 號，臺南廳告示第 93 號。

在前述町名改正之後，臺南廳又在大正 6 年（1917）3 月 7 日以臺南庶第 1561 號函，報請有關街庄名及區域變更。[95]臺南廳更於 4 月 4 日以臺南庶第 1561 號之 1 函臺灣

---

[90]《臺灣日日新報》大正 5 年 9 月 10 日第 6 版〈臺南及町名改正〉。
[91]《臺灣總督府公文類纂》000063910020030〈臺南市新町名按定調書〉。
[92]《臺灣總督府公文類纂》000063910020036。
[93]《臺灣日日新報》大正 5 年 10 月 14 日第 7 版〈臺南町名は模範 關係者の鼻高さ三寸〉。
[94]《臺灣日日新報》大正 6 年 4 月 13 日第 7 版〈改正成〉。
[95]《臺灣總督府公文類纂》000006668021 0194。

總督府，除表明前函主旨之外，更補充將臺南市分爲東西區及新町名（如附圖 8），並請總督府趕快核准。[96] 此函的內容即是想廢除甲乙丙等區名，直接代之以町名。但是總督府地方部於 4 月 30 日以地方 221 號照會臺南廳長，請其就有關「丁目」地籍區域編成再行調查。[97] 臺南廳長於 6 月 11 日以臺南庶第 1561 號之 14 函地方部長，請示究竟是以「某町某丁目」作爲街庄名，或者是以町名爲街庄名而以丁目爲土名？[98] 地方部長於 6 月 29 日回答以町名爲街庄名而以丁目爲土名。[99] 臺南廳在 7 月 5 日就相關意見修正後呈報。地方部長再於 7 月 7 日以地方 211 之 2 號函請臺南廳長就臺南市區長役場位置及管轄區域製作現況與變更後對照表。臺南廳又於 7 月 10 日回覆地方部長。後來臺南廳長於 7 月 25 日提出最後補充的修正案。[100] 最終因爲涉及到有關地籍更正與地方法院協商等事情，從大正 6 年 8 月 4 日整個改正案便終止。[101] 直到大正 8 年（1919）2 月 18 日地方課又重新簽案，接續大正 6 年 7 月的簽案，通過了大正 8 年（1919）府令第 10 號〈明治 42 年（1909）10 月府令第 75 號廳位置及管轄區域中改正〉、告示第 23 號及指令第 2976 號町名及土名變更認可案。[102] 而臺南廳亦在大正 8 年（1919）4 月 1 日《臺南廳報》第 423 號以告示第 19 號公告施行。[103]

該府令案通過等同於街庄層級的町名 31 個，而告示案同意臺南市分爲東西 2 區，東區 18 個町，西區 13 個町，町下除旭町、綠町、泉町、田町只有有一丁目，不設土名外，其餘在丁目前都要冠上土名，如「竹園町土名一丁目」之稱呼。各町名及町下之土名丁目整理如表 9。

[96] 《臺灣總督府公文類纂》000066680210182。
[97] 《臺灣總督府公文類纂》000066680210194。
[98] 《臺灣總督府公文類纂》000066680210193。
[99] 《臺灣總督府公文類纂》000066680210192。
[100] 《臺灣總督府公文類纂》000066680210181、180、195、178、197。
[101] 《臺灣總督府公文類纂》000066680210171、174、168、169、166。
[102] 《臺灣總督府公文類纂》000066680210160、163、164、165。
[103] 參閱大正 8 年《臺南廳報》第 423 號告示第 19 號。

表 9　大正 8 年臺南市街庄土名管轄區域表

街庄名	土　　　　　　　　　　名	街庄名	土　　　　　　　　　　名
旭　町		南門町	一丁目 二丁目 三丁目
竹園町	一丁目 二丁目	泉　町	
東門町	一丁目 二丁目 三丁目 四丁目	末廣町	一丁目 二丁目
北門町	一丁目 二丁目 三丁目	大宮町	一丁目 二丁目 三丁目 四丁目
壽　町	一丁目 二丁目	福住町	一丁目 二丁目
清水町	一丁目 二丁目 三丁目	永樂町	一丁目 二丁目 三丁目
高砂町	一丁目 二丁目 三丁目	入船町	一丁目 二丁目
開山町	一丁目 二丁目 三丁目	港　町	一丁目 二丁目
綠　町		田　町	
幸　町	一丁目 二丁目	濱　町	一丁目 二丁目
大正町	一丁目 二丁目 三丁目	新　町	一丁目 二丁目
花園町	一丁目 二丁目 三丁目	錦　町	一丁目 二丁目 三丁目
本　町	一丁目 二丁目 三丁目 四丁目	西門町	一丁目 二丁目 三丁目 四丁目 五丁目
臺　町	一丁目 二丁目		
明治町	一丁目 二丁目 三丁目		
白金町	一丁目 二丁目 三丁目 四丁目 五丁目		
老松町	一丁目 二丁目		
寶　町	一丁目 二丁目		

資料來源：大正 8 年（1919）4 月 1 日《臺南廳報》第 423 號告示第 19 號。

　　除了前述町名更改，大正 9 年（1920）制度改正，臺南市管轄區域所列町名並無改變，只是多增加三分子、後甲、竹篙厝、桶盤淺、鹽埕、安平、上鯤鯓、鄭子寮等大字地名。[104] 其後臺南市在昭和 7 年（1932）因桶盤淺、鹽埕、鄭子寮市街發展，曾經再辦理町名改正，想要增加曙町（原後甲、竹園的一部份）、千歲町（桶盤淺部分）、昭和町（桶盤淺、鹽埕的一部份）、汐見町（泉町、鹽埕的一部份）等。[105] 經報紙報導將經費編列於昭和 9 年，但是在昭和 14 年的《臺南市讀本》有此敘述「新的町名…但是在未

---

[104] 大正 9 年 8 月 10 日《臺灣總督府府報》第 2177 號。

[105] 《臺灣日日新報》昭和 7 年 6 月 20 日第 4 版〈南市町名改正待認可〉。

得總督府認可前，是非正式的，在此之前只做一般通俗的稱呼。」[106] 在臺南市讀本中臺南市新的町名有伏見町、水道町、白川町、若竹町、乃木町、青葉町、昭和町、汐見町，但這些町名在往後的臺南市公報中，一直沒有正式出現使用過。

另臺南市在昭和 10 年（1935）曾公告「臺南市區長規程」[107]，並依據該規程將臺南市各町及大字分為 42 區，各區區名有日本風格的有旭北門區、竹園壽區、清水區、高砂區、綠區、開山區、白金區、錦町區、末廣幸區、大宮區、泉區、濱町區、新町區、大正町區、花園區、本町第一區、本町第二區、明治町區、臺町區、老松區、寶町區、福住第一區、福住第二區、永樂第一區、永樂第二區、入船區、港第一區、港第二區、田町區等。[108]

民國 35 年（1946）2 月臺南市將戶籍上的町名改為光復路等 33 條街路。[109] 而地籍上的大字町名則於民國 42 年（1953）3 月 30 日經臺灣省政府核定。其中竹園町等 25 個町都是保留原來町名，僅將町改為段，更改之六個町分別是，綠町改為建業段（因原地有建業街）、旭町改為勝利段（因國軍常駐，又有勝利路在此）、明治町改為成功段（紀念鄭成功）、大宮町改為永福段（紀念劉永福）、大正町改為中山段（紀念孫中山）、末廣町改為中正段。[110]

五、臺東街

查「臺東街」的前身，在明治 30 年（1897）時屬卑南辦務署南鄉一區，包括新街、馬蘭坳街、寶桑庄。[111] 臺東廳在明治 31 年（1898）已將臺東廳治所在地街名改為新街、卑南街、馬蘭街，其下卑南街又分 5 丁目、馬蘭街分 7 丁目。[112] 明治 38 年（1905）仍為「新街、卑南街、馬蘭街」。明治 41 年（1908）「卑南街」提升為街庄層級，[113] 明治 42 年（1909）〈府令七十五號廳位置及管轄區域發布ノ件〉仍稱為「卑南街」。[114] 大正 8 年（1919）時「卑南街」改為「臺東街」。《臺灣地名辭書臺東縣》並未明確指出臺東街所使用的町名及命名年代，僅在寶桑里里名由來中提及「（寶桑）昭和 12 年（1937）屬臺東廳臺東郡臺東街大字北町、新町」。[115] 但昭和 4 年官方文書已使用「台

---

[106] 加藤光貴，《臺南市讀本》，（臺北市：成文出版社，1985 臺 1 版），頁 28。

[107] 昭和 10 年 10 月 3 日《臺南市報》第 286 號臺南市告示第 23 號。

[108] 昭和 10 年 10 月 3 日《臺南市報》第 286 號臺南市告示第 24 號。

[109] 《行政長官公署檔案》031100350052 至 54〈臺南市新舊街道名稱對照表〉。

[110] 《臺灣省政府公報》42 年夏字第 2 期，頁 30。

[111] 《臺灣總督府公文類纂》000003180190239〈街庄社長管轄區域（臺東廳）〉。

[112] 《臺灣總督府公文類纂》000008470100067〈明治 31 年廳令第 13 號〉、000005470180254 至 258〈臺東廳下街路區畫及名稱變更ノ件〉及 000005470180259 至 264〈臺東廳告示第一八號ニ關シ注意ノ件〉。

[113] 《臺灣總督府公文類纂》00005166005003〈街庄社長管轄區域改正認可ノ件（臺東廳）〉。

[114] 《臺灣總督府公文類纂》000014680030056〈府令七十五號廳位置及管轄區域發布ノ件〉。

[115] 柯芝群等撰文，施添福總纂，《臺灣地名辭書卷三臺東縣》，（南投：臺灣省文獻委員會，民國 88 年），頁 256。

東寶町」之名稱，[116] 甚至更早的大正 12 年《臺灣日日新報》也已經看到「臺東街臺東榮町三四」的地址。[117] 因此台東的町名改正時間應該再往前推。

本文認為「臺東街」之稱始於大正 8 年（1919）1 月 15 日，而臺東街下轄的町名也始於此時。在大正 7 年（1918）3 月 2 日臺東廳以臺東庶第 212 號函向臺灣總督府報告，要將「卑南街」改為「臺東街」，並且因為住家建築的發展，只有「丁目」的區別非常不便，所以要在街內劃分四個町。四個町（如附圖 9）分別是相良町（分一丁目至四丁目）、上町（分一丁目至三丁目）、仲町（分一丁目至三丁目）、濱町（分一丁目至三丁目）。[118] 但是公文提出之後，臺灣總督府雖在 3 月 14 日即會簽土木局辦理，但一直未有回應，臺東廳又在大正 7 年（1918）8 月 7 日發文洽催。[119] 土木局在 10 月 2 日回覆地方部意見對於町名的改稱並無異議，但對於各町的區劃則提出修正意見。[120] 地方部即在 10 月 4 日回函臺東廳，就町名區劃的意見直接在圖上表示，並請臺東廳比對原先提案在實行上的分析，也採用府內財務局的意見，町名只是通稱（俗稱）而不要將町名使用於地籍上。在公文中又提出町名以人命名（以知事相良長綱的姓氏為名的相良町）是否恰當的疑問。[121]

臺東廳針對地方部的意見，在 11 月 14 日以臺東庶第 212 之 4 號函回覆。針對町名只是作為通稱，並無意見。而針對土木局到底是以二條街道中間區域作為町的範圍或是以道路為中心而以路的兩旁為町的範圍，應該有一致的原則；臺東廳則就相關意見研擬第一案與第二案。兩案相同之處都是町名改以「北町、新町、寶町、榮町、南町」等五町作區劃；而相異之處是第一案町與町的分界是在街廓之中，每一個町的範圍大約成長方形（如附圖 10），而第二案則以道路中心為分界所以北町、新町、寶町間產生拼圖式的直線切割（如附圖 11）。[122] 最後臺灣總督府在 11 月 28 日同意將「卑南街」改為「臺東街」，以府令第 5 號發佈，並以民第 4148 號函通知並要求臺東廳同步於大正 8 年（1919）1 月 15 日發佈命令；而町名區劃則採第 2 案，並且町名不做為地籍上的名稱，而只是一般的通稱（俗稱）而已。[123]

臺東廳果於大正 8 年（1919）1 月 15 日以廳令第 1 號發佈「廳直轄及支廳名稱位置管轄區域」，臺東街下有「北町、新町、寶町、榮町、南町」等五町。[124] 其後臺東廳雖又於大正 9 年 9 月 1 日發佈新的「支廳名稱位置管轄區域」，並廢止前令，臺東街下未

---

[116] 昭和 4 年 2 月 7 日《澎湖廳報》第 121 號告示第 12 號。

[117] 參見《臺灣日日新報》大正 12 年 6 月 2 日第 4 版〈光榮者略歷〉。

[118] 《臺灣總督府公文類纂》000065080140228 至 232〈街名改稱變更二關スル件〉。

[119] 《臺灣總督府公文類纂》000065080140234 至 235〈市街名改稱二關スル件〉。

[120] 《臺灣總督府公文類纂》000065080140229。

[121] 《臺灣總督府公文類纂》000065080140225。

[122] 《臺灣總督府公文類纂》000065080140224〈町名區劃ノ件〉。

[123] 《臺灣總督府公文類纂》000065080140206 至 210、153〈臺東廳街庄社廢合及庄界變更認可〉。

[124] 大正 8 年 1 月 15 日《臺東廳報》第 154 號。

註明有「北町、新町、寶町、榮町、南町」等五町。[125]但是民間與官方仍持續使用町名，例如大正 10 年（1921）5 月 1 日臺東廳告示第 30 號仍使用町名，《臺灣日日新報》大正 12 年（1923）6 月 2 日〈光榮者略歷〉中使用「臺東街臺東榮町三四」的地址。[126]昭和 7 年（1932）《臺灣市街便覽》，臺東大字下仍使用該町名。[127]直到民國 35 年 2 月 9 日臺東縣政府以東府民自第 711 號函，將街道名稱報請長官公署核備。5 個町分別改成博愛路等 15 條道路。[128]

六、阿緱街（屏東市）

屏東市的前身是阿緱街，從明治 30 年（1897）阿緱辦務署時代即已稱「阿緱街」，直到昭和 8 年（1933）才改為「屏東市」。《臺灣地名辭書屏東縣》有關屏東市行政區劃部分，在各區里名沿革中註明昭和 8 年（1933）屏東市有本町等 24 町，但並未註明出處。[129]該書之所以以「昭和 8 年（1933）」作為使用町名的起始點，應該是屏東街在昭和 8 年（1933）改為屏東市。

查屏東市的前身是阿緱街，而阿緱街早在大正年間即已開始使用町名。最早的文件是阿緱廳屬辛島千猪一寫給總督府地方部之屬小山三郎的書函中[130]，該信函內容摘要如下：

> 在 6 月 17 日始政紀念日要給阿猴街加上町名，然此町名又和行政區畫並無任何關係，只是俗稱性的町名。如此若不研議讓一般人知曉的辦法，難以達到命名的目的。然而料想得到此種讓民眾知曉的辦法是寫幾行字在廳報上作告示之外，並無他策。請問其他各廳是否也有相同的情事？又町名以告示方式行之，是否可行？請速賜答覆。
>
> 辛島屬
>
> 小山屬

這一書函顯示阿緱廳打算在阿緱街下使用町名，但只是作通俗的稱呼，也打算直接在廳報上以告示行之。這一封信是在大正 4 年（1915）7 月 23 日發出，小山三郎是在 7 月 24 日收到，在同日地方部便以緊急電報拍發地方 222 號函通知阿緱廳，要求阿緱廳要

---

[125] 大正 9 年 9 月 1 日《臺東廳報》第 206 號。

[126] 參見《臺灣日日新報》大正 12 年 6 月 2 日第 4 版〈光榮者略歷〉。

[127] 篤原哲次郎，《臺灣市街便覽》，（臺北：臺灣日日新報，昭和 7 年），頁 387。

[128] 《行政長官公署檔案》0311003500046、47〈臺東縣府改正街名報告表呈送案〉。

[129] 黃瓊惠慧等撰，施添福總纂，《臺灣地名辭書屏東縣》，（南投：臺灣省文獻委員會，民國 90 年），頁 53、63、79、96。

[130] 《臺灣總督府公文類纂》000023720110114 至 117。

在阿緱街使用町名，必須陳報總督府審議。[131] 而阿緱廳在同年 8 月 8 日以阿庶第 1298 號函報總督府，「廳下阿緱街先前自明治 42 年修改官制以來，不惟有顯著的進步，在另一方面，隨著市區改正（都市計畫）的進展，街區亦呈現複雜化，然而因仍未達到必須進行修正行政區畫，將之分割為數區的程度。雖是如此，卻深感有加上和地籍及行政區畫無直接關係通稱町名的必要，因而將阿緱街分為 13 個區劃，擬賦予如附件圖面所記的町名，有關本件，鈞府有何意見？敬請審議核辦。」[132]

總督府方面在 8 月 27 日接到公文，在幾乎是 2 個月後的 10 月 22 日才擬稿辦理，但是公文直到次年（大正 5 年）2 月 18 日才奉批示，中間長達近 4 個月。總督府的作法是分二個方面，一方面認為在市街之下加上小地名，不單是阿緱街的問題，而是全島共通的事項，有必要決定總督府的方針，所做的方針是「市街地欲加上新地名細分區劃時，須依據地籍上的土名辦理設定手續」，將此決定及對阿緱廳的答覆一併行文各廳。另一方面答覆阿緱廳，「若是習慣性稱呼地名，可依地方人的稱呼，若欲加上新町名，為和地籍上的地區一致，故利用土名才是適當的作法。職是之故，現在阿緱街要用多少新土名？如何決定區域？請在完成充分調查之後，辦理適當之手續。」[133] 總督府的決定就是退回重議。

臺灣總督府雖然將阿緱廳的案子退回，但卻積極追蹤，地方部主動在大正 5 年（1916）10 月 6 日，行文詢問阿緱廳何時提出通稱町名的案子。阿緱廳也在 10 月 23 日即回復地方部，提出〈阿緱街町及通名命名ノ說明〉，總計提出設置富士見町、小川町、林町、楠町、柳町、花園町、末廣町、清水町、仲町、北町、南町、本町、綠町、榮町、千歲町、若松町、幸町、新町等 18 町及川端通、廳通、長春橋通、萬年橋通、停車場通、西門通、大埔通、市場通、黑金通、北新町通、南新町通等 17 條道路。[134]

但是阿緱廳又在大正 6 年（1917）2 月 1 日又提出新的町名區劃（如附圖 12）。[135] 與前次提出有兩點不同，一是去掉 17 通，省掉通町並稱的麻煩；另一是少掉清水町，多一個竹屋町。本來地方部在 2 月 16 日擬案要同意阿緱廳的提案，但是因不明原因而廢案。阿緱廳遲遲等不到回覆，又在大正 6 年 11 月 1 日發函地方部盡快核議。[136] 地方部便在大正 7 年（1918）3 月 15 日將相關意見送請阿緱廳再提出說明，阿緱廳在 5 月 4 日再度去函洽催，並於 5 月 18 日再提出町名命名的說明。[137] 此次提出包括富士見町、大宮町、小川町、楠町、末廣町、新町、千歲町、幸町、南町、若松町、北町、本町、黑金町、綠町、榮町等 15 個町名。參見表 10。

---

[131] 《臺灣總督府公文類纂》000023720110113。
[132] 《臺灣總督府公文類纂》000023720110112。
[133] 《臺灣總督府公文類纂》000023720110107 至 109。
[134] 《臺灣總督府公文類纂》000065080110141 至 145。
[135] 《臺灣總督府公文類纂》000065080110125 至 127。
[136] 《臺灣總督府公文類纂》000065080110128 至 130、140。
[137] 《臺灣總督府公文類纂》000065080110138、131 至 134。

表 10　阿緱廳呈送給臺灣總督府阿緱街歷次町名一覽表

第 一 次 町 名	第 二 次 町 名	第 一 次 町 名	第 二 次 町 名
富士見町	富士見町	北町	北町
小川町	新町	竹屋町	
林　町	小川町（一部）、楠町（一部）	本町	本町
楠　町	小川町（一部）、楠町（一部）	綠町、新町（一部）	綠町
柳　町	大宮町	榮町、新町（一部）	榮町
花園町		千歲町	新町
末廣町	末廣町	若松町	若松町
南　町	南町、幸町	仲　町	
幸　町	千歲町		
黑金町	黑金町		

資料來源：本研究整理。

　　比較前後兩次方案，可以看出由於町名是日本式（內地風），和本地傳統地名並無必然絕對關係，所以原來命為小川町的地方可以改為新町，而原來新町之地則併入綠町，千歲町亦可以從一地搬至鄰近一地等等變化，顯示並無必然根據，町名可以搬來般去。

　　最後阿緱街町名命名一案，在 7 月核定，7 月 22 日答覆阿緱廳，大正 7 年（1918）5 月 4 日所送通稱町名之案可以實施。[138] 於是大正 7 年（1918）8 月 1 日阿緱廳在阿緱廳報以彙報方式週知，阿緱街通稱町名，總計使用富士見町、大宮町、小川町、楠町、末廣町、新町、千歲町、幸町、南町、若松町、北町、本町、黑金町、綠町、榮町等 15 個町名（如附圖 13、14）。[139] 但這些町名只是俗稱，並非大字名。昭和 10 年「屏東市區規程」又將將屏東市的町分別列入「小川町區、末廣町區、若松町區、本町區、黑金町區、榮町區、綠町區」。[140] 在昭和 14 年屏東市管轄區域改正，屏東市範圍擴大，包括21 町及頭前溪、崇蘭、海豐、歸來、公館、大湖等[141]，町改為大字，町下有丁目為小字（如表 11）。

---

[138]《臺灣總督府公文類纂》000065080110124。

[139] 大正 7 年 8 月 1 日《阿緱廳報》第 322 號。

[140] 昭和 10 年 10 月 31 日屏東市告示第 31 號「屏東市區規程」。另亦參見屏東市役所，《屏東市例規類纂》，（屏東市：行政學會印刷所，昭和 12 年），頁 143 至 145。

[141] 昭和 14 年 2 月 22 日《臺灣總督府府報》第 3512 號，府令第 17 號。

表 11　昭和 14 年屏東市町名一覽表

大字名	字　　　　名	大字名	字　　　　名	大字名	字　　　　名
田　　町		綠　　町	一丁目二丁目三丁目	千歲町	
北　　町		榮　　町	一丁目二丁目三丁目	竹園町	
大和町		本　　町	一丁目二丁目	隼　　町	
干城町	一丁目二丁目	小川町	一丁目二丁目	頭前溪	
若松町	一丁目二丁目三丁目四丁目	昭和町		崇　　蘭	
大宮町	一丁目二丁目三丁目	瑞穗町		海　　豐	
旭　　町		大武町		歸　　來	
清水町		柳　　町		公　　館	
幸　　町		黑金町	一丁目二丁目三丁目	大　　湖	

資料來源：《高雄州報》昭和 14 年 4 月 1 日號外，告示第 61 號。

　　此町名一直使用，直到民國 34 年（1945）2 月 9 日，屏東市政府以民自字第 199 號函，報請臺灣省行政長官公署核備，將町名改稱爲中山路等 18 條街道名稱。[142] 這是街路與戶籍上的變動，而地籍上的町名變動，則是民國 41 年 8 月 16 日，臺灣省政府以府綱地甲字第 1964 號另通函規定改換，屏東縣政府在民國 42 年（1953）以（42）屏縣地籍字第 39995 號函報臺灣省政府，將大字更改爲段。其中本町等 13 個町名恢復成日治以前的舊地名，而昭和町等 8 個町名則新設段名。[143]（參見表 12）

---

[142] 《行政長官公署檔案》2735003500013、14〈屏東市街道名稱對照表送核案〉。
[143] 《臺灣省政府公報》42 年秋字第 37 期，頁 487。

表 12　民國 42 年屏東市大字町名改換成段名一覽表

大　字　名	小　字　名	段	小　　段
本　　町	一、二丁目	舊　街（舊地名）	一、二
綠　　町	一、二、三丁目	大　埔（舊地名）	一、二、三
小川町	一、二丁目	楠樹腳（舊地名）	一、二
旭　　町		花　園（舊地名）	
隼　　町		潭　墘（舊地名）	
幸　　町		六塊厝（舊地名）	
大武町		林子內（舊地名）	
柳　　町		灰　石（舊地名）	
北　　町		北勢頭（舊地名）	
干城町	一、二丁目	楠樹腳（舊地名）	一、二
大和町		溝仔尾（舊地名）	
若松町	一、二、三、四丁目	街　頭（舊地名）	一、二、三、四
瑞穗町		香　楊（舊地名）	
昭和町		民　生（新地名）	
黑金町	一、二、三丁目	新　街（新地名）	一、二、三
榮　　町	一、二、三丁目	文　明（新地名）	一、二、三
田　　町		勝　利（新地名）	
千歲町		復　興（新地名）	
竹園町		福　光（新地名）	
清水町		水　源（新地名）	
大宮町	一、二、三丁目	公　園（新地名）	一、二、三

資料來源：《臺灣省政府公報》42 年秋字第 37 期，頁 487。

七、其他市街

　　從大正 8 年以後各市街的町名改正資料，在《臺灣總督府公文類纂》中甚少留存，以下僅就其他相關資料，整理其他市街町名改正大要如下：

　　臺北市：臺北市的前身有三部分，分別是艋舺、大稻埕、臺北城內，明治 32 年（1897）時臺北城內及艋舺列為臺北辨務署第一區，大稻埕列為臺北辨務署第二區，其下各有 11、47、65 個街。[144] 明治 34 年 12 月臺北城內及艋舺同列為台北廳第一區、大稻埕列為台北廳第二區。[145] 明治 40 年（1907）時艋舺、大稻埕、臺北城內之下分別有 53、

---

[144] 《臺灣總督府公文類纂》000003870370291〈縣令第 33 號街庄社長管轄區域〉。

[145] 《臺灣總督府公文類纂》000006140060038。

53、12 個土名。[146] 明治 43 年（1910）改爲艋舺區及大稻埕區。[147]《臺灣舊地名之沿革》記載「臺北市町名在民國 9 年使用」[148]，但此一時間似乎有待商榷。其町名之改正則從大正 5 年（1916）即與臺中街、臺南等同步展開町名改正。[149] 因爲街數高達 150 個以上，要將路線式的街，改爲區域式的町，要整合戶番與地番，頗費周章，其間經過多次開會，臺北町名改正的原則一直朝向「優美內地式」町名思考，但是在大正 11 年（1922）1 月 19 日在市區計畫委員會會議，田建治郎總督發表「町名改正務爲尊重歷史的町名」的談話，使得臺北的町名命名方向大轉向。[150] 終於在大正 11 年（1922）3 月 24 日以府令第 24 號公告，於同年 4 月 1 日實施。[151] 明石町、表町、本町、京町、大和町、文武町、榮町、書院町、乃木町、大宮町、圓山町、大龍峒町、兒玉町、古亭町、佐久間町、龍口町、川端町、馬場町、南門町、柳町、三橋町、新起町、老松町、若竹町、八甲町、西門町、末廣町、入船町、有明町、建成町、蓬萊町、下奎府町、河合町、宮前町、水道町、富田町、樺山町、幸町、東門町、旭町、新榮町、福住町、新富町、千歲町、龍山寺町、錦町、堀江町、壽町、築地町、濱町、西園町、東園町、綠町、大正町、大橋町、永樂町、太平町、日新町、御成町、元園町、上奎府町、北門町、泉町、港町等 64 町，及大直等 9 個大字。詳細町名位置如附圖 15、16、17。昭和 10 年（1935）臺北市尹松岡一衛公布「臺北市區規程」，以區作爲該市下屬的輔助機關，臺北市據此下設 76 區，至昭和 13 年（1938）因爲松山編入臺北市區，使區數達 86 個。其中東門町、新富町、建成町、永樂町、大橋町、日新町各自分爲第一區及第二區，太平町分爲第一至第四區，下奎府町分爲第一至第五區。[152]

另據《青田行走》一書中有昭和 10 年的〈台北鳥瞰圖〉，其中有昭和町、神田町、本鄉町、御園町、三笠町等 5 町名。[153] 此 5 町應該不是市內的區劃，而只是有計劃的街區的稱呼。昭和町最晚在昭和 6 年（1931）即已出現，[154] 御園町在昭和 3 年（1928）開始稱「御園村」，其後通稱御園町。[155] 本鄉町位於台北高等學校附近，是面積約 4,000

[146]《臺灣總督府公文類纂》000014090090201〈總督府管內堡里街庄土名表（明治 40 年）〉。

[147]《臺灣總督府公文類纂》00001625005017〈告示第三號區ノ名稱及其區域內ノ街庄社名并區長役場ノ位置ヲ定ムル件〉。

[148] 洪敏麟編著，《臺灣舊地名之沿革第一冊》，頁 206、208、210、211、215、217、219、220、222。

[149]《臺灣日日新報》，大正 5 年 8 月 2 日第 6 版〈臺北街名改內地風〉、同月 21 日第 5 版〈臺北の新町名〉、11 月 16 日第 6 版〈臺北新市名未決〉、第 7 版〈臺北の名稱〉。

[150]《臺灣日日新報》，大正 11 年 1 月 20 日第 6 版〈新町名尊重歷史的〉。

[151] 大正 11 年 3 月 24 日《臺灣總督府府報》第 2613 號，亦見大正 11 年 4 月 1 日《臺北州報》號外。

[152] 參見昭和 10 年 10 月 1 日《臺北市報》號外臺北市告示第 32 號「臺北市區規程」，另亦參見大住須惠吉，〈市の區行政に關する一考察〉，《臺灣地方行政》第 4 卷第 9 號，昭和 13 年 8 月，頁 5 至 8。

[153] 游雲霞編，《青田行走》，（臺北市：游雲霞，2007），頁 21。此圖上有關昭和町等 5 個町名是在《青田行走》印行時加上的。

[154] 見《臺灣日日新報》昭和 6 年 8 月 5 日夕刊第 4 版〈覆面怪漢潛入宅〉、昭和 6 年 10 月 15 日夕刊第 3 版〈高校記念祭に學生劇公演 十七、十八日の二日間〉。

[155]《臺灣日日新報》昭和 3 年 9 月 5 日第 7 版〈市の南郊に新住宅地「御園村」〉、昭和 6 年 10 月 15 日夕刊第 3 版〈高校記念祭に學生劇公演 十七、十八日の二日間〉。

坪，住戶約百戶的新開發地，至遲也在昭和 7 年（1932）即已出現。[156] 三笠町是在昭和 12 年（1937）從大安字龍安陂改稱，三笠町有所謂遺族住宅，也是有規劃的市街地。[157]

臺北市町名直到民國 35 年（1946）改爲永樂街等 118 街道。[158] 而有關地籍方面，在 64 個町名中，其中有 26 個町名更改，38 個町名則使用原町名名稱，僅去掉其町字。維持原有名稱改爲段者包括文武段、書院段、北門段、幸段、東門段、福住段、新榮段、千歲段、南門段、龍口段、古亭段、富田段、壽段、築地段、西門段、新起段、老松段、八甲段、龍山寺段、綠段、柳段、西園段、東園段、三橋段、建成段、上奎府段、泉段、太平段、永樂段、港段、下奎府段、日新段、大橋段、蓬萊段、大龍峒段、河合段、圓山段、新富段、元園段、有明段。[159] 而更改名稱者如表 13。

表 13　民國 42 年臺北市地籍日式地名更改對照一覽表

町	丁　　　　目	段	小　　　　段
乃木町	一、二、三	小南門段	一、二、三
榮　町	一、二、三、四	衡陽段	一、二、三、四
大和町	一、二、三、四	撫臺段	一、二、三、四
京　町	一、二、三、四	博愛段	一、二、三、四
本　町	一、二、三、四	府前段	一、二、三、四
表　町	一、二	館前段	
明石町	一、二	府後段	
樺山町		東橋段	
旭　町		營邊段	
錦　町		錦安段	
兒玉町	一、二、三、四	城南段	一、二、三、四
川端町		螢橋段	
水道町		水源段	
濱　町	一、二、三、四、五	江濱段	一、二、三、四、五
若竹町	一、二、三	翠竹段	一、二、三
入船町	一、二、三、四	歡慈段	一、二、三、四

---

[156] 《臺灣日日新報》昭和 7 年 12 月 5 日第 8 版〈本鄉町污水滿積五百町民大苦痛〉、昭和 12 年 12 月 31 日第 3 版〈大スベり斷崖下に顛落したらしい現場附近に遺留品〉。

[157] 《臺灣日日新報》昭和 12 年 4 月 31 日夕刊第 2 版〈龍安坡は三笠町と改稱〉、昭和 18 年 1 月 20 日第 3 版〈三笠町の遺族住宅竣工す〉。

[158] 《臺灣省行政長官公署公報》民國 35 年夏字第 51 期，頁 818 至 821。

[159] 《臺灣省政府公報》民國 42 年春字第 28 期，頁 360、370。

堀江町		石路段	
馬場町		崁頂段	
大正町	一、二、三	正大段	一、二、三
御成町	一、二、三、四、五	詔安段	一、二、三、四、五
宮前町		牛埔段	
大宮町		劍潭段	
佐久間町	一、二、三	建國段	一、二、三
末廣町	一、二、三、四、五	城西段	一、二、三、四、五

資料來源：《臺灣省政府公報》民國42年春字第28期，頁360。

　　基隆市：前身基隆街，自日治初期開始即為基隆街，[160]其下有新店街等15街及三沙灣庄1庄，在明治36年（1903）時將舊街庄名改為土名，基隆街下共有17個土名。[161]大正13年（1924）基隆街改為基隆市。《臺灣舊地名之沿革》記載，基隆市町名在大正13年（1924）使用[162]；而《臺灣地名辭書卷17基隆市》則載明「（基隆市）昭和6年（1931）實施市區地名改訂，基隆市區改為町名，共有28個町」。[163]大正13年（1924）12月，基隆街與高雄街兩街升格為市。[164]但基隆的町名改正從大正5年即已開始著手[165]，也就是從基隆街時代即已開始，並設置有「町名改正調查委員會」[166]。另從相關資料觀察，其實基隆街在大正10年（1921）即有天神町出現[167]、大正15年（1926）已經見到福德町[168]，大正12年（1923）時即已有「天神町」、「東町」等土名，[169]此等町名應該是經過規劃市街地的稱呼，而不是行政區劃。基隆市從事町名改正多年，昭和2年（1927）地方課長水越幸一也曾會同臺北州地方課到基隆街實地瞭解町名改正，[170]直到昭和4年（1929）7月13日以基市庶第1746號函報臺灣總督府，卻分別於10月19日由總務長官人見次郎函知臺北州知事、10月29日內務部長深川繁治函知基隆市尹，基隆市町名改正因為財政上的考量在昭和5年無法實施，將在適當時機實施。[171]最後終於

[160]《臺灣總督府公文類纂》000001230020010〈明治30年府令第21號縣廳及弁務署位置及管轄區域〉及《臺灣總督府府報》明治30年6月10日號外府令第21號。
[161]《臺灣總督府公文類纂》000008030110073〈管內街庄及土名區域變更ノ件基隆廳長報告〉及000008250160105〈明治36年基隆廳令第十六號街庄長管轄區域改正ノ件〉。
[162]洪敏麟編著，《臺灣舊地名之沿革第一冊》，頁246、251。
[163]廖秋娥等撰文，施添福總纂，《臺灣地名辭書卷17基隆市》，（南投：臺灣省文獻委員會，民國85年），頁8。
[164]大正13年12月25日《臺灣總督府府報》號外府令第90號公布。
[165]《臺灣日日新報》，大正5年8月27日第6版〈基隆改町先聲〉、6年9月22日第7版〈基隆の新町名〉。
[166]《臺灣日日新報》，大正15年7月13日第5版〈町名改正調查委員會設置〉。
[167]《臺灣日日新報》，大正10年10月10日第2版〈基隆短信 天神町〉。
[168]《臺灣日日新報》，大正15年11月16日第2版〈基隆市役所 獎勵納稅貯金 係員訪問各戶〉。
[169]《臺灣總督府專賣局檔案》00100389000049003001M大正12年5月25日發行之〈基隆市街圖〉。
[170]《臺灣日日新報》，昭和2年6月22日夕刊第1版〈水越地方課長 基隆町名改正實地踏查〉。
[171]昭和4年11月10日《基隆市報》第102號〈基隆市町名改正二關スル件〉。

在昭和6年（1931）7月21日由總督府以府令43號公布基隆市管轄區域改正，並於10月1日實施[172]，基隆市管轄區域包括高砂町、旭町、觀音町、寶町、西町、明治町、大正町、昭和町、仙洞町、堀川町、瀧川町、福德町、元町、玉田町、雙葉町、天神町、田寮町、東町、壽町、幸町、綠町、曙町、義重町、日新町、入船町、眞砂町、濱町、社寮町等28個町（如附圖18、19）及大水窟、深澳坑、八斗子、大武嶺、內木山、外木山、大竿林、基隆嶼、花瓶嶼、棉花嶼、彭佳嶼等11個大字。雖然在相關法令上並無朝日町記載，但在《臺灣日日新報》上有兩則朝日町的報導[173]，查找基隆市有無朝日町，唯一的可能是因爲旭町與朝日町日語發音相同，將旭町當作朝日町。查相關資料似有「旭」與「朝日」混用的情形[174]，所以基隆的朝日町當即「旭町」。

昭和10年（1935）11月6日以基隆市告示第44號公布〈基隆市ノ名稱區域〉，基隆是共分25區，各町分別歸入各區，社寮町歸入社寮區、濱町歸入濱區、眞砂町歸入眞砂區、日新町、壽町分別歸入中一、二、三區、入船町歸入入船區、壽町與幸町歸入壽幸一區與二區、東町、綠町、曙町歸入東區、天神町歸入天神區、田寮町歸入田寮區、玉田町與雙葉町歸入玉葉一區和二區、元町歸入元區、福德町歸入福德區、旭町與高砂町及明治町一丁目歸入旭高區、明治町二三丁目及大正町歸入明治區、西町寶町、觀音町、歸入西區、瀧川町、堀川町歸入瀧川區、仙洞町、昭和町歸爲仙洞區等。[175]昭和16年（1941）又以基隆市告示第17號改正〈基隆市ノ名稱區域〉，市下分爲30區，並將各町重新區劃入新的30區，其中中一、二、三區重整爲日新區、義重區，壽幸一區、二區重整爲壽區、幸區，玉葉一區、二區重整爲玉田區、雙葉區，旭高區分爲旭區與高砂區，明治區分爲明治區、大正區，瀧川區分爲瀧川區、堀川區、西區分爲西區、觀音區、寶區等。[176]比較昭和10年（1935）與16年（1941）的區之名稱區域調整，昭和16年（1941）原則上之一町一區，昭和10年（1935）則是將町切割入不同區。

基隆市關於戶籍的町名於民國35年（1946）1月更改如表12，幾乎是以忠孝仁愛信義和平命名。而有關地籍上的町、丁目，則於民國42年5月4日奉臺灣省政府核定，高砂町改爲新店段、旭町改爲海濱段、觀音町改爲觀音段、寶町改爲保定段、西町改爲榮華段、明治町改爲中山段、大正町改爲大德段、昭和町改爲中和段、仙洞町改爲仙洞段、堀川町改爲德厚段、瀧川町改爲南榮段、福德町改爲復興段、元町改爲中央段、玉田町改爲中興段、雙葉町改爲延平段、天神町改爲延年段、田寮町改爲田寮段、東町改爲東明段、壽町改爲中正段、幸町改爲東信段、綠町改爲福祿段、曙町改爲光明段、義重町

[172] 昭和6年7月21日《臺灣總督府府報》第1297號。

[173] 《臺灣日日新報》，昭和8年1月8日夕刊第2版〈基隆署の初捕物阿片密吸者を十四名檢舉〉、昭和8年1月26日夕刊第2版〈勞働者の行倒れ〉。

[174] 《臺灣總督府公文類纂》000000230050082〈基隆支廳開廳以來九月迄事務報告〉。

[175] 昭和10年11月6日《基隆市報》號外〈基隆市告示第四十四號 區ノ名稱區域〉。

[176] 昭和16年8月31日《基隆市報》號外〈基隆市告示第十七號 區ノ名稱區域〉。

改爲忠義段、日新町改爲日新段、入船町改爲港灣段、眞砂町改爲中濱段、濱町改爲正濱段、社寮町改爲和平段。[177]（參見表14）

表14　民國35年（1946）基隆市町名改爲街道名稱一覽表

町　　　　　　　　名	新　　　街　　　　名
旭町、高砂町	忠一、二、三、四路、孝一、二、三、四路
福德町、元町、玉田町、雙葉町	仁一至仁四路、愛一路至愛七路
日新町、義重町、壽町、幸町	信一至信七路、平一路至平四路
入船町	中正一路
眞砂町	中正二路、中正三路
瀧川町	南榮路
明治町	中山一路、港西路
大正町	中山二路
昭和町	中山三路
仙洞町	中山四路
西町、寶町	西定路
日新町	港東路

資料來源：《行政長官公署檔案》0311003500032〈基隆市府街道改正名稱〉。

　　嘉義市：自明治30年（1897）嘉義城內分4區，明治34年（1901）嘉義廳時期，「嘉義市街」內分設嘉義東區街庄長、嘉義西區街庄長、嘉義南區街庄長、嘉義北區街庄長。[178]而明治37年嘉義街分屬嘉義東區、嘉義西區、嘉義南區、嘉義北區等4區，嘉義東區下有東門內外、內教場等3個土名，嘉義西區下有西門內、外等2個土名，嘉義南區有南門內、外、大街等3個土名，嘉義北區有北門內、外、總爺等3個土名；明治38年6月30日又改變，嘉義東區、嘉義西區、嘉義南區、嘉義北區等4區合爲一個嘉義區，其下共有11個土名；明治40年（1907）的堡里街庄土名表中亦同。[179]有關嘉義市町名改正，吳育臻〈從地名的變遷看不同政權的特質—以嘉義市街路名爲例〉一文，文內提到「事實上嘉義市的「町名改正」是早在大正14年（1925）就開始進行了。大正

---

[177]《臺灣省政府公報》43年夏字第31期，頁334。

[178]《臺灣總督府公文類纂》000003180190184〈街庄社長管轄區域〉、000006620040058〈嘉義廳街庄長管轄區域設定ノ件認可〉。

[179]《臺灣總督府公文類纂》000009600010012〈37年嘉義廳令第1號〉、000010740080038〈38年嘉義廳令第8號〉、000014090090257〈總督府管內堡里街庄土名〉。

14 年（1925）7 月 29 日，當時的街長眞木勝太，鑑於嘉義街自明治 39 年（1906）到 44 年實施市區改正計畫，投入頗多建設經費，大正 2 年（1913）實施市區改正擴張，建設的結果，市容整齊美觀，遂向總督府稟請「町名改正」，當時規劃了 55 町 203 丁目呈報上去。…但總督府以町名太多爲由，並未通過此案，嘉義街當局遂任命 36 人爲調查會員，重新協議選定町名，這次減爲 34 町 139 丁目，於大正 14 年 9 月 29 日再度向伊澤總督稟請，然而這次還是沒有通過，嘉義街這頭再接再厲不斷修正町名後再往上報，計有昭和 2 年（1927）6 月 13 日，改爲 26 町，但因台南州政府町名改正預算不夠而未實現；昭和 5 年 6 月 15 日嘉義街升格爲嘉義市後第一次稟請，這次減爲 19 町，總督府指示以『尊重舊町名』駁回；昭和 6 年（1931）7 月 28 日，再修改 17 町 78 丁目，這一次終於在昭和 6 年（1931）11 月 15 日以（總督）府令第 65 號認可接受了嘉義市町名改正，並於昭和 7 年元旦開始實施，歷經了 7 年，嘉義市當局終於如願以償…。」[180] 此段文字已說明嘉義市町名改正過程，本文再將該過程以表格整理如表 15：

表 15　嘉義市町名改正過程一覽表

嘉義街（市）提出日期	町名數	回覆日期	決定內容
大正 14 年 7 月 29 日	55	不詳	以町名過多（56 個）退回。
大正 14 年 9 月 29 日	34	台南州內務部長昭和 2 年 5 月 12 日	提出的町名都是像小字改正，希望作爲大字改正，町名要減少。
昭和 2 年 6 月 13 日	26	台南州內務部長昭和 4 年 11 月 1 日	無法列入昭和 5 年度預算，於適當時機再提出。
昭和 5 年 6 月 15 日	26	昭和 5 年 6 月 21 日主動撤回	要求注意舊町名的尊重。
昭和 6 年 7 月 28 日	17	昭和 6 年 11 月 15 日	昭和 6 年 11 月 15 日以府令第 65 號公布管轄區域，並於昭和 7 年 1 月 1 日施行。
昭和 10 年 11 月 23 日			依據嘉義市告示第 17 號〈嘉義市區長規程〉，市下設區，17 町分屬各區。

資料來源：吳育臻，〈從地名的變遷看不同政權的特質—以嘉義市街路名爲例〉。

　　本文對吳文有 4 點補充。一是嘉義市町名改正也是與臺中、臺南同時，亦即從嘉義街時代即已開始。[181] 並非如吳文所述在大正 14 年（1925）才開始，經歷 7 年而已。

[180] 吳育臻，〈從地名的變遷看不同政權的特質—以嘉義市街路名爲例〉，《第一屆地名學術研討會論文集》，（臺北市：內政部、中央研究院，民國 93 年），頁 B4-1 至 10。
[181] 《臺灣日日新報》，昭和 5 年 6 月 14 日夕刊第 4 版〈嘉市町名改正內地式〉。

　　二是在一張〈嘉義市區計畫平面圖〉中，看當時預定的原町、泰平町、田町、水道町、千歲町、八雲町、神明町、眞砂町、相生町、宮下町、松葉町、新玉町、清水町、東門町、花田町、巽町、春日町、萬年町、南門町、石場町、片町、木場町、林町、北門町、本町、老松町、彌生町、幸町、錦町、白銀町、大正町、神保町、白水町、常盤町、二葉町、材木町、有樂町、旭町、榮町、西門町、竹町、五福町、壽町、柳町、綠町、初音町、稻荷町、曙町、浪花町、稻妻町、黑金町、本川町、玉川町、白川町、堀川町、新川町等 56 個町（見附圖 20）[182]。此圖雖見於昭和二年的檔案，但據此而言，應該是大正 14 年（1925）或更早的町名預定圖。

　　三是本文另一張〈嘉義街市區改正計畫圖〉中，可以看到當時嘉義街預定使用的町名包括原町、泰平町、田町、水道町、八雲町、相生町、東門町、宮町、巽町、春日町、南門町、堀川町、檜町、北門町、本町、幸町、材木町、有樂町、大町、和泉町、西門町、若竹町、曙町、二葉町、浪花町、綠町、黑金町等 27 個町（見附圖 21）。將此圖與昭和 2 年（1927）6 月 13 日的 26 個町名比對，多出檜町、曙町，而少了榮町，故此圖很有可能是大正 14 年（1925）10 月至昭和 2 年（1927）6 月以前的地圖。

　　四是在最終定案之前，並無東、西、南、北四個城門町，報載是爲了保存當時的古蹟，所以將原訂的神明町、綠町、壽町去掉，換成四個城門町。[183] 其實是在昭和 2 年以前時所提出的町名，都包括四個城門町，但昭和 5 年 6 月 15 所提的町名案，町名包括「若竹町、霞町、泉町、檜町、材木町、宮下町、壽町、榮町、黑金町、朝日町、神明町、錦町、白金町、曙町、綠町、幸町、堀川町、玉川町、白川町」，將四個城門町除去，所以總督府才會有「尊重舊町名」的要求，嘉義市隨即在後來的方案中加入東、西、南、北四個城門町。[184]

　　《臺灣日日新報》的報導，大正 5 年（1916）時規劃 25 個通、42 個町，大正 14 年（1925）規劃減爲 32 個町名，顯見町名的變化頗大。[185] 最後經臺灣總督府於昭和 6 年（1931）11 月 15 日以府令第 65 號公布管轄區域，並於昭和 7 年（1932）1 月 1 日施行。包括新高町、山下町、宮前町、東門町、朝日町、檜町、北門町、元町、南門町、堀川町、玉川町、榮町、西門町、新富町、黑金町、末廣町、白川町等 17 町（如附圖 22、23）及山子頂等 15 個大字。[186] 昭和 10 年（1935）11 月 2 日公布〈嘉義市區長規程〉，並於同月 23 日任命區長，新高町、山下町、宮前町合爲一區，榮町、黑金町合爲一區，

---

[182] 此圖夾於昭和 2 年檔案中，顯見其年代當在昭和 2 年以前，與吳文所稱年代大約相當，而與吳文內大正 14 年的町名互有出入，吳文中有千代田町、泉町、宮入町等 3 町是本圖 57 個町名內所無，而本圖 57 個町名中有白水町、花田町、黑金町是吳文中未列出者。

[183]《臺灣日日新報》，昭和 5 年 10 月 9 日夕刊第 4 版〈嘉義市町名改正加入四城門保存古跡〉。

[184] 兼嶋兼福，《新興の嘉義市－新町名案內》，（嘉義：臺灣出版協會，昭和 7 年），頁 5 至 6。

[185]《臺灣日日新報》，大正 5 年 10 月 1 日第 2 版〈嘉義街名改稱〉、大正 14 年 9 月 3 日第 4 版〈嘉義改正町名〉。

[186] 昭和 6 年 11 月 15 日《臺灣總督府府報》第 1386 號。

堀川町、玉川町、白川町合為一區，另有東門町區、檜町區、北門町區、元町區、朝日町區、南門町區、西門町區等名稱。[187] 又在昭和16年（1941）4月7日以「彙報」形式公布〈嘉義市區ノ區域〉，將各町分入17區，包括宮前區、東門區、朝日區、南門區、元町區、北門區、檜區、榮第一區、榮第二區、西門第一區、西門第二區、新富區、玉川區、山子頂區、北社尾區、下路頭區。[188]

民國35年該市町名改為街路，新高町改為玉峰街、山下町改為維新街、宮前町改為光復街、東門町改為東門街、朝日町改為朝陽街、檜町改為太平街、北門町改為北門街、元町改為興中街、南門町改為南門街、堀川町改為宣信街、玉川町改為崇文街、榮町改為長榮街、西門町改為西門街、新富町改為康樂街、末廣町改為廣寧街、白川町改為大同街。[189] 另外有關町名在地籍上的更動，嘉義縣政府於民國42年（1953）6月20日以嘉府地籍字第25683號函，將大字新高町改為太平段、宮前町改為中山段、朝日町改為民族段，並經臺灣省政府於42年8月5日核可。[190]

新竹市：新竹市前身新竹街，明治30年（1897）尚稱「新竹城內」，[191] 在明治34年時亦稱「新竹城內」，下有49個街庄。[192] 而明治35年（1902）新竹街下的街庄整併為東門內外、西門內外、南門內外、北門內外、枕頭山腳等9個土名。[193] 昭和5年（1930）新竹街改為新竹市。新竹市町名改正也是與臺中、臺南同時，亦即從新竹街時代即已開始。[194] 從臺灣總督府公文類纂中亦可看到大正5年（1916）新竹市町名改正案，與臺中街同時呈給民政長官閱覽。[195] 但是不知為何，臺中街町名改正案通過，而新竹街町名改正則不見下文，也無相關公文可查。從報端可知當時所提出的有49個町名、7個通，亦即是町通併行。[196] 對這些町名似乎分兩種意見，廳長認為町名應該與新竹有關，但是日本人委員認為「町名改正純貴母國色彩，倘若不然未免一番多事。」[197] 其後一直到昭和10年（1935）3月13日臺灣總督府才以府令第2號發佈新竹市管轄區域改正，包括田町、北門町、新富町、宮前町、錦町、旭町、表町、西門町、榮町、東門町、南

---

[187] 昭和10年11月2日《嘉義市報》第197號、昭和10年11月23日《嘉義市報》第200號。

[188] 昭和16年4月7日《嘉義市報》第330號。

[189] 參見《臺灣省政府公報》35年秋字第47期，頁749至750。另亦見《行政長官公署檔案》2149003500015019003嘉義都市計畫平面圖（民國35年）。

[190] 《臺灣省政府公報》42年秋字第35期。

[191] 《臺灣總督府公文類纂》000001230020010〈明治30年府令第21號縣廳及弁務署位置及管轄區域〉及《臺灣總督府府報》明治30年6月10日號外府令第21號。

[192] 《臺灣總督府公文類纂》000006640290121〈新竹廳令第2號新竹廳內街庄長管轄區域〉。

[193] 《臺灣總督府公文類纂》000047260010003〈新竹廳管內街庄名及ヒ土名變更並二街庄社長管轄區域變更認可等ノ件〉。

[194] 《臺灣日日新報》，大正5年10月20日第5版〈新町名之決定 大約長官上京前〉。

[195] 《臺灣總督府公文類纂》000063910010009。

[196] 《臺灣日日新報》，大正5年7月12日第6版〈新竹街假定町名〉。

[197] 《臺灣日日新報》，大正5年8月10日第6版〈町名評議〉。

門町、住吉町、花園町、黑金町、新興町 15 個町（如附圖 24、25、表 16）及客雅等 14 個大字。[198] 而新竹州廳於《新竹州報》964 號以〈新竹州告示第 88 號〉於昭和 10 年（1935）8 月 1 日公告新竹市的大字及字的區域，新竹市於昭和 10 年（1935）8 月 2 日於《新竹市報》283 號轉載新竹州告示。新竹市又在同年 9 月 30 日公告〈新竹市區設置規程〉，將新竹市分爲 16 區如下表，於 10 月 1 日施行。

表 16　昭和 10 年新竹市區區域一覽表

名　稱	擔　任　區　域	名　稱	擔　任　區　域
東門町區	東門町	錦町區	錦町及水田一部份
西門町區	西門町	新興町區	新興町及客雅一部份
南門町區	南門町	住吉町區	住吉町及客雅一部份
北門町區	北門町、田町、湳雅	宮前町區	宮前町及崙子一部份
表町區	表町	旭町區	旭町
榮町區	榮	新富町區	新富町及崙子一部份
花園町區	花園町	埔頂區	東市、赤土崎、埔頂、柴疏山、金山面
黑金町區	黑金町	樹林頭區	沙崙、吉洋崙、苦苓腳、湳雅、樹林頭、溪埔子

資料來源：《新竹市報》昭和 10 年 9 月 30 日第 300 號〈新竹市區設置規程〉。

其後民國 35 年（1946）2 月 12 日新竹市政府以新市民甲字第 187 號函，將街道新舊名稱對照函報長官公署，將町名改爲中華路等 25 條街路。[199] 以上是町名與戶籍關係的層面，而町名與地籍的關係，則在民國 42 年（1953）1 月 3 日經新竹縣議會同意，將町名關係的大小字更改爲「段」與「小段」。（參見表 17）

[198] 昭和 10 年 3 月 13 日《臺灣總督府府報》第 2337 號。
[199]《行政長官公署檔案》0311003500043、44〈新竹市府新舊街名對照表呈送案稱〉。

表17　民國42年（1953）新竹市大字町名改為段名一覽表

町名		段	
大字	小字	段	小段
田町		文華段	
北門町		北門段	
新富町		民富段	
宮前町		中雅段	
錦町		三民段	
旭町	一丁目　二丁目	親仁段	一小段二小段
表町	一丁目二丁目三丁目	中山段	一小段二小段三小段
西門町	一丁目二丁目三丁目	西門段	一小段二小段三小段
榮町	一丁目二丁目三丁目	榮光段	一小段二小段三小段
東門町	一丁目二丁目三丁目	東門段	一小段二小段三小段
南門町	一丁目二丁目三丁目四丁目	南門段	一小段二小段三小段四小段
住吉町		聚吉段	
花園町		東園段	
黑金町		竹蓮段	
新興町		新興段	

資料來源：《臺灣省政府公報》42年春字第27期，頁344至345。

　　彰化市：彰化前身在清代是彰化縣衙所在，範圍包括東門街、新門街、南門街、北門街、觀音亭街、總爺街等。明治32年（1899）時彰化區包括「彰化城內」及「彰化城外」，「彰化城內」包括東門街、新門街、南門街、北門街、觀音亭街、總爺街等6街；「彰化城外」包括「北門口街、新中街、祖廟街、市仔尾街」等4街。[200] 明治35年（1902）時屬線東堡彰化區，下有東門街、西門街、南門街、北門街、北門口街、觀音亭街、總爺街、新中街、祖廟街、市仔尾街等11個街。[201] 明治37年（1904）改為彰化街，下有東門、西門、南門、北門、北門外、市仔尾等6個土名。[202] 彰化街在昭和8年（1933）10月13日改制為彰化市，昭和10年（1935）公布的彰化市告示32號〈彰化

[200] 《臺灣總督府公文類纂》000003880200221〈明治32年臺中縣令第7號〉及《臺中縣報》明治32年3月18日第136號。

[201] 《臺灣總督府公文類纂》000047060020198、201〈街庄管轄區域改正〉。

[202] 《臺灣總督府公文類纂》000009280260275〈彰化廳支廳管轄區域改正認可ノ件〉。另亦參見《彰化廳報》第336號〈彰化廳告示第102號街庄合併改稱ノ件〉。

市區規程〉，其區劃表僅列有 20 個區，並未列有町名。[203] 其後在昭和 16 年（1941）公布之「彰化市區名稱區域」，彰化市分爲東、西、南、北、中、刺桐腳、阿夷、大竹、快官等九區，其區域摘要如表 18，各町位置圖如附圖 26。此時彰化市的町名，包括本町、表町、宮前町、楠町、大和町、旭町、末廣町、新富町、富田町、榮町、幸町、千歲町、春日町、泉町、新高町等。但這些町名只是俗稱，並非行政區域。

表 18　昭和 16 年（1941）彰化市區之名稱區域一覽表

區　名	區　　　　　　　　　　　　　　　　　　　　　　　　域	通　　稱
中　區	北門（一部）、南門（一部）、東門（一部）、西門（一部）	本町
	北門（一部）、東門（一部）、北門外（一部）、西門（一部）	表町
	東門（一部）、北門外（一部）、南郭字南郭（一部）	宮前町
東　區	南郭字南郭（一部）、市子尾（一部）	楠町
	南郭字南郭（一部）	大和町
	南郭字南郭（一部）、大埔（一部）	旭町
西　區	西門（一部）、南門（一部）、北門（一部）、南郭字南郭（一部）	末廣町
	西門（一部）、西勢子字西勢子（一部）、西勢子字過溝子（一部）	新富町
	西門（一部）、西勢子字西勢子（一部）、西門口（一部）、南郭（一部）、大埔（一部）	富田町
南　區	東門（一部）、南門（一部）、南郭字南郭（一部）	榮町
	南門（一部）、西門（一部）、南郭字南郭（一部）	幸町
	南郭字南郭（一部）、大埔（一部）	千歲町
北　區	西門（一部）、北門外（一部）、市子尾（一部）、西勢子字過溝子（一部）	春日町
	市子尾（一部）、西勢子字過溝子（一部）、牛稠子字牛稠子（一部）	泉町
	西勢子字過溝子（一部）、西勢子字過溝子（一部）、牛稠子字牛稠子（一部）、牛稠子字下廍（一部）	新高町

資料來源：整理自昭和 16 年（1941）9 月 26 日《彰化市報》號外。另亦可參閱《臺灣日日新報》，昭和 16 年（1941）9 月 5 日第 4 版〈下部組織の再編成町名改正に伴ひ〉。

---

[203] 昭和 10 年 10 月 22 日《彰化市報》第 140 號。

彰化市町名於民國 35 年（1946）2 月 9 日將街路新舊名稱對照表函請長官公署備查，改爲中山路等 27 條路、街。[204]

宜蘭市：宜蘭在日治初期歸宜蘭支廳管轄，當時在本城堡包括六街：坎興、中北、西門、東門、北門、南門。[205]明治 30 年（1897）尚稱「宜蘭城內」，明治 33 年（1900）即稱爲「宜蘭街」。[206]宜蘭街在昭和 15 年（1940）10 月 28 日改制爲宜蘭市。[207]在宜蘭街時期即大正 5 年（1916）時就已經和臺中街等地同時著手町名改正，[208]但是似乎一直沒有結果。直到昭和 16 年（1941）11 月 10 日「宜蘭市區規程」，載明市區共分 9 區：昭和町區、本町區、文武町區、富士町區、錦町區、榮町區、旭町區、宮前町區、南町區、東町區、北町區。[209]但是此種區劃似就已經有的町名加區而成，似乎在此之前已有此種町名。查昭和 16 年（1941）7 月 7 日的宜蘭市告諭第 1 號，就有昭和町、本町、文武町、富士町、錦町、榮町、旭町、宮前町、南町、東町、北町的區劃，而同年 8 月 14 日的宜蘭市告示第 33 號〈宜蘭市區會規程〉則已明列「宜蘭市區規程」的 9 區區名。此町名或區名當不致無中生有，應該也是有官方文件公告，只是本文尚未查到。其後，昭和 18 年時「宜蘭市區規程」修正，僅區劃爲錦町區、旭町區、幸町區、本町區、川端町區、曙町區、富田町區等 7 區。[210]其變動情形如表 19。

表 19　宜蘭市昭和 16 年及 18 年町名調整一覽表

昭和 16 年	錦町區	富士町區	旭町區	榮町區	文武町區	宮前町區
昭和 18 年	錦町區		旭町區		幸町區	
昭和 16 年	本町區	昭和町區	北町區	東町區	南町區	
昭和 18 年	本町區		川端町區	曙町區	富田町區	

資料來源：《臺灣日日新報》，昭和 18 年（1943）4 月 12 日第 4 版〈行政下部組織強化 宜蘭市、町名變更愈よ實施〉。

參照昭和 10 年（1935）告示 32 號之「臺北市區規程」[211]及昭和 10 年（1935）之「屏東市區規程」，都是區分爲「區」，而有些「區」是包含數町，或是一區一町，推

---

[204] 《行政長官公署檔案》0311003500034〈彰化市新舊街名對照表呈送案稱〉。

[205] 《臺灣總督府公文類纂》000000230180286〈宜蘭支廳告示及管內狀況報告〉。

[206] 《臺灣總督府公文類纂》000001230020013〈縣廳及辦務署位置及管轄區域〉、000044590420095〈宜蘭街土名通報ノ件〉。

[207] 昭和 15 年 101 月 28 日《臺灣總督府府報》第 139 號。

[208] 《臺灣日日新報》，大正 5 年 10 月 20 日第 5 版〈新町名之決定 大約長官上京前〉。

[209] 昭和 16 年 11 月 10 日《宜蘭市報》號外。

[210] 昭和 18 年 4 月 15 日《宜蘭市報》第 86 號。

[211] 臺北市役所，《臺北市例規集》，（臺北：臺北市役所，昭和 13 年 9 月），頁 98 至 100。

斷宜蘭的町名改正應該在昭和 16 年以前即已實施，只是該町名可能與彰化市一樣是通稱，並不是與大字相當。另昭和 18 年之所以有町名調整，可能是因應當時時局，將行政、皇民奉公運動、防空等三位一體化，而做町名調整，並且依據各町區任命町長。[212]

八、市街町名改正的觀察

（一）町名的使用始於明治 28 年（1895），終於民國 45 年（1956）

臺灣市街的町名並不是一般所認為的大正 9 年（1920）制度改正時開始使用，也不是大正 8 年臺南市的町名改正。民間使用町名，最早的是臺中街的新町、常盤町，在明治 28 年（1895）即已使用。但臺灣地區最早使用町名是媽宮街，從明治 28 年（1895）即已開始，而最早官方所命名帶有濃厚日本色彩的町名是媽宮街宮內町及築地町。打狗則是從明治 45 年（即大正元年（1912））3 月即已開始提出町名改正，但這似乎只是個別零星的措施。從大正 2 年（1913）開始，臺中街著手町名之擬議，其後臺南、臺北、新竹街、阿緱街等相繼投入町名改正的工作，但只有臺中街、臺南在大正 5 年（1916）達成町名改正。這兩個地方的町名改正，為趕在 11 月 3 日立太子典禮日施行，臺中經臺灣總督府公告，而臺南市則未經總督府公告，雖然是匆促完成，但卻具有指標意義。其後各市街的町名頗有臺中街、臺南町名的影子，甚至臺北市在擬定町名的時候，還需要臺南市代表的參與。其後阿緱街大正 7 年（1918）、臺東街在大正 8 年（1919）陸續發布町名，進度趕在臺北市、宜蘭街、新竹街之前。臺北市是大正年間最後完成町名改正的都市，但必須整合臺北城內、大稻埕、艋舺 3 個街區，最後町數高達 64 個，居各市街之冠，是最為複雜的。

昭和期間，基隆市、新竹市、嘉義市分別在昭和 6、7 年完成，從大正 4 年（1915）開始研擬，歷將近 20 年才完成。基隆市町名達到 28 個，新竹市研擬過程中曾研擬出 49 個町名，最後定案是 14 個；嘉義市研擬出 56 個町名，最後定案 28 個，顯見其研擬過程變化之大。彰化市與宜蘭市是臺灣最晚完成町名改正的都市，而且彰化市又回復到大正初年的模式，只是作為一般的通稱，並非是戶籍與地籍合一的町，所以戰後彰化市只進行町名改街道，並未進行地籍上將町改為段的過程。

總之，「町」在臺灣使用幾達 60 年的歲月，影響臺灣人日常的生活，影響不可謂不深遠。

---

[212]《臺灣日日新報》，昭和 18 年 4 月 12 日第 4 版〈行政下部組織強化 宜蘭市、町名變更愈よ實施〉。

表 20：臺灣市街町名改正時間與數量一覽表

市街名稱	町 名 改 正 時 間		町 名 廢 止 時 間		町名數
	第 1 次	第 2 次	戶 籍	地 籍	
媽宮街	明治 29 年 6 月以前	明治 37 年 11 月	民國 34 年 12 月		
打狗	大正元年 9 月 25 日	大正 15 年 1 月 26 日	民國 35 年 2 月 11 日	民國 42 年 6 月 16 日	15（14）
臺南市	大正 5 年 11 月 3 日	大正 8 年 4 月 1 日	民國 35 年 2 月	民國 42 年 3 月 30 日	31
臺中街	大正 5 年 11 月 3 日	大正 8 年 4 月 18 日	民國 35 年 2 月 23 日	民國 44 年 5 月 9 日	31
臺東街	大正 8 年 1 月 15 日		民國 35 年 2 月 9 日		5
阿緱街（屏東市）	大正 7 年 8 月 1 日	昭和 14 年	民國 34 年 2 月 9 日	民國 42 年	15（21）
臺北市	大正 11 年 3 月 24 日		民國 35 年	民國 42 年	64
基隆市	昭和 6 年 7 月 21 日		民國 35 年 1 月	民國 42 年 5 月 4 日	28
嘉義市	昭和 7 年 1 月 1 日		民國 35 年	民國 42 年 8 月 5 日	17
新竹市	昭和 10 年 3 月 13 日		民國 35 年 2 月 12 日	民國 42 年 1 月 3 日	14
彰化市	昭和 16 年 10 月 22 日		民國 35 年 2 月 9 日		15
宜蘭市	昭和 16 年	昭和 18 年			

資料來源：本研究整理。

（二）從作爲小名、俗稱層級的「町」，到作爲土名、街庄、大字層級的「町」

作爲小名的「町」：媽宮街在明治 29 年（1896）使用町名，打狗也在大正元年（1912）進行使用町名，臺南、臺中在大正 5 年（1916）11 月 3 日的町名改正、大正 7 年（1918）8 月 1 日的阿緱街町名、大正 8 年 1 月 15 日的臺東街町名、昭和 16 年的彰化市町名，這些町名都只是作爲一般的土名、小名，如媽宮街所屬各町在明治 39 年，即

列為土名；[213] 臺南廳在大正元年告示第第 19 號〈打狗ノ土名及小名改稱〉中，鹽埕埔等是土名層級，而各町是土名以下的小名；[214] 阿緱街在大正 7 年的町名，初步只是作為小名之用，最後通過的是俗稱，也不是土名。[215]

作為土名層級的「町」：但是阿緱街的町名改正，呈現臺灣總督府對「町名」層級的政策性決定。大正 4 年臺灣總督府的對阿緱街的町名改正，有二個方面的作法：一是在對阿緱廳具體個案上，「若是習慣性稱呼地名，可依地方人的稱呼，若欲加上新町名，為和地籍上的地區一致，故利用土名才是適當的作法。職是之故，現在阿緱街要用多少新土名？如何決定區域？請在完成充分調查之後，辦理適當之手續。」也就是認為阿緱廳要把阿緱街町名當成土名層級，要完成一定的程序。二是認為在市街之下加上小地名，不單是阿緱街的問題，而是全島共通的事項，有必要決定總督府的方針，所做的方針是「市街地欲加上新地名細分區劃時，須依據地籍上的土名辦理設定手續」，將此決定及對阿緱廳的答覆一併行文各廳。[216] 這代表臺灣總督府對「町名」地位與層級的看法，也就是要使用「町」之稱呼，必須是與地籍一致的土名層級。但這土名層級的町名，因為牽涉到地籍地號變動的問題，似乎頗為困難，所以阿緱廳在大正 7 年仍舊採取俗稱的町名，而不是土名層級的町名，大正 8 年台東街也是使用俗的的町名。可說地籍一致的土名層級的「町」從未出現過。

作為街庄、大字層級的「町」：大正 8 年（1919）4 月 1 日的臺南市町名改正，町等同於街庄層級，其下以丁目為小名。大正元年臺南廳嘗試要在「打狗市」之下設置街庄層級的「町名」，當年雖然失敗，但在大正 8 年終於在臺南市設置相當於街庄層級的町名。臺南廳的堅持終於開花結果。其後大正 11 年（1922）3 月 24 日的臺北市町名改正，町也成為大字層級；大正 15 年（1926）的臺中市、高雄市町名改正、昭和 6 年（1931）的基隆市與嘉義市町名改正、昭和 10 年（1935）3 月 13 日的新竹市町名改正、昭和 14 年（1939）的屏東市町名改正，町屬於大字層級、丁目屬於小字層級。

也因為町是街路名與地籍的合一，所以戰後臺灣有針對街路名與地籍的兩次町名變革。作為街路名的町名改變，是在民國 34 年至 35 年間。在民國 34 年（1945）11 月 17 日發佈民甲 101 號「臺灣省各縣市街道名稱改正辦法」，澎湖在民國 34 年將「町」改為街路，各縣市在民國 35 年陸續更改。而地籍上的町名，則是在民國 42 年至 44 年之間，各縣市陸續將「町」改為「段」，「丁目」改為「小段」。

---

[213]《臺灣總督府公文類纂》000010780100042〈明治 38 年廳令第 10 號街鄉長管轄區域名稱等改正ノ件〉。

[214]《臺灣總督府公文類纂》000019301530328 臺南廳告示第 19 九號〈打狗ノ土名及小名改稱〉。

[215]《臺灣總督府公文類纂》000023720110107〈阿緱街二小名ヲ附スル件〉。

[216]《臺灣總督府公文類纂》000023720110107 至 109。

（三） 臺灣町名改正是市區計畫的配套措施與日本內地町名改正的外延

有關町名改正，當然與日本人有關。日本人在臺灣統治居住，因爲風俗、生活習慣不同，必然會尋求其生活與習慣上的安適，生活上常使用的地名如果改爲其所熟悉的，更會讓其在異鄉的生活有安定感。自統治者日本人的角度，來到臺灣異地，所用的地名都是陌生的、以日本語發音不見得很順口，例如「大龍峒」、「艋舺」對日本人都是難以發音及無意義的地名，所以使用熟悉地名的呼聲，便隨之而起。在臺灣各市街進行町名改正之前，《臺灣日日新報》即已有若干訊息透露「本島原爲中國領土，其名稱難以理解自不足怪，但在日常感到不便，是我十萬內地人都有同感。在臺北感到困難的程度較低，若是到臺南，這方面感受會更深切，大體上不得不說各地都有此現象。在一般郵件上不會感到不方便，但是像電報、尤其是電話，就會感到非常不方便與困難，新來到此地者感受會更深刻。在此情形下，要利用機會，給予日本式町名，使得比較像是日本的領土，也應該是甚爲必要，當然這並不是非常大的問題。如此不得不思考，吾等在臺灣利用市區改正的機會，賦予新的名稱，是對市民無害的作法。」[217]「內地人多寓之地或新開地，不便呼以邦語者，往往電報爲之不到。」[218]「自改隸至今二十有餘年，臺北廳大加蚋堡各街名，多蹈襲清朝時代的舊慣，比于大連朝鮮，鮮帶有母國色彩者，尤覺落後。共進會時（作者按：此共進會就時間上而言可能是大正5年4月8日至15日的臺灣勸業共進會）一內地新聞觀光記者，曾感念及之。是蓋于精神同化有大影響，而在住內地人亦常不便，故期望改革者甚多也。」[219]但其實施方式並不是統一的命令作爲，而是個別主動式的作爲，從大正元年（1912）的打狗，經過大正5年（1916）的臺南與臺中，到昭和18年（1943）的彰化市等，持續發生與進行，顯然日本人心裡與生活上的需求只是必要條件，但並不是町名改正的充分條件，應該是另有其他因素影響。

如前所述，早期臺灣市街的町名改正，似乎是個別進行，但是在大正5年臺南市與臺中街的町名改正，似乎不是個別的，同時尙有臺北、宜蘭街、嘉義街、新竹街、基隆街等同時進行，只是臺南市與臺中街在大正5年完成，但是也都是作爲通稱而已。探討日治時期町名改正的進行，最初的動機似乎是指向始政20週年的系列措施，要展示日本人在臺灣統治的績效。但是打狗的町名改正在大正元年，並不是在辦理始政20週年活動期間，所以顯示町名改正有另外的原因。

筆者認爲町名改正的充分條件是市區改正的實施。打狗的町名改正是在市區改正計畫確定之後，臺灣總督府同意其町名改正，也是爲因應未來市區的發展。而打狗的鹽埕在大正5年（1916）時大部分是鹽田，只有少數民居，[220] 其後的街廓完全是新的街廓；

---

[217]《臺灣日日新報》，明治45年3月8日第1版〈日日小筆〉。
[218]《臺灣日日新報》，大正4年8月17日第5版〈改稱與番戶整理〉。
[219]《臺灣日日新報》，大正5年8月3日第6版〈臺北街名改內地風〉。
[220]《臺灣總督府專賣局檔案》00102153000079001002M〈大正二年度末現在鹽田圖(打狗)〉、00102205000079001007M〈大正五年度末現在鹽田圖 打狗〉

臺東街的町名改正也是在市區改正的基礎上,基於新的市街區廓必須賦予新的區域名稱而進行。臺南雖然是舊的大型聚落,但是街道路狹小凌亂,也是在日本人進行市區改正,呈現棋盤方格的街廓之後,才進行町名改正。臺中除舊有的東大墩聚落,整個市區也是由日本人進行市區改正,建立棋盤方格的街區之後,才進行町名改正,可說是全新的市區。臺北市也是在市區改正之後進行町名改正。基隆、新竹、彰化、嘉義等也都是在市區改正進行中或之後進行町名改正。〈研擬臺南市新町名說明書〉即指出:「舊街數實在太多,區域亦不分明,縱使在此地居住多年的市民,亦少有人知悉各街位置,復以實施都市計畫工程,新道路貫通數條舊街,使得狀況更為複雜,如斯情況下改訂南市舊街名,加上新町名,是官方民間多年的願望。」[221]臺中廳在〈街庄名並街庄區域變更ノ件〉也提到:「臺中街從明治42年(1909)以來,因為發展快速、市區改正及人口增加,房屋建築增建,使得市區擴張。但是市區改正並未賦予各街町名,不只郵局郵件遞送甚為不便,警察在管理上也甚為困難,其他商工各業日常生活上也有糾紛。臺中街市區改正以前人口不足1萬,⋯大正4年(1915)底1萬5,694人,市區改正後的道路建築櫛比林立。」[222]

　　另一方面,在日本內地的町名改正也非統一進行,而是各地依其實際需求進行町名改正。其中東京市的町名改正在明治44年(1911)公告施行[223],而此後臺灣市街所實施的町名,除紀念若干人物類型的町名外,大致是包括在東京市的町名中,如前已述及的臺中市大正2年(1913)草擬的町名,主要是就東京各區定名比較容易稱呼者選定使用,包括相生町、彌生町、日吉町、泰平町、東雲町、松山町、北岡町也都見於明治44年(1912)東京市町名,遑論其他常見的町名。[224]再如嘉義街昭和4年(1919)撰擬的原町、神明町、相生町、松葉町、花田町、萬年町、片町、木場町、林町、彌生町、神保町、白水町、常盤町、二葉町、材木町、稻荷町、浪花町、稻妻町等町名,都見諸明治44年的東京町名。大正元年東京遞信管理局長棟居喜久馬在地學協會演說町名番地整理的必要,希望將東京作為標準,推展到各地。[225]或許東京市的町名改正在時間上與實質上,對臺灣市街的町名改正有指標的意義。

(四)臺灣總督府在町名改正中的角色

　　臺灣各市街的町名改正,看不到臺灣總督府下令進行的文件,只是報端有若干的鼓吹與討論。相對於二次世界大戰後,臺灣市街第一波市街街道名稱的改革與第2波地籍地段名稱的改革,由臺灣省政府統一以命令規定而言,臺灣總督府對於町名改正顯得被

---

[221]《臺灣總督府公文類纂》000044080180247、8〈臺南市街ノ名稱及區域查定ノ件伺〉。

[222]《臺灣總督府公文類纂》000024920120261〈街庄名並街庄區域變更ノ件〉。

[223]《臺灣總督府公文類纂》000053490150218〈東京市町名改稱ニ付各廳ヘ照會〉。

[224]參見《臺灣總督府公文類纂》000053490150218至235。

[225]《臺灣日日新報》大正元年6月27日第1版〈日日小筆〉。

動與消極。

在各市街町名改正過程中，臺灣總督府的角色與影響各有不同。各市街的町名改正都必須報經臺灣總督府同意，打狗的町名改正臺灣總督府對町名的命名並未表示意見，但對於中洲是否納入打狗曾表示意見，最後中洲未列入打狗。臺南市的町名改正，臺灣總督府曾要求將綠町改為大正町，也站在整體立場考量臺南與臺中的若干町名同名，要求協調檢討，但最後總督府並不堅持。臺東街的町名，因為總督府對「相良町」有意見，所以臺東廳最後不採用「相良町」，總督府也對町界區劃提出意見，臺東廳也做了修正。而臺北市的町名改正，最後也是在總督發表要尊重歷史的談話，而有尊重在地地名的情形。要之，在大正 7 年（1918）以前，總督府對各市街的町名改正基本上是比較消極保守的態度，只在枝節上提出問題，並消極地要各市街的町名作為一般通稱，而不涉及戶籍與地籍的整合。

在大正 7 年（1918）以後，總督府在審查臺東街的町名改正，統一發函各廳檢討，在大正 8 年（1919）通過臺南市的町名改正，此一改正在臺灣市街町名改正具有指標性意義，蓋臺南市此次通過的町名具有街庄層次的性質，而不只是小名或是土名。此次改正結合使町成為戶籍與地籍統整的單位，其後從大正 9 年（1920）的臺北市、高雄市、臺中市、新竹市、基隆市、嘉義市、屏東市等的町名改正，也都是具有大字性質，其下有相當於小字的丁目。當然彰化市將町名作為俗稱，這只是例外。

雖然臺灣總督府在町名改正中並不積極推動，但也是具有決定性的影響力。各市街進行町名改正，特別是在推動戶籍與地籍合一的町名時，需要諸多經費。如屏東市町名改正「町名改正，非得簡單了事。然實際甚為困難，宜一一訂正土地臺帳、關係官衙系統文書，亦要訂正新町名，其費用頗鉅，故要編入相當經費，市制實施後，難及時著手改正町名。」[226]町名改正必須花費經費與人力，以津久井米二郎談臺南市新町名之事，町名改正要製作新地圖，以臺南市要製作 78 張庄圖，及確定新町名的界線、新舊町名的丁目地番對照、土地臺帳登記抹銷與重新寫估計 36 萬筆、關涉到 3 萬 6 千人次。再以臺北市為例，因為町名改正涉及地籍，依照大正年 5 月 11 日司法省法務局長對不動產登記法 68 條的規定，因為新町名登記，要從舊的登記簿謄抄過來，所以耗費時間與人力，必須變動 20,000 個以上的地籍登記，新設的土地及建物登記簿 578 冊、土地筆數 18,480筆、建物 2,052 棟，花費 1,228 人次，11,212 小時。[227]凡此種種都需要經費。所以嘉義市的町名改正及市區改正，總督府補助 1 萬餘圓。[228]嘉義市報載至昭和 6 年町名命名都已確定，但是因為土地登記簿地圖、公文等皆須全部更換，需要數萬圓經費，所以延後。[229]而實際上在昭和 4 年（1929）臺南州內務部長給嘉義郡守左藤的回覆，提到町名改正的

[226]《臺灣日日新報》昭和 6 年 12 月 7 日第 8 版〈嘉義市區改正七年實行〉。
[227]《臺灣總督府公文類纂》000111790650255。
[228]《臺灣日日新報》昭和 8 年 7 月 23 日第 8 版〈屏東街改市改正町名問題難同時實施〉。
[229]《臺灣日日新報》，昭和 6 年 12 月 30 日夕刊第 4 版〈嘉義市區改七年實行督府助萬餘圓〉。

預算在昭和 5 年度無法列入，總務長官將在適當時機再提出。而在昭和 5 年（1930）3 月 26 日總務長官又將全案退回。新竹市町名改正前置作業在昭和 5 年（1930）即已大致完成，但要申請總督府補助，結果在昭和 7 年（1932）經費被刪，希望能在昭和 8 年（1933）爭取補助經費，[230] 以致新竹市的町名最後到昭和 10 年（1935）才實施。又基隆市在昭和 4 年（1929）就將町名改正案件報臺灣總督府，但是因爲總臺灣督府財政上的考慮，在昭和 5 年（1930）未能實施，[231] 在昭和 6 年（1931）才實施。可見臺灣總督府在各市街町名改正施行時程上，有重大的影響。

另外，吳育臻認爲，嘉義市的「町名改正」並非自上而下的強制執行，而是嘉義市各界仕紳努力向臺灣總督府爭取而來，因爲一個都市必須在市街景觀和衛生條件等方面都達到一定水準，才有資格「町名改正」，而一個都市能夠「町名改正」是該都市至高無上的榮譽，對臺灣的都市而言，能夠和日本內地一樣的話，是一種榮譽和恩典，因爲是榮譽，所以地方仕紳會努力去爭取，和由上而下的強制迥然不同。[232] 此種情形應該也可用來說明基隆市的町名改正過程。在市區改正上，各市街的主動顯示臺灣總督府的被動。

參、市街「町」的命名

臺灣市街的町名，除了小部分採用臺灣傳統地名外，絕大部分都是擷取自日本本土。本文嘗試就臺灣各市街所使用的町名，經由各式相同的町名的比對，再參考各該町名在日本內地命名的原因，比較各市街相同町名命名的原因與依據，藉以探求町名的原因或依據。

一、町名的意涵

就前述所列臺灣各市街的町名統計，以榮町是最多市街使用的町名，括臺北市、新竹市、臺中市、彰化市、嘉義市、打狗、阿緱街、臺東街、宜蘭市等 8 個市街都有榮町。其次是旭町，有七個市街使用旭町町名。再次是末廣町與幸町，有 6 個市街使用該町名。再次是本町、宮前町、新富町、壽町、綠町、錦町，各有 5 個市街使用該等町名。而入船町、千歲町、大正町、北門町、田町、西門町、東門町、南門町、寶町，則分別有 4 個市街使用該等町名。詳如表 21。

---

[230] 《臺灣日日新報》昭和 7 年 6 月 5 日第 3 版〈新竹市の町名改正運動〉。
[231] 昭和 4 年 11 月 10 日《基隆市報》第 102 號〈基隆市町名改正二關スル件〉。
[232] 吳育臻，〈從地名的變遷看不同政權的特質—以嘉義市街路名爲例〉，頁 B4-6 至 7。

表 21　臺灣市街使用的町名統計一覽表

町名	臺北市	基隆市	新竹市	臺中市	彰化市	嘉義市	臺南市	打狗(高雄)	阿緱(屏東市)	臺東街	宜蘭市	媽宮街	總計
榮町	V		V	V	V	V		V	V	V	V		9
旭町	V	V	V	V	V		V			V	V		8
末廣町	V			V	V	V	V			V			6
幸町	V	V		V	V		V			V			6
本町	V				V		V		V		V		5
宮前町	V		V			V	V				V		5
新富町	V		V	V	V	V							5
壽町	V	V		V			V	V					5
綠町	V	V					V	V	V				5
錦町	V		V	V			V				V		5
入船町	V	V					V	V					4
千歲町	V			V	V					V			4
大正町	V	V		V			V						4
北町									V	V	V	V	4
北門町	V		V			V	V						4
田町			V				V	V	V				4
西門町	V			V		V	V						4
東門町	V			V		V	V						4
南町									V	V	V	V	4
南門町	V			V		V	V						4
昭和町		V					V			V	V		4
寶町		V		V			V			V			4
大和町	V				V				V				3
大宮町	V						V		V				3
老松町	V			V			V						3
明治町		V		V			V						3
東町		V								V	V		3
花園町			V	V			V						3
表町	V		V			V							3
柳町	V			V					V				3
泉町	V					V	V						3
高砂町		V		V			V						3
黑金町			V			V				V			3
新町							V		V	V			3
新高町				V	V					V			3
楠町				V	V					V			3

	1	2	3	4	5	6	7	8	9	10	11	12	計
濱　　町	v	v					v						3
山　下　町						v		v					2
川　端　町	v			v									2
干　城　町				v					v				2
元　　町		v				v							2
文　武　町	v										v		2
日　新　町	v	v											2
永　樂　町	v						v						2
有　明　町	v			v									2
竹　園　町							v		v				2
西　　町		v										v	2
若　松　町				v					v				2
清　水　町							v		v				2
堀　川　町		v				v							2
堀　江　町	v							v					2
富　田　町	v				v								2
港　　町	v						v						2
福　住　町	v						v						2
築　地　町	v											v	2
曙　　町		v		v									2
乃　木　町	v												1
八　甲　町	v												1
三　橋　町	v												1
下　奎　府　町	v												1
上　奎　府　町	v												1
大　武　町									v				1
大　橋　町	v												1
大　龍　峒　町	v												1
小　川　町									v				1
山　手　町								v					1
元　園　町	v												1
天　神　町		v											1
太　平　町	v												1
木　下　町				v									1
水　道　町	v												1
仙　洞　町		v											1
北　野　町								v					1
古　亭　町	v												1
平　和　町								v					1
玉　川　町						v							1
玉　田　町		v											

田　寮　町		V							1
白　川　町					V				1
白　金　町						V			1
西　園　町	V								1
住　吉　町		V							1
佐　久　間　町	V								1
利　國　町			V						1
村　上　町			V						1
京　　　町	V								1
兒　玉　町	V								1
明　石　町	V								1
東　園　町	V								1
河　合　町	V								1
社　寮　町		V							1
初　音　町			V						1
建　成　町	V								1
春　日　町		V							1
若　竹　町	V								1
哨　船　町						V			1
宮　內　町								V	1
書　院　町	V								1
烏　松　町						V			1
眞　砂　町		V							1
馬　場　町	V								1
隼　　　町							V		1
御　成　町	V								1
梅　枝　町			V						1
富　士　見　町							V		1
富　士　町								V	1
朝　日　町					V				1
湊　　　町						V			1
開　山　町					V				1
圓　山　町	V								1
新　起　町	V								1
新　榮　町	V								1
新　興　町		V							1
新　濱　町						V			1
瑞　穗　町							V		1
義　重　町		V							1
旗　後　町						V			1
福　德　町		V							1

綠　川　町				V									1
臺　　　町							V						1
敷　島　町				V									1
蓬　萊　町	V												1
樺　山　町	V												1
橘　　　町				V									1
龍　口　町	V												1
龍　山　寺　町	V												1
檜　　　町						V							1
濱　崎　町								V					1
雙　葉　町		V											1
瀧　川　町		V											1
櫻　　　町				V									1
鹽　　　町								V					1
鹽　埕　町								V					1
觀　音　町		V											1
總　　　計	64	28	15	31	15	17	31	18	26	5	11	6	267

資料來源：本研究整理。

　　這些町名到底有何意涵？命名的依據如何？以下嘗試就相關資料，對臺灣市街使用過的町名，探討其命名依據或函意。

　　1.乃木町（のぎちょう）：臺北市獨有的町名，依據《臺北市志》，此町之所以命為乃木町，是因為町內有乃木紀念館而得名。[233] 可能是因為本町（今寶慶路、桃源街、長沙街跟延平南路所圍起來的街廓）曾經是樺山、桂、乃木、兒玉等 4 任臺灣總督官邸（前身為西學堂），而其中以第 3 任臺灣總督乃木希典住得最久，在大正 10 年（1921）改為「乃木館」，[234] 大正 11 年（1922）町名改正遂命為乃木町。另臺南市在昭和 9 年（1934）以後，曾研議增設乃木町，其命名原因是因為乃木希典是經由該町境進入臺南市區。[235] 但該町名似乎一直未獲臺灣總督府同意。

　　2.入船町（いりふねちょう）：臺北市、基隆市、臺南市、打狗有此町名。除臺北市外，都有港口碼頭，船隻出入停泊，故名。而臺北市入船町瀕臨淡水河邊，有大溪口街，故名；《臺北市志》認為艋舺地名在此（今貴陽街），故名[236]。基隆市入船町也是位於基隆港東岸，原本就是基隆港碼

[233] 黃得時編纂，曾迺碩總纂，《臺北市志沿革志》〈封域篇〉，（臺北市：臺北市文獻會，民國 77 年），頁 58。
[234] 參見臺北市編，《臺北市史》，（臺北市：臺北市役所，昭和 15 年），頁 843。《臺灣日日新報》，大正 10 年 1 月 1 日第 4 版〈乃木館之縱覽〉、昭和 17 年 4 月 9 日第 2 版〈故大將の遺烈偲ぶ　史蹟乃木館開館式けふ舉行〉。
[235] 加藤光貴，《臺南市讀本》，（臺北市：成文出版社，1985 臺 1 版），頁 28。
[236] 黃得時編纂，曾迺碩總纂，《臺北市志沿革志》〈封域篇〉，頁 59。

頭所在地，在昭和時期是漁港船溜所在地，所以名爲入傳町。[237] 打狗入船町也是位於碼頭邊。日本東京中央區有入船町，因其西側有入船川，故名入船町。[238]

3.八甲町（はっこうちょう）：臺北市特有町名，町境清朝時期舊名爲八甲庄、八甲街，故名。

4.三橋町（みつはしちょう）：臺北市特有町名，因爲舊地名三板橋庄，簡化爲「三橋」並加町字而成。日本福岡縣柳川市曾有三橋町此三橋町，是 1952 年改自三橋村。埼玉縣北足立郡有三橋村，因爲村內有鴨川上有藤橋、並木橋、內野橋，於 1891 年改稱三橋村。

5.下奎府町：臺北市特有町名，此地區是平埔族圭母卒社社地，清代發展成街市，有上奎府聚街、下奎府聚街（今赤峰街、舊臺北市政府、華陰街一帶）。因之下奎府聚街簡化並加町字而成下奎府町。

6.上奎府町：臺北市特有町名，此地區是平埔族圭母卒社社地，清代發展成街市，有上奎府聚街、下奎府聚街。因之，「上奎府聚街」簡化成「上奎府」並加町字而成「上奎府町」。

7.千歲町（ちとせちょう）：臺北市、臺中市、彰化市、阿緱街有此町名。阿緱街是因爲該町附近有萬年橋，所以以此命名。[239] 東京墨田區明治 2 年有此町名，取其吉祥字義。明治 20 年（1887）內務省地理編纂局所刊行的《明治東京地名索引竝二地方行政區便覽》中，亦收錄千歲町一名，所以千歲町的使用，日本內地早於臺灣。福岡縣春日市也有此町名。日本各地以千歲爲名者有千歲市、千歲郡、千歲村等。《大日本地名辭書》千歲郡，寬政年間（1789-1800）箱館奉行羽太正養改名，因爲此地鶴多，取鶴長壽之意。[240] 基隆市也曾考慮使用千歲町町名，町境位於基隆風月區，主要是取「千歲遊廓」[241] 之意，但典故不詳。臺中市的千歲町，主要是取永恆繁榮吉祥之意。[242]

8.大正町（たいしょうちょう）：臺北市、基隆市、臺中市、臺南市有此町名，除基隆市的大正町是在昭和年間命名，其餘三市都是在大正年間命名。顧名思義是讚頌大正天皇，但台北的大正町是從「大正街」而來，「大正街」內有八條通（八條道路），大正街是在大正 2 年命名，因爲建物會社在此地建了許多建物，形成新的市街地，所以出臺北廳命爲「大正

[237]《臺灣日日新報》昭和 2 年 3 月 5 日第 5 版〈基隆市町名改正案〉。
[238] 竹內誠，《東京の地名由來辭典》，（東京：東京堂出版，2006 年 3 月），頁 41。
[239]《臺灣總督府公文類纂》000065080120143。
[240] 吉田東伍，《大日本地名辭書續編五十音篇》，（東京：合資會社富山房，明治 42 年），頁 131。
[241]《臺灣日日新報》大正 6 年 9 月 22 第 7 版〈基隆の新町名〉。
[242] 洪敏麟編纂，王建竹、曾藍田主修，《臺中市志卷一土地志地理氣候篇》，頁 52。

街」[243]。爲了大正街命名當時曾有一首詩云：「新竹立駢大竹圍，或有酒灑有巍巍；大正街佳名定上，無大障礙發展祈。」[244]臺中市的大正町可能源自於區內有大正3年完工通車的「大正橋」。[245]而基隆市的大正町，是因爲位於牛稠港右岸的岸壁是在大正年間修成，所以以大正爲町名以做紀念。[246]大正天皇從1912年7月30日即位，到1925年12月25日。「大正」即取《易經》「大享以正天之道也」（大いに享を正すをもって天の道なり）之意。

9. 大和町（たいわちょう、やまとまち）：臺北市、彰化市、阿緱街有此町名，應該是取「大和」嘉名之意。《臺北市志》認爲是以日本大和民族命名。[247]日本東京、新潟縣、崎阜縣、廣島縣、福岡縣、佐賀縣、德島縣都有此町名。東京文京區大和町更自明治元年即已設置。「大和」2字應該源自「大和國」，查「大和國」古稱「大倭國」，孝謙天皇天平寶字元年改稱大和國，「倭」與「和」，音異，但意義可相通；至天智天皇改名「大日本國」[248]。

10. 大武町（たいぶちょう）：阿緱街獨有的町名，因爲大武山是南臺灣的高山，所以以地緣關係的「大武」爲町名。

11. 大宮町（おおみやちょう）：臺北市、臺南市、阿緱街有此町名，阿緱街命名原因是因爲町內有阿緱神社，故名。[249]而臺北、臺南市大宮町則是町內則分別有臺灣神社、臺南御遺跡所而命名。[250]日本的「大宮」2字，有「皇居、神社之敬稱」、「皇太子對太皇太后、皇太后的尊稱」等2種意思。[251]而用於地名，通常是與「神社」有關，日本茨城縣那珂郡、埼玉縣秩父市、北足立郡、靜岡縣富士郡等都曾有大宮町，都與神社有關。

12. 大橋町（おおはしちょう）：臺北市特有的町名。瀕臨淡水河邊，因爲町內有清朝時的大橋頭街、大有街，故名。日本神奈川縣橫濱市、群馬縣高崎市也有大橋町。所以大橋町也是日本內地與臺灣共通的町名。

13. 大龍峒町：臺北市特有町名，因爲町境占大龍峒街之大部分，故名。

---

[243] 《臺灣日日新報》大正7年2月15日第7版〈一條通から八條通りに 大正街の道路改稱〉、大正2年12月29日第4版〈新市街命名〉，另亦參見000029290129003004M 大正6年〈台北市街平面圖〉。

[244] 《臺灣日日新報》大正2年12月30日第5版〈大正街〉。

[245] 《臺灣日日新報》大正3年5月17日第2版〈一條通から八條通りに 大正街の道路改稱〉

[246] 《臺灣日日新報》昭和2年3月5日第5版〈基隆市町名改正案〉。

[247] 黃得時編纂，曾迺碩總纂，《臺北市志沿革志》〈封域篇〉，頁53。

[248] 吉田東武，《大日本地名辭書續編五十音篇》，頁190。另亦參見諸橋轍次，《大漢和辭典》卷三，（東京：大修館書屋，昭和61年修訂版3刷），頁457。

[249] 《臺灣總督府公文類纂》000065080120133。

[250] 《臺灣總督府公文類纂》000063910020032。

[251] 參見諸橋轍次，《大漢和辭典卷九》，頁386。

14. 小川町（おがわちょう）：阿緱街的町名，因爲町內有蕃仔埔溪流過，所以命爲「小川町」。[252] 但是小川並不一定有小溪，例如東京小平市有小川町，其町名由來是爲紀念 1657 年的開拓者小川九郎兵衛而得名。[253] 另東京千代田區有小川町，係因爲最早建東京皇居城牆的太田道灌曾經做和歌中有「小川の清水」，故名。[254] 而神田區的小川町則是因爲小石川流經而得名。[255] 所以同樣是「小川町」，其意涵可能不一樣。

15. 山下町（やましたちょう）：嘉義市、打狗有此町名。日本東京、神奈川縣橫濱市、鹿兒島縣鹿兒島市、沖繩縣那霸市均有此町名。其中東京山下町在江戶時期因在東京上野山之下，故名山下町。[256] 而橫濱市山下町則 1899 年即設山下町。準此，則山下町之命名與地形有關，打狗之山下町則因位於打鼓山（後來之壽山）下，故名。而嘉義的山下町，《嘉義市志卷二人文地理》載：「阿里山鐵路起點，位於阿里山下，故名。」[257] 此說不無疑問，蓋阿里山鐵路起點似乎不在山下町境內，全嘉義市都可說位於阿里山下，爲何將此町命爲山下町？本文認爲應該是此町位於「山仔頂」的附近，故名山下町。

16. 山手町（やまてちょう）：打狗特有的町名。日本則在橫浜市中區[258]、大阪府吹田市、岐阜縣美濃加茂市、廣島縣福山市、大阪府高槻市等地有山手町。日文中「山の手」與「山手」同義，[259] 其本義是山地向下傾斜伸出如手的地形，所以山手町之名，通常是出現於山的周圍。打狗的山手町則是位於打狗山坡，後來因爲「打狗山」改爲「壽山」，所以「山手町」也改爲「壽町」。

17. 川端町（かわばたちょう）：臺北市、臺中市有此町名，阿緱街亦曾考慮「川端通」，其意思是沿著蕃仔埔溪[260]，而臺中市是因爲有柳川繞過町境邊緣，因此川端是與溪流有關而命名，《臺中市志卷一土地志地理氣候篇》載「日人稱川端即川畔之意，沿柳川河畔，故名。」[261] 新潟縣新潟市中央區有川端町，位於信濃川旁邊。

---

[252] 《臺灣總督府公文類纂》000065080120142。

[253] 參見吉田東伍，《大日本地名辭書》，頁 2814。另亦參見朝日新聞社會部，《東京地名考下》，（東京：朝日新聞社，2000 年 5 月 12 刷），172。

[254] 竹內誠，《東京の地名由來辭典》，（東京：東京堂出版，2006 年 3 月），頁 78。

[255] 吉田東伍，《大日本地名辭書》，頁 2942。

[256] 竹內誠，《東京の地名由來辭典》，（東京：東京堂出版，2006 年 3 月），頁 47。

[257] 吳育臻，《嘉義市志卷二人文地理志》，（嘉義市：嘉義市政府，民國 91 年），頁 122。

[258] 橫濱山手町出現於明治 32 年。參見吉田東伍，《大日本地名辭書》，頁 2775。

[259] 參見吉田東伍，《大日本地名辭書》，頁 2863。

[260] 《臺灣總督府公文類纂》000065080120143。

[261] 洪敏麟編纂，王建竹、曾藍田主修，《臺中市志卷一土地志地理氣候篇》，頁 52。

18.干城町（かんじょうちょう）：臺中市與阿緱都有此町名。日本雖未見有此町名，但有干城驛。臺中市此干城町命名於大正 2 年，而在明治 44 年 1 月有干城橋完工，3 月舉行開橋式。[262] 所以町名有可能是因為先有干城橋名而後有干城町名，而之所以命名干城橋，可能與附近有兵營及陸軍官舍有關。[263]

19.元　町（もとまち）：基隆市、嘉義市有此町名。基隆市元町命名原因，是因為臺灣本島縱貫公路起點在本町境內，所以命為元町。[264] 嘉義市元町即位於市中心區，外圍分別是東、西、南、北門町。日本所澤市、橫濱市、松本市、神戶市、大阪市、德島市都有此地名，也同樣是位於市中心的町。

20.元園町：臺北市獨有之町名。明治 44 年東京市麴町區有此町名，臺北市的元園町應該是參考東京市而來，又此地舊名荣園街，兼顧舊名意義，故名元園町。

21.天神町（てんじんちょう）：基隆市獨有町名，早在大正 12 年（1923）的基隆市街圖中即有天神町之名，是基隆市最早的町名之一。日本東京新宿區有天神町，係有天神社（拜菅原道真學問之神），故名。[265] 東京中野區有天神町，因係有天滿宮祭拜菅原道真。[266] 基隆的天神町命名也是與日本相同，在大正 10 年（1921）以前即在田寮港的公共住宅區奉祀天神，後來並有天滿宮。[267]

22.太平町（たいへいちょう）：臺北市特有町名，因為町內舊時有太平街、太平橫街，故名。日本東京墨田區亦有「太平」地名，是日本與臺灣共有的地名。

23.文武町（ぶんぶちょう）：臺北市、宜蘭市有此町名。兩地的文武町都是因為町內有文廟與武廟，臺北市並有一條街稱為文武廟街，故名。

24.日新町（にっしんちょう）：臺北市、基隆市有此町名，臺北市之日新町因為該地在清領時期即有日新街、朝陽街、維新街，所以直接改名日新町，兼顧臺灣傳統與日本風味。基隆市之日新町，舊名哨船頭，大正年間境內

---

[262] 臺中市役所，《臺中市史》，（臺中市：臺灣新聞社，昭和 9 年），頁 413。另參見明治 44 年 3 月 6 日《臺灣日日新報》，明治 44 年 3 月 6 日第 2 版〈干城橋開橋式〉。

[263] 洪敏麟編纂，王建竹、曾藍田主修，《臺中市志卷一土地志地理氣候篇》，亦載因有駐屯大隊等軍事用地分布故名。

[264] 《臺灣日日新報》昭和 2 年 3 月 5 日第 5 版〈基隆市町名改正案〉。

[265] 竹內誠，《東京の地名由來辭典》，頁 275。

[266] 竹內誠，《東京の地名由來辭典》，頁 275。

[267] 參見《臺灣日日新報》大正 10 年 10 月 10 日第 2 版〈基隆短訊 田神町〉、大正 13 年 8 月 23 日第 4 版〈基隆天滿宮大祭〉、昭和 2 年 3 月 5 日第 5 版〈基隆市町名改正案〉。

已有日新橋及日新橋通[268]，因此命爲日新町。[269] 至於該地雖屬哨船頭，但是是屬於塡海造陸之地[270]，所以直接以日式「日新橋通」命名。日本香川縣高松市、寢屋川市亦有日新町。

25. 木下町（きのしたちょう）：臺中市獨有的町名，《臺中市志卷一土地志地理氣候篇》將木下町歸入花木名類[271]，顯然値得商榷。此町名應該是推崇前知事木下周一功績。木下周一，日本佐賀縣養基郡人，嘉永2年3月29日生。原任鳳山縣知事，大有政聲。明治31年（1898）5月至34年11月任臺中縣知事，明治40年（1907）6月3日逝世。其在明治33年1月6日公告臺中市區計畫，可說是台中市的基礎規模在其任內粗定，以其姓作爲町名，有相當的含意。[272] 另日本千葉縣印旛郡在明治22年（1889）即有木下町，該地原名「竹袋」，但因爲有作爲河港的木下河岸，所以改稱木下，似乎與人名無關。[273] 可見同樣是木下町，其意義有可能不一樣。

26. 水道町（すいどうちょう）：臺北市獨有的町名，因爲町內有自來水廠，故名。[274] 另臺南市在昭和9年以後，曾研議增設水道町，其命名是因爲面臨水源地道路。[275] 但似乎一直未獲總督府同意。日本東京新宿區、熊本縣熊本市、新潟縣新潟市、長岡市、靜岡縣靜岡市亦有此町名。

27. 仙洞町（せんどうちょう）：基隆市特有的町名，因爲清末及日治初期均名仙洞庄，是有名的遊玩勝地，故名仙洞町。日本京都市御院內有所謂「仙洞御所」[276]，所以「仙洞」也可被日本人接受。

28. 北　町（きたちょう）：臺東街、宜蘭市、媽宮街的町名，一般而言都是以相對位置而命名，在臺東街北町位於臺東街的北半邊，宜蘭市即是原來的艮門位於宜蘭城的北邊，媽宮街是因爲城內北甲舊地名改爲北町。阿緱街亦曾考慮將阿緱街北邊的町命爲北町。日本的大阪府貝塚市、埼玉縣蕨市、東京新宿區、西東京市、練馬區也有「北町」。也都是因爲相對位置而命名。

29. 北門町（ほくもんちょう）：臺北市、新竹市、嘉義市、臺南市有此町名。臺北

[268]《臺灣日日新報》昭和2年3月5日第5版〈基隆市町名改正案〉。
[269]《臺灣總督府公文類纂》000013870210144至8〈基隆街哨船頭築港埋立地拂下許可ノ件〉
[271] 洪敏麟編纂，王建竹、曾藍田主修，《臺中市志卷一土地志地理氣候篇》，頁52。
[272]《臺灣總督府公文類纂》00000494004048、9〈台中縣告示第5號臺中市區計畫〉。
[273] 參見澤田久雄，《日本地名大辭典》，（東京市：日本書房，昭和14年改定第2版），頁1960。
[274] 黃得時編纂，曾迺碩總纂，《臺北市志沿革志》〈封域篇〉，頁56。
[275] 加藤光貴，《臺南市讀本》，（臺北市：成文出版社，1985臺1版），頁28。
[276] 參見澤田久雄，《日本地名大辭典》，頁3019。

市因為町內有北門口街，所以名為北門街。其他也都是因為舊有城牆的北門而命名。日本長崎縣島原市從 1976 年設置北門町。北海道旭川市也有北門町。

30. 北野町（きたのちょう）：僅打狗有此町名。依此町所在相對位置，《高雄市舊地名探索》認為是市區最北面而長滿一片野草之意。[277] 此說有待商榷。查福岡縣久留米市有北野町，本町名從明治 34 年（1901）即從北野村改北野町，町名由來與其境內有天滿宮有關。[278]

31. 古亭町：臺北市特有的町名。瀕臨淡水河邊，因為町境主要位於古亭笨莊，故名。

32. 平和町（へいわちょう）：打狗獨有的町名。日本愛知縣稻澤市亦有平和町，但是在昭和 29 年（1954）從平和村改為平和町，出現年代較打狗平和町為晚。打狗平和町之前身係明治 39 年（1906）8 月，兒玉總督在任時興建的貧民住宅，共興建 240 戶，每戶 2 坪。[279] 在舉行完工落成儀式時命名為「平和街」，[280] 所以在大正元年時從「平和街」改為「平和町」。而曾玉昆認為平和町即是取和平之義，含有「大東亞共榮圈」之意。[281] 此說有待商榷，蓋「大東亞共榮圈」一詞倡行於 1939 年以後，如何在 1906 即有此種意思？

33. 本町（ほんちょう）：臺北市、彰化市、臺南市、阿緱街、宜蘭市的町名，通常命為「本町」是指該區域內最古老的街道所在。[282] 日本各地有本町之地名，數量不下百個。

34. 末廣町（すえひろちょう）：臺北市、臺中市、彰化市、嘉義市、臺南市、阿緱街等地都有此町名。其中阿緱街是因為希望將來能發展更好，所以命名為「末廣」。[283] 臺中市的末廣町也是希望來日發展無窮。[284] 日本至少有 50 個末廣町，也算是常見地名。明治 2 年（1869）千代田區成立末廣町，其意係吉祥之意。[285]

35. 永樂町（えいらくちょう）：臺北市與臺南市有此町名。查日本東京千代田區有

---

[277] 高雄市文獻委員會，《高雄市舊地名探索》，（高雄市：高雄市政府，民國 72），頁 2-30。

[278] 參見澤田久雄，《日本地名大辭典》，頁 2049，另亦參見吉田東伍，《大日本地名辭書》，頁 1530。

[279] 《臺灣日日新報》昭和 9 年 5 月 5 日第 3 版〈父君の建設した 平和街を視察 兒玉伯夫妻 きのふ高雄て〉、《專賣局公文類纂》00100390000010022。

[280] 《臺灣日日新報》明治 40 年 4 月 6 日第 2 版〈打狗細民家屋の稱呼〉。

[281] 曾玉昆，《高雄市地名探源（增訂版）》，（高雄市：高雄市文獻委員會，民國 86 年），頁 145。

[282] 《臺灣總督府公文類纂》000065080120142。

[283] 《臺灣總督府公文類纂》000065080120142。

[284] 洪敏麟編纂，王建竹、曾藍田主修，《臺中市志卷一土地志地理氣候篇》，頁 52。

[285] 竹內誠，《東京の地名由來辭典》，頁 214。

永樂町，得名原因是當地在天正 19 年（1591）澡堂入湯料（洗澡的費用）是永樂錢 1 文，故名永樂町。[286] 另群馬縣邑樂郡曾有永樂村地名（1889-1955），村名「永樂」係取長久快樂的意思。[287] 臺北市使用此町名或並無前述特殊意涵，又抑或町內有清朝時「永」和街、長「樂」街，各取一字而成「永樂」町，[288] 這是日本人更改地名的一種方式，不僅有日本風味，也符合在地的稱呼。

36. 玉川町（たまがわちょう）：嘉義市特有町名，大阪府中河內郡、愛媛縣越智郡有玉川町。惟其命名分別是在昭和 18 年（1943）及 37 年（1962），均較嘉義市為晚。嘉義市玉川町係與堀川町、白川町並排列於嘉義市南半部，應該是同位於嘉義市同一條溪上下游左岸，為區別之故各取嘉名而已，並無特殊原因。[289]

37. 玉田町（たまだちょう）：基隆市特有的町名，因為土名玉田，故名玉田町。日本鹿沼市也有玉田町，可說是日本及臺灣共有的地名。

38. 田　町（たまち）：新竹市、臺南市、打狗、阿緱有此町名。新竹市、打狗的田町距離市中心較遠，而臺南市的田町則是位於西方的海邊。打狗（高雄市）的田町，因為有田 10 甲，所以命為田町。基隆市的田寮町也曾考慮命為田町，其裡由是取田寮港之「田」字。[290] 因此田町未必與田地有關。田町在日本也是普遍存在的地名。東京八王子市有田町，其命名原因是明治 32 年（1899）時，該是風月區移轉至此地時，仍有田園景色、蛙鳴蟲聲，故名田町。[291] 而東京港區的田町則是因為此町的田地都是種植要獻給皇家稻米，是與田地有關。

39. 田寮町（でんりょうちょう）：基隆市特有的町名，因為清末及日治初期地屬田寮港庄，故名田寮町。田寮港境內日治時期有遊廓（風月區）[292]，曾經考慮命為千歲町，但後來仍用田寮町。

40. 白川町（しらかわちょう）：嘉義市特有町名。嘉義市白川町係與堀川町、玉川町並排列於嘉義市南半部，應該是同位於嘉義市同一條溪上下游左岸，僅取嘉名而已[293]。岐阜縣南加茂郡的町名，因為有白川流經，故名。但

[286] 朝日新聞社會部，《東京地名考上》，（東京：朝日新聞社，2000 年 5 月 12 刷），頁 9。

[287] 澤田久雄，《日本地名大辭典》，頁 911。

[288] 黃得時編纂，曾迺碩總纂，《臺北市志沿革志》〈封域篇〉，頁 54。

[289] 吳育臻，《嘉義市志卷二人文地理志》，頁 125。

[290] 《臺灣日日新報》昭和 2 年 3 月 5 日第 5 版〈基隆市町名改正案〉。

[291] 朝日新聞社會部，《東京地名考下》，（東京：朝日新聞社，2000 年 5 月 12 刷），頁 337。

[292] 《臺灣總督府專賣局檔案》00100389000049003001M 大正 12 年 5 月 25 日發行之〈基隆市街圖〉。

[293] 吳育臻，《嘉義市志卷二人文地理志》，頁 125。

其命名是在昭和 28 年（1953），比嘉義市白川町爲晚。另臺南市在昭和 9 年（1934）以後，曾研議增設白川町，其命名原因是因爲北白川宮能久親王是經由該町境進入臺南市區，取其宮家「北白川」中的「白川」二字，而與河流並無關係。[294] 但該町名似乎一直未獲總督府同意。

41. 白金町（しろがねちょう）：臺南市獨有的町名，因爲町內舊有打銀街，故名。[295] 東京港區有白金地名，因昔日有擁有很多白銀代代富裕的人家，故取名白金。[296] 神奈川縣橫濱市南區亦有白金町。另一說法是日本人認爲白金代表繁榮與富裕。

42. 旭　　町（あさひちょう）：臺北市、基隆市、新竹市、臺中市、彰化市、臺南市、宜蘭市等地都有此町名。基隆市因爲當地在明治 35 年（1902）以前即已有旭橋通，也有一條橋名爲旭橋，所以後來町便以旭爲名[297]；而臺南市的旭町是因爲在整個市街東邊，故名。[298] 但嘉義市在草擬町名時，曾考慮將旭町擺在火車站前至圓環的地方。[299] 日本至少有 10 個旭町。[300] 另在旭市（あさひし），之所以以「旭」爲名，據說是因爲有「旭將軍」之稱的木曾義重之後裔木曾義昌死去之地，因而命爲「旭」。所以旭町不一定在位置上居於東方，也有可能是因人的典故或、因建物而命名。

43. 有明町（ありあけちょう）：臺中市、臺北市有此町名，可能是取嘉名而已，但《臺中市志卷一土地志地理氣候篇》載「日人稱黎明殘月爲有明月，與曙町相連，亦意稱黎明。」[301]。日本東京有「有明町」，意思是期望將來前途光明。[302]「有明」在日本也是常見的地名，熊本縣天草郡、長崎縣南高來郡、佐賀現杵島郡、鹿兒島縣曾於郡、茨城縣土浦市也都有有明町。

44. 竹園町（たけぞのちょう）：臺南市與阿緱街有此町名。臺南市命名是因爲町內有竹園街舊名，[303] 而阿緱街竹園町命名之前，曾考慮以竹屋町（竹林多

---

[294] 加藤光貴，《臺南市讀本》，頁 28。

[295]《臺灣總督府公文類纂》000063910020031。

[296] 竹內誠，《東京の地名由來辭典》，頁 194。

[297] 參見《臺灣日日新報》明治 31 年 9 月 6 日第 2 版〈基隆に於ける渡邊侍從武官〉、《臺灣總督府公文類纂》000006250250222〈（明治 34 年）劉四季外二名基隆旭橋取擴ノ爲道路敷地トシテ土地寄付認可〉、《臺灣日日新報》明治 35 年 7 月 18 日第 3 版〈旭橋告示〉、昭和 2 年 3 月 5 日第 5 版〈基隆市町名改正案〉。《臺灣總督府專賣局檔案》00100389000049003001M 大正 12 年 5 月 25 日發行之〈基隆市街圖〉。

[298]《臺灣總督府公文類纂》000063910020030。

[299] 參見《臺灣總督府公文類纂》00100842000059002001M〈嘉義市區計畫平面圖〉。

[300] 日本 10 個旭町分佈在清森縣清森市、都京練馬區、新宿區、埼玉縣所澤市、千葉縣船橋市、愛知縣東加茂郡、愛知縣東春日郡、千葉縣海上郡、島根縣那賀郡、岡山縣久米郡。

[301] 洪敏麟編纂，王建竹、曾藍田主修，《臺中市志卷一土地志地理氣候篇》，頁 52。

[302] 竹內誠，《東京の地名由來辭典》，頁 23。

[303]《臺灣總督府公文類纂》000063910020030。

且竹商人聚居）、林町（當時竹林多而且是工廠用地，預想將來會煙囱林立），所以應是與竹子有關係。所以同一地名，其命名有不同指涉。

45.老松町（おいまつちょう）：臺北市、臺中市、臺南市均有此町名。東京臺東區有老松町，係因為有一寺名無量寺，院號石老山壽松院，故名老松町。[304] 另東京文京區有高田老松町，係因為附近有老松樹，故名。[305] 臺北市老松町原因是因為早期艋舺停車場（火車站）在八甲庄附近，而火車站前廣場有一棵老榕樹，[306]「榕樹」閩南語發音與「松」相近，故名「老松町」。而臺中市、台南市的老松町，可能只是取雅名而已，並無特殊意義，但《臺中市志卷一土地志地理氣候篇》將老松町歸入花木名類[307]，似乎是將老松町當成與植物有關，但臺中市町名改正過程曾將「彌生町」改為「老松町」、「老松町」改為「村上町」，像大風吹一樣，所以似乎不是因為町內有松樹或榕樹，而只是一種嘉名標籤。

46.西　町（にしちょう）：基隆市、媽宮街有此町名。基隆市西町位於基隆市最西邊，所以取名西町。[308] 媽宮街西町源自於「西甲」，亦是位於媽宮街西半部，因此應該是因為相對位置而命名。日本也有「西町」町名，分別北海道札晃市、岩手縣奧州市埼玉縣草加市、茨城縣稻敷郡、神奈川橫浜市、富山縣富山市、靜岡縣掛川市。

47.西門町（せいもんちょう）：臺北市、新竹市、嘉義市、臺南市有此町名，都是因為地處舊有城牆的西門位置而命名。

48.西園町（さいおんちょう）：臺北市特有町名，與東園町舊時都是山梔子、茉莉花茶園等香花作物，故分為東園町與西園町。日本島根縣出雲市有西園町。

49.住吉町（すみよしちょう）：新竹市獨有町名，新日本東京杉並區有住吉地名、中野區有住吉町，都是取居住舒服吉祥之意。[309] 另廣島縣廣島市中區、名古屋市中區、福岡縣福岡市也都有住吉町。但「住吉」2字，《釋日本紀》卷六「住吉大神」條曰：「所以稱住吉者，昔，息長帶比賣天皇世，住吉大神現出而巡行天下，覓可住國。時到於沼名椋之長岡之前，乃謂：「斯實可住之國。」遂讚稱之，云：「眞住吉住吉國！」所以

---

[304] 竹內誠，《東京の地名由來辭典》，頁61。

[305] 竹內誠，《東京の地名由來辭典》，頁244。

[306] 橋本白水，《島の都》，（臺北市：南國出版社，大正11年），頁169；另艋舺停車場位置參見000048370059003001M〈臺北市街平面圖〉。

[307] 洪敏麟編纂，王建竹、曾藍田主修，《臺中市志卷一土地志地理氣候篇》，頁52。

[308] 《臺灣日日新報》昭和2年3月5日第5版〈基隆市町名改正案〉。

[309] 竹內誠，《東京の地名由來辭典》，頁220。

「住吉」應與住吉大神有關，[310] 基隆天神町因有天滿宮而得天神町之名，新竹住吉町命名方式是否有住吉大神相關寺廟而命名，待查。

50.佐久間町（さくまちょう）：臺北市獨有的町名，紀念第 5 任臺灣總督佐久間左馬太，出生於 1844 年，1906 年擔任臺灣總督，死於 1915 年。日本東京千代田區有此町名，是因爲佐久間平八在此處經營建築用材中盤商，故名。神田的佐久間町也是因爲佐久間姓氏之人而得名。[311] 千葉縣安防郡曾有佐久間町，起源於桓武天皇的後代平氏三浦一族住此地稱佐久間氏。[312] 靜岡縣浜松在昭和 31 年（1956）有佐久間町，是由原佐久間村改制。同一町名，因時空不同而有不同的意涵，但「佐久間町」似乎都與人物有關。

51.利國町（としくにちょう）：臺中市獨有的町名，《臺中市志卷一土地志地理氣候篇》，將此町名認爲是「有利國運」之意[313]，顯值得商榷。此町名是爲紀念第 1 任臺灣民政支部長兒玉利國而命名。兒玉利國（1840-1925），日本海軍，明治 7 年（1874）牡丹社事件曾來臺灣，[314]明治 28 年（1895）6 月 7 日以囑託身份擔任第四回渡台人員，[315]同年擔任臺灣縣知事，其後擔任臺灣民政支部長，明治 29 年（1896）離開臺灣。之所以以兒玉臺灣民政支部長之名字「利國」爲町名，應該是在其任內決定以東大墩爲民政支部辦公廳所在[316]及進行台中進行臺中市區的設計。[317]明治 28 年 8 月至 10 月，民政支部是在彰化城辦公，兒玉利國命吉野利喜馬研究支部辦公廳位置，吉野利喜馬分析路港街、崁仔腳（今大肚鄉）、東大墩三地的優劣，最後兒玉利國決定選擇東大墩作爲民政支部的辦公廳，遂在明治 28 年 12 月 5 日遷到東大墩，辦公廳舍就在當時小北門街。後來兒玉利國對臺中市市區改正採用圓形市街的設計，雖然任內未完成，而且在村上義雄時改採方形市街的規劃所以選定臺中廳。臺中市後來成爲臺灣三大都市之一，可說是兒玉利國的決斷，兒玉利國也可說是臺中市現代街區的先驅者，所以選定臺中廳辦公室所在地命爲「利國町」。

---

[310] 吉田東伍，《大日本地名辭書》，頁 864。

[311] 吉田東伍，《大日本地名辭書》，頁 864

[312] 參見澤田久雄，《日本地名大辭典》，頁 3008。

[313] 洪敏麟編纂，王建竹、曾藍田主修，《臺中市志卷一土地志地理氣候篇》，頁 52。

[314] 亞洲歷史資料中心藏 A03030191600 秘三套第百二十一號ノ二。

[315] 《臺灣總督府公文類纂》000000140310157。

[316] 原田芳之，〈臺中市史編史後感〉，《臺灣時報》昭和 7 年 6 月號，頁 114 至 116。

[317] 《臺灣總督府公文類纂》000001010420353〈臺中縣城內市區計畫設計バルトン顧問及□野（彌四郎)技師報告〉。

52. 村上町（むらかみちょう）：臺中市獨有的町名，推崇第 2 任臺中縣知事村上義雄功績。村上義雄，日本熊本縣熊本市內坪井町人，弘化 2 年（1845）5 月 14 日生，明治 29 年（1896）8 月任臺中縣知事，敘高等官 2 等。明治 31 年（1898）5 月調臺北縣知事兼新竹縣知事，明治 34 年（1901）免臺北縣知事，大正 8 年（1919）6 月 12 日逝世。[318] 村上在台中縣知事任內確定臺中採用方形市街的規劃，形成現今臺中市中心的街廓風貌，所以便選定臺中廳辦公室所在地，以其姓為町名，以紀念其在臺中市區發展的貢獻。千新潟縣岩船郡在明治 22 年（1889）即有村上町。

53. 京　町（きょうまち）：臺北市獨有的町名。

54. 兒玉町（こだまちょう）：臺北市獨有的町名，兒玉源太郎（1856-1906）總督是第 4 任臺灣總督，明治 31 年（1898）年至明治 39 年（1906）擔任臺灣總督。明治 32 年（1899）6 月時兒玉總督在町內建有「南荣園」別墅[319]及總督官邸，所以後來命為兒玉町。兒玉總督有〈南荣園詩〉云：「古亭莊外結茅廬，畢竟情疏景亦疏；雨讀晴耕如野客，三畦蔬荣一床書。」[320]日本埼玉縣兒玉郡在 1889 年即有兒玉町，2006 年併入本庄市。該兒玉町得名是因為日本中世武藏七黨之一的兒玉黨而來，兒玉之名是出自武藏權守源家行之子兒玉家弘而來。[321]

55. 幸　町（さいわいちょう）：臺北市、基隆市、臺中市、彰化市、臺南市、阿緱街有此町名，阿緱街是因為想像將來的發展，所以命名。[322]《臺中市志卷一土地志地理氣候篇》認為幸町是幸運吉祥之意。[323]東京有幸町，亦即期望町內住民的幸福與町的繁榮，而使用的嘉名。[324] 日本的「幸町」數量高達 150 個以上，非常普遍。

56. 明石町（あかしちょう）：臺北市獨有的町名。東京中央區及兵庫縣神戶市中央區各有明石町。東京的明石町是江戶時期的町，起源於播磨明石地方的漁夫居住的地方或是風景類明石的海岸而得名[325]，考「明石」2 字係指海中的赤石，特別適合做硯台。[326]而臺灣則是紀念第 7 任總督臺灣明石

---

[318] 《臺灣日日新報》明治 30 年 10 月 30 日第 2 版〈臺中縣市區の好望〉。

[319] 參見臺北市編，《臺北市史》，（臺北市：臺北市役所，昭和 15 年），頁 839。橋本白水，《島の都》，（臺北市：南國出版協會，大正 15 年），頁 33。

[320] 《臺灣日日新報》明治 32 年 6 月 16 日第 3 版〈南荣園詩〉。

[321] 參見澤田久雄，《日本地名大辭典》，頁 2841。

[322] 《臺灣總督府公文類纂》000065080120143。

[323] 洪敏麟編纂，王建竹、曾藍田主修，《臺中市志卷一土地志地理氣候篇》，頁 52。

[324] 竹內誠，《東京の地名由來辭典》，頁 157。

[325] 朝日新聞社會部，《東京地名考上》，（東京：朝日新聞社，2000 年 5 月 12 刷），頁 33。

[326] 吉田東伍，《大日本地名辭書》，頁 846。

元二郎（1864-1919），福岡市濱町出生，1918-1919任臺灣總督。此區命爲明石町，筆者認爲可能與區內從明治45年度開始興建的臺北醫院，其大門與煙囪都是在大正8年完成[327]，都可算是明石元二郎的政績，所以命爲明石町。

57. 明治町（めいじちょう）：基隆市、臺中市、臺南市有此町名。顧名思義，此一町名應該是紀念明治天皇。明治天皇，慶應4年（1868）即位，明治45年（1912）7月30日棄位，在位45年。「明治」2字係取《易經》「聖人南面而聽天下，嚮明而治」之意。但基隆市的明治町雖與明治天皇名字有關，卻是因爲該町區域內的第三岸壁至第六岸壁是在明治時期修建完成，所以名爲明治町。[328]日本各地多有明治町町名，如鳥取縣倉吉市即有明治町。

58. 東　町（あずまちょう、ひがしちょう）：基隆市、宜蘭市、媽宮街有此町名。基隆市東町位於基隆市最東邊，東町有臺灣土地建物會社所蓋的公共住宅36戶，又有市營住宅46戶，所以基隆東町最早是爲有計劃的市街地之名。[329]宜蘭市東町亦位於宜蘭市最東邊、媽宮街東町源自於「東甲」，亦是位於媽宮街東邊。日本也有「東町」町名，分別鹿兒島出水郡、茨城縣稻敷郡、神奈川橫浜市、千葉縣船橋市。

59. 東門町（とうもんちょう）：臺北市、新竹市、嘉義市、臺南市有此町名，都是因爲舊有城牆的東門而命名。日本愛媛縣今治市有此町名。

60. 東園町（ひがしそのちょう）：臺北市特有町名，與西園町舊時都是茉莉花茶園[330]，故分爲東園町與西園町。

61. 河合町（かわいちょう）：臺北市特有町名，其義是基隆河與淡水河會流之處。日本奈良縣北葛城郡亦有河合町，即是位於廣濟川與支流匯合之處。[331]

62. 社寮町：基隆市特有的町名，因爲庄名社寮島，取其前2字，故名社寮町。

63. 花園町（はなぞのちょう）：新竹市、臺中市、臺南市的町名，因爲於公園附近，所以命名爲花園町。日本東京新宿區、崎玉縣深谷市、熊本縣宇土市、留萌市、大仙市、大津市、京都左京區、京都南區、大牟市、長崎市亦有花園町之名，其中東京新宿區町名是因爲當地有花園神社而得

---

[327] 參見臺北市編，《臺北市史》，（臺北市：臺北市役所，昭和15年），頁413。《臺灣日日新報》大正8年8月23日第7版〈醫院落成期　正門開通は來月頃〉、大正8年9月10日第3版〈竣成せる臺北醫院煙突〉。

[328] 《臺灣日日新報》昭和2年3月5日第5版〈基隆市町名改正案〉。

[329] 《臺灣總督府公文類纂》，000073810010009〈公設住宅使用條例改正ノ件〉、〈基隆市公共住宅建築資金借入ノ件〉。

[330] 洪敏麟編著，《臺灣舊地名之沿革第一冊》，頁211。

[331] 吉田東伍，《大日本地名辭書》，頁236。

名。[332] 另崎玉縣深谷市之所以有花園町，其命名由來是戰國時代藤田康邦領有之「花園城」而來。明治時期即有花園町之名，同樣是花園町，其內容涵意似有不同。

64. 初音町（はつねちょう）：臺中市獨有町名。《臺中市志卷一土地志地理氣候篇》認爲是初音是元旦黃鶯的鳴叫聲，日本娼妓亦稱黃鶯，初音町是公娼指定地。[333] 另《臺中市史》載初音是「內地花街の建築」。[334] 似乎都指向與風化區有關。日本東京文京區及橫濱市也有初音町。

65. 表　町（おもてちょう）：臺北市、新竹市、彰化市有此町名。建築物或地標正前方之處謂之表，故表町都是位於城門正前方。新竹市表町即是位於州廳辦公室之正前方。

66. 南　町（みなみちょう）：臺東街、宜蘭市、媽宮街的町名，一般而言都是以相對位置而命名，參考北町。日本也有 10 個「南町」。[335]

67. 南門町：臺北市、新竹市、嘉義市、臺南市有此町名，都是因爲舊有城牆的南門而命名。

68. 建成町（けんせいちょう）：臺北市特有町名，因爲清末境內有建成街（今天水路），故名。[336]

69. 春日町（はるひちょう、かすがちょう）：此町名僅出現於彰化市，但花蓮港市亦有「春日通」，其義均不詳。惟查日本東京有春日町，是春日菊領地，春日菊是江戶時期第三代幕府大將軍德川家光的乳母，其住宅所在之地後來名爲春日町。[337] 但練馬區亦有春日町，是因爲町內有春日神社而命名。[338] 愛知縣西春日井郡、兵庫縣冰上郡、熊本縣飽託郡等都有春日町。而「春日」2 字的本義是指「春天太陽的霞光」。[339] 另大阪府三島郡曾有春日村（1989-1940），其「春日」之來源是因爲由神功皇后賜給春日氏之土地而得名。[340]

70. 昭和町（しょうわちょう）：基隆市、屏東市、宜蘭市有此町名。基隆市的昭和町命名原因是因爲牛稠港右岸至仙洞町以南區域的岸壁是在昭和年間完

---

[332] 朝日新聞社會部，《東京地名考上》，頁 109。

[333] 洪敏麟編纂，王建竹、曾藍田主修，《臺中市志卷一土地志地理氣候篇》，頁 52。

[334] 臺中市役所，《臺中市史》，（臺中：臺中市役所，昭和 9 年）頁 68。

[335] 群馬縣前橋市、埼玉縣川口市、戶田市、蕨市、千葉縣千葉市中央區、東京新宿區、板橋區、國分寺市、神奈川縣川崎市、靜岡縣靜岡市等都有「南町」。

[336] 黃得時編纂，曾迺碩總纂，《臺北市志沿革志》〈封域篇〉，頁 53。

[337] 朝日新聞社會部，《東京地名考上》，頁 123。

[338] 朝日新聞社會部，《東京地名考下》，（東京：朝日新聞社，2000 年 5 月 12 刷），頁 42。

[339] 吉田東伍，《大日本地名辭書》，頁 197。

[340] 澤田久雄，《日本地名大辭典》，頁 1537。

成，所以命為昭和町。顧名思義讚頌昭和天皇，「昭和」二字係取《尚書》〈堯典〉「百姓昭明、協和萬邦」之意。另臺南市在昭和 9 年以後，曾研議增設昭和町。[341] 但似乎一直未獲總督府同意。日本千葉縣君津郡在昭和 7 年（1932）置昭和町，較基隆市晚一年。福島縣大沼郡的昭和村則於昭和 2 年即以昭和為村名。

71. 柳　町（やなぎまち）：臺北市、臺中市、阿緱街的町名，其中阿緱街柳町命名的原因是町內公園有許多柳樹，故名。[342] 日本東京千代田區有柳町，係柳原承攬建屋的土地，原名柳原町，後名柳町。另一東京文京區柳町竹內誠認為起源不詳[343]。而臺中市柳町則可能是因為柳川流過町境，「柳川」上游原名邱厝溪，大墩段稱為大墩溪，之所以改名則是大正 5 年（1916）市區改正之時，枝德二廳長與臺中市民間協議，因為河川兩岸柳樹並列，故名柳川。[344] 但《臺中市史》〉則記載柳町區域是舊街、暗街，密淫賣窟，[345] 所以可能因柳巷是風化區之代稱而稱命為「柳町」。

72. 泉　町（いずみちょう）：臺北市、彰化市、臺南市有此町名。全日本至少有 96 個泉町。日本東京板橋區有泉町，起源於其南側山崖有清水湧出，故名。[346] 而臺北市的泉町包括清朝時的江瀕街、河溝頭街，可能是靠近河邊，地下水位較高之故而命名。也有認為是因為當時鐵道部在河溝頭街，而鐵道是文明的泉源，所以命為泉町，不過這種說法過於牽強。

73. 若竹町（わかたけちょう）：臺北市獨有町名。在日本則有許多都市有此町名。[347] 臺北市若竹町位於老松町之北側，可能是「若竹」、「老松」相對美詞，既有老松町，隔壁就命為若竹町，以資對稱。[348] 另臺南市在昭和 9 年（1934）以後，曾研議增設若竹町，其命名原因可是因為境內是舊名竹篙厝。[349] 因為竹篙厝舊名內有竹字，取日本的若竹町雅名來相襯。但似乎一直未獲總督府同意。

74. 若松町（わかまつちょう）：臺中市、阿緱街有此町名，阿緱街是因為町內有松

---

[341] 加藤光貴，《臺南市讀本》，頁 28。

[342] 《臺灣總督府公文類纂》000065080120142。

[343] 竹內誠，《東京の地名由來辭典》，頁 424。

[344] 氏平要等編，《臺中市史》，（臺中市：臺灣新聞社，昭和 9 年 1 月），頁 735。

[345] 臺中市役所，《臺中市史》，頁 66。

[346] 竹內誠，《東京の地名由來辭典》，頁 30。

[347] 滋賀縣草津市、北海道厚岸郡、山形縣酒田市、福井縣越前市、北海道釧路市、大阪府豐中市、富山縣富山市、京都市東山区、北海道小樽市、秋田縣大曲市、京都府綾部市、湖南市長崎市都有若竹町。

[348] 尾崎孝子，《美はしき背》，（臺北市：あらたま發行所，昭和 3 年），頁 56。

[349] 加藤光貴，《臺南市讀本》，頁 28。

樹的苗圃，故名。[350]《臺中市志卷一土地志地理氣候篇》亦認爲若松即是幼松。[351] 東京中央區有若松町，町名由來不詳。而新宿區亦有若松町，係每年正月時將幼松剪下送江戶城，故成爲地名的起源。[352]《大漢和辭典》載，「若」有年輕幼小之意。[353] 另北海道涵館市、長崎縣也有此町名。

75.哨船町：高雄市有此町名，因爲該地舊有土名哨船頭，取其前 2 字，故名哨船町。

76.宮前町（みやまえちょう）：臺北市、新竹市、彰化市、嘉義市、宜蘭市都有此一町名。應該都是位於神社之前面而得名。在日本，「宮前」一般是指神宮、神社或是較次等的神社附近或前面的地域就叫宮前。東京杉並區、神奈川縣川崎市、藤澤市等有宮前地名。臺北市宮前町是因爲位在大宮町之前；[354] 彰化神社所在地是南町，而神社正前方的町即是宮前町，新竹市新竹神社正前方的町即命名爲宮前町，嘉義市亦復相同。

77.宮內町（みやうちちょう）：澎湖獨有的町名。日本新潟縣長岡市、山形縣南陽市、兵庫縣尼崎市、茨城縣水戶市等都有宮內町，其中山形縣南陽市的宮內町是因爲當地有藤原氏的一支宮內氏居住該地，故名。[355] 另外，日本愛媛縣八幡浜市亦有「宮內村」地名是與三島神社有關。總言之，「宮內」地名應該與姓氏或神社、神宮有關。但是明治 28 年日本統治之初，澎湖並未有神社之設置，官幣大社臺灣神社遙拜所是由富田喜一郎等在明治 36 年（1903）發起興建，[356] 而澎湖神社是在大正 4 年（1915）決定建立，[357] 昭和 3 年（1928）鎮座、昭和 9 年（1934）7 月 23 日升格爲神社，昭和 13 年（1938）11 月 29 日列爲縣社。所以宮內町之命名應該與「宮內」這個姓氏有關。查明治 28 年澎湖島島司是「宮內盛高」，宮內盛高是鹿兒島人，明治 28 年（1895）6 月 12 日渡台、7 月 7 日到澎湖，被任爲第一任澎湖島島司。[358] 其先祖藤原不比[359]，宮

---

[350]《臺灣總督府公文類纂》000065080120126。

[351] 洪敏麟編纂，王建竹、曾藍田主修，《臺中市志卷一土地志地理氣候篇》，頁 52。

[352] 竹內誠，《東京の地名由來辭典》，頁 448。

[353] 諸橋轍次，《大漢和辭典卷九》，（東京：大修館書店，昭和 61 年 9 月修訂版 7 刷），頁 574。

[354] 黃得時編纂，曾迺碩總纂，《臺北市志沿革志》〈封域篇〉，頁 52。

[355] 澤田久雄，《日本地名大辭典》，頁 5406。

[356]《臺灣總督府公文類纂》000047390130134〈澎湖廳媽宮街內地人總代富田喜一郎願臺灣神社遙拜所建築敷地トシラ官有地貸下許可及同廳ヘ通達ノ件〉及 000047420060162〈澎湖廳石川慶三外十名伺出ニ對スル官幣大社臺灣神社遙拜所建立ニ關シ澎湖廳長ヘ處理スル樣通知ノ件〉。

[357]《臺灣日日新報》大正 4 年 9 月 18 第 5 版〈澎湖島大典紀念〉。

[358]《臺灣總督府公文類纂》000000530010126 至 141〈牧朴眞以下高等官待遇者一同ノ勳功明細表及經歷書履歷書〉。

[359]《臺灣日日新報》明治 38 年 6 月 13 日第 5 版〈一族六名の名譽〉。

內盛高可能援山形縣宮內町命名之例，命爲「宮內町」，當然宮內町也許有兼有取「媽宮城內」之意，但是從附圖 1 媽宮町名圖，宮內町位置形狀特別突出明顯，刻意區劃爲一町的可能性極高。

78.書院町（しょいんちょう）：臺北市特有町名，因町境內有登瀛書院（日治時期改爲淡水館），起蓋於光緒 11 年，光緒 12 年完工，故名。後來日本人改爲淡水館，作爲官民俱樂部之用。

79. 眞砂町（まさごちょう）：基隆市獨有的町名。日本各地多有眞砂町之名，例如愛媛縣松山市有眞砂町。東京文京區有眞砂町，在明治 2 年（1869）祈禱地方能繼續無窮盡的繁榮，有如海邊的砂子源源不絕，才命名眞砂町。[360] 基隆眞砂町靠近海邊，境內有孤拔海水浴場[361]，表示是平緩的砂岸，而且是白砂，所以名爲眞砂。

80.馬場町（ばばちょう）：臺北市獨有之町名，因爲町內有練馬場及馬廄，故名。[362]日本各地之馬場町至少有 30 個以上。

81.高砂町（たかさごちょう）：基隆市、臺中市、臺南市有此町名。基隆市的高砂町命名原因，應該是因爲該町四丁目內有高砂公園。[363] 而高砂公園之建立，是因爲明治 30 年（1897）嘉仁皇太子（即後來之大正天皇）結婚時，本島人建立該公園作爲紀念，該公園於明治 33 年（1900）正式開園，[364] 由當時基隆辨務署長七里恭三郎命名爲「高砂公園」，明治 39 年（1906）許梓桑募資重新整理；明治 40 年（1907）基隆市區改正計畫時劃爲公園預定地。[365] 明治 45 年時號稱臺北四大公園之一。公園內有青松綠草，奇花異卉，蒼鬱情景，書刊娛目，山丘雖小，登臨其上，則基隆港市之風景，歷歷在目。[366] 故詩人多吟詠之詩作，蔡振芳有「此間勝景似蓬萊，萬頃波明一鑑開，極目滄江天地小，氤氳紫氣自東來」之詩。黃純青〈高砂公園晚眺〉詩「陸上樓台水上船，繁華滿眼夕陽天；雌雄鸞嶼今何在，剩有煙波望渺然。」[367]臺南市以「高砂」爲町名，似乎是因爲町內全部是臺灣人居住，故名。[368] 查高砂是日本古播磨

---

[360] 竹內誠，《東京の地名由來辭典》，頁 186、186。

[361]《臺灣總督府公文類纂》0001068200290001001M〈基隆市街圖〉。

[362] 參見黃得時編纂，曾迺碩總纂，《臺北市志沿革志》〈封域篇〉，頁 57。

[363]《臺灣日日新報》昭和 2 年 3 月 5 日第 5 版〈基隆市町名改正案〉。

[364]《臺灣日日新報》大正 2 年 11 月 28 日第 7 版〈高砂公園竣工　今上陛下御慶事記念公園〉。

[365] 參見臺灣總督府內務局土木課，《臺灣總督府內務局主管土木事業概要》，（台北：臺灣總督府內務局土木課，昭和 15 年），頁 145。另參見《臺灣總督府公文類纂》000056430280192〈明治四十五年度基隆高砂公園設備補助費預算調書〉、00100389000049003001M 大正 12 年 5 月 25 日發行之〈基隆市街圖〉。

[366] 簡萬火，《基隆誌》，（基隆市：基隆圖書出版協會，昭和 6 年），頁 23。

[367]《臺灣日日新報》〈遊基隆高砂公園〉、大正 3 年 7 月 4 日〈高砂公園晚眺〉。

[368]《臺灣總督府公文類纂》000063910020031。

國地名，以風光明媚聞名，紀平州有詩云「此去山河賦勝遊，望開明月海天秋；寒葉潮湧高砂浦，宿霧朝分淡路洲。」[369]但日本兵庫縣高砂市、北海道江別市東京葛飾區有高砂町，明治9年（1876）地租改正從歌謠中選取各地地名，高砂[370]是其中最吉祥的名字，作爲町名。

82.隼　町（はやぶさちょう）：屏東市獨有町名，町名命名確切原因待考。東京千代田區亦有隼町，從明治5年（1872）即有，由來可能是德川家康入關東時養鷹的匠人所居住的地方，故名。[371]似乎屏東並無養鷹人所住的地方，町名由來有可能有其他解釋。據洪敏麟教授認爲屏東有屏東陸軍飛行場，戰鬥機中有隼式（はやぶ）飛機，是否因隼式飛機，故使用隼町。查1919年臺灣總督府正式成立警察航空班，並選定屏東崇蘭開設飛行場，1920年11月21日舉行飛行場啓用儀式，而隼町範圍又是在崇蘭區域內，所以此說可能性極高。另有一說認爲鹿兒島人亦稱隼人，以勇猛出名，鹿兒島位居日本南部，屏東亦位於臺灣南部，因相對位置而命名，此說可能性較低。

83. 御成町（おなりちょう）：臺北市獨有町名。一說是因爲町內有裕仁皇太子行啓臺灣所立之御成碑，故名。但查裕仁皇太子在大正12年4月16日到臺灣，而御成町之名則開始於大正11年3月14日，所以此說成立之可能性極低。「御成」2字是指皇族、敕使蒞臨之意，[372]因爲此町是皇族或敕使參拜臺灣神社所必經之路，此一敕使街道（自臺北州廳前到明治橋）於明治34年臺灣神社鎮座時開設作爲參道之用[373]，在敕使及北白川宮大妃蒞臨之次年，在明治35年及40年三板橋庄即使用「敕使街道（或稱御成道）」，[374]在取町名時便改名爲御成町[375]。日本鎌倉縣鎌倉市也有御成町。

84.梅ケ枝町（うめがえちょう）：臺中市獨有的町名，北海道小樽市梅ケ枝町、北海道根室市、兵庫縣姫路市、崎阜縣崎阜市、大阪市北區亦有。其中小樽市之梅ケ枝町町名起源，有多種說法，其中一種是說町名與風月區有

---

[369] 諸橋轍次，《大漢和辭典卷十二》，頁600。

[370] 朝日新聞社會部，《東京地名考下》，（東京：朝日新聞社，2000年5月12刷），頁94。高砂謠曲詳見參見澤田久雄，《日本地名大辭典》，（東京市：大修館書店，昭和61年9月修訂版第7刷），頁3782。

[371] 竹內誠，《東京の地名由來辭典》，頁395。

[372] 吉田東伍，《大日本地名辭書》，頁2949。另亦參見王詩琅、蘇得志主修，黃得時纂修，〈臺北市志稿沿革志〉，（臺北市：臺北市文獻委員會，民國50年），頁69。

[373] 《臺灣總督府公文類纂》，000107350220470〈敕使街道擴張工事理由書〉。

[374] 《臺灣日日新報》明治35年10月28日〈水野遵氏の銅像〉40年12月11日第2版〈敕使街道まで無斷外出〉。另一參見田中一二，《臺北市史》，（臺北市：臺灣通信社，昭和7年再版），頁129。

[375] 中原大學建築系，《台北市日式宿舍調查研究專案》，台北市政府民政局委託，民國89年1月。

關。《臺中市志卷一土地志地理氣候篇》將此町名歸入花木名類[376]，則似乎認爲與梅樹有關，但當時此町是否有梅樹，待考。

85.清水町（しみずちょう）：臺南市、阿緱街的町名。其中阿緱街是因爲當時臺灣總督府作業所分室水道事務所所在，故命爲「清水」。[377]但臺南市的清水町，則似乎是因爲町內有舊清水寺街。[378]日本東京板橋區有清水町、目黑區有清水町，都是因爲區內有清水湧出，故名。[379]而北海道上川郡曾有清水町，是因爲流經的ベケレベツ河水色清澈而得名。[380]新竹市在研擬町名時，也曾經考慮以火車站以「清水町」爲名，但並不是因爲地理因素，而是爲紀念清水源次郎。[381]所以雖然同名但可能意涵不同。

86.鳥松町：打狗特有的町名，因爲庄名鳥松，屬於大竹里，故名鳥松町。而「鳥松」地名由來有兩種說法。一說當地有千年古松二株，異常高大，遮天蔽日，雖白天經過，亦覺陰暗幽涼故名。一說當地至日治時期，仍長滿榕樹與青柏，因年代久遠，樹幹表皮衰老烏化，居民藉物而命名。[382]

87.堀川町（ほりかわちょう）：基隆市與嘉義市有此町名。基隆市的堀川町，原本蚵殼港流入本區之後，是轉往北流，流經和興頭街、後井仔街、新店街的西側（即今之公園路、孝四路東側）入海。但在明治 41 年（1908）日本人開掘人工河道，修改蚵殼港水路，在明治 42 年（1909）10 月 10 日完工，使其往東與石硬港合流。所以堀川町也是有人工開鑿水道之意。[383]在嘉義市堀川町位於今垂楊路之南，垂楊路未加蓋前是一條河溝，此町位於河溝旁，故名。[384]應該都是町境內有河川流經。日本涵館市也有此町名。

88.堀江町（ほりえちょう）：臺北市、打狗均有此町名。日本東京江戶川區、崎阜縣崎阜市、三重縣鈴鹿市、愛媛縣松山市鹿兒島縣鹿兒島市等均有堀江町。其中日本東京新宿區有新堀江町，係因在天保 7 年（1836）有栽培茄子的名人堀江卯右衛門在此處建有房屋，故以堀江爲地名。[385]而東京

---

[376] 洪敏麟編纂，王建竹、曾藍田主修，《臺中市志卷一土地志地理氣候篇》，頁 52。

[377] 《臺灣總督府公文類纂》000065080120142。

[378] 《臺灣總督府公文類纂》000063910020031。

[379] 竹內誠，《東京の地名由來辭典》，頁 186、186。

[380] 參見澤田久雄，《日本地名大辭典》，頁 3262。

[381] 《臺灣日日新報》昭和元年 3 月 14 日第 4 版〈新竹特訊議設街名〉。查清水源次郎係日本大分縣速見郡人，慶應 2 年 2 月 28 日生。大正 7 年任新竹廳警視，敘勳 6 等瑞寶章。

[382] 高雄文獻委員會，《高雄市舊地名探索》，頁 11-15。

[383] 臨時臺灣工事部編，《基隆築港誌》，（臺北市：大正 5 年），頁 750。

[384] 吳育臻，《嘉義市志卷二人文地理志》，頁 125。

[385] 竹內誠，《東京の地名由來辭典》，頁 207。

江戶川區之堀江町（文祿 3 年 1594），應該即地名在河口有海岸線地形之關係，故名。[386] 惟查《大日本地名辭書續編》大坂堀江條引〈仁德紀〉云：「詔曰：今朕視是國，郊澤曠遠，而田園乏小，且河水橫逝，以流末不駛；聊遇霖與、海潮逆上，而巷里乘船。故群臣曰：『決橫源而通海波，塞逆流以全田宅』。乃堀宮北之郊原，引南水以入西海，因以號其水曰堀江。」[387] 由此可知堀江是人工挖掘的河道之意。《大漢和辭典》亦謂，堀江即以人工開掘的河流。[388] 臺北市下崁庄堀江町境內有一東西向河流，似也經過人工挖掘，所以以堀江爲町名。

89.富士見町（ふじみちょう）：阿緱街的町名。日本各地亦有富士見町，如東京都板橋區、埼玉縣富士見市都有富士見町。但並不一定是看到眞正的富士山，而是可看到當地最高山，比喻爲境內的富士山，例如四國的富士見町就是看到讚崎富士，因而以富士見爲名。中央山脈在南臺灣一眼望去有如日本的富士山，所以命名爲富士見町。[389]

90.富士町（ふじちょう）：宜蘭市特有町名，但在日本佐賀縣佐賀郡有富士町、北海道利尻郡有利尻富士町。北海道看不見富士山，而是可看到當地最高山，比喻爲境內的富士山。信濃富士、讚岐富士、出雲富士，都是此意，宜蘭市的富士町應該也有這個意思。

91.富田町（とみだちょう）：臺北市、彰化市有此町名。日本大阪府高槻市、靜岡縣三島市、福島縣郡山市、愛知縣海部郡都有富田町，埼玉縣兒玉郡有富田地名，其名稱來源可能是因爲兒玉七黨兒玉家弘弟弟富田三郎親家。[390]

92.朝日町（あさひちょう）：在臺灣僅見於嘉義市，但在日本則是非常普遍的町名，數量在 90 個以上。「朝日」日語發音「あさひ」，旭的日語發音亦爲「あさひ」。

93.港　町（みなとまち）：臺南市、臺北市有此町名。臺南市港町可能是因爲町內有安海港街、蕃薯港街，靠近港口，故名。而臺北市港町因爲有大稻埕港邊街、港邊後街，本意就是港口邊的街道，所以改爲港町。《臺北市志》亦謂「劉銘傳在此設碼頭，行火輪船，爲內河之港口，故名。」[391]

94.湊　町（みなとちょう）：打狗獨有的町名。《高雄市地名探源》認爲「海浪能

[386] 竹內誠，《東京の地名由來辭典》，頁 364。
[387] 吉田東伍，《大日本地名辭書》，頁 398。
[388] 《大漢和辭典卷三》，頁 199。
[389] 《臺灣總督府公文類纂》000065080120142。
[390] 吉田東伍，《大日本地名辭書》，頁 3063。
[391] 黃得時編纂，曾迺碩總纂，《臺北市志沿革志》〈封域篇〉，頁 54。

濺上岸邊，故名。湊者，浪也。」[392] 東京港區亦有湊町，係因有船出入的河口，故名湊町。「湊」的日語發音同「港」，義亦同。

95. 開山町（かいさんちょう）：臺南市獨有的町名，因爲町內有開山神社，故名。[393] 開山神社原來是延平郡王祠，明治 30 年（1897）改爲開山神社，並列格縣社。[394] 其社掌自明治 30 年開始都是臺灣僧人鄭福田，明治 36 年才由日人平松義雄擔任社掌。

96. 黑金町（くろがねちょう）：新竹市、嘉義市、阿緱街有此町名。《嘉義市志卷二人文地理志》認爲黑金町可能是嘉言吉字，命名原因不詳。[395] 但查阿緱街命爲黑金是因爲有官線鐵道通過[396]，而比對嘉義市與臺中市，其黑金町都有鐵路經過，所以黑金之名似與鐵路有關。北海道釧路市、靜岡市葵區亦有黑金町。復查《大漢和辭典》載：「黑金，黑色の金屬是名。《說文》鐵，黑金也。《本草 鐵》釋名黑金 烏金，時珍日鐵，截也，剛可載物也，於五金屬水，故日黑金。黑金，鐵の古名」。[397] 所以黑金町應該是指與火車所行的鐵道（鐵路）有關，並非如網路上所言是火車所使用的煤炭。

97. 圓山町（まるやまちょう）：臺北市獨有的町名。明治 30 年（1897）日本領臺之初，該地即設有圓山公園，在檔案中也稱做「丸山公園」[398]，明治 45 年時號稱臺北四大公園之一。而「圓山」之名是從「圓山仔」而來。日本有許多地方有圓山之名稱，[399] 東京渋谷区、北海道札晃郡也有まるやまちょう。

98. 新　町（しんまち）：臺南市、臺東街、阿緱街有此町名。臺中街在明治 28 年（1895）時亦有「新町」之名（在今三民路 2 段），當時蓋有日式洋化店鋪，名爲新町。[400] 取其是完全新開發的市街地之意。日本群馬縣高崎市（舊多野郡）[401]、清森縣清森市、靜岡縣靜岡市、德島縣德島市等都有新町。

---

[392] 曾玉昆，《高雄市地名探源》，（高雄市：高雄市政府，民國 86 增訂），頁 144。

[393] 《臺灣總督府公文類纂》000063910020031。

[394] 《臺灣總督府公文類纂》00009728029〈延平郡王祠ヲ開山神社ト改稱并縣社二列スルノ件〉

[395] 吳育臻，《嘉義市志卷二人文地理志》，頁 125。

[396] 《臺灣總督府公文類纂》000065080120143。

[397] 《大漢和辭典》，頁 1008。

[398] 參見臺灣總督府內務局土木課，《臺灣總督府內務局主管土木事業概要》，（台北：臺灣總督府內務局土木課，昭和 15 年），頁 145。另參見《臺灣總督府公文類纂》000002950030049〈總督府給仕ヲシテ丸山公園二殖樹セシム〉。

[399] 橋本白水，《島の都》，（臺北市：南國出版協會，大正 15 年），頁 27。

[400] 賴順盛、曾藍田，《臺中市發展史》，（臺中市：臺中市政府，民國 78 年），頁 162。

[401] 參見澤田久雄，《日本地名大辭典》，頁 3455。

99. 新起町：臺北市獨有的町名，因爲舊有萬華新起街、新起橫街，所以直接改爲「新起町」。

100. 新高町（にいたかちょう）：臺中市、嘉義市有此町名。新高山即是玉山，或許此三市都在新高山周圍，所以以新高作爲町名。新高山之命名，係明治 30 年明治天皇命名，意思是日本領土內新的最高峰。[402] 大阪市淀川區曾有舊名新高町。《嘉義市志卷二人文地理志》認爲嘉義是阿里山的起點阿里山往東即是玉山。[403]《臺中市志卷一土地志地理氣候篇》認爲是由市內眺望玉山之方向，故名新高町。[404] 或許有人懷疑在臺中市是否看得到新高山，但是秩父宮殿下到臺中市時曾在市區遠眺新高山[405]，所以有可能看得到。

101. 新富町（しんとみちょう）：臺北市、新竹市、臺中市、彰化市、嘉義市都有此一町名。查東京千代田區亦有新富町，其名始於明治 4 年（1871），京橋區新富町始於明治 44 年（1911）。新富二字有活力繁榮之意，而中央區新富町即是取「新島原」的「新」與「大富町」的「富」而成。[406]臺灣各市街也應該是參考此意。但其中臺中市新富町固有此意思，但是主要是取「新町」、「富貴街」頭一字組合而成[407]，兼顧傳統與未來發展的期望。臺北市的新富町，境內舊時有頂新街，或取其街名之新字而命名，亦有可能。

102. 新榮町（しんさかえまち）：臺北獨有的町名，但亦見於明治 44 年（1911）的東京市京橋區。[408] 新榮町的命名應該是因爲此區域的前身爲「新榮街」，明治 41 年時即已存在，[409] 而不是新的「榮町」。

103. 新興町（しんこうちょう）：新竹市獨有町名，日本則在佐賀縣唐津市、岐阜縣岐阜市有此町名。

104. 新濱町（しんはまちょう、にいはまちょう）：打狗特有的町名。日本千葉縣千葉市中央區、福岡縣京都郡亦有此町名，而宮城縣鹽竈市的新濱、兵庫縣赤穗郡的新濱，都是產鹽的地方，[410]打狗的新濱町原本就是鹽田，

---

[402]《臺灣總督府公文類纂》00002673014017 藤井包總〈新高山御命名ノ記〉

[403] 吳育臻，《嘉義市志卷二人文地理志》，頁 122。

[404] 洪敏麟編纂，王建竹、曾藍田主修，《臺中市志卷一土地志地理氣候篇》，頁 52。

[405] 臺中市役所，《臺中市史》，頁 112。

[406] 吉田東伍，《大日本地名辭書》，頁 2903。

[407] 臺中市役所，《臺中市史》，頁 329。

[408]《臺灣總督府公文類纂》000053490150223 明治 44 年 4 月 30 日《東京市報》第 917 號。

[409]《臺灣日日新報》明治 41 年 5 月 3 日第 3 版〈南門外の新榮街〉、明治 41 年 5 月 28 日第 3 版〈臺北の公共家〉，另亦參見 000029290129003004M 大正 6 年〈台北市街平面圖〉。

[410] 吉田東伍，《大日本地名辭書》，頁 904。

或許因此稱爲新濱町。

105.楠　町（くすのきちょう）：臺中市、彰化市、阿緱街都有此町名。其中阿緱街是因爲舊地名爲「楠仔樹腳」，取其第一個字，而成「楠町」。[411] 日本三重縣四日市、山口縣宇部市亦有此町名。三重縣楠町的起源，是因爲姓氏「楠」居住於此，故名。町名與人物有關，而與楠木無關。[412] 日治時期來台的日本人有楠正秋，擔任參事官，曾在大正 5 年（1916）擔任民政部地方部長，而臺中市在大正 5 年（1916）提出楠町之名，雖無直接證據，但難免有投其所好之聯想。

106.瑞穗町（みずほちょう）：日本東京亦有瑞穗町，查日本神話稱日本爲豐葦原瑞穗國，故瑞穗是嘉名，作爲町名。[413] 其他東京都西多磨郡、京都、島根縣、常崎縣都曾有此町名。

107.義重町（よししげちょう）：基隆市特有的町名，因爲清末此地有「義重橋街」，明治 36 年改爲土名「義重橋」，[414] 町名改正時簡化爲「義重」並加町名，故名「義重町」。

108.壽　町（ことぶきちょう）：臺北市、基隆市、臺中市、臺南市、打狗等五地有壽町町名。一般而言壽字長壽之意，以壽爲名是希望該地有長久好的發展。但臺灣打狗的壽町是因爲町內有壽山，故以壽爲名，而新竹市亦嘗考慮過「壽町」，除了以壽爲名成爲嘉名之外，當時是爲了表彰鈴木壽作在新竹街的建設功勞。[415] 似乎以壽町爲名，有其不同的命名緣由。日本東京都臺東區、長野縣松本市、鹿兒島鹿屋市都有「壽」的地名，神奈川縣橫濱市中區、埼玉縣所澤市有壽町。其中，長野縣松本市的「壽」，是取其雅名。[416]

109.旗後町（きごちょう）：打狗特有的町名，因爲庄名旗後，故名旗後町。

110.榮　町（さかえまち、さかえちょう）：臺灣有此町名的市街數最多，包括臺北市、新竹市、臺中市、彰化市、嘉義市、打狗、阿緱、臺東街、宜蘭市。阿緱街以此命名是期望將來發展繁榮，其他市街也應該相同。[417] 「榮町」在日本也是普遍使用的町名。[418] 主要是期望共榮發展，將來有

---

[411] 《臺灣總督府公文類纂》000065080120142。

[412] 吉田東伍，《大日本地名辭書》，頁 601。

[413] 朝日新聞社會部，《東京地名考下》，（東京：朝日新聞社，2000 年 5 月 12 刷），頁 314。

[414] 《臺灣總督府公文類纂》000008030110074〈基隆廳街庄名及土名變更表〉。

[415] 《臺灣日日新報》昭和元年 3 月 14 日第 4 版〈新竹特訓議設街名〉。鈴木壽作，愛知縣人，明治 4 年 7 月 9 日生。明治 28 年 12 月 8 日從基隆登陸。曾任新竹州協議會員、新竹消防組長、新竹信用組合長等，經營醬油釀造業及煙草仲賣業。

[416] 參見澤田久雄，《日本地名大辭典》，頁 2855。

[417] 《臺灣總督府公文類纂》000065080120143。

[418] 千葉縣千葉市、船橋市、佐倉市、東京北區、練馬區、板橋區、府中市、立川市、村山市、小平市、羽村市、清森縣清森市、福島縣福島市、德島縣德島市、愛知縣名古屋市中央區都有此町名。

美好的發展，簡潔明確。臺中市在大正 4 年 3 月榮橋完工，大正 6 年劉篁村〈大墩榮橋畔口占〉詩云：「醒來午夢雨初晴，溪水新添數尺聲；一帶大墩山洗過，斜陽掩映轉清明。」可見當時榮町尚可聽見溪水聲，町名取榮町是對未來發展的期待。但亦有人認爲是因爲當地已經非常繁榮，所以才命名爲「榮町」，如吳育臻認爲嘉義市榮町是取其商業繁榮[419]，《高雄市舊地名探索》亦認爲「最繁榮的地方稱榮町」，[420]這種說法或許有某種程度的可信性，但似乎不是各地的榮町都是如此。臺北市的榮町可能是如此，但高雄市之「榮町」則似乎不然。臺北市的榮町在大正 11 年一坪土地價格高達 138 元，昭和元年 130 元，昭和 4 年 157 元，是當其臺北市內土地價格最高者，顯示其在大正 11 年名爲榮町之時即已經非常繁榮。[421]而高雄市的榮町，在大正 14 年命名之初，人口 581 人，在高雄市所有的町中，只略高於綠町的 322 人、壽町的 172 人，到昭和 5 年榮町人口 1,492 人，也只高於綠町的 453 人、壽町的 541 人。而在榮町的會社組織，一直到昭和 5 年才出現合資會社金鵄社、高雄共榮自動車株式會社、壽山遊覽自動車株式會社等。[422]所以高雄市的榮町絕非因爲該地興盛繁榮而命爲「榮町」，而是期望將來發展榮勝之意。

111.福住町（ふくずみちょう）：臺北市、臺南市有此町名。日本東京江東區在明治 2 年（1869）有福住町成立，爲祝賀町的成立所給的嘉名。[423]北海道札晃市、東京江都區、新潟縣長岡市、奈良縣天理市也都有以福住之地名。札晃市福住地名由來是因爲境內有眞宗本院寺的寺廟福住寺而得名。另兵庫縣多紀郡（今篠山市）曾有福住地名（1889-1949），其地名起源是因爲文明年間（1469-1486）福住氏割據此地。[424]另花蓮港市亦有日本人命名「福住」通。

112.福德町（ふくとくちょう）：基隆市特有的町名，因爲清末本地有福德街，明治 36 年（1903）改爲土名福德，一直沿用到大正年間。[425]大正 15 年（1926）基隆已有福德町之名，可見並非是在町名改正之後才使用。日本也曾經有「福德」的私年號[426]，所以對日本人而言，福德並不難發音。可說是臺灣與日本都可接受的町名。

[419] 吳育臻，《嘉義市志卷二人文地理志》，頁 124。
[420] 高雄市文獻委員會，《高雄市舊地名探索》，頁 2-36。
[421] 臺北市役所，《臺北市十年志》，（臺北市：臺北市役所，昭和 5 年），頁 6 至 8。
[422] 高雄市役所，《高雄市制 10 週年略誌》，頁 25。
[423] 竹內誠，《東京の地名由來辭典》，頁 353。
[424] 澤田久雄，《日本地名大辭典》，頁 4985。
[425] 《臺灣總督府公文類纂》000008030110074〈基隆廳街庄名及土名變更表〉、《臺灣總督府專賣局檔案》00100389000049003001M 大正 12 年 5 月 25 日發行之〈基隆市街圖〉。
[426] 請參閱久保常晴，《日本私年号の研究》，（東京：吉川弘文館，1967 年），頁 312-336。

113.綠川町（みどりがわちょう）：臺中市獨有的町名，似乎是因爲綠川流過，故名綠川町。而「綠川」之命名是在大正元年（1912）臺中神社鎭座祭，臺灣總督佐久間左馬太讚賞該溪的翠綠。因而命爲「綠川」。[427] 日本亦有數條溪流名爲「綠川」。

114.綠　町（みどりちょう）：臺北市、基隆市、臺南市、打狗、阿緱的町名。基隆市的綠町，因爲町內大部分是山地，綠樹濾草多，所以取名綠町。[428] 阿緱之所以將該町命爲綠町是因爲區內龍眼樹鬱鬱茂盛[429]，高雄市之綠町是因爲榕樹蔽天，一片綠意，乃名。[430] 推想其他市街亦應該是因爲各該區內樹木茂盛，故名。日本東京墨田區有綠町地名，該町名出現於元祿元年（1688），因爲松樹很多而命名。[431] 其他東京都的小金井市、立川市、八王子市、千葉縣千葉市、埼玉縣所澤市等都有「綠町」。

115.臺　町（だいまち）：臺南市獨有的町名，因爲町內有赤崁樓的樓臺，故名。[432] 日本東京八王子市有臺町，其命名原因是八王子市爲盆地，其臺地部分命爲臺町。[433]

116.敷島町（しきしまちょう）：僅臺中市有此町名。另查日本山梨縣亦曾有敷島町，但是於1927年有敷島村，1954年才改爲敷島町。山梨縣甲斐市的舊町名敷島町，也是在1946年才使用。廣義的「敷島」即是指日本，狹義的「敷島」是指大和國；另「敷島」本意是指有堅固城的聚落，因崇神、欽明兩天皇以磯城（今奈良縣磯城郡）爲都，當時的三輪町及城島村有敷島的稱呼，[434] 所以敷島也是一種嘉名。

117.蓬萊町（ほうらいちょう）：臺北市獨有之町名。日本東京文京區有駒込蓬萊町，取希望將來能繁榮之意而使用的嘉名。[435] 香川縣丸龜市、福島縣福島市亦有蓬萊町。《史記》〈秦始皇紀〉：「海中有三神山，名曰蓬萊、方丈、瀛洲。」所以蓬萊有仙山之意。

118.樺山町（かばやまちょう）：臺北市獨有的町名，紀念第1任（1895-1896）臺灣總督樺山資紀（1837-1922）。此區之所以命爲樺山町，筆者猜測或許與明治29年3月3日臺灣縱貫鐵路線測量開始，是在樺山總督任內

---

[427] 氏平要等編，《臺中市史》，（臺中市：臺灣新聞社，昭和9年1月），頁735。
[428] 《臺灣日日新報》昭和2年3月5日第5版〈基隆市町名改正案〉。
[429] 《臺灣總督府公文類纂》000065080120143。
[430] 曾玉昆，《高雄市地名探源（增訂版）》，頁145。
[431] 朝日新聞社會部，《東京地名考下》，（東京：朝日新聞社，2000年5月12刷），頁183。
[432] 《臺灣總督府公文類纂》000063910020031。
[433] 朝日新聞社會部，《東京地名考下》，頁335。
[434] 澤田久雄，《日本地名大辭典》，頁3157。
[435] 竹內誠，《東京の地名由來辭典》，頁152。

撥出經費 7 萬 7 千元，[436] 因爲本區主要是鐵路場站。因爲町名爲「樺山町」，所以町境內之第四尋常小學校亦改爲樺山小學校。

119.橘　町（たちばなちょう）：僅臺中市有此町名，《臺中市志卷一土地志地理氣候篇》將橘町歸入花木名類町名，[437] 顯然是將橘町認爲與橘樹有關係，但臺中市似無種橘子的記載。查日本之東京中央區、神奈川縣足柄下郡、山口縣大島郡、德島縣那賀郡等有橘町之名。其中，東京中央區有橘町，係因橘町發音與立花町（たちばなまちちょう）相同，故名橘町。而「立花」爲祭拜的花束之意。[438] 神奈川縣足柄下郡之橘町，相傳是因爲日本武尊寵妃橘媛（姬）的關係又或者是用明天皇橘豐日命的關係。[439] 橘町明明有前述 2 種意涵，則臺中市之橘町應該與橘子無關。

120.築地町（つきじちょう）：臺北市及媽宮街有此町名。而日本東京新宿區、昭島市、香川縣高松市、兵庫縣神戶市、愛知縣刈川市都有築地町。其中東京新宿區有築地町，「築地」係築埋新地的意思[440]，在海邊則即所謂海埔新生地，故名。[441] 媽宮街築地町是明治 37 年完成的海邊新生地，臺北市築地町亦位於河邊，日治時期因地勢低窪，後來塡土歷時 3 年。[442] 其命名依據似應該相同。

121.錦　町（にしきまち）：臺北市、新竹市、臺中市、臺南市、宜蘭市等 5 市有此町名。《臺中市志卷一土地志地理氣候篇》認爲錦町是取錦繡嘉地之意。[443] 東京錦町名的由來是因爲大正元年因陸軍特別大演習沿途民眾參拜天皇大錦旗，後來於昭和 17 年（1942）命爲錦町。[444] 而東京練馬區曾經在寬文 5 年（1665）在此打獵，後來選擇地名時，以此爲町名，因德川綱吉來時豪華絢爛，故名錦。[445] 臺灣各式所使用的錦町，應該無任何歷史緣由，只是當成一種嘉名而已。

122.龍口町（たつのくちちょう）：臺北市特有町名，因舊地名爲龍匣口，簡化爲「龍口」，並加町而成町名。日本神奈川縣藤澤市也有「龍口」地名[446]，所以龍口町也可爲日本人接受。

---

[436]《臺灣日日新報》大正 6 年 6 月 17 日第 33 版〈臺灣官設鐵道と其經營者〉。
[437] 洪敏麟編纂，王建竹、曾藍田主修，《臺中市志卷一土地志地理氣候篇》，頁 52。
[438] 竹內誠，《東京の地名由來辭典》，頁 254。
[439] 參見澤田久雄，《日本地名大辭典》，頁 3874 及吉田東伍，《大日本地名辭書》，頁 260。
[440] 參見澤田久雄，《日本地名大辭典》，頁 4027。
[441] 竹內誠，《東京の地名由來辭典》，頁 269。
[442] 黃得時編纂，曾迺碩總纂，《臺北市志沿革志》〈封域篇〉，頁 29。
[443] 洪敏麟編纂，王建竹、曾藍田主修，《臺中市志卷一土地志地理氣候篇》，頁 52。
[444] 朝日新聞社會部，《東京地名考下》，頁 278。
[445] 竹內誠，《東京の地名由來辭典》，頁 308。
[446] 吉田東伍，《大日本地名辭書》，頁 2715。

123.龍山寺町（りゅうさんじちょう）：臺北市特有町名，因町內有萬華龍山寺街及龍山寺而得名。

124.曙　町（あけぼのちょう）：基隆市、臺中市有此町名。基隆市曙町是因爲位在基隆市東端，天會先亮，所以名爲曙町。[447]《臺中市志卷一土地志地理氣候篇》認爲臺中市曙町，是因爲大東門之樓曰朝陽樓，日人慣稱黎明爲曙。[448] 日本東京足立區有千住曙町，是該地區最早迎接晨曦曙光，故名。[449] 但是嘉義街在草擬町名時，曾考慮將曙町西門西南的位置。[450] 北海道札晃市、東京立川市、橫濱市中區、大阪府八尾市、愛媛縣宇知島市、高知縣高知市、常崎縣長崎市、鹿兒島縣串木野市都有此町名。

125.檜　町（ひのきちょう）：嘉義市特有町名。東京港區有檜町，江戶時期毛利藩邸用許多檜木爲建材，故名。[451] 嘉義市是檜木木材集散地，町內有營林所製材工場，可能因此而得名。

126.濱　町（はまちょう）：臺北市、基隆市、臺南市有此町名。基隆市的濱町因爲瀕臨海邊，所以名爲濱町。[452] 臺北市濱町清朝時有江瀨街，也是靠近淡水河。[453] 臺東街亦曾考慮過「濱町」地名，主要著眼點在於靠近港邊海邊。[454] 日本東京中央區亦有濱町，起自明治 5 年（1872）。兵庫縣芦屋市、千葉縣船橋市、佐賀縣藤津郡、熊本縣也有此町名。其中佐賀縣的濱町是在大正 7 年（1918）由八本木村改爲濱町，因爲靠近海邊；而熊本縣的濱町則是靠近阿蘇火山的山麓，明治 45 年（1912）從濱町村改爲濱町。[455]

127.濱崎町（はまさきちょう）：打狗特有的町名。東京港區亦有濱崎町，係靠東京灣。[456] 佐賀縣松浦郡也曾經有此町名（1922 至 1956），位於玄海（界）灘[457]，另熊本縣天草市、沖繩縣石垣市也都有此町名，而以濱崎爲地名者更多。

128.瀧川町（たきかわちょう）：此町在臺灣僅基隆市特有，因爲町境內有基隆八景之一的雙龍瀧，所以命爲瀧川町。[458] 此一雙龍瀧即是「魴頂瀑布」。

---

[447]《臺灣日日新報》昭和 2 年 3 月 5 日第 5 版〈基隆市町名改正案〉。

[448] 洪敏麟編纂，王建竹、曾藍田主修，《臺中市志卷一土地志地理氣候篇》，頁 52。

[449] 竹內誠，《東京の地名由來辭典》，頁 227。

[450] 參見《臺灣總督府公文類纂》0001142701790020002M〈嘉義街市區改正計畫圖〉。

[451] 竹內誠，《東京の地名由來辭典》，頁 344。

[452]《臺灣日日新報》昭和 2 年 3 月 5 日第 5 版〈基隆市町名改正案〉。

[453] 黃得時編纂，曾迺碩總纂，《臺北市志沿革志》〈封域篇〉，頁 59。

[454]《臺灣總督府公文類纂》000065080140232。

[455] 參見澤田久雄，《日本地名大辭典》，頁 4780-71。

[456] 竹內誠，《東京の地名由來辭典》，頁 332。

[457] 參見澤田久雄，《日本地名大辭典》，頁 4782。

[458]《臺灣日日新報》昭和 2 年 3 月 5 日第 5 版〈基隆市町名改正案〉。

清同治年間的《淡水廳志》載「魴頂瀑布」為基隆八景之一，址在今基隆市仁愛區仁英里台 5 線南榮路南往北側隧道出口（田口謙堂〈雙龍溪〉詩有「瀑懸竹嶺隧門邊」之句[459]），可惜乾季時已無流。魴頂之得名是因四週的山崗所繞，形如魴魚，故名魴頂庄。「魴頂瀑布」因列基隆八景，文人詩詞多吟詠，如許梓桑有〈基隆八景詩〉魴頂瀑布：「雙龍飛瀑落岩中，入耳泉聲玉韻通；任爾狂風吹不斷，銀河遠瀉上天空。」[460]，林孝松亦有「恰如雙掛白龍梭」句。[461] 日治時期亦有稱「雙龍瀑」者。但昭和 3 年時新選的基隆八景，「魴頂瀑布」已被除名。今北海道空知郡在 1910 年，將瀧川村改為瀧川町。[462] 故日本的瀧川町早於基隆的瀧川町。瀧即瀑布之意，瀧川即指有瀑布的河流。[463]

129.寶　　町（たからちょう）：基隆市、臺中市、臺南市、臺東街有此町名。東京中央區、葛飾區、橫濱市神奈川區、廣島縣廣島市中區、高知市、石川縣小松市、愛知縣知立市、長崎縣長崎市、靜岡縣富士宮市都有此町名。基隆市的保丁命名原由是因為本町舊名蚵殼港，而蚵殼屬於貝類，貝也就是寶的意思，所以此區命為寶町。[464]《臺中市志卷一土地志地理氣候篇》認為寶町是「財寶聚集地」[465]，應該是取吉祥嘉名之意。

130.櫻　　町（さくらちょう）：僅臺中市有此町名，《臺中市志卷一土地志地理氣候篇》將此町歸為花木名類[466]。日本在東京小金井市、茨城縣土浦市、熊本縣熊本市有此町名，此外「櫻町」是江戶時期第 115 任天皇之稱。[467] 京都市御苑內有「櫻町」古地名，相傳紀貫之的庭院南邊多種植櫻花樹，故名櫻町。[468] 臺中市的櫻町曾考慮用於市內不同區域，所以櫻町應該與當地有無櫻花無直接關係沒有特殊意涵，只是一種嘉名而已。

131.鹽埕町（えんていちょう）：打狗特有的町名，因為庄名鹽埕，故名鹽埕町。

132.鹽　　町：打狗特有的町名，大正 15 年改為榮町。因為當地以前是曬鹽場，出產鹽，故名。

133.觀音町（かんのんちょう）：基隆市特有的町名。日本廣島縣廣島市西區有「觀音町」、「東觀音町」及「西觀音町」，其町名由來是區內有寺廟名觀

---

[459]《臺灣日日新報》昭和 4 年 12 月 19 日第 4 版〈雙龍溪〉。

[460] 石坂莊作，《基隆港》，（基隆：臺灣日日薪報社，大正 6 年），頁 191。

[461]《臺灣日日新報》明治 37 年 7 月 22 日第●版〈魴頂瀑布〉。

[462] 參見澤田久雄，《日本地名大辭典》，頁 3837。

[463]《大漢和辭典卷七》，頁 240。

[464]《臺灣日日新報》昭和 2 年 3 月 5 日第 5 版〈基隆市町名改正案〉。

[465] 洪敏麟編纂，王建竹、曾藍田主修，《臺中市志卷一土地志地理氣候篇》，頁 52。

[466] 洪敏麟編纂，王建竹、曾藍田主修，《臺中市志卷一土地志地理氣候篇》，頁 52。

[467]《大漢和辭典卷六》，頁 601。

[468] 參見澤田久雄，《日本地名大辭典》，頁 3019。

音院。查此區清末屬蚵殼港，境內有慈雲寺[469]，奉祀觀音菩薩，或因此命名爲「觀音町」。[470]

134.双葉町（ふたばまち）：基隆市獨有的町名，命名原因是因爲町境內有第一公學校，而兒童猶如幼苗有雙葉，故名雙葉町。[471] 日本東京板橋區亦有，其命名原因是各持己見的雙方最後協議，町名希望雙方都能發展，所以命名「双葉町」。[472] 但是在昭和 31 年（1956）才命名，另福島縣双葉郡的双葉町也是在 1956 年才命名，縱使是類似的二葉町亦是昭和 16 年（1941）才命名，都較基隆市的昭和 6 年爲晚。但是双葉郡在 1896 年即已出現，因爲合楢葉郡與標葉郡，故稱「双葉郡」。[473]

二、內地式町名命名的類型

前面已就臺灣各市街使用過的町名，進行逐一探討。本文進而嘗試將臺灣地區使用過的町名，依其命名依據或特性進行分類。洪敏麟在《臺灣舊地名沿革》將地名分爲地貌、動植物、原鄉、血緣、拓墾、政治軍事、建物、人物、氣候、位置、經濟等 11 類，嘗試將地名作一全面性的分類。

有關日本町名的分類，大約 3 有個資料提到。一是日治時期《臺灣時報》在報導臺北市町名改正時，大略將町名分爲內地式、總督姓名、沿用舊名、參考舊名修改、地理等類。[474] 二是《臺中市志卷一土地志地理氣候篇》，將日治時期町名分爲天皇或朝代名、國名或地方名、吉祥含意、花木名、原地名有關或天然現象、其他等 6 類。[475] 三是在民國 34 年（1945）的「臺灣省各縣市街道名稱改正辦法」，以及民國 41 年的「臺灣省各縣市日式地名更改要點」，主要將日式地名分爲 3 大類，一是有伸揚日本國威者（如大和町、朝日町）、二是紀念日人者（如昭和町、大正町、樺山町、兒玉町）、三是顯爲日式名稱者（如若松町、旭町、櫻町）[476]。此種分類也只是概括性，並無互斥性，「伸揚日本國威者」及「紀念日人」者，當然也都是「顯爲日式」名稱。

臺灣的町名，就整體而言，大致是屬於《臺灣舊地名沿革》分類的原鄉類地名。本文爲探討町名類別，以前述《臺灣時報》、「臺灣省各縣市街道名稱改正辦法」及《臺中市志卷一土地志地理氣候篇》的分類類別稍加修改，再參酌洪敏麟分類，將地貌、氣

---

[469]《臺灣總督府專賣局檔案》00100389000049003001M 大正 12 年 5 月 25 日發行之〈基隆市街圖〉。

[470]《臺灣日日新報》昭和 2 年 3 月 5 日第 5 版〈基隆市町名改正案〉。

[471]《臺灣日日新報》昭和 2 年 3 月 5 日第 5 版〈基隆市町名改正案〉。

[472]竹內誠，《東京の地名由來辭典》，頁 356。

[473]參見澤田久雄，《日本地名大辭典》，頁 5032。

[474]不著人撰，〈臺北市の町名改正〉，《臺灣時報》大正 11 年 4 月號，頁 3。

[475]洪敏麟編纂，王建竹、曾藍田主修，《臺中市志卷一土地志地理氣候篇》，頁 52。

[476]《臺灣省行政長官公署檔案》00303110035005 及《臺灣省政府公報》41 年秋季第 43 期，頁 588。

候、位置、動植物、建物、拓墾等併爲地理類，將人物作爲一類人物，將血緣、政治軍事、經濟併爲其他類，另外針對町名的命名歸納一類爲願景期望類。故本文將臺灣各市街町名分爲地理類、期望願景類、紀念人物類、其他類 4 類。（參見表 22）

地　理　類：經統計本類町名出現 119 次，佔總次數 264 的 45.08%，如果就曾出現的町名（不計重複出現）統計，此類共有 62 個。（參見表 23）

願 景 期 望 類：各地方政府在選定町名時，當然盡量就日本內地町名中尋找，摒除其中發音較難、字義較不好者，而選擇字義優美、寓意深遠、容易發音的町名。經統計本類型町名出現 92 次，佔總數 264 次的 34.85%，僅次於地理類。（參見表 23）

紀 念 人 物 類：以日本人物之名號或姓氏、人名爲町名者，又或以歷史宗教人物爲町名。本類町名僅出現 23 次，佔總數 264 次的 8.33%，是各類別中最少者，因爲人物對象限於天皇及在臺灣擔任重要職務者及宗教神，所謂重要職務指與臺灣本地有關的總督、知事。（參見表 23）

其　　　　他：包括町名含意不詳或數量少無法自成一類者，如鹽町、老松町等。此類町名出現 31 次，佔總數 264 次的 11.74%。（參見表 23）

表 22：臺灣市街町名分類一覽表

類別＼市街	媽宮街	打狗	臺南市	臺中市	臺東街	阿緱街	臺北市	基隆市	嘉義市	新竹市	彰化市	宜蘭市
地理類（位置、地形、建物）	西町、東町、南町、北町、築地町	入船町、堀江町、湊町、新濱町、山下町、山田町、哨船町、鹽埕町	入船町、本港町、濱田町、泉町、大宮町、花園町、開臺町、北門町、西門町、東門町、南門町	川端町、新高町、綠川町、花園町	北町、南町	北町、本町、南町、大武町、小川町、田町、富士見町、大宮町、黑金町、清水町	入船町、川端町、本町、京町、表町、濱町、河合町、泉町、堀江町、築地町、大宮町、水道町、宮前町、馬場町、御成町、圓山町、港町、八甲町、三橋町、大橋町、文武町、北門町、西門町、東門町、南門町、龍山寺町、古亭町、書院町	入船町、元濱町、東町、西町、堀川町、瀧川町、觀音寺町、社寮町、義重町、福德町、仙洞町	元町、山下町、玉川町、白川町、堀川町、新高町、黑金町、北門町、西門町、東門町、南門町	表町、田町、花園町、宮前町、黑金町、北門町、西門町、東門町、南門町	本町、表町、泉町、新高町、宮前町	本町區、北町區、東町區、南町區、富士町區、宮前町區、文武町區
願景期望類		平和町、榮町、綠町、壽町	末廣町、永樂町、旭町、幸町、高砂町、新壽町、福町、綠町、錦町、寶町	千歲町、末廣町、城町、有明町、初音町、高砂町、新富町、壽町、榮町、錦町、曙町、寶町	新榮町、寶町	千歲町、大和町、干城町、末廣町、幸町、新榮町、瑞穗町、綠町	千歲町、大和町、末廣町、永樂町、旭町、有明町、幸町、新起町、新富町、新榮町、壽町、榮町、福住町、綠町、錦町、建成町、蓬萊町、太平町、日新町、富田町	日新町、旭町、幸町、真砂町、高砂町、壽町、綠町、雙葉町、寶町	末廣町、朝日町、新榮町、富町	旭町、住吉町、吉富町、新興町、新榮町、錦町	千歲町、大和町、末廣町、旭町、幸町、春日町、富田町、新榮町	旭町區、榮町區、錦町區
紀念人物類	宮內町		明治町、大正町	木村町、下町、上町、國治町、利町、明治町、大正町、大橘町、櫻町		昭和町	明石町、乃木町、兒玉町、佐久間町、樺山町、大正町	明治町、大正町、昭和町、天神町				昭和町區
其他（含不詳）		北野町、鹽町、鳥松町、旗後町	老松町、清水町、竹園町、白金町	楠町、老松町、老柳町、若松町、梅ケ枝町		若松町、隼町、竹園町、柳町、楠町	老松町、若竹町、柳町、元園町、西園町、東園町、下奎府町、上奎府町、大龍峒町、龍口町	玉田町	檜町		楠町	

資料來源：本研究整理。

表 23：臺灣市街町名類別數量統計表

市街	地理類 （位置、地形、建物）	願景 期望類	紀念 人物類	其他 （含不詳）	總計
媽　宮　街	5	0	1	0	6
打　　　狗	10	4	0	4	18
臺　南　市	14	11	2	4	31
臺　中　市	4	14	7	5	30
臺　東　街	2	3	0	0	5
阿　緱　街	10	9	1	5	25
臺　北　市	28	20	6	10	64
基　隆　市	13	9	4	1	27
嘉　義　市	12	4	0	1	17
新　竹　市	9	6	0	0	15
彰　化　市	5	9	0	1	15
宜　蘭　市	7	3	1	0	11
總　　　計	119	92	22	31	264
百　分　比	45.08%	34.85%	8.33%	11.74%	100.00%
（總　計）*	62	34	15	23	134
（百分比）*	46.27%	25.37%	11.19%	17.16%	100.00%

備註：*表示扣除各市街相同的町名次數。

資料來源：本研究整理。

三、町名改正的原則：「內地優美式」Vs「臺灣傳統式」

就地名而言，日本深受華文影響，地名的呈現也與臺灣大致相同，可謂地無南北、洋無東西。但日本經過多年演變，發展出其獨特的風格，兩地的地名作詳細比較，仍有某些差異。檢討臺灣市街町名改正的內容，似乎存在著「內地優美式」與「臺灣傳統式」兩種思考。所謂「內地優美式」，參照日本本國的町名中取其較爲優美者，在臺灣使用，町名中有不好的意涵，如東京之「猿樂町」、「狸穴町」、「馬喰町」、「蠣殼町」，則棄而不用，而使用如「朝日町、大和町」等容易發音、字義優美者。

而主張「臺灣傳統式」者，認爲臺灣的地名之中，有許多含有歷史意味，捨棄傳統舊地名，就是拋棄歷史。「一旦以己意隨便更改，固然順心如意，但極端的情形則是不僅與舊名背道而馳，更有不少的變更是無意義的，不僅不被本島人所不喜歡，內地人也大感迷惑不解。」[477]

---

[477]《臺灣日日新報》，大正 11 年 1 月 26 日第 6 版〈贊成町名改正尊重歷史的方針〉。

　　在町名更改中主要影響力者仍然是掌有統治權力者，其認知與想法，帶領著町名的改稱。如臺北的大加蚋堡艋舺及大稻埕等地名，當時因為有人向佐久間總督建議更改為臺北市，但是被佐久間總督拒絕，因為佐久間總督是一位尊重舊慣的人，所以臺北的地名保持不變。但是後來的下村宏擔任民政長官的時候，因為剛剛履新便從事町名改正，所以臺中、臺南的町名改正便是在此時完成的。後來有關臺北市的町名改正，改正方向一直朝「優美內地式」進行，但是田健治郎總督在召開市區計畫委員會議審議臺北市町名改正案時，發表（町名改正）務尊重歷史的談話。

　　將臺灣各市街的町名分為內地式町名與傳統臺灣式町名來分析，似乎以媽宮街的町名是比較平衡的比例，內地式町名佔 33.33%，傳統臺灣式町名佔 66.67%，但媽宮街的東町、西町、南町、北町在日本也常使用，所以媽宮街的町名，可說是折衷兼具臺灣與日本的色彩。而大正元年打狗的町名改正，內地式町名比重升高到 75%，傳統臺灣式町名比例降到 25%，看起來好像不太尊重臺灣傳統地名，但是當時打狗進行市區改正，市區的大部分都是新街道，尚無名稱，而給予新的町名，自統治者的角度，內地式的町名當然是必然的，也不會造成臺灣人的不便，而且在舊市區方面，鹽埕町、哨船町、旗後町、烏松町都保留舊地名，也是兼顧日本人與臺灣人的折衷方式。到了大正 5 年臺中街，臺中市的市街也是經過日本人進行市區改正，但是臺中市的舊聚落規模不如臺南市，所以在經過市區改正之後，完全以日本內地式的町名做為臺中市的町名，也應該是可以理解接受的。而臺南市的顯然是內地式町名佔絕對優勢，高達 87.88%，臺南市傳統的地名僅東門、西門、南門、北門獲得日本人採用為町名，可見日本人在此一階段雖然町名改正參與者包括本島人，但得出的町名絕大多是內地式，臺灣人被迫必須拋開過去的生活經驗與記憶，而適應日本人的生活模式，這應該是對臺南人造成相當大的衝擊。

　　再次為大正 11 年的臺北市町名改正，內地式町名佔 67.19%，傳統臺灣式町名32.81%，田健治郎總督在召開市區計畫委員會議審議臺北市町名改正案時，發表（町名改正）務尊重歷史的談話，之後，內地式町名與傳統式町名才達到此種比例，可說是在町名改正中，日本人尊重臺灣地名的顛峰。

　　昭和 6 年實施新町名的基隆市和嘉義市，臺灣傳統式的町名都是 1/4 弱。基隆市的傳統式町名都是舊有庄名仙洞町、玉田町、田寮町、社寮町、義重町、福德町，因為在研擬町名時，基隆市的原則是音讀與訓讀並用、尊重舊名、筆畫簡單，故而保留一部份的傳統舊名[478]；而嘉義市的傳統町名大概是方位地名，東門町、西門町、北門町、南門町等四町名之出現是因為當時官方想要保存領臺當時的古蹟，所以將原定的神明町、綠町、壽町等改變而成[479]，否則嘉義市的町名 100% 是日本內地式。另昭和 10 年使用新町名新竹市的臺灣傳統式佔有 26.67%，也都是方位地名，東門町、西門町、北門町、南門

---

[478] 《臺灣日日新報》，大正 13 年 9 月 18 日第 5 版〈基隆の町名改正方針〉。
[479] 《臺灣日日新報》昭和 5 年 10 月 9 日夕刊第 4 版〈嘉市町名改正加入四城門保存古蹟〉。

町。而昭和16年的彰化市與宜蘭市新町名中，臺灣傳統式的只有宜蘭市的文武町，此或許與強化日本意識有關。

表24　臺灣各市街內地式町名與傳統式町名統計一覽表

市街	改正年份	內地優美式町名		臺灣傳統式町名		町名總數
		町名數	百分比	町名數	百分比	
媽宮街	明治29年	2	33.33%	4	66.67%	6
打狗（高雄市）	大正元年、大正15年	12	75.00%	4	25.00%	16
臺南市	大正5年、大正8年	29	87.88%	4	12.12%	33
臺中街（市）	大正5年、大正8年	31	100.00%	0	0.00%	31
臺東街	大正8年	5	100.00%	0	0.00%	5
阿緱（屏東市）	大正7年、昭和14年	25	100.00%	0	0.00%	25
臺北市	大正11年	43	67.19%	21	32.81%	64
基隆市	昭和6年	22	78.57%	6	21.43%	28
嘉義市	昭和6年	13	76.47%	4	23.53%	17
新竹市	昭和10年	11	73.33%	4	26.67%	15
彰化市	昭和16年	15	100.00%	0	0.00%	15
宜蘭市	昭和16年	10	90.91%	1	9.09%	11
總計（出現之町名均計入）		218	81.95%	48	18.05%	266
總計（扣除重複使用町名）		102	76.12%	32	23.88%	134

資料來源：本研究整理。

　　從時間軸線看各市街內地式町名及臺灣傳統式町名的變化，媽宮街、打狗仍有相當程度尊重臺灣傳統地名習慣；但臺南市、臺中市、台東街、阿緱街之町名，則可說是完全忽略臺灣傳統地名習慣；而從臺北市以降的基隆市、嘉義市、新竹市則又有相當程度尊重臺灣地名習慣，到彰化市、宜蘭市時期又是相對地不重視臺灣傳統地名。

　　總體而言，在臺灣所使用的町名，如單純統計使用的町名總數，內地優美式町名數102個，佔134個町名數的76.12%，臺灣傳統式町名數32個，佔134個町名數的23.88%。乍看之下似乎臺灣傳統式町名也受到相當程度的尊重，但如果將重複的町名計算次數，則可看到不同的結果。累計各市街使用的町名數共266次，其中內地優美式有218次，佔81.95%，臺灣傳統式僅48次，佔18.05%以內台人數相比，臺灣傳統式町名

受到更大的不尊重。但是畢竟日本人是統治者，如《臺灣日日新報》報導新竹市內地人所言「町名改正純貴母國色彩，倘若不然未免一番多事」。町名命名結果偏向日本內地而忽視臺灣地名，是必然的結果。

肆、結語

「町」在臺灣各市街施行，時間長短不一，時間長的如澎湖媽宮街、打狗，時短的如彰化市、宜蘭市。但就整體而言，在臺灣施行始於明治 28 年（1895），終於民國 45 年（1956），甚至比日本統治時間還要久。市街的町名已深深影響日治時期的臺灣人，戰後官方雖已將町名更改，有些仍在常民中使用，如臺北市的西門町、臺中市的干城；而有若干已經習而不察潛化於制度中，如臺北市、臺南市的地籍段名，有許多仍是日本式町名殘留。

「町」的定位，最早只是作為通稱，使日本人在臺灣居住環境類似日本母國，不會感到陌生與生活上的不方便。但從大正 8 年（1919）開始，「町」不再只是作為通稱、俗稱，而是到戶籍與地籍合一的「町」。在大正 9 年（1920）10 月 1 日臺灣市制施行，町設町委員，1 町或數町置 1 名町委員[480]，其後町委員改為置 1 至 3 名，以期協助市政順暢圓融，大正 11 年（1922）6 月 8 日規定町委員數額由州知事認可。[481] 昭和 10 年廢町委員置區長（1 町劃為 1 區或 1 町劃為 2 區或數町 1 區），區長具有市的輔助機關的性質。

町名改正的過程，長短不一。臺南市從大正 5 年（1916）到大正 8 年（1919），臺中市的町名改正從大正 5 年（1916）到大正 15 年（1926）便完成。而基隆市、嘉義市、新竹市的町名改正便從大正 5 年（1916）直到昭和 5、10 年才完成。當然從町名改正過程中，可以看見町名命名的慎重。臺北市因位在首善之區，所以其町名改正引發總督的關切，發表尊重歷史的談話。嘉義街從 56 個町，減為 32 町，再減為 17 個町；新竹市也是從眾多町名中討論出 14 個町名，所以其所花費時間也是最長的。

臺灣各市街町名改正，主要是市區計畫的配套措施，因為市區改正幾乎是棋盤方格，所以以一條道路為中心兩側劃為同一町，界線明確，再加上有許多市街市區改正包括擴張的新市區，而新市區是屬新開發的街廓，採用日本市的町名，對住民影響較小。而使用日本式的町名，也有使臺灣更像日本統治領土的意涵。

總督府在町名改正中，扮演被動而關鍵的角色。早期對地方政府所報的町名改正，就地方行政指導的立場與稅務考量的立場，主要是就町界區劃與町名提供意見。但在大正 7 年以後，將町視為戶籍與地籍的基本單位後，町名改正區要相當經費與人力，臺灣

---

[480]《臺灣總督府公文類纂》000031140120152〈府令第 111 號臺灣市制施行令〉。
[481]《臺灣總督府公文類纂》000032780110163〈市制制施行令中改正ノ件〉。

總督府的補助經費影響地方政府町名改正的進程。

由於市街下有町，是仿自日本，再加上日本人多聚居市街，所以臺灣各市街町名的命名當然以日本內地式爲焦點，而且各市街町名有相當的相同性。榮町有 8 個市街使用、旭町有 7 個市街使用，顯示日本式町名是主流，而臺灣傳統式的町名除臺北市、基隆市之外，大多是象徵性與點綴性。歸納日本式地名主要分爲 3 類，其中以地理類最多，願景期望類其次，政治人物類最少。

臺灣町名主要參考日本內地，日本內地有其歷史典故，在臺灣使用的町名除地理類有其現實地形地貌的考量，其他的地名多取其字詞優美、易說易記，而不著重其來源依據。所以在各市街町名過程中，常見有大風吹的現象，町名可以像貼標籤一樣，隨意黏貼，臺中市是一個例子，屏東市也是一個例子。此外，不同市街相同町名，仍有不同的命名意涵，同樣是清水町，臺南市與屏東市命名依據便不同，而新竹市曾考慮作爲紀念人物。同樣是高砂町，基隆的高砂町因爲境內有高砂公園，臺中市、臺南市則命名原因不詳。本文嘗試對町名的意涵進行探討，雖以對大部分町名亦含有某種程度的探討，但仍有一小部分町名意涵仍有待釐清。

伍、參考文獻

中原大學建築系，2000，《台北市日式宿舍調查研究專案》，台北市政府民政局委託。

氏平要等編，1934，《臺中市史》，臺中市：臺灣新聞社。

加藤光貴，1985，《臺南市讀本》，臺北市：成文出版社。

吉田東伍，1909，《大日本地名辭書續編五十音篇》，東京：合資會社富山房。

吉田東伍，1911，《大日本地名辭書》，東京：合資會社富山房。

竹內誠，2006，《東京の地名由來辭典》，東京：東京堂出版。

吳育臻，2002，《嘉義市志卷二人文地理志》，嘉義市：嘉義市政府。

吳育臻，2004，〈從地名的變遷看不同政權的特質-以嘉義市街路名爲例〉，《第一屆地名學術研討會論文集》，臺北市：內政部、中央研究院。

尾崎孝子，1928，《美はしき背》，臺北市：あらたま發行所。

屏東市役所，1937，《屏東市例規類纂》，屏東市：行政學會印刷所。

柯芝群等撰文，施添福總纂，1999，《臺灣地名辭書卷三臺東縣》，南投：臺灣省文獻委員會。

洪敏麟編著，1980，《臺灣舊地名之沿革第一冊》，臺中：臺灣省文獻委員會。

洪敏麟編纂，王建竹、曾藍田主修，1978，《臺中市志卷一土地志地理氣候篇》，臺中市：臺中市政府。

兼嶋兼福，1932，《新興の嘉義市—新町名案內》，嘉義：臺灣出版協會。

高雄市文獻委員會，1983，《高雄市舊地名探索》，高雄市：高雄市政府。

高雄市役所，1934，《高雄市制 10 週年略誌》，高雄市：高雄市役所。

許淑娟等撰，施添福總纂，2001，《臺灣地名辭書臺南市》，南投：臺灣省文獻委員會。

曾玉昆，1997《高雄市地名探源增訂版》，高雄市：高雄市文獻委員會。

朝日新聞社會部，2000，《東京地名考上、下》，東京：朝日新聞社。

游雲霞編，2007，《青田行走》，臺北市：游雲霞。

黃得時編纂，曾迺碩總纂，1988，《臺北市志沿革志》〈封域篇〉，臺北市：臺北市文獻會。

黃瓊惠慧等撰，施添福總纂，2001，《臺灣地名辭書屏東縣》，南投：臺灣省文獻委員會

廖秋娥等撰文，施添福總纂，1996，《臺灣地名辭書卷 17 基隆市》，南投：臺灣省文獻委員會。

臺中市役所，1934，《臺中市史》，臺中市：臺灣新聞社。

臺北市役所，1938，《臺北市例規集》，臺北：臺北市役所。

臺北市編，1940，《臺北市史》，臺北市：臺北市役所。

臺灣總督府內務局土木課，1940，《臺灣總督府內務局主管土木事業概要》，台北：臺灣總督府內務局土木課。

臺灣總督府編，1994，《臺灣日誌》，臺北市：南天書局。

蔡丁進等撰，施添福總纂，2002，《臺灣地名辭書澎湖縣》，南投：臺灣省文獻委員會。

蔡平立，1984，《馬公市志》，馬公市：馬公市公所。

諸橋轍次，1986，《大漢和辭典》，東京：大修館書店。

橋本白水，1926，《島の都》，臺北市：南國出版協會。

澤田久雄，1939，《日本地名大辭典》，東京市：日本書房。

篤原哲次郎，1932，《臺灣市街便覽》，臺北：臺灣日日新報。

賴順盛、曾藍田，1989，《臺中市發展史》，臺中市：臺中市政府。

大住須惠吉，1938，〈市の區行政に關する一考察〉，《臺灣地方行政》第 4 卷第 9 號。

不著人撰，1922，〈臺北市の町名改正〉，《臺灣時報》。

水越幸一述，〈本島の現行地方制度成立經過覺え書九〉，《臺灣地方行政》第 4 卷 2 月號。

國立中央圖書館臺灣分館藏，《宜蘭市報》。

國立中央圖書館臺灣分館藏，《阿緱廳報》。

國立中央圖書館臺灣分館藏，《基隆市報》。

國史館臺灣文獻館藏，《嘉義市報》。

國立中央圖書館臺灣分館藏，《彰化市報》。

國立中央圖書館臺灣分館藏，《臺中州報》。

國立中央圖書館臺灣分館藏，《臺中州報》。

國立中央圖書館臺灣分館藏，《臺北州報》。

國立中央圖書館臺灣分館藏，《臺東廳報》。

國立中央圖書館臺灣分館藏，《臺南市報》

國史館臺灣文獻館藏，《臺灣省行政長官公署公報》。

國史館臺灣文獻館藏，《臺灣省政府公報》。

國史館臺灣文獻館藏，《臺灣總督府公文類纂》。

國史館臺灣文獻館藏，《臺灣總督府府報》。

國立中央圖書館臺灣分館藏，《澎湖廳報》。

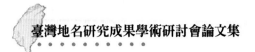

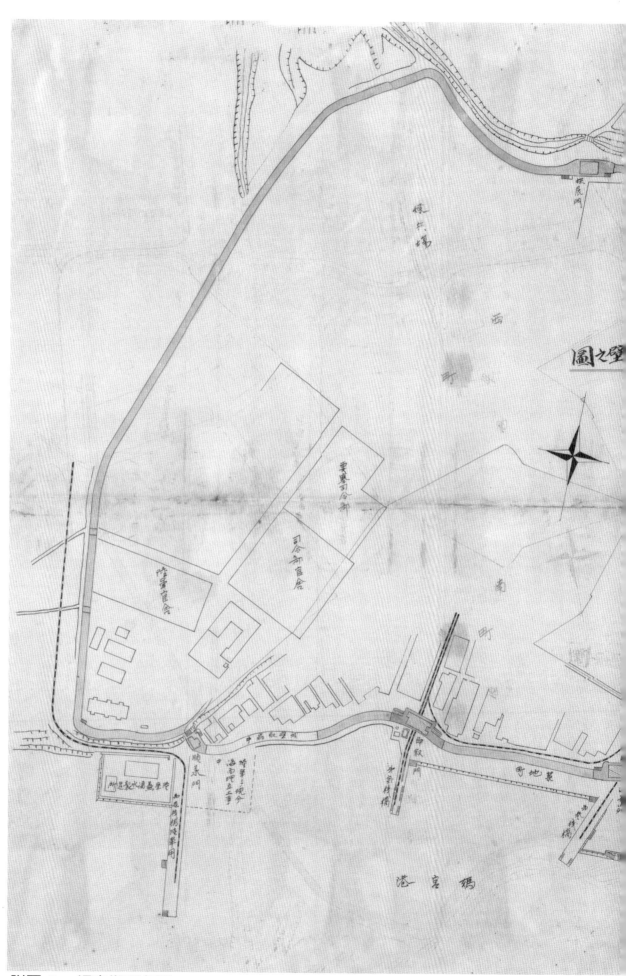

附圖 1b　媽宮街町名圖
資料來源：臺灣總督府公文類纂 000012600019002001M

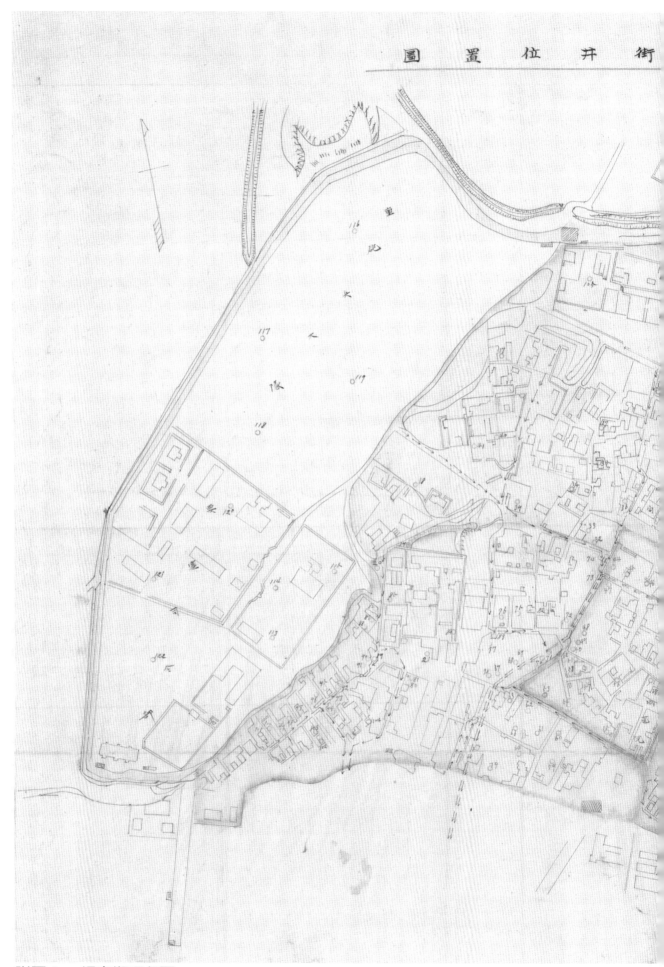

附圖 1a　媽宮街町名圖
資料來源：臺灣總督府公文類纂 000054490219003001M

209

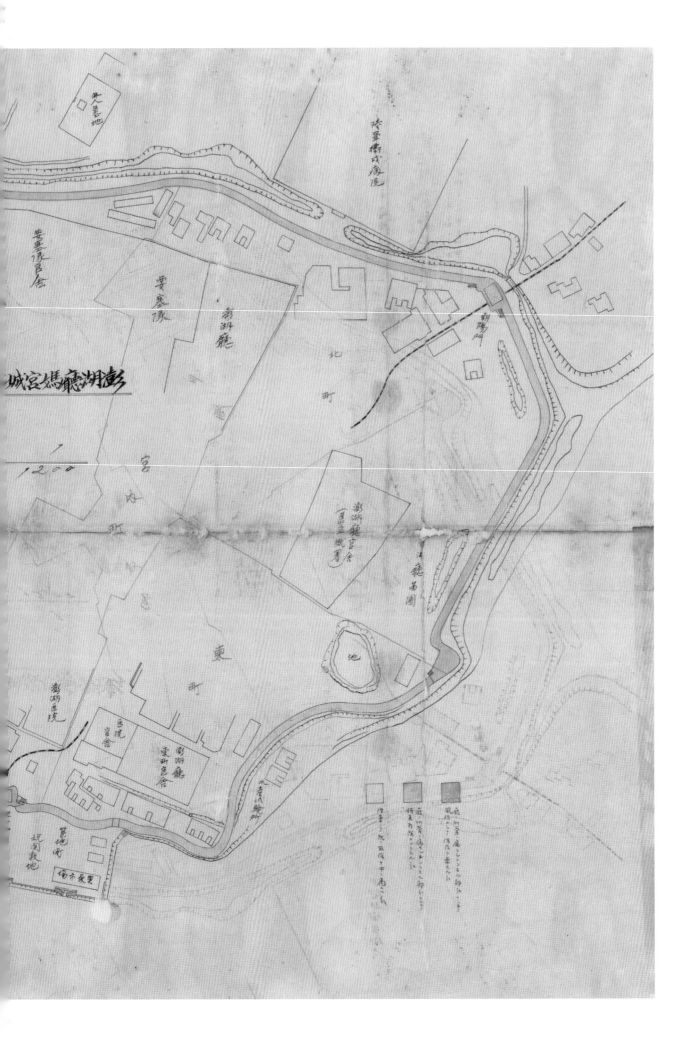

彭湖廳媽宮城

高雄市

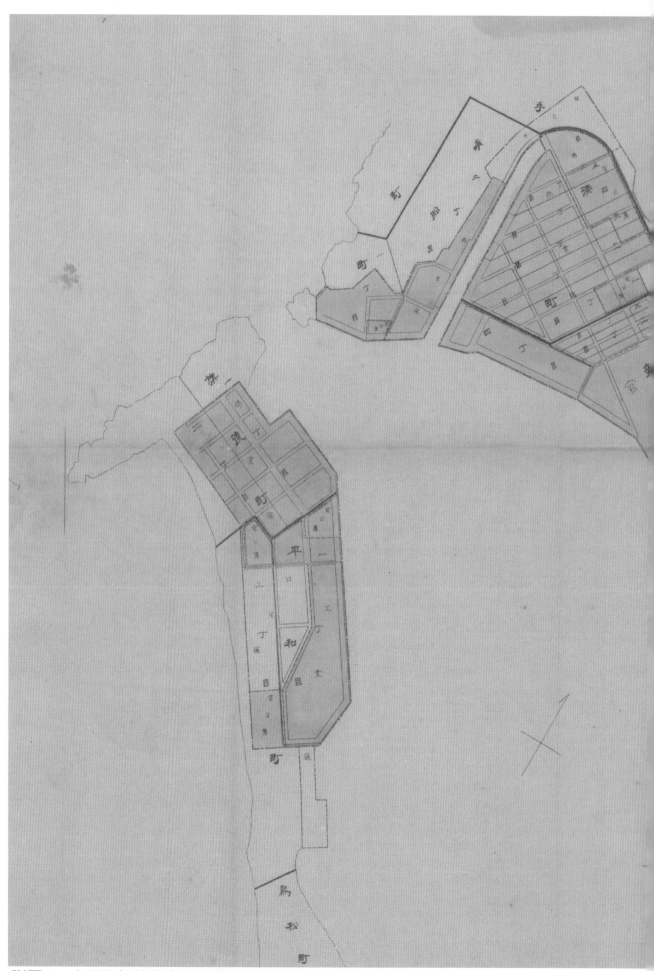

附圖 2　大正元年打狗市區配置町名區劃圖
資料來源：臺灣總督府公文類纂 000028700019002014M

打狗町名區劃配置圖
町名市區區劃配置
縮尺 六千分之一

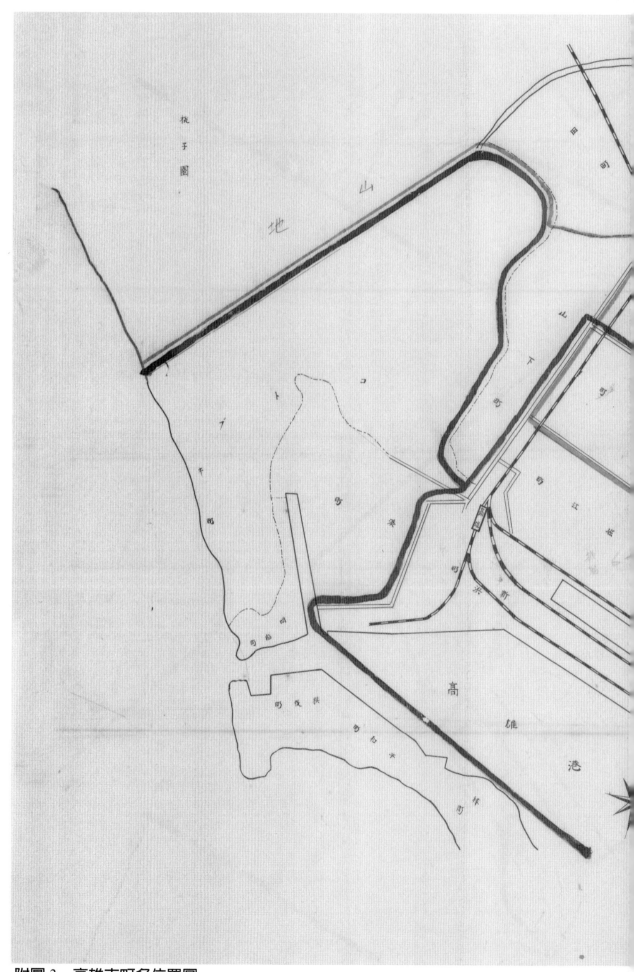

附圖 3　高雄市町名位置圖
資料來源：臺灣總督府專賣局檔案 00103596000019003002M

附圖 5　大正 5 年臺中市町名圖
資料來源：臺灣總督府公文類纂 0000024970039002001M

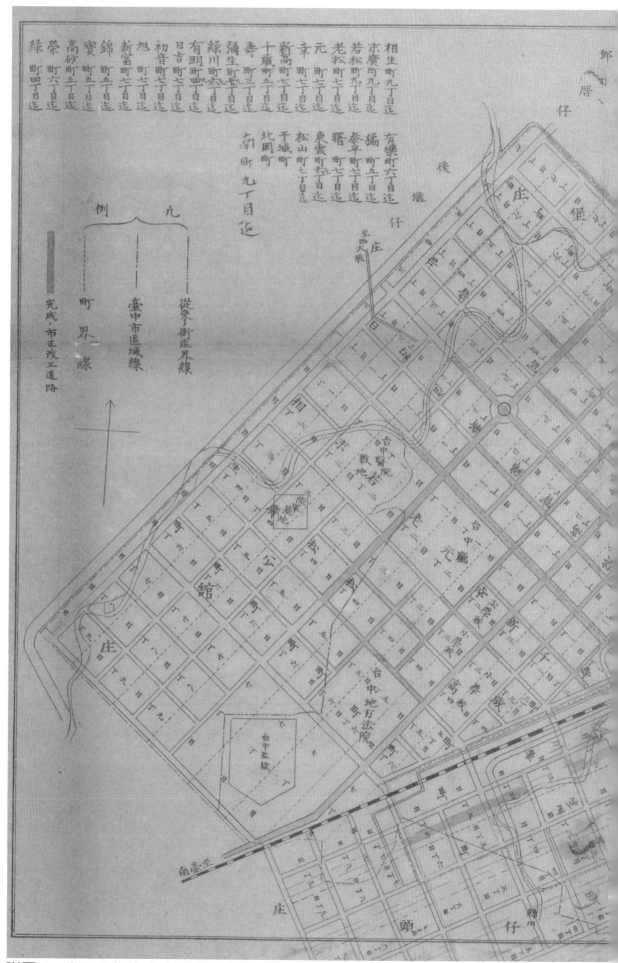

相生町九丁目迄
末廣町九丁目迄
若松町九丁目迄
老松町七丁目迄
元町七丁目迄
幸町七丁目迄
新高町七丁目迄
千歲町五丁目迄
壽町三丁目迄
彌生町七丁目迄
綠川町六丁目迄
有明町四丁目迄
日吉町七丁目迄
初音町七丁目迄
新富町七丁目迄
旭町七丁目迄
錦町五丁目迄
寶町五丁目迄
高砂町六丁目迄
榮町六丁目迄
綠町四丁目迄

有樂町六丁目迄
揚町五丁目迄
泰平町七丁目迄
曙町七丁目迄
東雲町六丁目迄
松山町七丁目迄
干城町
北岡町
南町九丁目迄

後壠仔庄
邸厝仔

凡例

完成ノ市區改正道路
町界線
臺中市區域線
從來ノ街庄界線

附圖4 大正3年臺中市町名預定圖
資料來源：臺灣總督府公文類纂 00002492012900200lM

臺中市街圖

（大正五年十一月二日臺灣新聞第四千八百四十五號附錄）

臺中廳報第四百八十號（第三種郵便物認可）
臺中廳告示第百四十一號別紙

214

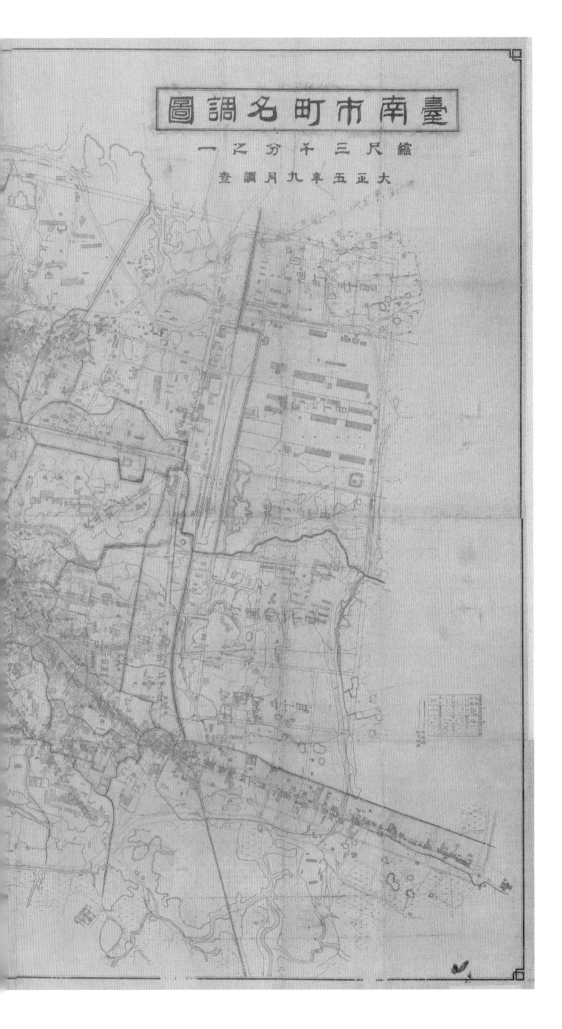

臺南市町名調圖

縮尺三千分之一

大正五年九月調查

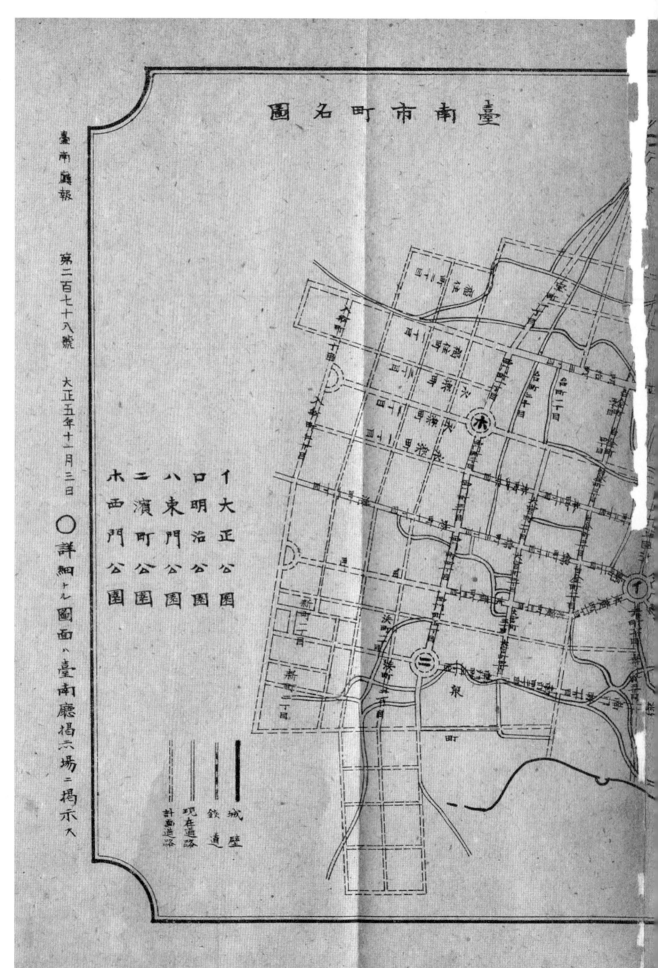

附圖 6　大正 5 年臺南市町名圖
資料來源：臺灣總督府公文類纂 000024970040160

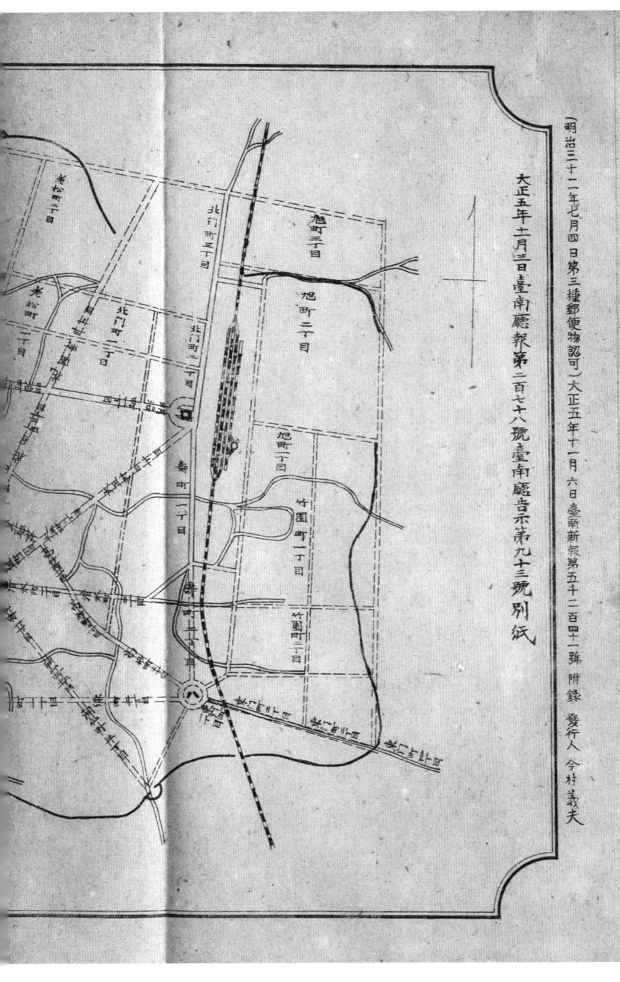

（明治三十二年七月四日第三種郵便物認可）大正五年十一月六日臺南新報第五千二百四十一號　附錄　發行人　今村義夫

大正五年十一月三日臺南廳報第二百七十八號臺南廳告示第九十三號別紙

老松町二丁目

老松町二丁目

北門町三丁目

北門町二丁目

北門町二丁目

北門町之二丁目

旭町三丁目

旭町二丁目

旭町二丁目

旭町一丁目

壽町一丁目

壽町一丁目

竹園町一丁目

竹園町二丁目

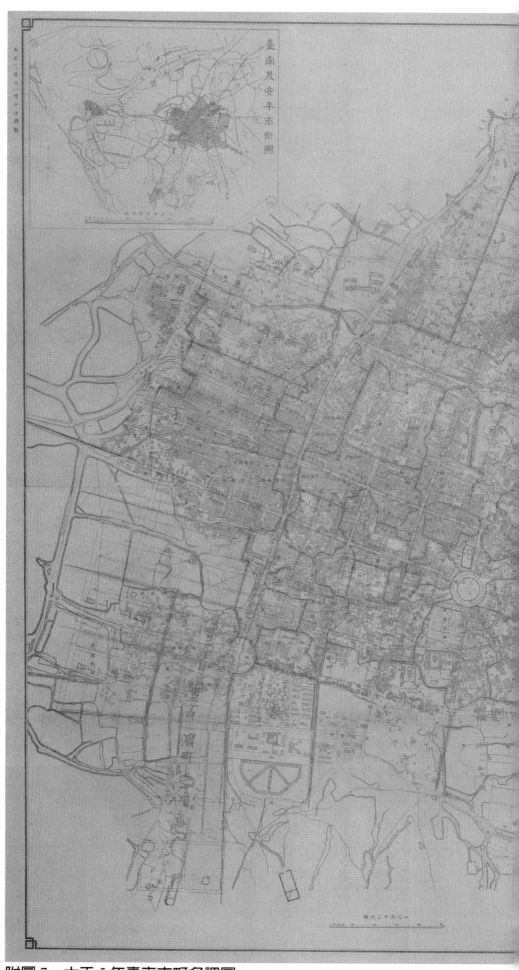

附圖 7　大正 5 年臺南市町名調圖
資料來源：臺灣總督府公文類 000063910029004001M

附圖 9　臺東街町名預定圖

資料來源：臺灣總督府公文類纂 0000650801490002007M

資料來源：臺灣總督府公文類纂 000066680219002001M

附圖 8　臺南市東西區町名略圖圖
資料來源：臺灣總督府公文類纂 000066680219002001M

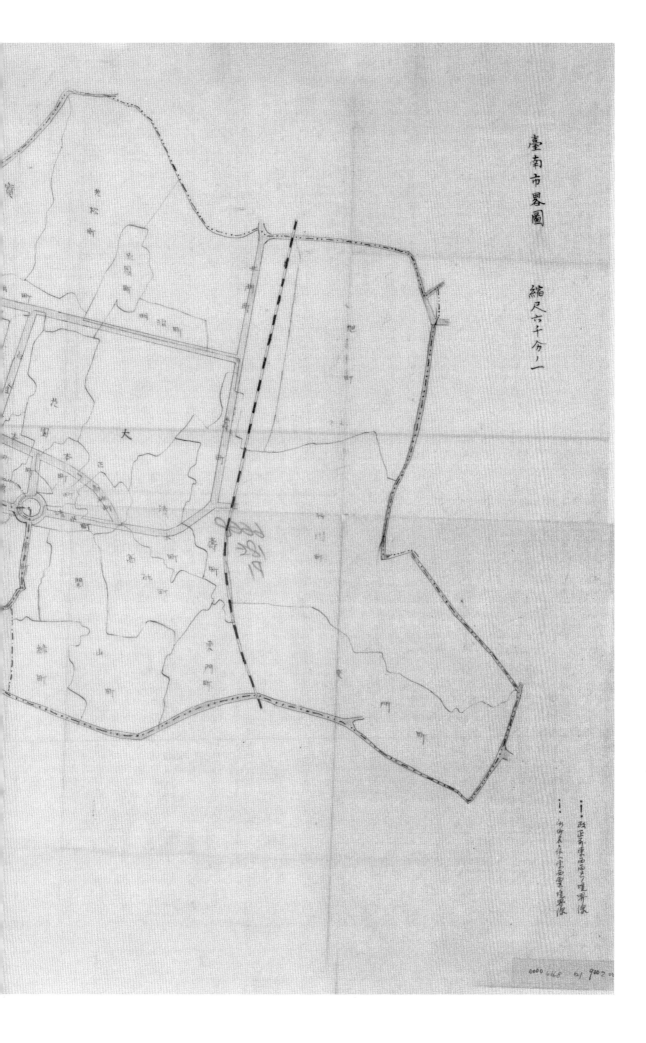

臺南市界圖

縮尺六千分ノ一

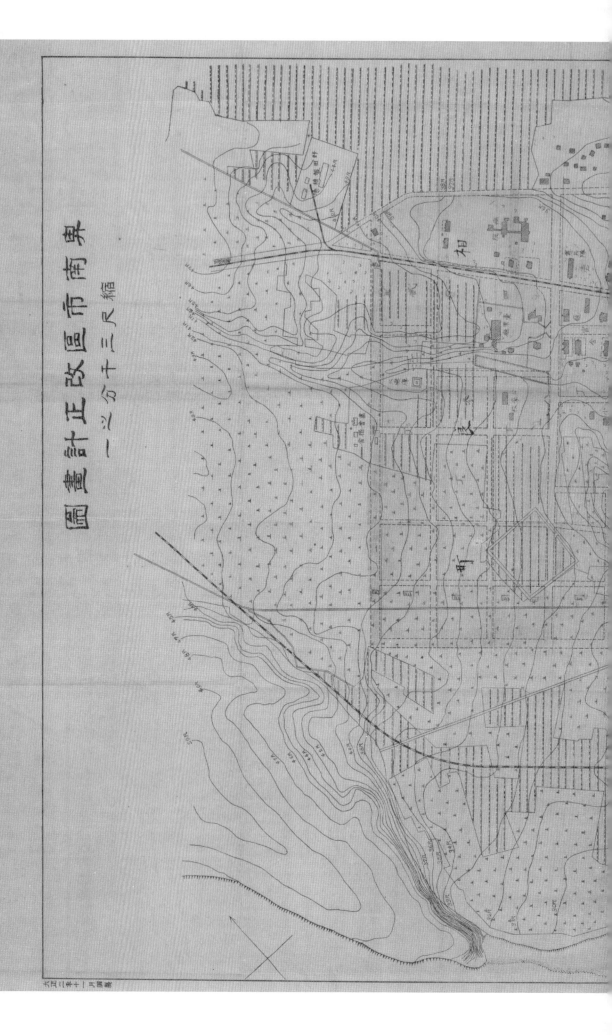

奧南市市區改正計畫圖

縮尺三千分之一

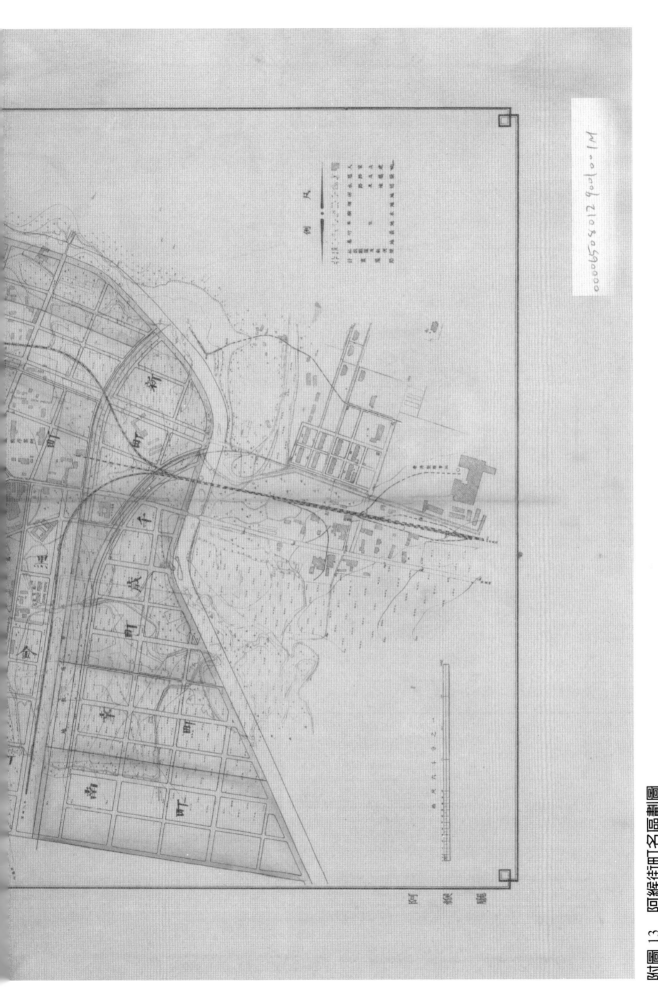

附圖 13　阿緱街町名區劃圖
資料來源：臺灣總督府公文類纂 0000650801290001001M

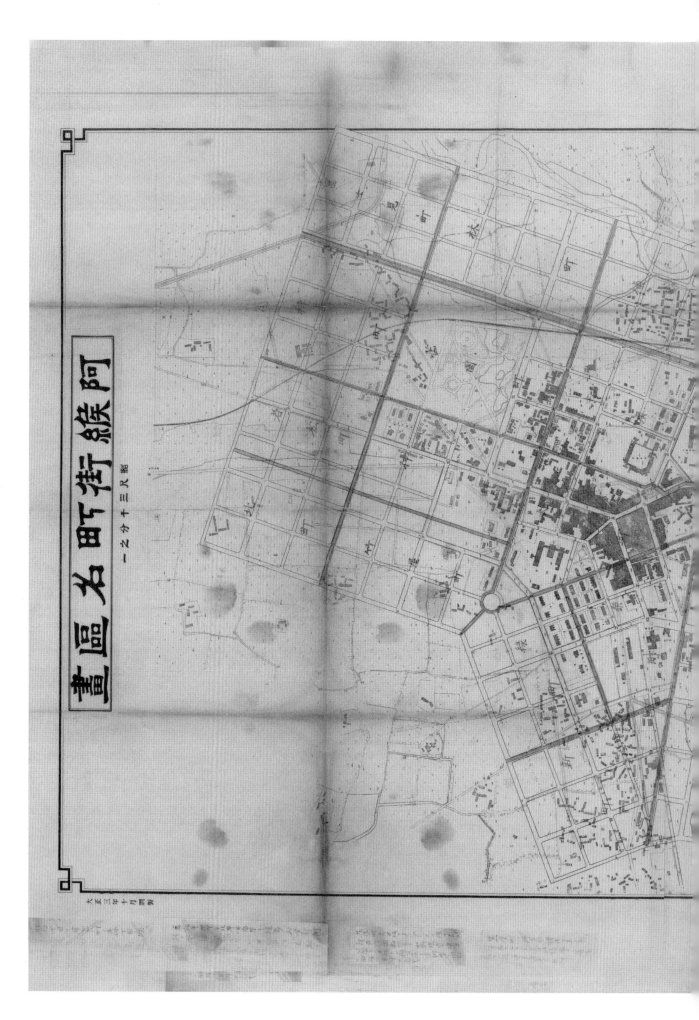

阿緱廳街庄名區畫

縮尺三十分之一

大正三年十月調製

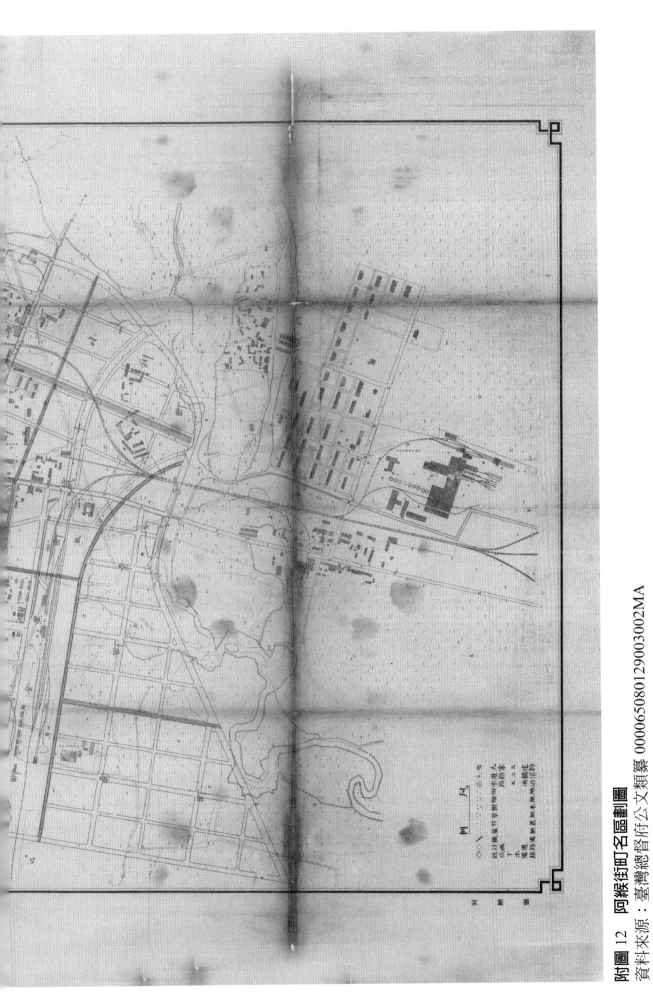

附圖 12　阿緱街町名區劃圖

資料來源：臺灣總督府公文類纂 0000065080129003002MA

臺（臺）區名町幟陌

臺（臺）區名町幟陌

大正元年十一月調製

臺南市市區改正計畫圖

縮尺三千分之一

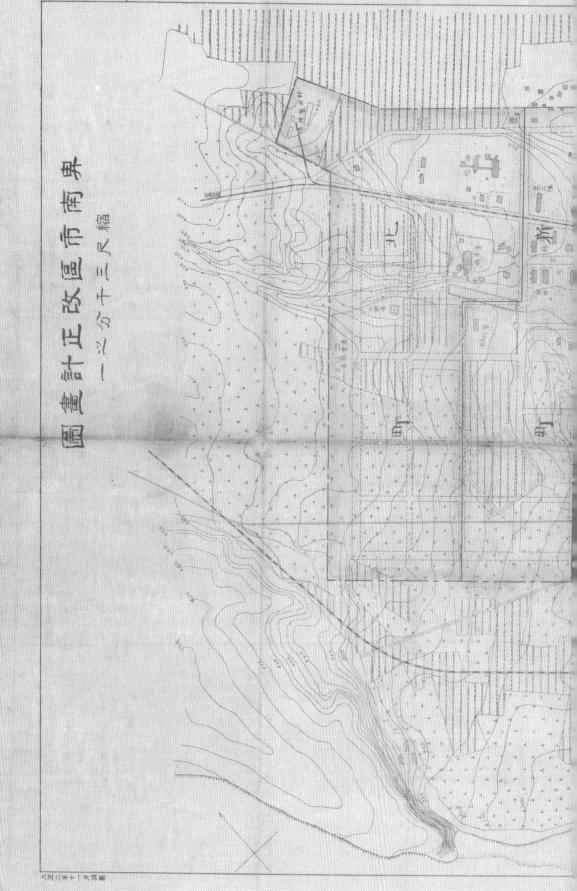

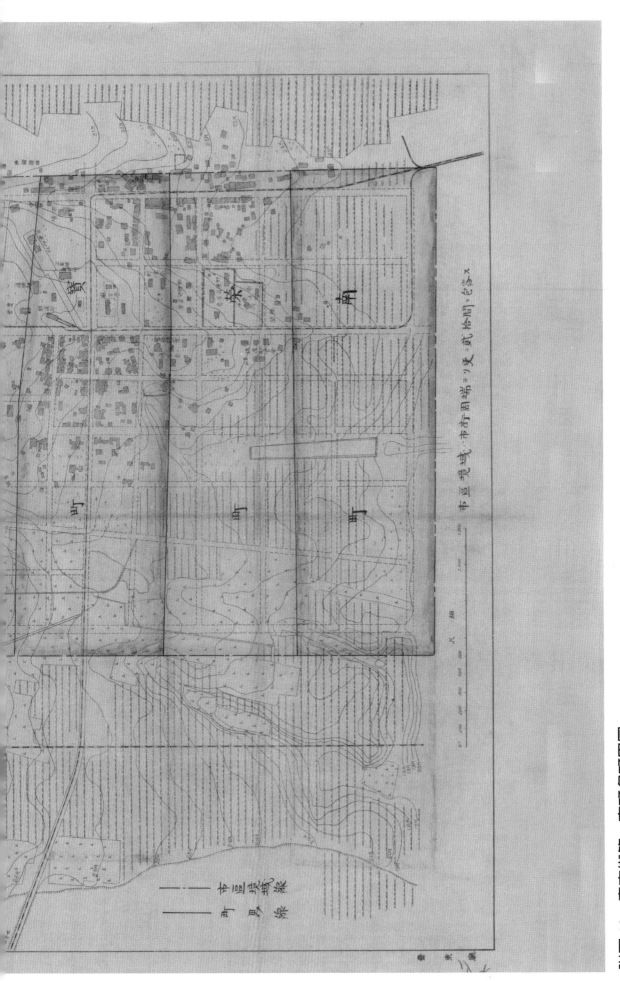

附圖 10　臺東街第一案町名町界圖

資料來源：臺灣總督府公文類纂 00006508014900200　5M

臺南市區改正計畫圖

縮尺三十分之一

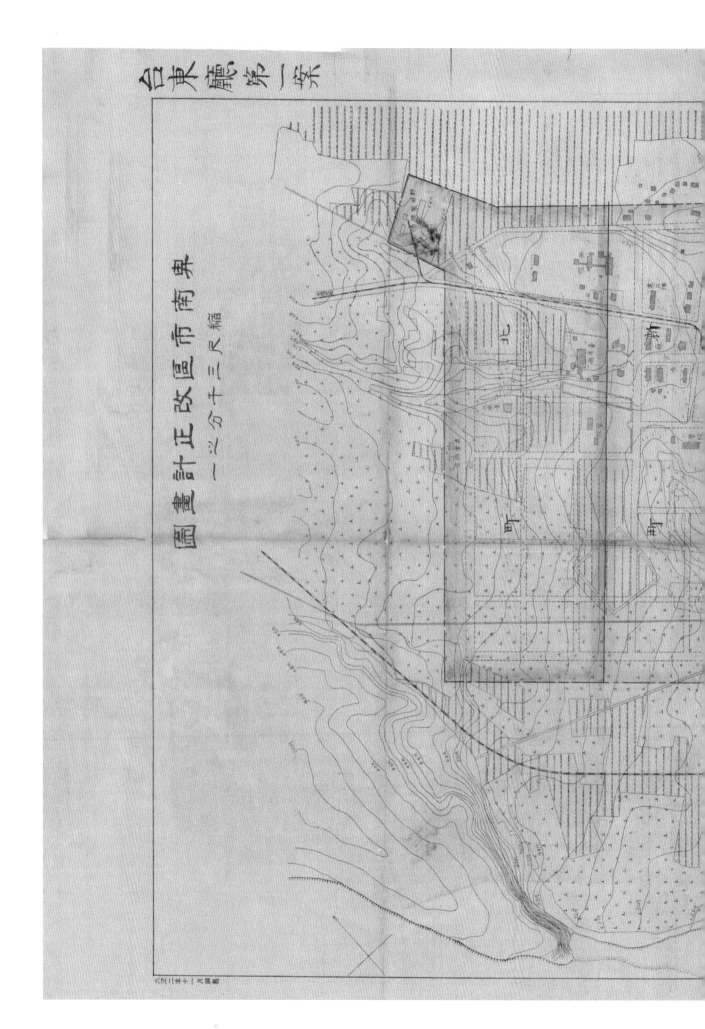

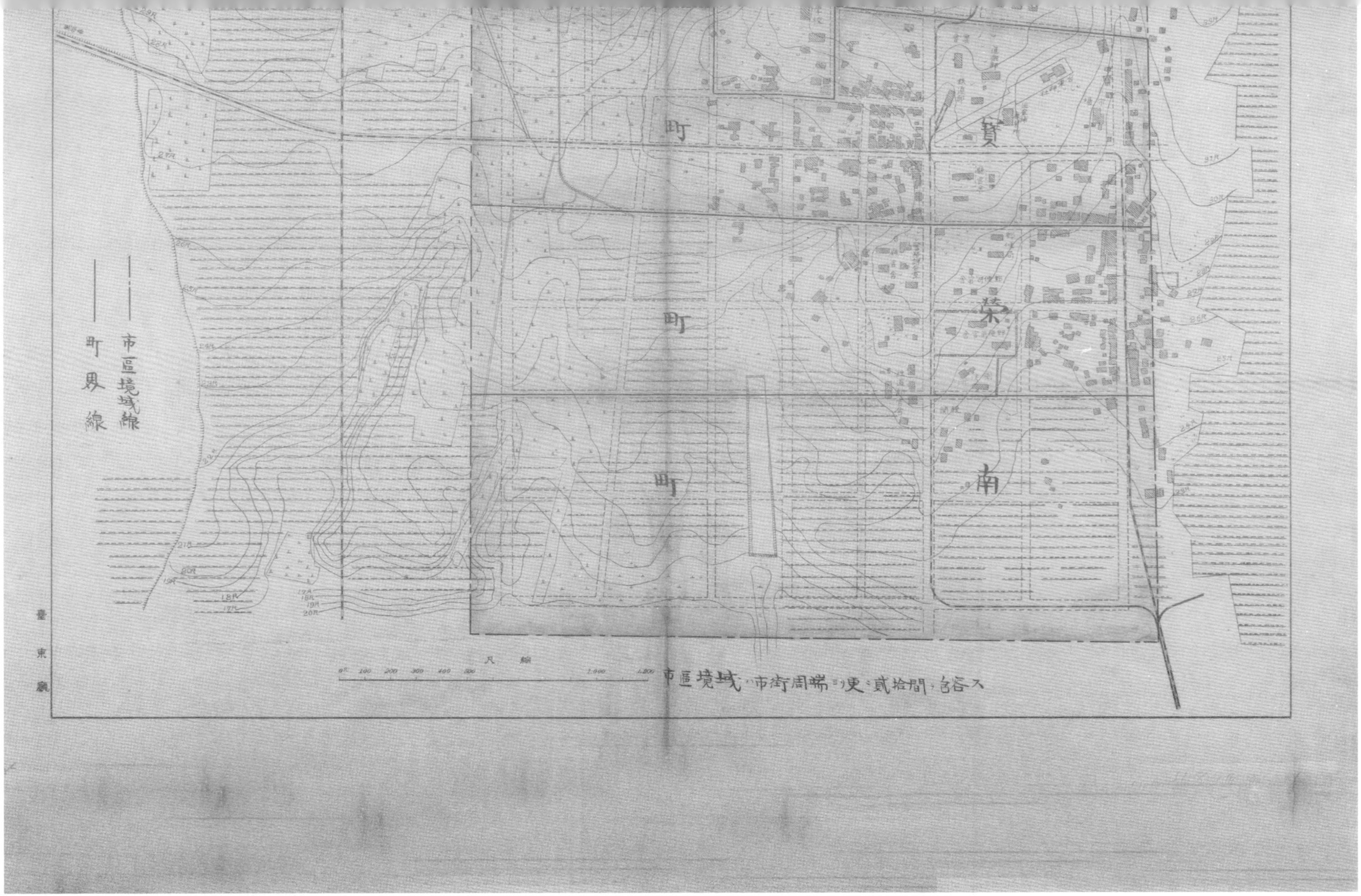

附圖 11　臺東街第二案町名町界圖

資料來源：臺灣總督府公文類纂 0000650801490002006M

附圖 15　台北市改正町名市街圖

資料來源：臺灣總督府公文類纂 00010541C049002001M

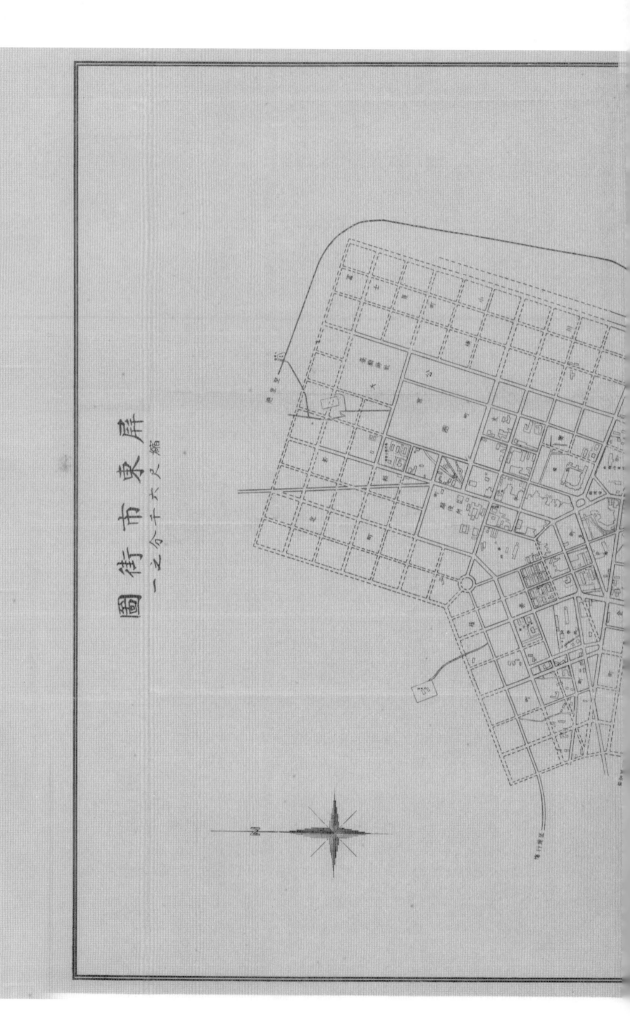

屏東市街圖

縮尺六千分之一

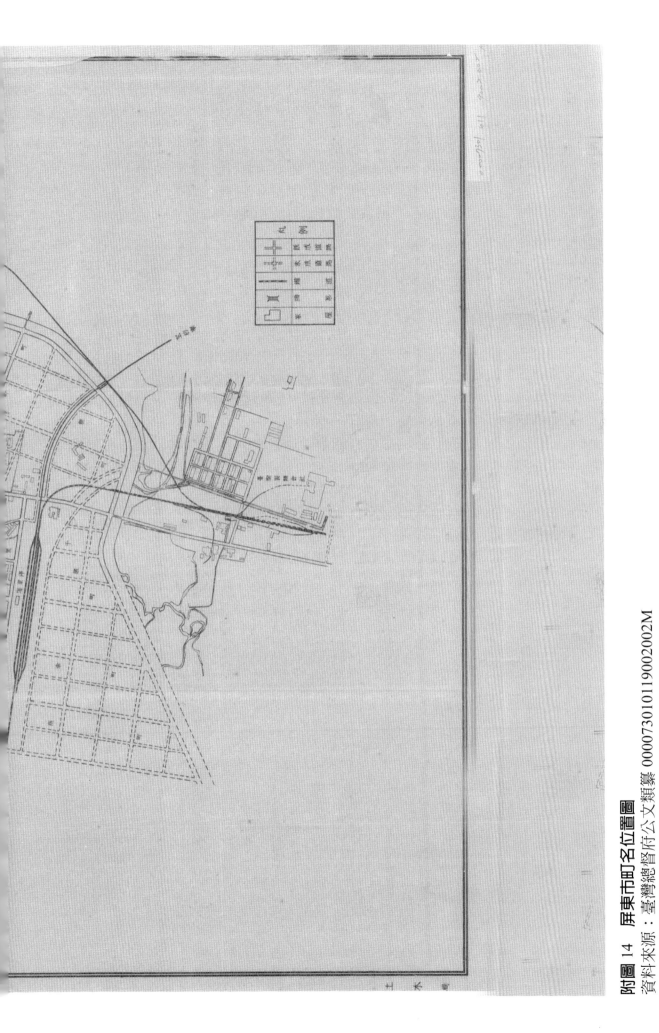

附圖 14　屏東市町名位置圖

資料來源：臺灣總督府府公文類纂 00007301011900220002M

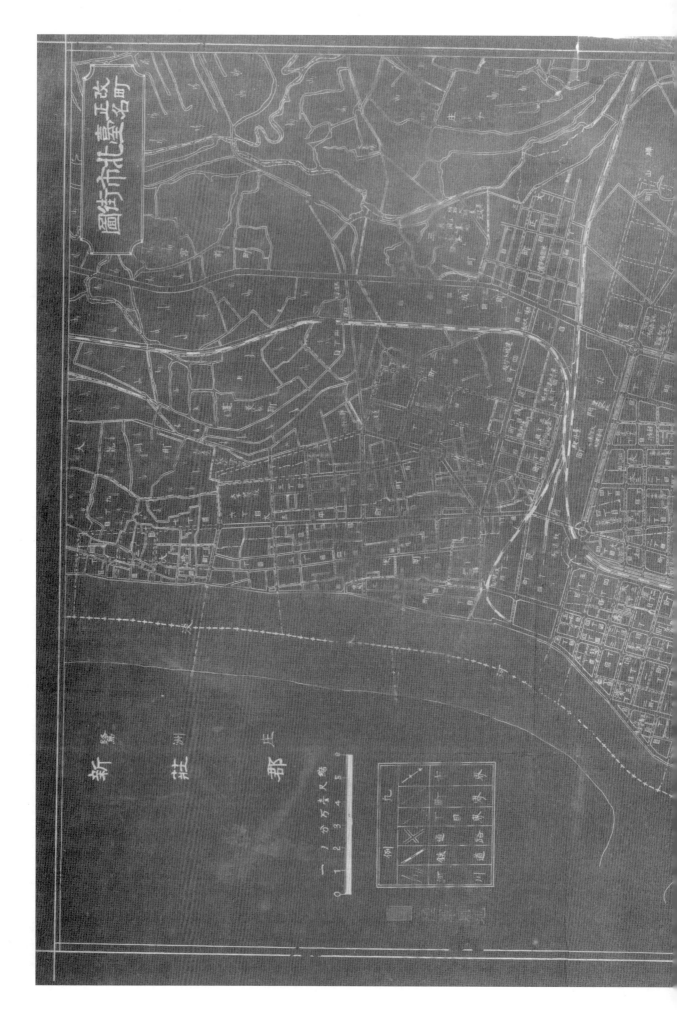

改町
正名
臺
北
市
新街
圖

新莊郡

凡例

縮尺一萬分一

0 1 2 3 4 5

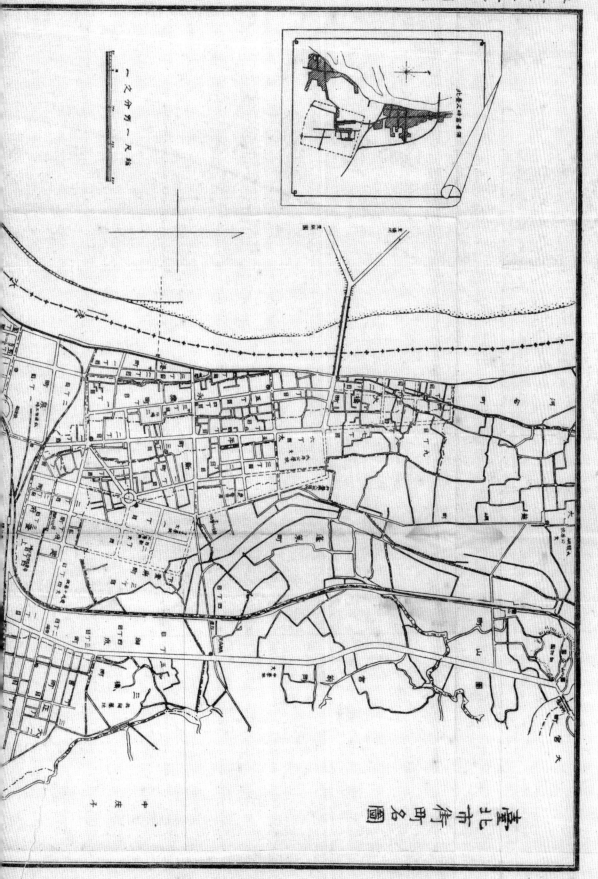

台北市街名圖

縮尺四千分之一

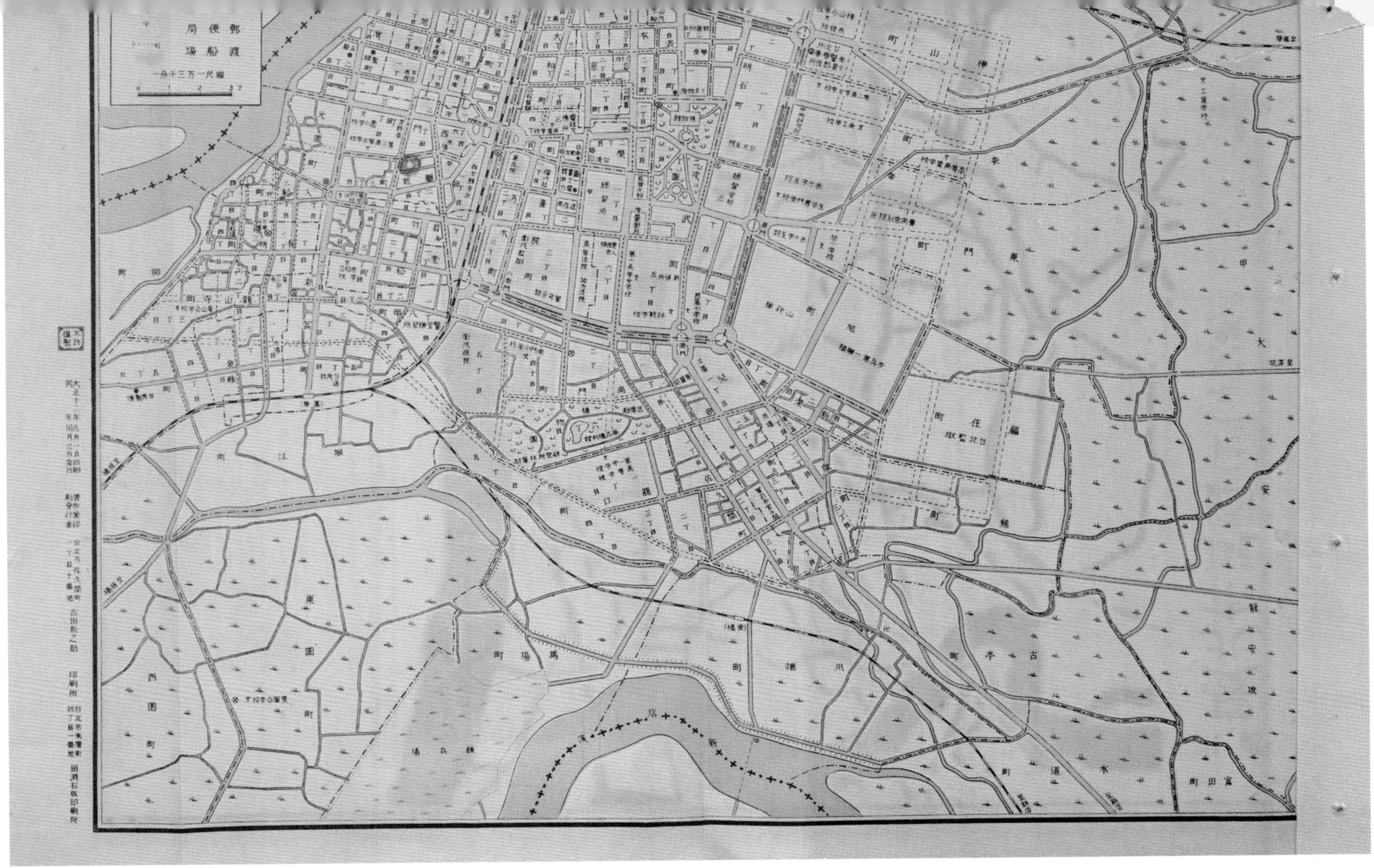

附圖 16　台北市市街圖

資料來源：臺灣總督府公文類纂 0000727600019001003m

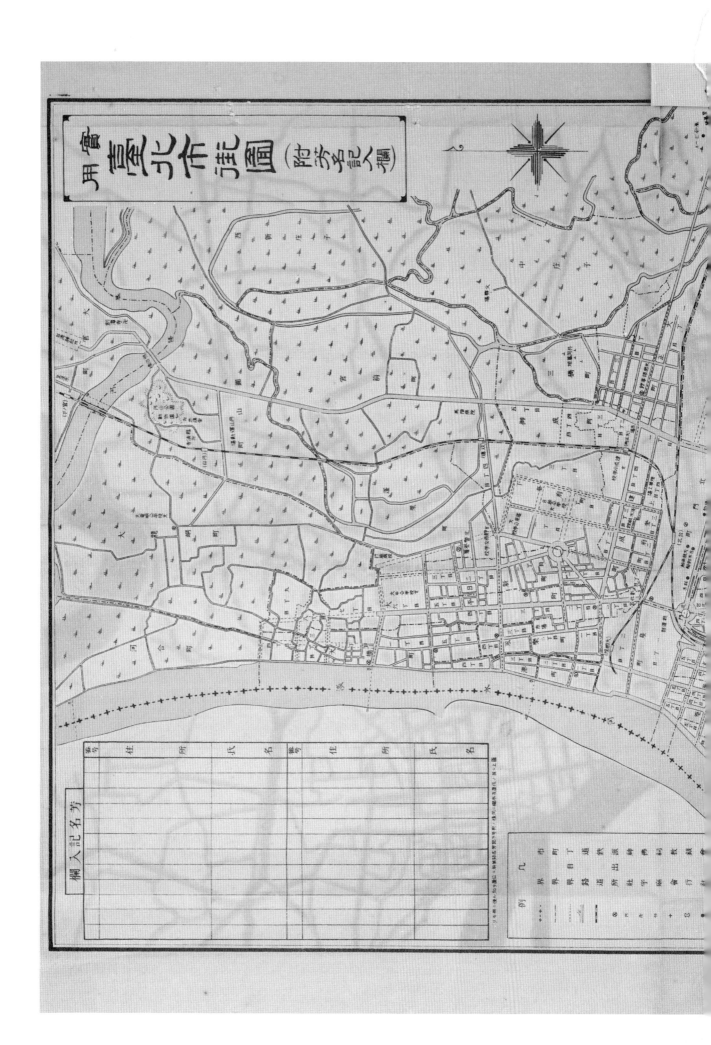

225

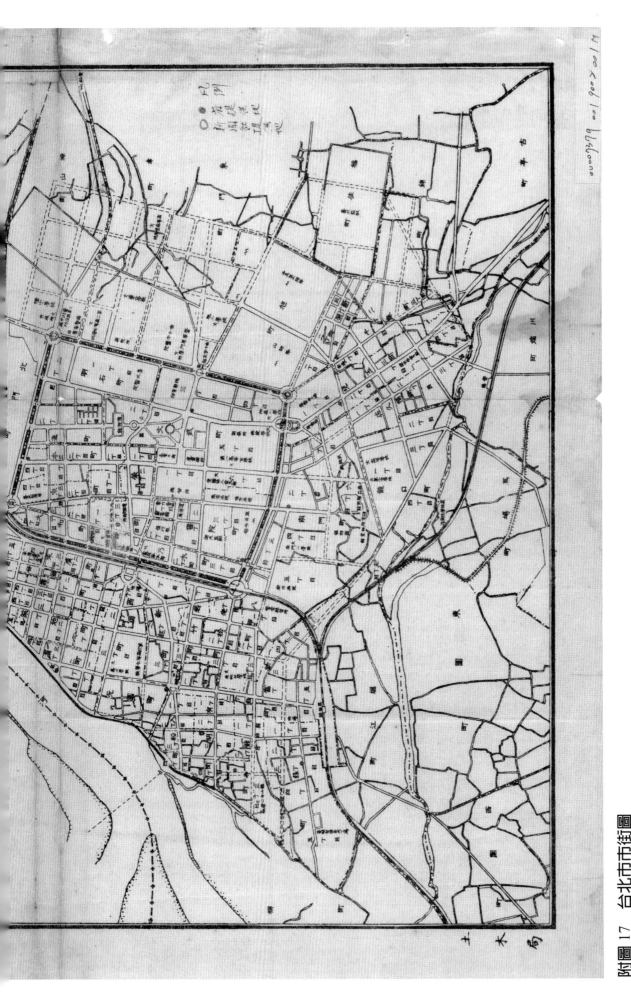

附圖 17　台北市市街圖

資料來源：臺灣總督府公文類纂 0000073790019002001M

附圖 19　昭和 9 年基隆市街圖

資料來源：臺灣總督府公文類纂案 000106820029001001m

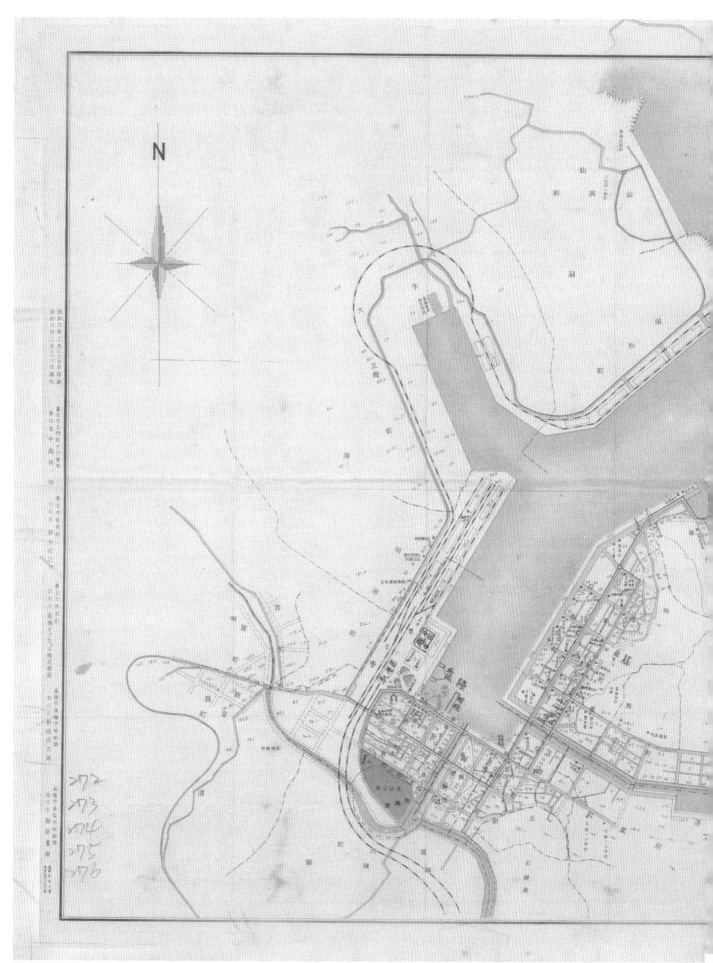

附圖 18　昭和 6 年基隆市街圖

資料來源：臺灣總督府專賣局檔案 0010200400008900200 1M

社寮町
番字洞
城跡
ジャンピキ
仙洞町
文
グランド
呈燈台
濱町
昭和町
新岸壁
外港
至八斗子
内
ドンラグ
旭丘公園
海水浴場
クルベ浜
クルベ墓地
清国墓地
眞砂町
入
船
文町
○○郷土舘
北白川宮御遺跡記念碑
緑町
博舞
劇場
石坂公園
曙町
町
顔氏邸
壽町
幸町
文
田寮町
町
天神町
遊廓
世界館
至瑞芳
東町
双

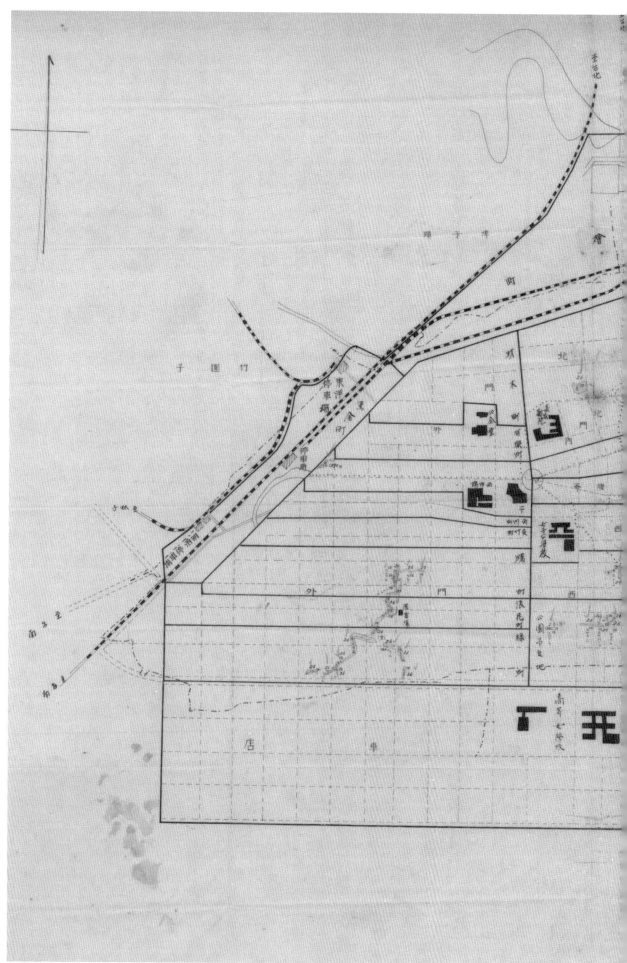

附圖 21　嘉義市區計畫平面圖
資料來源：臺灣總督府公文類纂 0001142701790020022M

嘉義市區計畫平面圖

縮尺六千分ノ一

中學校敷地

嘉義神社

公園

花園町

トンクラク

至台北
至台北

至竹崎
至竹崎

原

町

秦平町

刑務所

水道町

神明町

宮下町

清水町

第一公學校

林町

北門町

八雲町

稻後町

相生町

彌生町

荊手町

老松町

錦町

幸町

大田町

二葉町

共學校

玉川

本町

一丁目　二丁目　三丁目　四丁目　五丁目

巽町

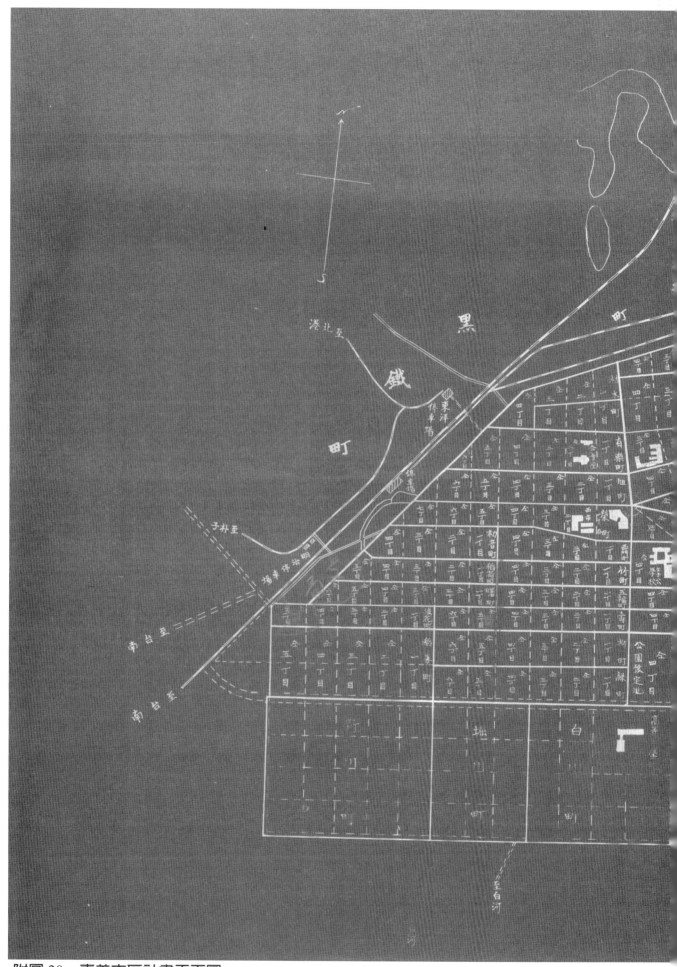

附圖 20　**嘉義市區計畫平面圖**

資料來源：臺灣總督府專賣局檔案 0010084200059002001M

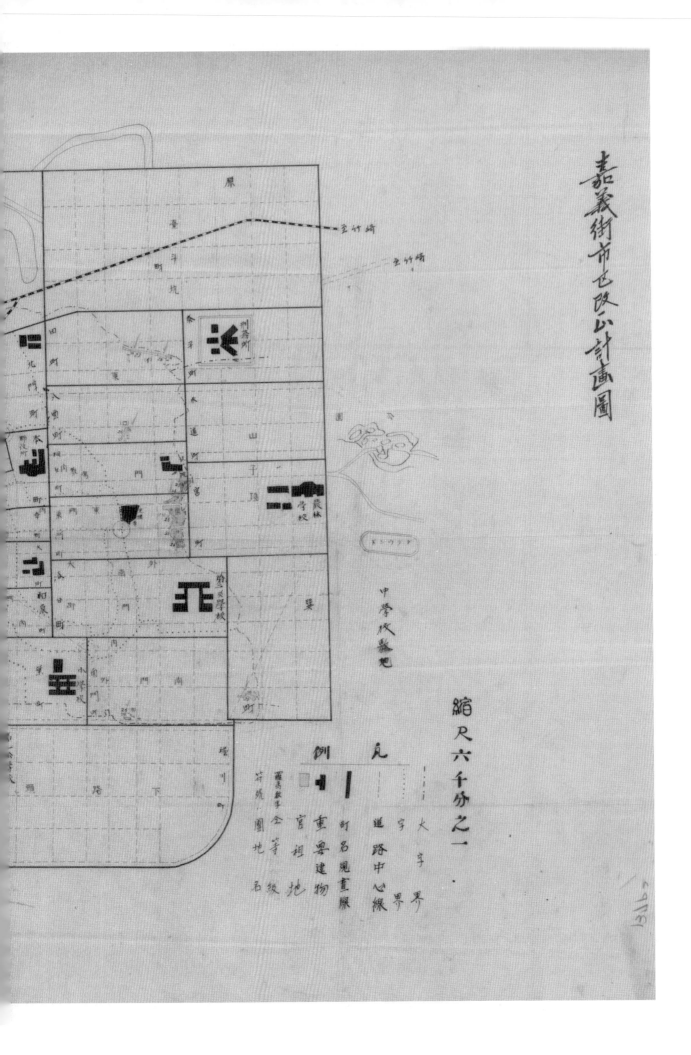

嘉義街市區改正計畫圖

縮尺六千分之一

中學校敷地

凡例

.... 大字界
―――― 字界
道路中心線
町名現畫線
重要建物
官衙地
團地名

230

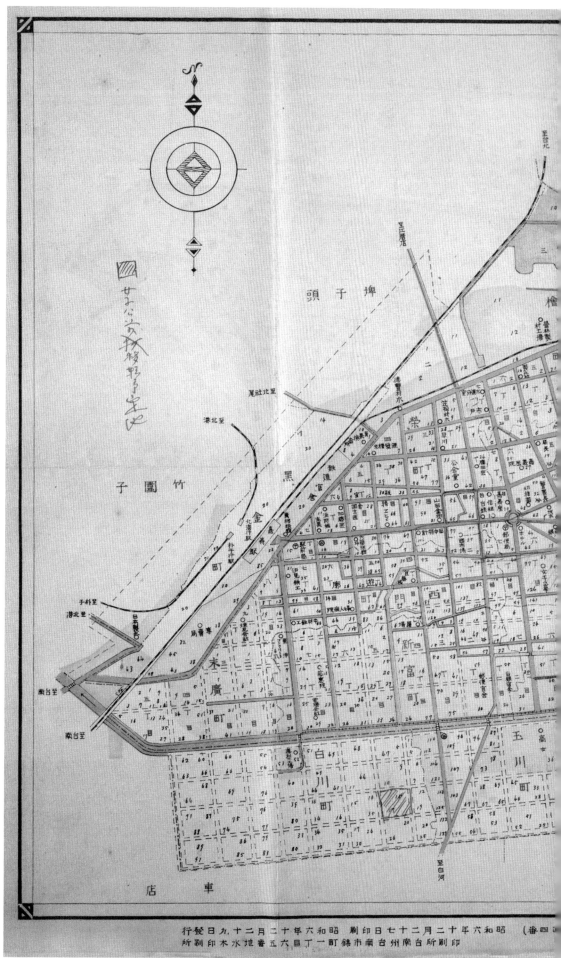

附圖 23　嘉義市街實測面圖
資料來源：臺灣總督府公文類纂 000105860029001002m

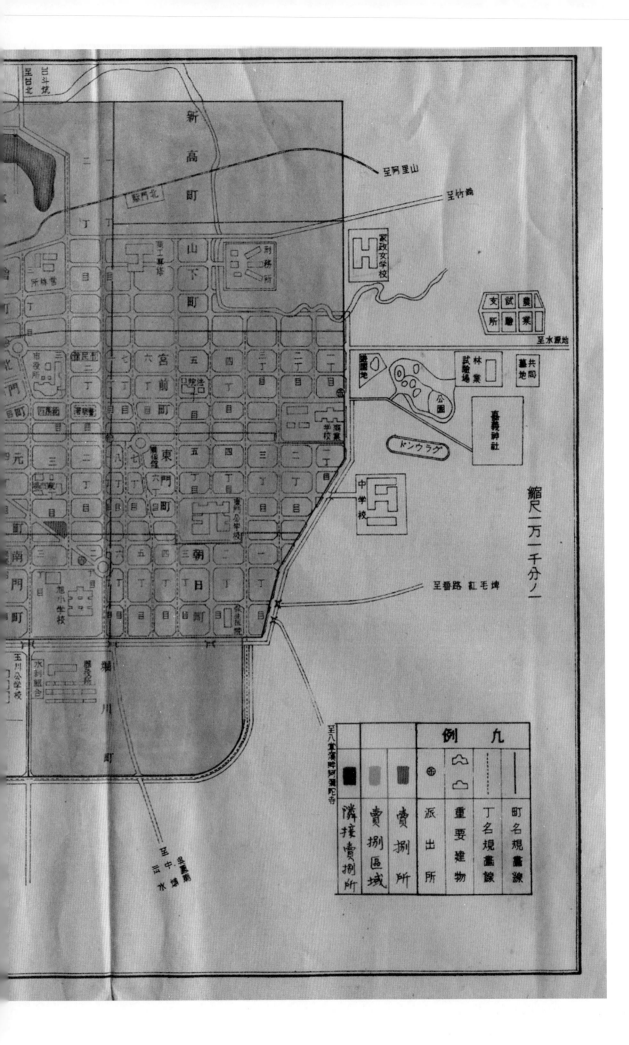

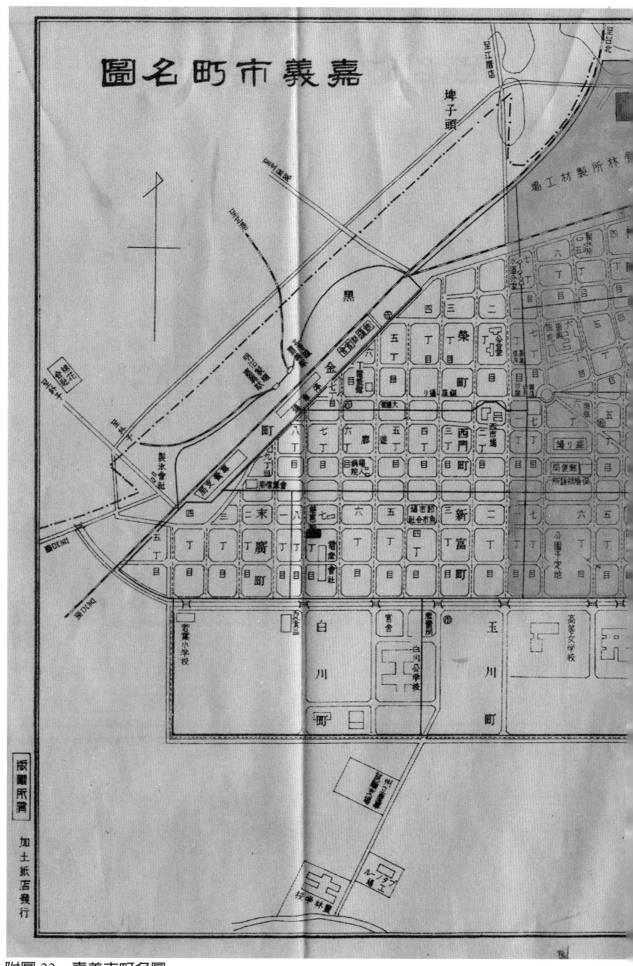

附圖 22　嘉義市町名圖
資料來源：臺灣總督府公文類纂 0010626100070136

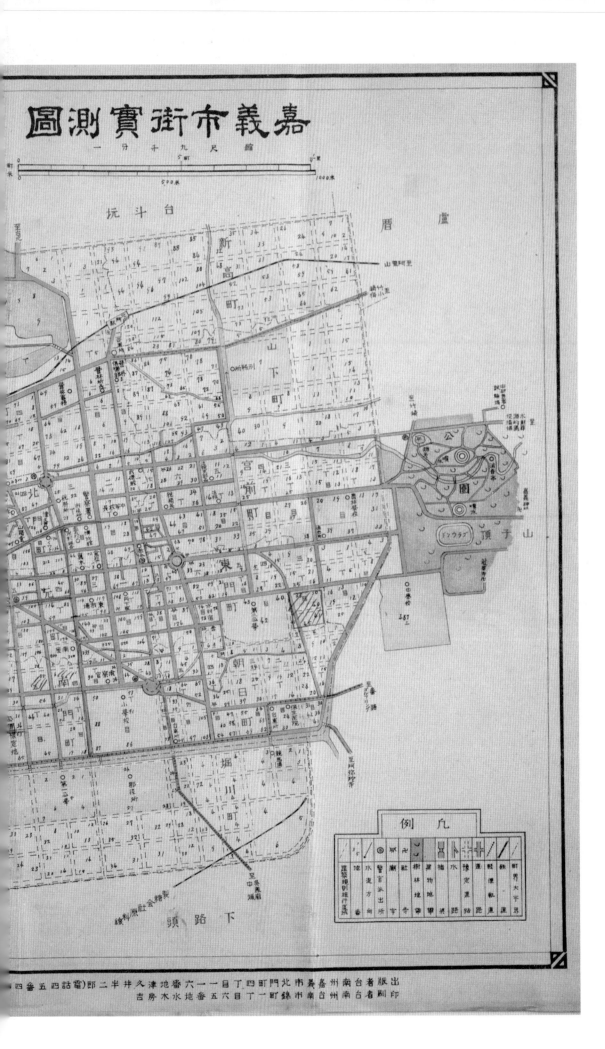

嘉義市街實測圖

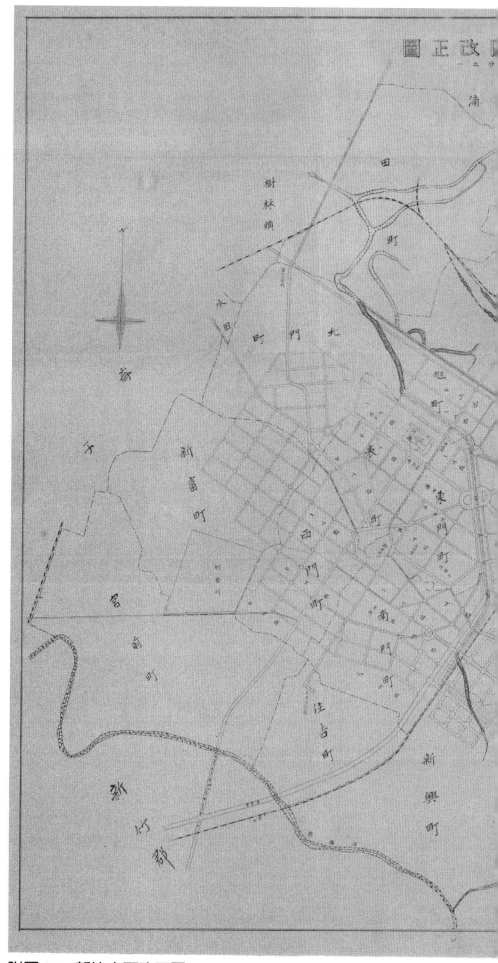

附圖 25　新竹市區改正圖
資料來源：臺灣總督府公文類纂 0001067600019003012M

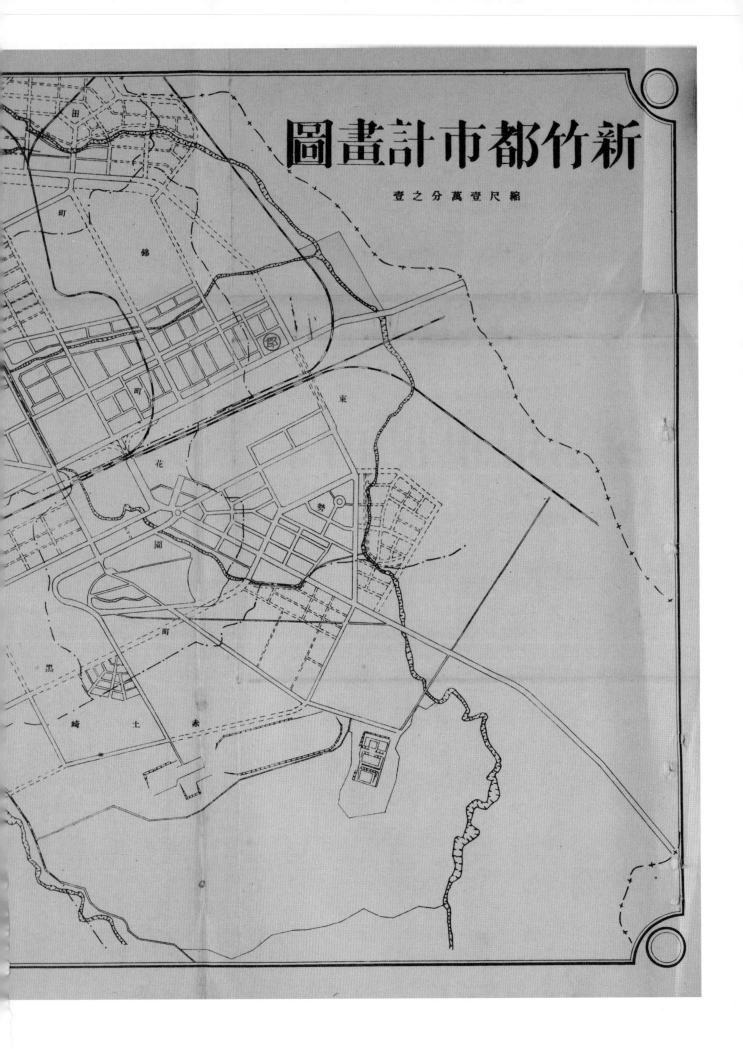

新竹都市計畫圖

縮尺壹萬分之壹

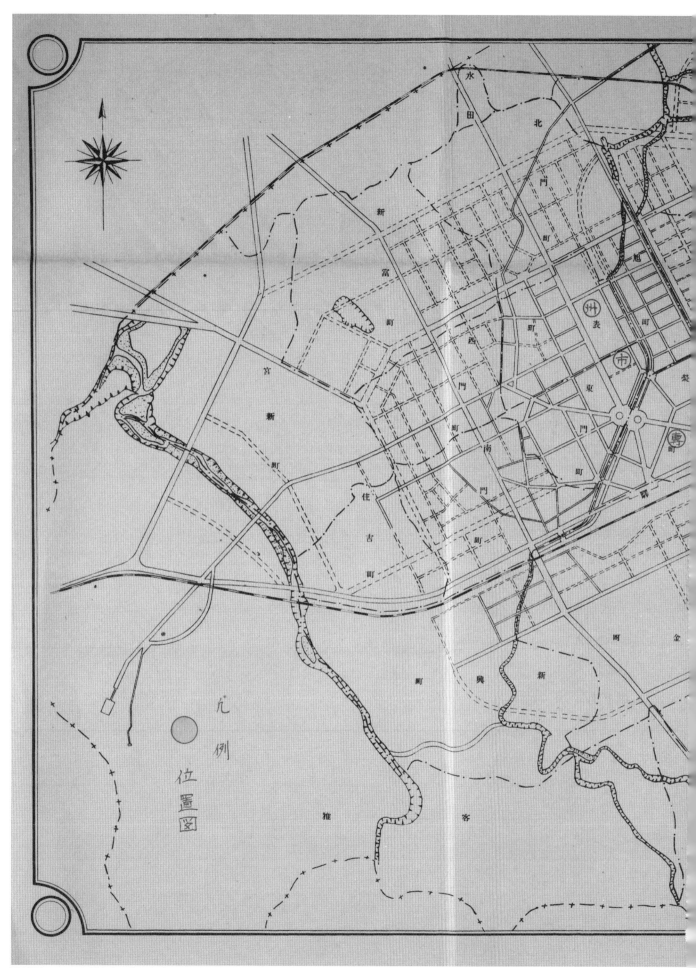

附圖 24　新竹都市計畫圖
資料來源：臺灣總督府專賣局檔 00104153000049001001m

雅

水

田

錦

町

東

勢

榮

九

町

黒

金

町

赤

土

崎

客

雅

凡

例

孔子廟豫定地

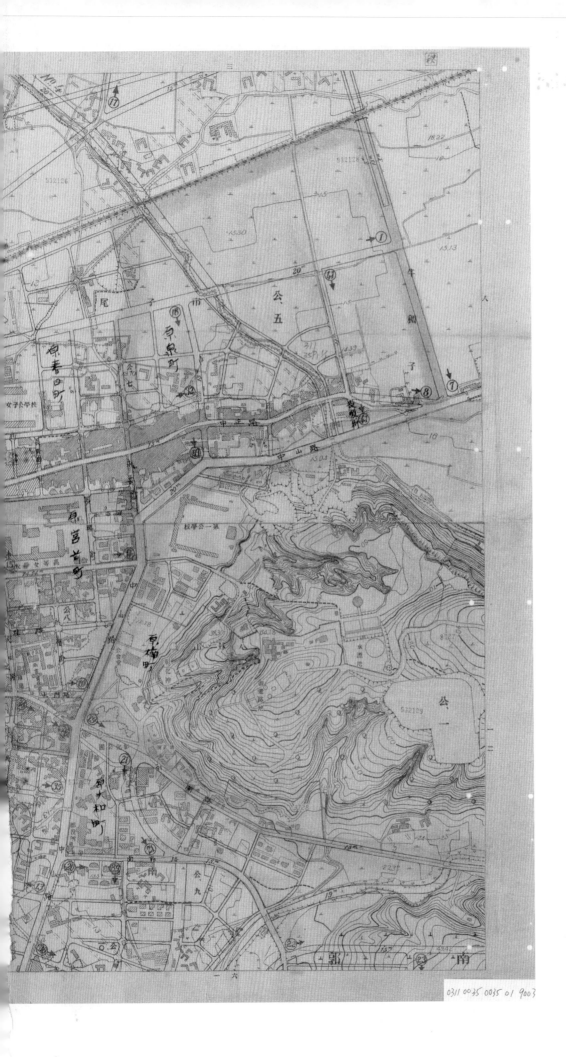

35

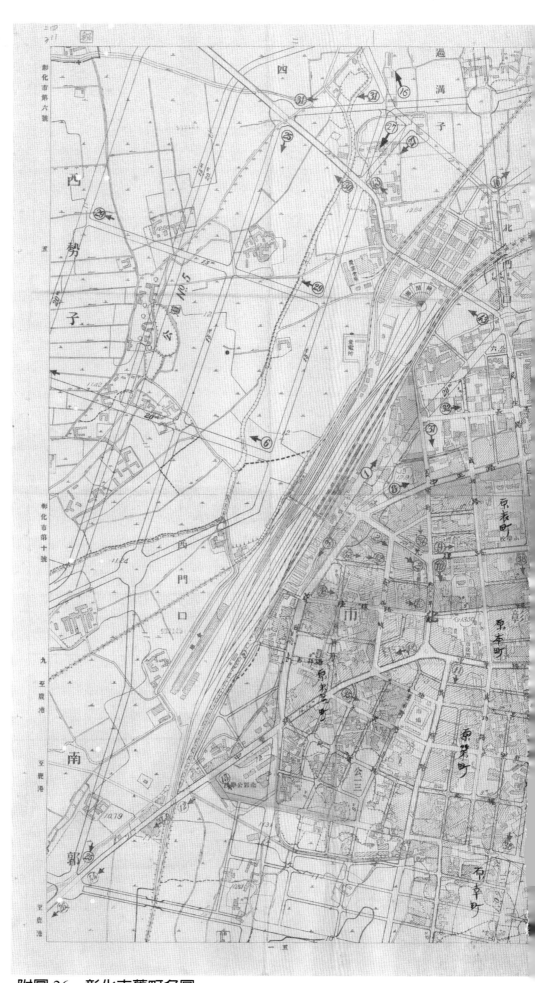

附圖 26　彰化市舊町名圖
資料來源：臺灣省行政長官公署 031100350035019003

地名調查研究法—以屏東為例

黃瓊慧[1]

一、前言

　　不論任何國家，任何地方，只要回溯其名稱起源，皆可獲知它們是在有意之下被命名，[2]亦即地名是人類對某一特定地點或地區所賦予的專有名詞，絕大多數的地名乃由當地居民以當地的語言去命名。[3]地名來源和演變除受自然環境影響外，也常為文化接觸所左右，從地名中可看出族群遷徙或征戰的痕跡，因此，地名能反映當地地理環境，並賦有文化層指標作用。故地名之於地理學或歷史學研究，有似化石之於地質學或古生物學。[4]地名宛如歷史的代言者，可從地名所描述的原始景觀，藉以探討出歷史時間裏的空間格局。[5]所以，地名沿革的研究，乃歷史的開端、地理的配合與印證，不管以歷史或地理為主體，都是值得開發與深究的領域。[6]

　　臺灣自古以來，有其複雜的居民、頻仍的政治變革，並隨著地方的拓展，發生多樣的地名變遷。首先有以原住民固有語言而命名，其次在荷蘭與西班牙治理臺灣時，以其語言給予特殊名稱，至鄭氏和清代領台時期，更改而採用漢字名稱。日治時代亦有更迭，在這轉變之中，不少已全然失去原義，所以很難認清所有地名的起源。[7]雖然經過長久的歲月，基於種種的原因或事故，累積多次的變遷之後，往往無法完全窺知當初命名的用意，且隨著社會的發展，地名愈來愈複雜，愈來愈多樣化。然溯源考究地名的因由，不僅僅是它的名稱與演變，地名更記錄著不同時代自然、社會、人文各種現象，以及先民在地表上奮鬥的足跡，提供了人地互動、相互依存的例證，並呈現出區域特色形成的動態過程。

　　本文企圖透過實際地名調查撰寫的經驗，提供地名調查研究方法與途徑，期能藉由此研究途徑，詮釋地名的演變，重塑歷史時期地理環境及其變化過程，並探究人類社會在此地理舞台上形成發展及演變規律，進而闡明當前地理景觀在時間脈絡的形成與特色。

---

[1] 國立高雄師範大學地理系博士候選人。

[2] 安倍明義，〈序言〉，《台灣地名研究》（台北：蕃語研究會，1938）。

[3] 陳國章，〈序〉，《臺灣地名辭典（上）》（台北：國立臺灣師範大學地理學系，1997）。

[4] 陳正祥，《中國文化地理》（台北：木鐸出版社，1984），頁214。該書原為十篇章，在1995年，增加〈水城揚州〉等四篇章，改由台北市南天書局有限公司出版，並另名為《中國歷史文化地理（上冊）》，〈台灣的地名－文化層分期〉為第十三篇，編頁於323-348。

[5] 洪敏麟，《臺灣舊地名之沿革（第一冊）》（台中：臺灣省文獻委員會，1980），頁4。

[6] 2007年2月16日歷史地理研究工作室地名研討籌備第二次會議召開時，中研院台灣史研究所許雪姬所長致詞的部分內容。

[7] 伊能嘉矩，《大日本地名辭書續編 第三 台灣》（東京：富山房，1909），頁5。

二、文獻史料的蒐集分析與解讀

地理資料依照取得來源方式的不同，可分為第一手資料與第二手資料。第一手資料是研究者親自觀察、測量或訪談所得的訪問稿，以及收集到或實地拍攝的照片、家族譜、古文書，是從事地理甚或地名調查研究時最重要的工作之一。第二手資料則是從文獻檔案、書籍、報告書、地圖或電腦資料庫等他人研究調查結果中獲得。

第二手資料主要蒐集方式如下：其一、可從圖書館、政府機關、寺廟、宗祠、地方文史工作室、電腦網際網路取得文獻資料；其二、欲取得官方各種年鑑、政府統計年報、各縣市統計要覽、臺灣各氣象觀測站、各地戶政統計資料，可至各縣市圖書館查詢或電腦連線進入內政部統計資料網、中央氣象局與各縣市鄉鎮市區的戶政事務所網站，都可查詢蒐集相關統計資料。其三、圖像資料蒐集方法甚多，例如直接使用已出版的地圖冊、政府單位出版的相片基本圖與地形圖，亦可從網際網路檢索內政部臺灣地區地名查詢系統網站[8]資料庫中的圖檔，其中包括明治三十七年（1904）的臺灣堡圖，以及至今民國九十年（2001）的地形圖，另外，尚可利用中央研究院建置的 Google Map 系統資料庫與行政區界結合，做為田野調查和不同時期的地圖比較為基礎。然經由上述方式蒐集的第二手資料，必須瞭解該資料的調查時間、過程及處理方法，才正確有效地利用。

以《臺灣地名辭書　卷四　屏東縣》[9]撰寫經驗為例，地名研究過程包括事前準備作業、田野實察、資料整理和文章撰述等四個步驟。地理資料的取得來源涵蓋第一手與第二手資料，事前準備作業主要是蒐集文獻史料，文獻史料大體包括為碑文、照片、報紙、家族譜、統計書、戶籍簿、古文書、土地台帳、官方檔案、歷代志書、辭書遊記、歷代地圖，以及公私單位的相關出版品。

就地名調查的實際運用與論述之連貫性，可將上述各種取得來源資料分為「歷代檔案文獻」、「歷代地圖」、「碑文、家族譜、古文書」三類。首先多方閱讀「歷代檔案文獻」，整理提及的地名與行政區的沿革與演變，並將不同時期地名的分級列表。其次，整理「歷代地圖」內的所有地名，然後再參酌蒐集到的「碑文、家族譜、古文書」進行地名的交叉比對。將此三大項資料彙整後，按目前鄉鎮市、村里別，初步建立地名分級索引，做為田野實察的線索。換言之，文獻史料不僅是田野實察前必要的準備作業，在研究過程中的印證，以及調查結果撰寫成文時也是重要參考資料。以下就《臺灣地名辭書　卷四　屏東縣》撰寫過程中的運用各類文獻史料方式分項述之：

---

[8] 民國八十九年（2000）起中央研究院歷史語言研究所與計算中心執行內政部地政司〈臺灣地區地名查詢系統〉計畫，將不同年代地圖的空間資料與文獻資料結合，建置〈內政部地名查詢系統〉。其中地名各條目說明多採用已出版縣市《臺灣地名辭書》之內容，透過國際網路科技，方便國人進行資料庫地名圖文查詢，落實國土資訊系統基礎建設，達到地名查詢普及化的理想。然各地名條目內容並未註明作者與出處，故若直接引用該網路資料時，可能因不知確切作者，而降低其學術性與學術價值，並造成引用者在註釋出處上的困擾。

[9] 《臺灣地名辭書　卷四　屏東縣》由黃瓊慧、鄭全玄、鍾瑾霖、李嘉雯、郭莉芳、翁淑芬六人分章撰述，全書共三十六章，九八六頁，共計五十餘萬字。

（一）歷代檔案文獻

歷代檔案文獻包括官方檔案、歷代志書、戶籍簿、土地台帳、統計書與公私單位的相關出版品。以屏東縣地名調查爲例，分級列表是以日治明治三十六年（1903）總督府檔案公文類纂《臨時臺灣土地調查局公文類纂》第五十九卷（4252 冊）中的〈庄及土名調查表〉資料爲基礎中心，再運用歷代志書、土地台帳、戶籍簿、統計書與公私單位的相關出版文獻資料展開清查，往前後時間延伸歸納地名與行政區的演變。

明治三十六年（1903）的〈庄及土名調查表〉（附錄一）內含清丈區域、行政區域與調查區域三部分。清丈區域包括庄名和土名，係指清光緒十二年至十八年（1886-1892）劉銘傳清賦事業中以街庄社做爲清丈單位的空間領域，[10] 行政區域則爲日治初期的行政區域範圍，大致上是依循清丈區域，[11] 但亦有合併或析分的情況。調查區域（或稱查定區域）則爲明治三十六年（1903）斟酌其地方自然環境和歷史、文化、社會背景，將數庄合併的地方行政系統。明治三十七年（1904）完成土地調查事業後，將經土地調查而鑒定的各街庄內每一筆土地加以編號，建立地籍編號系統，進而利用地籍上的地番，做爲居住該地人家戶籍的番地，形成完整的戶籍編號系統，達到日本政府「以地統人」[12]的目的。至此在地籍、戶籍系統結合之下，各級行政區域的範圍也得以確立。之後，雖陸續有多次行政區界的修訂，但基本上仍以查定區域的範圍爲基礎，進行行政區劃。

荷治至清末的地名與其演變過程推估則以現今學者譯著的荷蘭史料文獻與清代志書爲主。荷蘭史料文獻如中村孝志著，吳密察等譯的〈荷蘭時代的番社戶口表〉、郭輝譯的《巴達維亞城日記》與曹永和《臺灣早期歷史研究續集》等 [13]。清代志書則有如全台

---

[10] 黃瓊慧，〈左營地區的區域發展〉，《高市文獻》10：1（1997），頁 71-72。

[11] 〈庄及土名調查表〉表格中部分地名尚會註記當時清代魚鱗圖冊的狀況，例如因清丈所建立的魚鱗圖冊，因水災、戰亂而或已損，或已遺失。或記載該地區因歷經多次水患，以致地界不明，庄名判別不易，且街庄面積或過於狹隘，或大小不一而需合併或析分，以及當時（明治 36 年）地名的稱呼與改變。

[12] 施添福，〈蘭陽平原傳統基層社會空間的形成及其演變〉，《蘭陽平原的傳統：理論架構與基本資料（上）》（宜蘭：宜蘭縣立文化中心，1996），頁 62。

[10] 黃瓊慧，〈左營地區的區域發展〉，《高市文獻》10：1（1997），頁 71-72。

[11] 〈庄及土名調查表〉表格中部分地名尚會註記當時清代魚鱗圖冊的狀況，例如因清丈所建立的魚鱗圖冊，因水災、戰亂而或已損，或已遺失。或記載該地區因歷經多次水患，以致地界不明，庄名判別不易，且街庄面積或過於狹隘，或大小不一而需合併或析分，以及當時（明治 36 年）地名的稱呼與改變。

[12] 施添福，〈蘭陽平原傳統基層社會空間的形成及其演變〉，《蘭陽平原的傳統：理論架構與基本資料（上）》（宜蘭：宜蘭縣立文化中心，1996），頁 62。

[13] 中村孝志著，吳密察等譯，〈荷蘭時代的番社戶口表〉，《臺灣風物》44：1（1994），頁 197-234；郭輝譯，《巴達維亞城日記》（臺北：臺灣省文獻委員會，1970）；曹永和，《臺灣早期歷史研究續集》（台北：聯經出版事業公司，2000）。近年來出版荷蘭史料文獻之江樹生譯注的中文版《熱蘭遮城日誌》，原以古荷蘭文書寫，共計四冊，目前已出版至第三冊，第一冊主要內容提及他們見聞的各地情勢、地理、物產與習俗等，第二冊則包括西元一六四一年至一六四八年各種日常現象記載，中國人的活動與原住民互相關係，第三冊保存西元一六四八、一六五○、一六五一、一六五四和一六五五年相當完整的招集台灣原住民舉行地方會議、擴大規模的贌社贌港與各種稅收的資料，因而能呈現當時很多原住民村社的各種狀況及其變化，在撰寫《臺灣地名辭書 卷四 屏東縣》時，尚未出版，所以，未能運用，今江樹生譯注的中文版《熱蘭遮城日誌》是目前臺灣從事荷蘭時代研究重要的參考書籍。

通論[14]之《臺灣府志》、《重修臺灣府志》與《續修臺灣府志》中〈封域〉、〈規制〉、〈山川〉、〈疆域〉或〈雜記〉卷內，以及地方志[15]之《鳳山縣志》、《重修鳳山縣志》、《恆春縣志》和《鳳山縣采訪冊》中〈封域志〉、〈輿地志〉、〈規制志〉、〈風土志〉、〈外志〉、〈雜志〉、〈疆域〉、〈建置〉、〈招撫〉、〈戶口〉、〈山川〉、〈祠廟〉或〈地輿〉卷內亦會有行政沿革、轄境範圍、街庄地名、祠廟古蹟或地方特色的相關記載，是爲提供從事地名調查研究之重要資訊。

清末清丈土地是以聚落爲核心，規劃「庄」的區域範圍。《鳳山縣采訪冊》、《恆春縣志》詳列出清末各里之庄名和番社名，例如鳳山縣全境十四里，[16]計轄庄九百四十八處，社六十六。再參照《淡新鳳三縣簡明總括圖冊》[17]各里的里圖，可以明瞭當時行政區劃的情形，若依據該書則鳳山縣全縣更細分爲二十八里，例如在《鳳山縣采訪冊》的港西里，析分港西上里、港西中里、港西下里、琉球新園里；港東里析分港東上里、港東中里、港東下里。《恆春縣志》全境十三里，[18]計轄庄八十處，社四十三，若以《鳳山縣采訪冊》、《恆春縣志》的行政區劃爲依據，今屏東縣轄境內共計十五里，在清末分屬鳳山縣與恆春縣管轄。儘管劉銘傳清丈田園時所劃的街庄不是非常精密，但卻是目前鄉鎮村里行政區體系的雛型。進而與日治明治三十六年（1903）臺灣總督府檔案公文類纂〈庄及土名調查表〉內的清丈區域進行比對與綜合，故上述文獻檔案皆爲推估荷治時代，經清代至明治三十七年（1904）地名與行政區演變的重要參考資料。

日治大正九年（1920）十月一日實施街庄改正制度，大正十年（1921）臺灣日日新報社編纂的《新舊對照管轄便覽》與大正十一年（1922）臺灣總督府警務局內臺灣警察協會發行的《新舊對照管轄要覽》清楚記載大正九年（1920）地名與行政區的演變，其中《新舊對照管轄要覽》（附錄二）更詳細表列大正九年前後的新舊地名，舊地名內容

---

[14] 蔣毓英，《臺灣府志》（南投：臺灣省文獻委員會，1993；1685 年原刊），頁 10；高拱乾（，《臺灣府志》（南投：臺灣省文獻委員會，1993；1694 年原刊），頁 36、39；劉良璧，《重修臺灣府志》（台中：臺灣省文獻委員會，1977；1741 年原刊），頁 49-50、62-64、80-81、88、91、94、96；范咸，《重修臺灣府志》（南投：臺灣省文獻委員會，1993；1747 年原刊），頁 12-16、62-63、66、69-71、75-76；余文儀，《重修臺灣府志》（南投：臺灣省文獻委員會，1993；1764 年原刊），頁 13-17、65、71、78-80、85-86、93-94、450-452。

[15] 陳文達，《鳳山縣志》（南投：臺灣省文獻委員會，1993；1720 年原刊），頁 4-8、12、25-27；王瑛曾，《重修鳳山縣志》（南投：臺灣省文獻委員會，1993；1764 年原刊），頁 8-11、17-27、32-33、50、59-90、265-267、272-279；屠繼善，《恆春縣志》（南投：臺灣省文獻委員會，1993；1894 年原刊），頁 8-74、97-112、125-133、219-229、251-266；盧德嘉，《鳳山縣采訪冊》（南投：臺灣省文獻委員會，1993；1894 年原刊），頁 1-14、31、35-50、116-119、139-149、164-190。

[16] 《鳳山縣采訪冊》轄境含大竹、興隆、赤山、小竹、鳳山、觀音、半屏、仁壽、維新、嘉祥、文賢、長治、港東、港西十四里，其中今屏東縣轄下爲港東里（170 庄）與港西里（244 庄）。

[17] 《淡新鳳三縣簡明總括圖冊》〈弁言〉記載劉銘傳鑑於臺灣民間「隱田」特多，因奏准「量丈田畝、清查賦稅」以增加收入，並藉以建立土地制度的基礎，自清光緒十二年（1886）四月開始籌畫，至十八年（1892）五月結束，中經編制保甲、清丈、改賦以及發給帳單。當清丈完成，各聽縣編製有土地清丈「簡明總括圖冊，目前尚存淡水、新竹、鳳山三縣圖冊可供查閱，後經臺灣銀行經濟研究室彙編成《淡新鳳三縣簡明總括圖冊》。

[18] 《恆春縣志》轄境含宣化、德和、仁壽、興文、善餘、嘉禾、安定、長樂、治平、泰慶、咸昌、至厚、永靖十三里，全爲今屏東縣轄區。

含堡里名、街庄名、土名；新地名內容包括各州（廳）名、郡（支廳）名、派出所名、街庄名、大字名、小字名與摘要，摘要內尙有該大字戶數人口、保數、主要職業類別、政府機關名稱、古蹟，並標示市役所及街庄役場所在地點。此兩本公私單位出版品可與日治明治三十六年（1903）總督府檔案公文類纂〈庄及土名調查表〉內的調查區域進行比對、連結與歸納。至於戰後國民政府爲利用原有基礎，以便於政令推行，大多延續日治時代的行政體系，僅就自然環境劇變的地區，或斟酌當地歷史、人口數，略爲修改，行政區劃的變動幅度不大。[19] 主要參考文獻爲官修臺灣通志如王世慶（1953）《臺灣省通志稿 卷二 土地志 地理篇第二冊 地名沿革》、[20] 王世慶與郭海鳴（1957）的《臺灣省通志稿 卷三 政事志 行政篇》和王世慶（1991）的《重修臺灣省通志 卷七 政治志建置沿革篇》，以及古福祥等（1965）編纂的《屏東縣志》與各鄉鎮市陸續編修的地方志，如《里港鄉志》、《潮州鎮志》、《長治鄉志》、《林邊鄉志》。如此，即可分別建立各時期的地名分級列表，以作爲田野實察的地名依據之一（表一）。

（二）歷代地圖

十五世紀末西方世界的大航海時代，部分歐洲人在航程所經之地進行測繪與記錄，其中亞洲所進行的測量幾乎多侷限在沿海地區，並以德、法、英、荷蘭、義大利文記錄，且目前原圖多存放在歐美等國的圖書館內，取得較爲困難。然在研究十六至十七世紀臺灣沿岸地區地形景觀、聚落發展與原住民分佈時，仍具有一定的參考價值，目前臺灣雖已經將部分地圖出版，[21] 故進行地名研究時，可在其有限的地圖資料，再佐以其他文獻進行比對研究。

清代繪製的臺灣地圖，數量頗多，以現今屏東縣轄區爲例超過四十幅，康熙二十三年（1684）《福建通志》「臺灣府圖」[22] 中記載傀儡番山、赤山仔、放索社、茄滕社、浪嶠社、上淡水、下淡水、茄洛堂、小琉球、沙水十個有關今日屏東縣境內地名（附錄三）。目前可收集到從清初康熙至清末的地圖多爲方志或書籍附圖，亦有單幅地圖，如「康熙臺灣輿圖」、「雍正臺灣輿圖」、「乾隆臺灣輿圖」「乾隆中葉臺灣番界圖」與

---

[19] 民國三十五年（1946）將大字改爲段、小字改爲小段，仍爲目前臺灣地區各地政事務劃分地段的依據戶政事務所的正式地名名稱（即門牌號碼）則爲○○縣/市 ○○鄉/鎮/市/區 ○○村/里 ○○鄰 ○○街/路 ○○巷 ○○弄 ○○號 ○○樓。

[20] 王世慶先生在其訪問記錄中指出「增修臺灣省通志時，當時臺灣省主席周至柔先生，以簡化地名爲由，要將所有的河川、溪流等古地名縮減爲兩字，當時臺灣省文獻委員會爲主辦單位，其依照省方要求辦理臺灣所有河川全部幾乎被迫改名，如下淡水溪改爲高屏溪。唯一例外爲秀姑巒溪，此因當時在水利局召開全省河川改名會議中，民政廳長楊肇嘉先生極力反對所致。」參見許雪姬等，《王世慶先生訪問記錄》（台北：中央研究院近代史研究所，2003），頁114-155。當時王世慶先生雖對省府此舉不甚認同，但思及人微言輕，並無發言力阻。

[21] 例如 Christine Vertente，許雪姬，吳密察，《先民的足跡：古地圖話台灣滄桑史》（台北：南天書局，1991）；江樹生譯，〈十七世紀荷蘭人繪製的臺灣老地圖〉，《漢聲》105-106（1995）。

[22] 轉引自夏黎明，《臺灣文獻書目解題 第二種 地圖類（一）》（台北：國立中央圖書館臺灣分館，1992），頁8。原爲鄭開極、陳軾（1684），《福建通志》之附圖。

「乾隆臺灣郵傳圖」。大致上可將地圖內地名分為山岳臺地、溪潭港澳、番社、一般地名、官署軍備、堡里、街庄舖、廟宇、界碑界址九類，地名數量從十至二百多個不等。地圖的繪製有些僅簡略書寫地名，部分地圖在廟宇、街庄舖、官署軍備所在位置畫出建築圖示，可利用其相對應位置，與日治時代與現代地圖進行地名位置比對。

日治時代曾先後調製六套中比例尺的臺灣實測地形圖，目前使用度最高者為明治三十七年（1904）臨時臺灣土地調查局測繪出版比例尺二萬分之一的「臺灣堡圖」、明治四十年（1907）至大正五年（1916）臺灣總督府警察本署蕃務本署測圖出版比例尺五萬分之一「蕃地地形圖」與大正十年（1921）至昭和三年（1928）陸地測量部測繪出版比例尺二萬五千分之一的「臺灣地形圖」。「臺灣堡圖（以下簡稱為堡圖）」是臺灣第一套結合土地調查、地籍測量與地形測量繪製全台四六六張地圖，[23] 不同於清代地圖的山水式繪法，堡圖的精確度高，五萬分之一「蕃地地形圖」則與堡圖具有區域的互補功能。二萬五千分之一的「臺灣地形圖」則是日本陸軍省參謀本部的陸地測量部派遣一批訓練優良的測繪人員，從事基線、三角點、水準點和地形的測量，在漢人和原住民協助下，穿梭於鄉鎮與山海之間，繪製出全台一七七張地圖。[24]

現代出版的地圖種類繁多，在田野實查過程中，農林航測所製作出版的「相片基本圖」是以航空器拍攝的真實影像為基本圖，上覆繪製的地形圖、地貌資訊。海拔一千公尺以下的地區採用比例尺五千之分一繪製，海拔一千公尺以上地區則採比例尺一萬分之一測製。相片基本圖內容包括河川、山岳、海峽、灣道、岬角、沙洲、溫泉、農場、聚落、街道建築、公共設施、重要機關等名稱與土地利用方式。此外，還可佐以經建版二萬五千分之一地形圖，以及目前全台各鄉鎮市公所出版所屬的行政區域圖，地方行政單位出版的行政區域圖雖各鄉鎮市比例尺不一，但將全鄉鎮市主要內容繪製於一張地圖內，有助於做跨村里的直接對照與比較，用途亦廣。

將地圖上羅列的地名加以彙整，加上地圖具有時間性，利用不同時期的地圖為基礎，確定及統計研究區內聚落的位置與個數，比對不同時代的地圖。雖因可能受比例尺和繪圖者考量而有所誤差，但是仍可以看出地名的相對性增減或聚落的遷移，且亦可從地圖地名的出現時間，推測該地拓墾的時間，呈現該地區發展的動態過程，以作為回溯區域發展的基本單元，用以說明歷史，進而了解區域空間。更重要的是，地圖是田野實察的必要工具，利用不同時期的地圖加以比較可以看出該地在歷史過程中的變化脈絡，藉由地圖與田野實察結果相互參照，一方面驗證文獻所載，一方面發現新問題，以彌補文獻之不足，藉以重建區域之形成與發展歷程。

---

[23] 施添福，〈導讀《臺灣堡圖》日本治台的基本圖〉，《臺灣堡圖》（台北：遠流出版公司，1996）。

[24] 施添福，〈日治時代的陸地測量部和臺灣地形圖〉，《日治時代二萬五千分之一 臺灣地形圖》（台北：遠流出版公司，1998），頁23。

（三）碑文、家族譜、古文書

碑碣是人們爲了永久記載某事，而將事情始末雕刻在木頭、石頭或金屬上，過去多刻於石頭上，故稱石碑。除清代地方志有時會收錄相關碑文外，過去亦有將已蒐羅到的碑文集結成書，例如《臺灣南部碑文集成》、《明清臺灣碑碣選集》與《臺灣地區現存碑碣圖誌 屏東縣・台東縣篇》，[25]可於田野實察之前先瞭解當地已有的碑文紀錄，等到田野實察時可親臨審視碑文所在與內容，校對原有資料，有時在田野訪查的過程中，還會發現尚未出現於任何文獻紀錄的石碑。碑文常見的內容包括示禁、標示界線、記錄寺廟歷史、倡導教化政策或事蹟、記載修路造橋的原因、表彰功勳事蹟、記錄當地開發過程。所以藉由碑文的內容，有助於瞭解當時的社會狀況、風俗民情，亦可從碑文中整理出現的地名，或因而瞭解當地開發過程。

家譜與族譜可知該家族的發展史，包括其來台祖、家族曾經遷移地點。家族譜蒐集除田野實察蒐羅外，民國六十三年（1974）美國摩門教會先後與王世慶、中國文化大學合作，蒐集臺灣萬件以上族譜，並編有《臺灣區族譜目錄》可供檢索，或進一步查閱微捲檔案。[26]若集中多份當地家族譜，可探討當地土地開發、遷移過程與社會網絡。

民間古文書除田野實察蒐羅外，從日治時代開始，陸續有相關出版品，最早對臺灣古文書做有計畫整理是從日治明治三十三年（1900）開始，由京都帝大岡松參太郎進行臺灣舊慣調查，編著《臺灣之法律與習慣的報告》，書中共收錄89件古文書。明治三十四年（1901）臺灣總督府成立臨時臺灣舊慣調查會，經六年多收集，在明治四十二年（1909）編印了臺灣舊慣調查第一部八冊、臺灣私法十七冊及第二部調查經濟資料報告兩冊。臨時臺灣土地調查局也大量蒐集清代與日治時代古契，並於明治三十七年（1904）出版《大租取調書》，並在臺灣舊慣調查會第一部第三回報告書及臺灣私法附錄參考書內，收錄四千多件古文書。[27]以上各出版品在研究臺灣清代、日治時代的歷史發展、土地拓墾、地名整理、社會關係等都具有很大助益，是研究時不可缺乏的工具書。另外，在臺灣總督府檔案中，若土地所有權有所爭議的紛爭地，亦會發現爲訴訟而附上的上下手地契古文書。而屏東地區尚有戴炎輝教授提供約一千五百件古文書，由王世慶集結編目爲《臺灣公私藏古文書彙編》第五至七輯，[28]影本檔案存於中央研究院傅斯年圖書

---

[25]《臺灣南部碑文集成》原爲臺灣銀行經濟研究室編印的臺灣文獻叢刊第218種，民國八十三年（1994）年臺灣省文獻委員會重新出版；《明清臺灣碑碣選集》則爲潘敬尉主編，民國六十九年（1980）由臺灣省文獻委員會出版；《臺灣地區現存碑碣圖誌 屏東縣・台東縣篇》爲何培夫主編，民國八十四年（1995）由國立中央圖書館臺灣分館發行。

[26]美國摩門教會收集的臺灣區族譜，可在台北摩門教會圖書館、中研院民族所、私立中國文化大學、中央圖書館臺灣分館、國史館臺灣文獻館、聯合報國學文獻館六處查閱。收錄種類，除家譜、族譜外，亦可發現古契約、功德榜、分家鬮書等其他資料。

[27]許雪姬等，《王世慶先生訪問記錄》，頁150。

[28]1980年代，王世慶應林本源基金會邀請在研討會發表收集古文書相關演講，戴炎輝與屏東海豐鄭氏家族有姻親關係，在研討會中得知王世慶正進行此大工程，故提供兩大箱其收藏古文書。參見許雪姬等，《王世慶先生訪問記錄》，頁152。

館，[29]此外如日治昭和八年（1933）由台北帝國大學理農學部編纂的《新港文書》。因此，若能多方收集，除可清查古文書中的地名外，還可藉由地權轉變，瞭解該地的開發過程[30]。

三、田野的觀察與訪問

歷史文獻是一種間接保存的資料，在復原、重塑、研究歷史時期地理環境工作中有一定的侷限性，雖然地理環境經過長時期的發展後，有些會消失或變化，但總會保留一些殘跡，只有透過田野實察才能發現，並在此基礎上結合文獻紀錄及其他資料，相互補充印證。

「了解過去的地方」是很重要的事，但該如何去了解呢？畢竟我們對很多事情的看法不盡然客觀，如此，田野工作的意義何在？又該如何進行？

田野實察的意義之一在心智上和情感上回到歷史現場，把文獻分析與實地調查結合，以民俗鄉例證史，以實物碑刻證史，以民間文獻證史。對引用資料所描述的地點保持敏銳的感覺，嚴格按照事情發生的先後序列重建歷史過程，走向歷史現場，踏勘史蹟，採訪耆老、蒐集文獻與傳說，進行具有深度的密集討論，連接過去與現在，思考歷史感和現場感所代表的意義。[31]所以，為了直接體驗空間的歷史，必須親自到文獻中所記載的地方去田野實察，原本孤立的資料就會變成立體。為了能讓地名的解讀更為完整，所以田野實察的項目包括地名、聚落、家族、田園、廟宇、墓園、自然環境（如地形、水系、生物、土壤）、灌溉設施、交通路線、產業活動等等。[32]

地名調查的田野實察工作包括踏明村里界，村里是最基層的行政區，但各級機關出版的行政區圖，有時會發生地名地點和位置的錯誤，經由實地踏查，可以校正地圖中的錯誤，並將經由檔案、文獻、地圖、碑文、家族譜、古文書整理出來各村里的地名進行訪查，以瞭解各村里地名分佈與由來，或其生態景觀、聚落型態、信仰中心、主要族群、歷史發展、歷史古蹟、公共建物（附錄五[33]）。

---

[29] 美國亞洲學會從民國六十五年（1976）至民國七十二年（1983）共收集五千六百多件古文書，當時分別印製五套，每套分類整理成十輯，每輯分十二大冊，分別存放於中央研究院史語所傅斯年圖書館、美國史丹佛大學胡佛研究所、哈佛大學燕京圖書館、美國國會圖書館及日本東洋文庫。參見許雪姬等，《王世慶先生訪問記錄》，頁151-154。此外，王世慶亦將《臺灣公私藏古文書彙編》編成十輯《臺灣公私藏古文書彙編目錄》，由環球出版社刊行。

[30] 近年屏東地區古文書再次大批呈現於世，應屬陳緯一、劉澤民編《力力社古文書契抄選輯-屏東崁頂力社村陳家古文書》（南投：國史館臺灣文獻館，2006）為代表，書中收錄從雍正五年（1727）至日治時代，實際契字共二六五件，古文書記載地域主要分佈在今屏東縣潮州鎮與崁頂鄉一帶，此外，書中亦收羅臺灣總督府檔案力力社有關契字，對於力力社的研究與附近地區土地經濟的發展提供相當有用之資訊。

[31] 陳春聲序、趙世瑜著，〈走向歷史現場〉，《小歷史與大歷史：區域社會史的理念、方法與實踐》（北京：三聯書店，2006），頁 I -VII。

[32] 施添福，〈區域地理與地域社會：以研究概念的實踐為中心〉（彰化：二○○五年彰化研究學術研討會－濁水溪流域自然與人文研究，2005），頁 4-5。

[33] 此地名辭書田野調查日誌表格原始格式設計者為陳國川教授，參見民國八十五年（1996）《臺灣地名普查研究審查會議》中〈臺灣地名普查研究計畫第一年　基隆市、新竹市、嘉義市研究成果報告〉的內容。附錄一〈屏東縣田野調查日誌〉是筆者在進行屏東縣地名調查時，依據當地實際情況，修改〈新竹市地名辭書田野調查日誌〉部分內容格式而成。

《臺灣地名辭書》系列套書著重於地區特色的呈現，廣泛地收集能夠彰顯地方發展脈絡和區域特色的地名，對於存疑或背景資料不足的地名也要加以探集和編撰，若能清楚地探究地名源由當然甚佳，但對於不明其義的地名也將之收納，說明其所在位置，因為不論該地名真正的定義為何，都是表示當地人正使用此名稱來指稱他們日常生息的場所。所以必須要進行田野實察才能全面性廣泛地去蒐集一切能彰顯一地之「地方特色」的各種采風錄。[34]

根據目前已出版的《臺灣地名辭書》統計各縣市村里名的起源的數量與所佔比例，發現意識型態、自然環境，以及位置與時間所佔比例偏高。[35]若以屏東縣村里名起源分析，除屏東縣多元族群特色致使「與原住民的關係」村里名佔較高比例外，意識型態、自然環境，以及位置與時間亦屬相對較高比例。例如以含有意識型態（包含吉言佳字）命名的村里名，如屏東市大同里、東港鎮中興里、里港鄉載興村、佳冬鄉豐隆村、枋寮鄉天時村等，此類村里名為數最多，共一○九個村里，佔 23.49%；以村里境自然環境特徵為命名基礎者，如屏東市大埔里、東港鎮大潭里、恆春鎮水泉里、高樹鄉高樹村、崁頂鄉洲子村等，數量位居第二，共有八十二村里，佔 17.67%；和原住民有關的村里名，主要集中在現今原住民集中的山地鄉以及歷史發展過程中平埔族遷徙過的地區，如恆春鎮大光里、里港鄉塔樓村、來義鄉古樓村、獅子鄉丹路村、牡丹鄉高士村等，數量居第三，共六十二個村里，佔 13.36%；以村里境位置或時間為命名基礎的村里名，如萬丹鄉廈北村、新園鄉新東村、竹田鄉西勢村、內埔鄉東片村、三地門鄉口社村等，共五十四個村里，佔 11.64%。[36]而欲瞭解該地地名命名是否與自然環境、原住民相關或村里境位置相關，乃至於地名是否源自於當地的維生方式、血緣與地緣、名勝人文設施、拓墾、軍事與眷村、紀念性人物都必須到當地進行田野實察才可進一步確認。

田野實察中的訪談對象，以《臺灣地名辭書 卷四 屏東縣》為例，可藉由五個方向尋得，其一、民國八十年代臺灣省文獻委員會陸續出版耆老口述歷史，[37]該書內附各縣每鄉鎮市的耆老名單，耆老名單包括耆老姓名、出生年月日、學經歷、詳細住址及聯絡電話。此份耆老名單雖是經過篩選的推薦名單，但大多亦是熟知當地發展始末的最佳報導人；其二、請各鄉鎮市區公所的民政科推薦名單；其三、訪問當地村里長與村里幹事，然後再請其推薦訪談名單；其四、到各聚落廟口、大樹下或人群聚集之處，與當地人聊聊地方上過去的事情與現在的變化，然後再請其推薦訪談名單；其五、在訪談報導人之後，再請訪談對象推薦或引見熟知地方歷史發展的相關人士。

---

[34] 民國八十九年（2000）中央研究院歷史語言研究所與中研院計算中心執行內政部地政司〈臺灣地區地名查詢系統建置計畫〉，訪談《臺灣地名辭書》總編纂施添福教授〈臺灣地名辭書彙編之田野經驗〉中的訪談內容。

[35] 詳細數據參閱本次研討會台東大學廖秋娥發表之〈臺灣地名辭書的產生過程〉一文。

[36] 黃瓊慧，〈結論〉，《臺灣地名辭書 卷四 屏東縣》，頁 894。

[37] 蕭銘祥主編，《屏東縣鄉土史料》（南投：臺灣省文獻委員會，1996）。

　　田野實察的過程中也經常會有意外的收穫，例如族譜、古文書、文獻資料的進一步蒐集，在屏東田野實察的過程中，得到珍貴的史料應是原本傳聞已經失傳的兩冊文獻孤本，即《臺南東粵義民誌》（附錄四）與《六堆忠義文獻》，[38] 目前多位學者 [39] 在論述屏東六堆開發時，提及此項資料散失之遺憾，尤其多次提及《臺南東粵義民誌》一書，而《臺南東粵義民誌》與《六堆忠義文獻》可謂清代記載六堆相關事蹟的重要史料，甚至日治昭和十年（1935）松崎仁三郎編著之《嗚呼忠義亭》亦多次引用《臺南東粵義民誌》書中內容。基於史料共享，方能突破研究瓶頸的想法下，已將《臺南東粵義民誌》與《六堆忠義文獻》二書影本提供給相關單位，期能在屏東研究上有更多的新進展。期待此二書的流傳過程能吸引更多專家學者及私人收藏家將珍貴資料公諸於世，一方面供世人與研究者參考，一方面為歷史留下更多的紀錄。

　　田野實察過程中，在在感受到耆老凋零、史料流失之快速，能在這歷史流動的過程裏，記載下所訪問到、尋找到的點點滴滴，以為將來從事屏東縣研究人員之參考，雖感嘆時光的流逝，但站在歷史的角度，得失之間，終究無悔。

四、地名調查研究的再應用與多元意義

　　根據《臺灣地名辭書 卷四 屏東縣》地名調查的實踐經驗，多數地名在事前準備作業、田野實察、資料整理等研究過程中，藉由研究者親自觀察、測量或訪談所得的訪問稿，以及收集到或實地拍攝的照片、家族譜、古文書的第一手資料，以及從文獻檔案、書籍、報告書、地圖或電腦資料庫等他人研究調查結果中獲得的第二手資料，大都可推知或得知該地的正確位置、發展歷程與地名源由。

　　然亦有因年代久遠，而不明其義，不知其所；或因前人學者當時資料略有不足，產生失真的推論，但卻至今不斷地被延續誤用，或因受昔日既有印象之立論侷限，舉證時難以跳脫窠臼，而易發生引據不當的情況。所謂「有一分證據，說一分話」，這是學者論述時的基本態度，倘若失去這項前提，則立論將失去可信度。[40] 在歷史洪流中，雖在田野實察過程中感受到耆老凋零與史料流失，但新的史料亦不斷地被發掘與出現，所以，舊有立論或許因多方新證據佐證而加以修正，這或許是地名調查工作，普查和解釋各村裡轄境的演變及轄區內所有地名的含義以外的收穫。以下就多項文獻史料運用與田野實

---

[38] 《六堆忠義文獻》為邱維藩整理古籍，彙編而成，並題名為《六堆忠義文獻》。其子邱炳華重新抄錄，後來又傳給其姪邱福盛。筆者已將該書流傳始末寫成《六堆忠義文獻流傳紀略》一文。

[39] 李文良在其〈從「客仔」到「義民」：清初南臺灣的移民開發和社會動亂(1680-1740)〉一文中提及「從臺灣文獻史料的發展脈絡看來，《六堆客家鄉土志》也是目前所見最早由『在地客家人』發起並纂寫的六堆客家鄉土史。在這之前重要的二本書是光緒六年(1880)宋九雲《臺南東粵義民誌》(或稱南粵義民誌)，以及昭和十年(1935)松崎仁三郎《嗚呼忠義亭》。前者目前尚未得見，後者雖以六堆地方青年的調查為基礎，但卻成於日人之手。」李文良對《臺南東粵義民誌》的說法引用自郭維雄，〈黃裒『邀功紀略』所載清代臺灣南路六堆義民參與平定林爽文事件始末探究〉，收錄於賴澤涵、傅寶玉(主編)，《義民信仰與客家社會》(臺北：南天書局，2006)，頁 5-7。

[40] 許雪姬等，《王世慶先生訪問記錄》，頁 225。

察結果綜合判斷的四個個案，說明地名解讀的多元意義。

（一）放索地名與放索社的舊社址

研究現今屏東縣境內鳳山八社放索社的原社址所在大多學者[41]多推論位於今屏東縣林邊鄉水利、田厝、崎峰等村，其立論多主要根據伊能嘉矩在《大日本地名辭書續編 第三 臺灣》中〈港東中里〉提及「林邊仔溪下游西岸是早期明末鄭氏時代被逐出北方平原的平埔族阿加社，又名放索社的退卻地」，[42]並於《臺灣文化志》指明放絲社在港東中里田崎厝庄放絲，[43]安倍明義在《臺灣地名研究》中〈放索〉，直接引用伊能嘉矩說法「放索（林邊庄田崎厝字放索）又名阿加社，明末鄭氏時代（今岡山郡仁武庄大社）被北方平埔蕃驅逐的後退地」，[44]而張耀錡在《臺灣省通誌 卷八 同冑志 平埔族篇》亦直接引述安倍明義的說法，在〈往昔聚落所在之現在相當地點〉中指明放索社從高雄縣大社鄉大社村遷移到屏東縣林邊鄉田厝、崎峰、水利等村，簡炯仁多篇著作都是在此觀點立論下蒐集資料加以佐證。[45]

一般學者在前述觀點引導之下，皆認為今屏東縣林邊鄉水利村放索地名的由來是鳳山八社放索社的舊址，但施添福認為放索社的舊址應在濫頭庄的社邊、社口附近（今屏東縣南州鄉南安村），主要的活動領域分布於力裡溪之南方，林邊溪下游東西兩側，清初分社散佈於林邊溪東側的番社（今佳冬鄉豐隆村）、番仔寮（今佳冬鄉羌園村）等處。[46]其主要根據臺邑舉人陳輝有詩題為「宿放索社口」[47]，以及譚垣詩云：「番社闢南隅，放索乃保障。編竹起連廒，倉庚數千量。邊海土雖瘠，近山地仍曠。」[48]等資料判斷，放索社的舊址應該在低濕沼澤帶邊緣，即濫頭庄的社口、社邊附近，而非一般所說的放索港邊的放索。

---

[41] 例如簡炯仁多篇著作都是在此觀點下蒐集資料加以佐證，如簡炯仁，《臺灣開發與族群》（台北：前衛出版社，1995），頁267-268；〈屏東平原開發與族群關係之再議（上）〉，《臺灣風物》53：1（2003），頁137-139；〈就《熱蘭遮城日誌》第一、二冊有關的紀錄試論屏東平原的平埔族〉，《高市文獻》16：2（2003），頁1-92。

[42] 伊能嘉矩，《大日本地名辭書續編 第三 臺灣》（東京：富山房，1909），頁157。

[43] 伊能嘉矩、江慶林譯，《臺灣文化志（中譯本）（下卷）》（南投：臺灣省文獻委員會，1991；1928年原刊），頁294。

[44] 安倍明義，《台灣地名研究》（台北：蕃語研究會，1938），頁276。本書出版年代與出版社常見兩種不同標示，本文採用發行年與發行所，部分學者則採其印刷年與發賣所（台北：杉田書店，1937），如張耀錡的《平埔族社名對照表》。

[45] 張耀錡彙整〈荷蘭戶口表〉、《臺灣府志（1694）》、《裨海紀遊（1697）》、《鳳山縣志（1719）》、《番俗六考（1724）》、《臺灣地名研究（1937）》等相關文獻資料中的歷史上平埔聚落名，並對照現在相當位置之行政區，製成〈平埔族社名對照表〉。該份資料刊載於《平埔族社名對照表》（臺中：臺灣省文獻委員會，文獻專刊第二卷第一、二期另冊，1951），其後又收錄於《臺灣省通誌 卷八 同冑志 平埔族篇》（臺中：臺灣省文獻委員會，1972），頁16-39。

[46] 施添福，〈國家與地域社會—以清代臺灣屏東平原為例〉，詹素娟、潘英海主編，《平埔族群與臺灣歷史文化論文集》（台北：中央研究院臺灣史研究所籌備處：2001），頁46-47。

[47] 王瑛曾，《重修鳳山縣志》，頁399。詩內容為「十里荒荊路欲迷，停車小住傍嚴栖。山當傀儡烟常冷，地接琉球月更低。蠻曲偏驚春夜裡，漁燈散點海涯西。行人到此渾無寐，夢斷詩成聽野雞。」

[48] 余文儀，《重修臺灣府志》，頁971。

根據西元一六三六年（明崇禎九年）約翰・芬伯翁（Johannes Vingboons）繪製之「手繪臺灣地圖（圖一）」與彼得・約翰松・凡・密得堡（Pieter Jansz Van Middelburg）繪製之「手繪臺灣西海岸海圖（圖二）」皆標示出放索社與放索溪的地圖[49]，放索社明顯位於潟湖以東的內陸地區，對照其位置，約在今屏東縣南州鄉南安村社邊部落一帶，即日治時代高雄州東港郡林邊庄濫頭大字社邊部落與已廢庄的社口部落附近。對照日治大正十一年（1922）所出版的臺灣堡圖，以及民國八十三年（1994）出版的屏東縣林邊鄉行政區域圖，十七世紀的放索溪，應該是今日的林邊溪。故從日治時代至今的地圖都顯示現今放索部落是位於潟湖以西的沙嘴上，此應是放索社隨著時間與各朝統治者政策下分社擴散的社域範圍，取其中一地而名之爲放索。

因當時荷蘭人積極開發臺灣南部的企圖心，加上根據《巴達維亞城日記》的記載，荷屬東印度公司的人員與放索社有相當的交誼，放索社不僅在西元一六三六年已被稱爲「同盟之放索」，[50]且在五月至七月還支援荷蘭人攻打小琉球嶼，該年荷蘭人已在此闢開傳教途徑，並在西元一六三七年（明崇禎十年）在放索社開設學校。[51]或許可推測荷蘭人與放索社關係的密切，再加上放索社所在位置離海較近，所以，西元一六三六年所繪製的「手繪臺灣地圖」與「手繪臺灣西海岸海圖」可信度極高。綜合上述的推論，放索社的舊址應該是在潟湖以東的內陸地區，約略今日屏東縣南州鄉南安村社邊部落附近。[52]

從江樹生譯注的內容可知《熱蘭遮城日誌》的「放索（或稱放索仔）」包含三個不同的地點與範圍。在海邊有一「放索仔」小港，在 Christiaen Smalbach 在卑南社所寫的日誌，從西元一六四三年三月二十二日起至同年四月十九日。日誌內容提及：

「3 月 23 日。早晨約 2 點鐘，吹起微風，乃乘風航越〔下〕淡水，打算在放索仔登陸。來到放索仔附近時，遇到洶湧的大海浪，使得那艘戈克船（已經很老舊了）無法留在那裡，因此只好回航，去淡水登陸。

從這裡派士兵 Adriaen Ferminois 去派駐放索仔的荷蘭人 Reyer Barentsz.那裡，去告訴他，我們在淡水登陸了，並告訴他，我們爲要繼續前進，需要 16 個居民來搬運行李經過那條道路，請他從放索仔派這些居民來。

入夜以前約 2 點鐘，上述 Adriaen Ferminois 帶領 16 到 18 個放索仔人來我這裡，我就跟他們一起上路，於夜裡 1 點鐘來到放索仔社內，這夜就在那裡過夜。

該 Reyer Barentsz.説，瑯嶠社的人大膽到來放索仔社附近的平地殺人，帶走頭顱，這事情，就像其他事情，都是後來才發現的。」[53]

---

[49] 江樹生譯，〈十七世紀荷蘭人繪製的臺灣老地圖〉，《漢聲》105-106（1995），頁 39-44、111、123。

[50] 郭輝譯，《巴達維亞城日記》（臺北：臺灣省文獻委員會，1970），頁 180。

[51] 郭輝譯，《巴達維亞城日記》，頁 232。

[52] 黃瓊慧，〈南州鄉〉，《臺灣地名辭書 卷四 屏東縣》（南投：臺灣省文獻委員會，2001），頁 485、504。

[53] 江樹生譯註，《熱蘭遮城日誌（二）》（台南：台南市政府，2002），頁 75。

由以上的日誌內容可知放索仔和放索仔社並非指稱同一地點，[54]放索仔是濱海的小港口，從放索仔走到放索仔社需要花上一段時間，並非就在同村莊的緊鄰之地，若將放索仔社群視為族群的分佈範圍，當然可包括放索仔此小港，然若真要詳加區別放索社原社址和放索仔小港，兩者應還是有所區別。

根據西元一六四一年《熱蘭遮城日誌》的記載，放索仔社包括了六個村社（其中一個小村社為Dangingh）。[55]西元一六四三年三月荷蘭統治者還要求Borboras社、Taccabul社與 Calingit 社的居民，要實踐承諾搬到放索仔社附近居住，但這三社與放索社的執行願意似乎不高，只有 Barangli 社的人則居住到放索仔社的附近。根據中士 Christiaen Smalbach在同年三月二十五日日誌所載，遷村合併政策似乎是荷蘭人強制性，且積極執行的政策。以 Borboras 社為例，短短數天就對該社酋長下達四次搬遷命令。

> 「我們的議長非常驚奇，他們這些人為何那麼頑固，那麼不聽話，還不搬到平地去住，雖然首先由我命令，第二次由掌旗官 Teuriaen Smith，第三次由臨時隊長Pieter Boon命令他們的家搬下去放索仔社附近或其他適當的平地，在那裡耕種，到現在還不照他們的承諾搬家。…第四次，也是最後一次，告訴他們，如上所述的，要拆掉那裡的房子，搬到平地居住，在那裡會指定一個適當的住處和好的稻田給他們，如果不遵守這命令，下次再來這裡的時候，就要自己負責了。」[56]

隨著荷蘭人統治勢力的擴張與管理之便，將小村社合併為其統治策略之一，因之，「放索仔」亦成為放索社的通稱，然若要明確指稱放索社原社址地時，仍稱「放索仔社」，若稱呼該族群以「放索仔」稱之。若明確指出登陸或接駁時，則意指為「放索仔」小港。

從西元一六三六年繪製的「手繪臺灣地圖」與「手繪臺灣西海岸海圖」兩幅地圖顯示放索社社址是位於潟湖以東內陸，佐以一六四三年《熱蘭遮城日誌》日記的記載，「放索仔」位於海邊是個戎克船可登陸的港口，從「放索仔」走到「放索仔社」需要花上一段時間，絕非緊鄰。又根據一六四五年日誌內容可知荷蘭人為統治管理之便，會採取將鄰近村社合併的政策，「放索仔社」的社域範圍會因之擴大，其後亦用「放索仔」一詞指稱放索社或放索社域。清初的詩詞亦顯示放索社是位於低濕沼澤帶邊緣。所以，從伊能嘉矩至今多位學者認為放索社舊社址在今屏東縣林邊鄉水利村放索部落為錯誤推論，放索社舊社址正確位置應在今屏東縣南州鄉南安村社邊部落一帶，即日治時代高雄州東港郡林邊庄濫頭大字社邊部落與已廢庄的社口部落附近。

---

[54] 簡炯仁認為荷蘭人習慣以「放索仔」作為「放索仔社群」的簡稱。其後又指出放索仔約今林邊鄉水利庄（原文應為村的誤用），舊名為放索，所以「放索仔社」位於放索仔登陸地稍北方的現今林邊鄉水利庄（原文應如同前為村的誤用）。參見簡炯仁，〈就《熱蘭遮城日誌》第一、二冊有關的紀錄試論屏東平原的平埔族〉，《高市文獻》16：2（2003），頁 22-29。

[55] 江樹生譯註，《熱蘭遮城日誌（二）》（台南：台南市政府，2002），頁 2。

[56] 江樹生譯註，《熱蘭遮城日誌（二）》（台南：台南市政府，2002），頁 76。

（二）清代下淡水營都司署的位置與變遷

利用田野實察除可發現已經消逝的地名之外，尚可重現當時歷史風貌，舉下淡水都司署爲例說明，雍正中葉，下淡水一帶土地早已開發，但防戍上僅設千總、把總，所以，當雍正六年（1729）發生山豬毛番事件後，於雍正九年（1731）福建總督劉世明以淡水地方已經開發，需兵防守，其中山豬毛口爲生番出入要隘，故需要在山豬毛口設立守備，以專管下淡水溪，乃抽調鎮標各營汛兵四百名以資防守。[57]

雍正十一年（1733）福建總督郝玉麟條奏臺灣營制事宜，提及臺灣民番雜處，應加強守備。南路原設參將一員、守備一員、千總二員、把總四員、兵一千名，但員額已經不敷防範分撥之用，所以，將駐箚山豬毛口的守備改爲下淡水營都司僉書，再添設千總一員、把總二員、兵五百名，合原設弁兵分駐山豬毛口、阿里港等處，[58]且興建下淡水營都司衙門。然而，咸豐七年（1857）被隘寮溪的溪水衝壞，直至咸豐十年（1860）都司陳光輝重修該衙門。不料，同治十年（1871）又遭水災夷倒爲平地。所以，在光緒十一年（1885）爲了避開水患，於是遷到港西里煙墩腳埔，但是並沒有設置營盤。光緒十八年（1892），被風損壞，都司趙菊重修。[59]目前，在煙墩腳（今屏東縣長治鄉德榮村）附近的檳榔田中仍留有城牆遺跡。

根據日治時期編修的臺灣私法所載：雍正十三年（1735）下淡水營都司衙門向盧、林、李三姓收買阿緱街、德協庄、彭厝庄、火燒庄部份的大租權，[60]以籌措恤賞兵丁銀項，此爲皇上加恩賞賜，所以又稱隆恩租。光緒年間清丈時曾發丈單給佃人。但是在光緒十八年（1892），都司衙門以複丈爲理由，命令佃戶呈繳丈單，繳交之後，因遇割台，未能及時發還。日本領臺之後，又將屬於小租地的二十二甲餘編入爲官有，不久，明治三十六年（1903）十二月頒布命令廢止大租地的大租，明治三十七年（1904）正式廢止。

利用日治時代土地台帳所記載的資料，對照地籍圖（圖三）、堡圖、古地圖與實察的結果，可以恢復清末日治初期的聚落景觀（圖四）。以長興庄德協爲例，此地經田野實察得知有一大片墓地，當地人稱爲「營盤埔」，將土地台帳記載著官大租的地番標示到地籍圖上，呈現官大租的土地環繞著「營盤埔」的周圍。再根據地籍圖復原地表景觀，大致可以發現「營盤埔」以北，即是隘寮溪舊河道所在。營盤埔以北的地區，曾經受到數次河道改變的侵襲，以致於當河水退卻時，整片的土地變成河川浮覆地，人們不畏艱辛重新開墾，建立兩個同名爲溪埔寮的聚落，地權也因此再度重新劃分，所以呈現河道以北每個地塊面積較大的現象。此一現象，符合前一段《鳳山縣采訪冊》所描述的下淡水營自建成後屢遭水患，最後在同治十年（1871）又因遭到洪水侵擾而遷建煙墩腳埔。

---

[57] 雍正九年（1731）十月二十三日，兵部議覆：『福建總督劉世明疏言「臺灣淡水地方遼闊，請抽調鎮標各營汛兵丁四百名，以資防範；添設淡水汛守備一員，帶武洛把總一員、新東勢汛外委一員、兵一百六十名駐箚山豬毛口；其土地公崎、大崎頂、蘭坡嶺三處，並請設各一塘，每塘安兵五名」。應如所請』。從之。參閱臺灣銀行經濟研究室編，《清世宗實錄選輯》（台北：臺灣銀行經濟研究室，1963），頁37。

[58] 臺灣銀行經濟研究室編，《清世宗實錄選輯》，頁43。

[59] 盧德嘉，《鳳山縣采訪冊》，頁141。

[60] 臨時臺灣舊慣調查會，《台灣私法》（神戶：臨時臺灣舊慣調查會，1910），頁427。

因此，舊河道以北的地權重新劃分應至少晚於同治十年。相對的，在營盤埔以南的地區，開發時間在康熙、雍正期間，且受河水改道影響較小。在比較穩定的環境下，人與土地經過長時間的交互作用，地權的分割當然遠較營盤埔以北的地區精密與細緻。據此，加上在鹽埔庄彭厝亦有官大租的土地，或許可以推論從德協到彭厝之間官大租的面積應遠超過土地台帳所載。[61]

進一步比對清乾隆四十三年（1778）臺灣知府蔣元樞進呈的《重修臺郡各建築圖說》[62]中〈建設鳳邑望樓圖說〉（圖五）和〈鼎建傀儡生番隘寮圖說〉（圖六）的附圖等資料分析與實察結果，應可推斷清代山豬門庄（今長治鄉復興村）應該就是雍正十一年（1733）由守備改升爲下淡水營都司的山豬毛口，[63]其西北及北方，也就是今日屏東縣長治鄉崙上村與德成村交界處德協國小附近的墳地，即日治時代長興庄德協大字內，當地人所指稱的「營盤埔」，應爲清雍正時期所建立的臺灣南路下淡水營都司署。[64]而圍繞「營盤埔」附近的官大租地則應是皇上加恩，爲籌措恤賞兵丁銀項所購置的隆恩租田。

（三）清代船肚庄位置的推估與居民的遷移

調查屏東縣高樹鄉清代船肚庄因水患而改變的情況，除田野實察外，另外還參考〈建造天后宮碑記〉和〈田子觀音廟沿革〉二方碑文。船肚庄又稱爲船斗庄，明治三十七年（1904）繪製完成的臺灣堡圖中已不見蹤跡，所以，正確的位置不得而知。然根據口傳歷史，船肚庄的位置應該是在目前荖濃溪的溪埔中，地點約在今高樹鄉大埔村和東振村南方，高美大橋西方約一公里處。清領初期船隻可由阿里港上溯至船肚庄，藉由水運，帶動了船肚庄的發展，該地亦成爲貨物的集散地。大批原籍福建漳州墾民與部份客籍移民定居於此，根據現存於今屏東縣內埔鄉內埔村天后宮內的嘉慶八年（1803）〈建造天后宮碑記〉（附錄六），記載當初興建內埔天后宮各庄的捐款中，船肚、十張犁等庄的捐款額排名第四，庄民李建猷等共捐二百三十八元，僅次於內埔庄一千四百三十五元、五溝水等庄二百七十八元半，以及中心崙庄二百五十元。當時的繁榮程度或許可以從船肚庄、十張犁等庄捐款的人數之多與出銀的金額之鉅窺知。[65]

---

[61] 黃瓊慧，〈屏東北部地區行政區的形成與演變—兼論長興地區的聚落型態、維生活動與社會組織〉，《臺灣文獻》49：4（1998），頁207-266。

[62] 蔣元樞，《重修臺郡各建築圖說》（台北：國立中央圖書館，1983；1778年原刊）。

[63] 山豬毛口與山豬門庄的「毛」與「門」的閩南語讀音相同，所以，應是同一地點。再者，山豬毛尚有二種含意：其一、是屏東中北部沿山地區的泛稱，如在《臺案彙錄庚集》中提及山豬毛義民曾中立……；其二、指居住於傀儡山中的生蕃山豬毛社。

[64] 對於下淡水營都司衙門的位置，目前有兩種說法：一、許雪姬在《清代臺灣的綠營》中雖未明確提到該衙門所在位置，但是在論及雍正九年劉世明建議在山豬毛口設守備一議題中，以括號說明山豬毛口爲今屏東三地門（許雪姬，《清代臺灣的綠營》（台北：中央研究院近代史研究所，1987），頁25。夏雯霖在〈清末後堆地方傳統聚落之研究〉碩士論文中，亦沿用此一說法（夏雯霖，〈清末後堆地方傳統聚落之研究〉（台南：國立成功大學建築研究所碩士論文，1994），頁86。二、劉正一編撰的《長治鄉志》指出雍正十一年設立南路營都司署在今內埔鄉隘寮村附近（劉正一，《長治鄉志》（屏東：長治鄉公所，1990），頁249。屏東縣國民小學鄉土教材—絢爛長治則沿用此劉正一說法（邱富昌、吳福養，〈絢爛長治〉，《屏東縣國民小學鄉土教材（合訂本）》（屏東：屏東縣政府，1995），頁16。

[65] 黃瓊慧，〈高樹鄉〉，《臺灣地名辭書 卷四 屏東縣》（南投：臺灣省文獻委員會，2001），頁306。

船肚在清代末葉與日治初期曾經多次受到荖濃溪的大水的侵襲，根據〈田子觀音廟沿革〉記載，咸豐九年（1859）船肚庄被洪水沖毀房屋田產，潘、楊、林、許、邱等四十餘人遷來開闢清良庄（即田仔庄，今高樹鄉田子村）。從以上的記錄，加上田野實察歸納可知，船肚庄歷經多次的水患，屋舍田園逐漸流失，住民紛紛從原居地搬遷到東邊大水未達的地區，如鹽樹庄（今高樹鄉鹽樹村）、田仔庄（今高樹鄉田子村）、舊庄（今高樹鄉舊庄村）、荖寮庄（今高樹鄉荖寮村）、舊寮庄（今高樹鄉舊寮村和司馬村）等地區，甚至北遷到隘寮（今高樹鄉新豐村）一帶。[66]

（四）長興庄的聚落型態與發展

戶籍簿、土地台帳、統計書尚可瞭解各地名聚落的特色，由於日治時代的戶籍政策，是以地籍圖上的「地番」作為戶口的「番地」。根據日治時代戶口調查簿戶長資料彙總表的番地號碼，對照地籍圖的地番，可以確認聚落位置，並了解該地的規模和血緣結構，進而分析該地區聚落型態。據此，甚至可進一步探究若為血緣集村，其內部組成與結構，例如討論宗族在血緣聚落中所扮演的角色。土地台帳內容包括地番、地目、等則、甲數、住所、業主、管理人項目，藉由地籍資料中各地目的比例，可以看出土地利用的情況與水田化的程度。並從土地所有權隸屬的情形分析該地的社會組織。此三項資料除可作為田野實察的地名依據之外，藉此，可更深入瞭解每個聚落的聚落型態、維生活動，甚或社會組織。

根據日治時代戶口調查簿戶長資料彙總表與地籍圖分析發現長興庄的聚落型態在日治末期，已發展成集村聚落（表二）。如表二所示，日治時代屏東郡長興庄集村度[67]都在80%以上，尤其是德協和番子寮更在95%以上，表示長興地區有80%以上的住民居住在戶數大於十戶以上的集村聚落之中。此一事實，意味著在日治末期，長興地區的聚落型態，已出現高度集村化的色彩。

在集村聚落內部的居民組成方面，最大特色是血緣集村扮演了極為重要的角色。長興庄中長興、麟洛、番子寮大字的血緣度[68]都大於50%以上（表二）。並可據此進一步探究血緣集村的內部組成與結構，宗族在血緣聚落中所扮演的角色以長興庄的邱姓宗族最具特色。

屏東縣長治鄉歷史開發以邱永鎬家族為其代表，邱姓族人自清代康熙中葉於長興一帶拓墾，直到日治末期仍為該地區的主要勢力，根據日治時代戶口登記簿戶長資料彙總表，邱姓戶數就佔得總戶數的百分之四十六（表二）。利用《邱氏族譜》、《永鎬族譜》

[66] 黃瓊慧，〈高樹鄉〉，《臺灣地名辭書 卷四 屏東縣》，頁317-318。
[67] 集村度是指住在集村戶數佔總居住戶數的百分比，此一百分比，一方面可以用來作為劃分散村聚落和集村聚落的依據，以集村度百分之五十為臨界點，大於此數則將整個部落視為集村聚落，反之則歸入散村聚落；另一方面亦可根據集村度觀察散村聚落與集村聚落的空間分佈。參見施添福，《蘭陽平原的傳統聚落：理論架構與基本資料（上）》（宜蘭：宜蘭縣立文化中心，1996），頁36-44。
[68] 血緣度則是指聚落內前五大姓氏的戶數佔總戶數的百分比，血緣度愈高，表示該聚落的血緣性愈強。參見施添福，《蘭陽平原的傳統聚落：理論架構與基本資料（上）》，頁36-44。

與該家族各支派的祖牌與家譜分析邱姓家族在當地的發展脈絡。綜合得知，前來長興開墾的邱姓族人，大致可分為兩個不同的派別：（一）堂號為河南堂（或忠實第）；（二）堂號為河西堂。但本地大多數居民屬於河南堂派下，其族人是移居到廣東鎮平邱夢龍的後代，並尊邱夢龍為一世祖。從十五世邱永鎬等人來臺後，族親先後遷居到此，且多以長興火燒庄為中心向外擴散。經過幾個世代的繁衍，其子孫不斷地向外發展，分佈於份仔、香楊腳、新潭頭、田寮、內埔、崙上等地（表三）。

以上放索地名與放索社的舊社址、清代下淡水營都司署的位置與變遷、清代船肚庄位置的推估與居民的遷移、長興庄的聚落型態與發展四個個案或許可說明地名調查研究的再運用與多元意義。《臺灣地名辭書》因地名調查過程中，除需蒐集全面性收羅各項資料外，再加上田野實察相互交叉比對，實察中亦會陸續發現新的史料文獻，書寫內容都過超過原本預訂字數，受限於經費、時間等狀況，因之《臺灣地名辭書》在第一年撰寫開始就定位為「工具書」。然在地名調查過程中，發現除詮釋地名的演變之外，地名的解讀可更具多元性，例如上述四個個案皆屬重塑歷史時期地理環境及其變化過程，並可進一步探究人類社會在此地理舞台上形成發展及演變規律，從而闡明當前地理景觀在時間脈絡的形成與特色。

五、結論

無論是區域特色的塑造、地名由來、緣起與意義，皆是人類活動與地理環境交互作用的結果。地名所代表的意義，不僅僅是它的名稱與演變，更記錄著先民在地表上的生息過程，呈現出區域性形成的歷史地理動態過程。將地名放在該地的時空脈絡下解讀，方能彰顯該地的區域特性。

地名調查研究過程雖可簡單歸納成事前準備作業、田野實察、資料整理和文章撰述等四個步驟。但在實際進行中，應多方蒐集閱讀官方檔案、歷代志書、歷代地圖與公私單位的相關出版品，並利用統計書內的相關數據，建立對該地區的基本認識與瞭解。然後視情況需要抄錄戶籍簿、土地台帳，整理提及的地名與行政區沿革與演變，並將不同時期地名的分級列表。再參酌蒐集到的碑文、家族譜、古文書進行地名的交叉運用，做為田野實察的線索。在田野實察中，亦常會陸續發現新的史料文獻，或因多方訪談與實地探勘，產生新的想法與概念。本文透過屏東實際地名調查撰寫的經驗，看似僅提供地名調查研究方法與途徑，然而若能進一步深入探究與運用，猶如放索地名與放索社的舊社址、清代下淡水營都司署的位置與變遷、清代船肚庄位置的推估與居民的遷移、長興庄的聚落型態與發展四個個案研究，不僅可以修正過去舊有看法，復原過去的地理現象，再現地理景觀的歷史風貌，並可能提出另一思考觀點或立論，在跨領域間進行不同學門的學術對話，使地名研究具有更多元與多重的意義與價值。

表一 清末至今縣市轄下各鄉鎮市地名分級列表基本格式

民國時代		日治時代									清 代	
縣市名鄉鎮區名（民國97年，2008）		州廳名郡支廳名（大正9年，1920）				廳名支廳名（明治37年，1904）			廳名支廳名（明治34年，1901）		府名縣名（光緒18年，1892）[69]	
村里	小地名	街庄	大字	小字	小地名	堡里名	街庄社	小地名	堡里	街庄社	堡里	街庄社

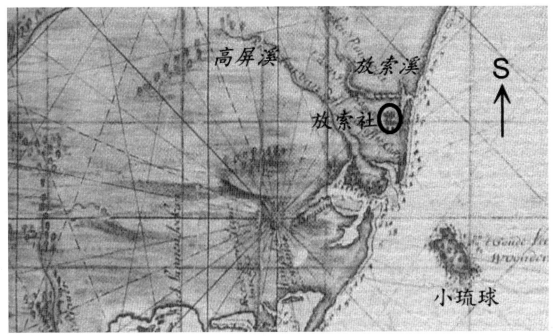

圖一 荷治時代放索社社址

資料來源：轉引自江樹生譯，〈十七世紀荷蘭人繪製的臺灣老地圖〉，《漢聲》105-106（1995），頁39。書中圖幅17，約翰・芬伯翁（Johannes Vingboons）繪製之「手繪臺灣地圖」，原圖繪於1636年，收藏地點荷蘭海牙國立總檔案館。

說　　明：圖中新增文字是依據江樹生譯注的《十七世紀荷蘭人繪製的臺灣老地圖》一書中，第123頁的說明所添加，○內為放索社聚落位置，明顯位於潟湖東側的內陸，而非位於潟湖以西的沙嘴上。

---

[69] 若〈庄及土名調查表〉上已說明清代魚鱗冊殘破或遺失，缺乏清丈區域資料，則採用光緒二十年（1894）屠繼善《恆春縣志》與盧德嘉《鳳山縣采訪冊》各里之庄名和番社名資料。

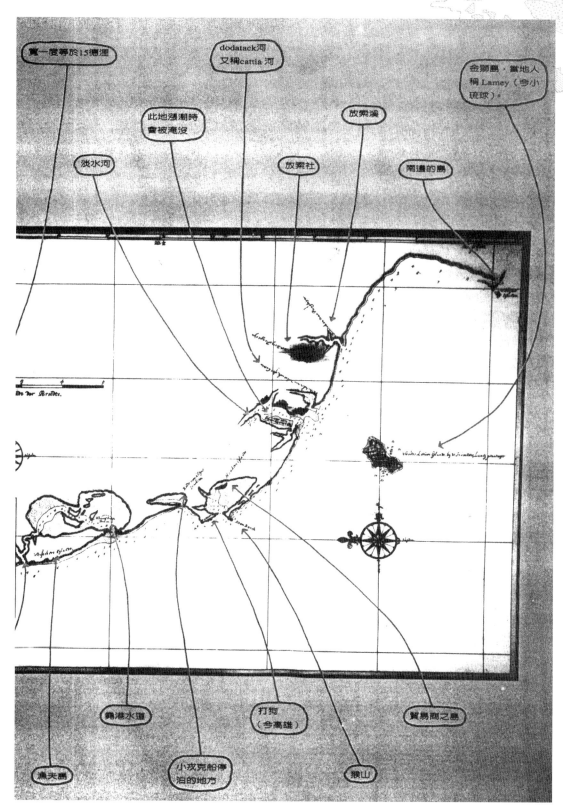

圖二　荷治時代放索社社址

資料來源：轉引自江樹生譯，〈十七世紀荷蘭人繪製的臺灣老地圖〉，《漢聲》105-106（1995），頁
111。書中圖幅18，彼得‧約翰松‧凡‧密得堡（Pieter Jansz Van Middelburg）繪製的〈手繪
臺灣西海岸海圖〉，原圖繪於1636年，收藏地點奧地利維也納。

圖三　德協段地籍圖

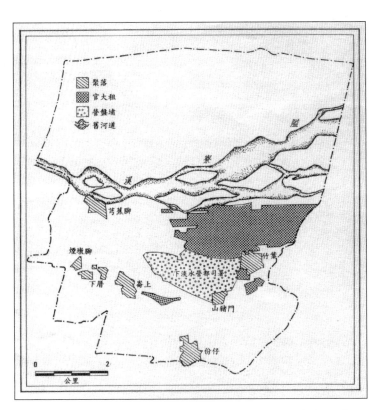

圖四　清末日治初期港西中里德協庄的地表景觀

說　　明：本圖是以圖三地籍圖為底圖，圖中內容是根據日治時代土地臺帳登錄的官大租，綜合田野實察
　　　　　的結果，繪製而成。

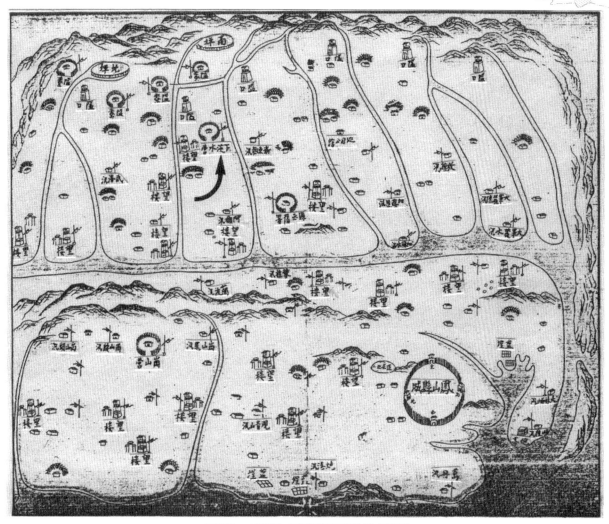

圖五　下淡水營都司署位置圖

資料來源：蔣元樞，〈建設鳳邑望樓圖說〉，《重修臺郡各建築圖說》（台北：國立中央圖書館，1983；
　　　　　1778 年原刊），頁 22。

說　　　明：圖中箭頭係指出下淡水營的所在，箭頭爲筆者自加。

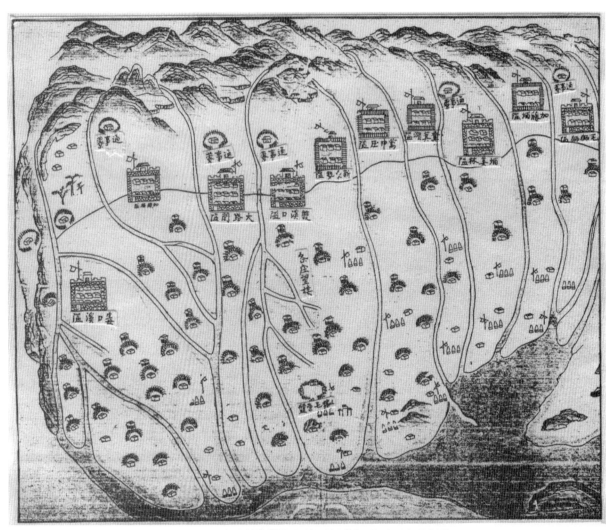

圖六　山豬毛營盤位置與乾隆初期鳳山縣番界

資料來源：蔣元樞，〈鼎建傀儡生番隘寮圖說〉，《重修臺郡各建築圖說》（台北：國立中央圖書館，
　　1983；1778 年原刊），頁 30。

表二　日治末期長興庄聚落型態

大字名	總戶數	散村個數	集村個數	集村度	最大姓氏及其比例	血緣度	聚落類型
長興	869	73	14	80%	邱：46%	64%	集村聚落
德協	891	27	14	95%	邱：21%	48%	集村聚落
麟洛	1,014	43	15	92%	徐：20%	54%	集村聚落
番子寮	500	6	1	96%	吳：15%	56%	集村聚落

資料來源：（1）長治戶政事務所，日治時代長興、德協、番子寮、麟洛大字戶口登記簿戶長資料彙總表。
　　　　　（2）屏東地政事務所，日治時代長興段、德協段、番子寮段、麟洛段1/1200地籍圖。

表三　長興地區邱氏來臺祖之世代與子孫主要的分佈地區

來臺祖	世代	子孫主要分佈地區
邱永鎬	15世	主要分佈在長興火燒庄（今長治鄉長興村） 仁山房21世德秀派下：份仔（今長治鄉復興村） 義山房21世銀廷派下：香楊（今長治鄉香楊村） 義山房20世先祿派下：香楊（今長治鄉香楊村） 義山房21世得廷派下：新潭頭（今長治鄉新潭村） 禮山房21世元奎派下：田寮（今屏東市豐田里） 智山房18世映芹、映梅、映柳派下：東片新庄（今內埔鄉） 智山房22世添寶派下：新潭頭（今長治鄉新潭村） 智山房21世瑞連、瑞達、瑞河派下：新潭頭（今長治鄉新潭村） 智山房20世兆貴派下：新潭頭（今長治鄉新潭村） 智山房21世瑞雲、瑞騰派下：新潭頭（今長治鄉新潭村） 智山房21世來捵、來德派下：三座屋（今長治鄉新潭村） 信山房21世連生、順生派下：新潭頭（今長治鄉新潭村）
邱嗣香	17世	崙上（今長治鄉崙上村）
邱超清	17世	崙上（今長治鄉崙上村）
邱金堂	18世	崙上（今長治鄉崙上村）
邱仁堂	18世	崙上（今長治鄉崙上村）
邱撲捷	16世	長興火燒庄（今長治鄉長興村）
邱撲英	16世	長興火燒庄（今長治鄉長興村）
邱宗旦	18世	老潭頭（今長治鄉潭頭村）

資料來源：（1）邱氏族譜，1977。
　　　　　（2）邱福盛等編，《十五世來台祖邱永鎬派下族譜》，1992。
　　　　　（3）田野實察訪問。

259

附錄一　庄及土名調查表～以港東中里（約今屏東縣佳冬鄉、新埤鄉）
　　　　為例

000042520590307

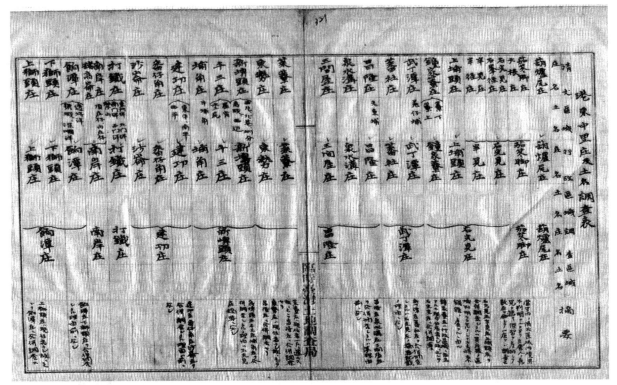

資料來源：臨時臺灣土地調查局，〈港東中里庄及土名調查表〉，《臺灣總督府公文類纂》（南投：國史
　　　　館臺灣文獻館，1903 年檔案），第 59 卷，4252 冊。

附錄二　新舊對照管轄要覽～以潮州郡新埤等庄為例

高雄州潮州郡								高雄州潮州郡	名廳支廳名
州 **郡**		**雄** **州**		**高** **潮**				**林** **四** **州**	街庄名大字名
吏官察警所出派　勢東新　庄	吏官察警所出派　埔內　庄	吏官察警所出派　山赤　庄	吏官察警所出派　佐佳　庄	吏官察警所出派　巒萬　庄	吏官察警所出派　潭餉　庄	吏官察警所出派　埤新　庄	吏官察警所出派　潮　庄		
老東勢　×。新東勢	忠心崙　×。內埔	五溝水　×。赤山	新厝　×。佳佐	四溝水　×。萬巒	選箕湖　×。餉潭	建功　南岸　打鐵　×。新埤	崙仔頂　。四林		
(廳級阿) 里 下 西 港		(廳級阿) 里 上		東 港	(廳級阿) 里中東港		里上東港 (廳級阿)		堡里名街庄名
老東勢庄　新東勢庄	忠心崙庄　內埔庄	五溝水庄　赤山庄	新厝庄　佳佐庄	四溝水庄　萬巒庄	選箕湖庄　餉潭庄	建功庄　南岸庄　打鐵庄　新埤頭庄	崙仔頂庄　四林庄		土名
									摘要

資料來源：臺灣警察協會，《新舊對照管轄要覽》（台北：臺灣總督府警務局內臺灣警察協會，1922），頁316-317。

附錄三　福建通志臺灣府圖

資料來源：轉引自夏黎明，《臺灣文獻書目解題 第二種 地圖類（一）》（台北：國立中央圖書館臺灣分
　　　　館，1992），頁 8。原為鄭開極、陳軾（1684），《福建通志》之附圖。

附錄四：《臺南東粵義民誌》流傳紀略

　　《臺南東粵義民誌》（或稱南粵義民誌）為宋九雲於清光緒六年（1880）編纂而成。當時六堆望人邱永鎬家族二十世邱維藩（1859年生）收藏手抄本。今屏東縣長治鄉歷史開發即以邱永鎬家族為其代表，邱姓族人自清代康熙中葉於長興一帶拓墾，從十五世邱永鎬等人來臺後，族親先後遷居到此，且多以長興火燒庄為中心向外擴散。

　　邱維藩其公子邱炳華（二十一世）在日治明治三十八年（1905）將《臺南東粵義民誌》重新抄錄，並於民國五十年末提供《臺南東粵義民誌》與《六堆忠義文獻》手抄本給予鍾壬壽參考，編纂《六堆客家鄉土誌》[70]一書。其後邱炳華又將《臺南東粵義民誌》與《六堆忠義文獻》手抄本傳給邱炳華姪邱福盛（二十二世，1902年生），民國七十年間屏東中學地理科教師劉正一纂修《長治鄉志》[71]，並計畫編纂《屏東縣志》，邱福盛將其收藏的《臺南東粵義民誌》與《六堆忠義文獻》手抄本轉贈劉正一。民國八十四年（1995）瓊慧進行碩士論文〈屏北地區的聚落型態、維生活動與社會組織〉[72]研究時，親訪當時已九十三歲高齡的邱福盛先生，承蒙邱福盛先生慷慨允諾可以複印此書，劉正一因之同意將此資料借予影印，數年前在劉正一過世後，其收藏資料目前只聞其名而不復見其蹤。

　　日前多位學者在論述屏東六堆開發時，提及清代資料散失之遺憾，尤其多次提及《臺南東粵義民誌》一書，而《臺南東粵義民誌》與《六堆忠義文獻》可謂清代記載六堆相關事蹟的重要史料，甚至日治昭和十年（1935）松崎仁三郎編著之《嗚呼忠義亭》[73]亦多次引用《臺南東粵義民誌》書中內容。偶然得知手中資料似乎已成今之孤本，基於史料共享，方能突破研究瓶頸的想法下，將《臺南東粵義民誌》與《六堆忠義文獻》二書影本提供給歷史地理研究工作室、國史館臺灣文獻館、六堆客家協會……，期能讓屏東研究上有更多的新進展。

　　在此再次感謝 邱福盛先生，若沒有他當日的慷慨允諾借予複印《臺南東粵義民誌》與《六堆忠義文獻》二書，此二書或許在今日已不復得見。期待此二書的流傳過程能吸引更多專家學者及私人收藏家將珍貴資料公諸於世，一方面供世人與研究者參考，一方面為歷史留下更多的紀錄。

高雄港都 黃瓊慧 謹記

民國九十七年（2008）四月一日

---

[70] 鍾壬壽，《六堆客家鄉土誌》（屏東：長青出版社，1973）。

[71] 劉正一，《長治鄉志》（屏東：長治鄉公所，1990）。

[72] 該碩士論文已正式發表，參見黃瓊慧，〈屏東北部地區行政區的形成與演變─兼論長興地區的聚落型態、維生活動與社會組織〉，《臺灣文獻》49：4（1998），頁207-266。

[73] 松崎仁三郎，《嗚呼忠義亭》（台北：盛文社，1935）。

附錄五　屏東縣田野調查日誌

屏東縣田野調查日誌

調查者：＿＿＿＿＿＿＿＿

調查日期：＿＿＿年＿＿＿月＿＿＿日

＿＿＿＿＿＿＿鄉/鎮/市＿＿＿＿＿＿＿村/里

村里名緣起						備註
位置						
面積						
人口	鄰數	戶數	男	女	合計	
生態環境						
行政區演變	清代		縣	里	街/庄	
			縣	里	街/庄	
			縣	里	街/庄	
	日治時代	明治28	縣	里	街/庄	
		明治31	縣	辨務署	街/庄	
		明治34	廳	支廳	街/庄	
		明治42	廳	區	街/庄	
		大正 9	郡	街/庄	大字	
		昭和 8	郡	街/庄	大字	
		昭和14	郡	街/庄	大字	
	民國	民國35	縣	市/區	村/里	
		民國39	縣	市/鎮/鄉	村/里	
		民國40	縣	市/鎮/鄉	村/里	
		民國45	縣	市/鎮/鄉	村/里	
		民國81	縣	市/鎮/鄉	村/里	
地名演變	聚落名		含義			
佔居族群	聚落名	漳	泉	粵	平埔	其他

維生方式	清代		
	日治		
	民60以前		
	民60-90年		
	民90以後		

主姓氏			

聚落分布型態	地名	集村	散村	

宗教信仰	有寺廟	寺廟名稱	主神	創立年代		
	無寺廟	主要參拜神明	神明地點	有無交丁口錢		

| | 教堂 | 名稱 | 教派 | 創立者 | 創立年代 | 信徒人數 | 教區 | |
| | | | | | | | | |

| 祠堂 | | | |
| | | | |

| 文物、古蹟、鄉賢、傳統商號 | |
| | |

附錄六　建造天后宮碑記

碑名：建造天后宮碑記

年代：嘉慶八年（西元一八〇三年）

地址：內埔鄉內田村廣濟路164號　天后宮

位置：三川殿右壁

材質：砂岩

形式：分刻五石，無落款年代

尺寸：縱143公分　橫325公分

按：本碑風化漫漶，採拓不易，僅拓得第三石，以存其圖象。

資料來源：何培夫主編，〈建造天后宮碑記〉，《臺灣地區現存碑碣圖誌　屏東縣‧台東縣篇》（台北：
　　　國立中央圖書館臺灣分館，1995），頁143。

引用書目

王瑛曾

　1764　《重修鳳山縣志》，南投：臺灣省文獻委員會。

　（1993）

伊能嘉矩

　1909　《大日本地名辭書續編第三：臺灣》，東京：富山房。

　1991　《臺灣文化志（中譯本）》下卷，江慶林譯，南投：臺灣省文獻委員會。

安倍明義

　1938《臺灣地名研究》，臺北：蕃語研究會。

江樹生譯

　1995　《十七世紀荷蘭人繪製的臺灣老地圖》，漢聲雜誌105/106。

　2002　《熱蘭遮城日誌（二）》。台南：台南市政府。

何培夫主編

　1995　〈建造天后宮碑記〉，《臺灣地區現存碑碣圖誌　屏東縣·台東縣篇》。台
　　　　北：國立中央圖書館臺灣分館。

余文儀

　1764　《續修臺灣府志》。南投：臺灣省文獻委員會。

　（1993）

邱氏族譜

　1977　《邱氏族譜》，未出版。

邱福盛等編

　1992　《十五世來台祖邱永鎬派下族譜》。

洪敏麟

　1980　《臺灣舊地名之沿革（第一冊）》。台中：臺灣省文獻委員會。

施添福

　1996　〈導讀《臺灣堡圖》日本治台的基本圖〉，《臺灣堡圖》。台北：遠流出版
　　　　公司。

　1996　《蘭陽平原的傳統聚落：理論架構與基本資料（上）》。宜蘭：宜蘭縣立文
　　　　化中心。

　1998　〈日治時代的陸地測量部和臺灣地形圖〉，《日治時代二萬五千分之一　臺灣
　　　　地形圖》。台北：遠流出版公司。

　2001　〈國家與地域社會—以清代臺灣屏東平原爲例〉，《平埔族群與臺灣歷史文
　　　　化論文集》，臺北：中央研究院臺灣史研究所籌備處。

　2005　〈區域地理與地域社會：以研究概念的實踐爲中心〉。彰化：二○○五年彰
　　　　化研究學術研討會—濁水溪流域自然與人文研究。

屠繼善

　　1894　《恆春縣志》。南投：臺灣省文獻委員會。

　　（1993）

許雪姬等

　　2003　《王世慶先生訪問記錄》。台北：中央研究院近代史研究所。

郭輝譯

　　1970　《巴達維亞城日記》。臺北：臺灣省文獻委員會。

夏黎明

　　1992　《臺灣文獻書目解題　第二種　地圖類（一）》。台北：國立中央圖書館臺灣
　　　　　分館。

陳正祥

　　1984　《中國文化地理》。台北：木鐸出版社。

　　1993　《臺灣地誌》中冊，臺北：南山書局有限公司。

　　1995　〈臺灣的地名─文化層分期〉，《中國歷史文化地理（上冊）》。台北：南
　　　　　天書局有限公司。

陳春聲序、趙世瑜著

　　2006　〈走向歷史現場〉，《小歷史與大歷史：區域社會史的理念、方法與實踐》。
　　　　　北京：三聯書店。

陳國川

　　1996　〈臺灣地名辭書　卷十八：新竹市〉，《臺灣地名普查研究計畫第一年　基隆
　　　　　市、新竹市、嘉義市研究成果報告》。台北：臺灣地名普查研究審查會議。

陳國章

　　1997　〈序〉，《臺灣地名辭典（上）》。台北：國立臺灣師範大學地理學系。

張耀錡

　　1951　《平埔族社名對照表》。臺中：臺灣省文獻委員會。

　　1972　《臺灣省通誌　卷八　同冑志平埔族篇》。臺中：臺灣省文獻委員會。

黃瓊慧

　　1997　〈左營地區的區域發展〉，《高市文獻》10（1）：71-72。

　　1998　〈屏東北部地區行政區的形成與演變─兼論長興地區的聚落型態、維生活動
　　　　　與社會組織〉，《臺灣文獻》49（4）：207-266。

　　2001　〈高樹鄉〉，《臺灣地名辭書　卷四　屏東縣》。南投：臺灣省文獻委員會。

　　2001　〈南州鄉〉，《臺灣地名辭書　卷四　屏東縣》。南投：臺灣省文獻委員會。

　　2001　〈結論〉，《臺灣地名辭書　卷四　屏東縣》。南投：臺灣省文獻委員會。

臺灣銀行經濟研究室編

　　1963　《清世宗實錄選輯》。臺北：臺灣銀行經濟研究室。

　　1964　《淡新鳳三縣簡明總括圖冊》。臺北：臺灣銀行經濟研究室。

臺灣總督府臨時土地調查局

　　1904　《臺灣堡圖》。臺北：臺灣總督府臨時土地調查局。

臺灣警察協會

　　1922　《新舊對照管轄要覽》。台北：臺灣總督府警務局內臺灣警察協會。

蔣元樞

　　1778《重修臺郡各建築圖說》。臺北：國立中央圖書館。

　　（1983）

盧德嘉

　　1894　《鳳山縣采訪冊》。南投：臺灣省文獻委員會。

　　（1993）

簡炯仁

　　2003　〈就《熱蘭遮城日誌》第一、二冊有關的紀錄試論屏東平原的平埔族〉，《高市文獻》16（2）：頁1-92。

臨時臺灣土地調查局

　　1903　〈港東中里庄及土名調查表〉，《臺灣總督府公文類纂》，第59卷，4252冊。南投：國史館臺灣文獻館。

臨時臺灣舊慣調查會

　　1910　《臺灣私法》。神戶：臨時臺灣舊慣調查會。

臺灣的同名地名—以臺灣堡圖為中心

吳進喜[*]

一、前言

　　地名是人類對某一特定地點或地區所賦予的專有名詞[1]，從語言使用的角度看，地方一如個人或人群，都必須擁有特定的名稱，以作爲指認或彼此區辨之用。因此，每一個地名的產生與使用，都有其特定的地理、歷史與文化脈絡，也往往被賦予特定的空間及社會意義。

　　臺灣有著各式各樣的地名，映照著特殊的地理與歷史過程，無論是形式和數量都顯得格外豐富多樣，歷來亦有不少關於臺灣地名的調查與研究，可供了解[2]。然而由於各個不同的地區之間在地理環境、歷史情境或語言文化結構的相似性，臺灣居民也創造出不少的同名地名。當這些地名成爲政府單位空間管理系統的名稱時，即造成行政管理上的困擾，因此「爲避免一地多名或多處同名之情形，影響國土基本資料之建置及測繪成果，並造成地圖編印及訊息傳達之錯誤，需有政府機關統一使用之標準地名」，於是內政部提出「標準地名審議及地名管理辦法」，以建立臺灣地名的管理機制，該辦法第五條明訂：「標準地名不得相同，以利地名管理。」其具體內容爲「鄉（鎮、市、區）轄區內之村（里）、街道、聚落、自然地理實體及具有地標意義公共設施之標準地名不得相同。同一鄉（鎮、市、區）轄區內之標準地名不得重複，以免地名管理之困擾。」[3]

　　臺灣地名多處同名的情形也同樣困擾著學術研究者，多數的史志和歷史檔案的文字，在事件地點的記載都太過簡單，以致於研究者在運用資料時，經常因誤認地點而浪費許多寶貴的研究時間。例如清代的彰化縣在道光年間至少就有五個「保」的轄區內，有「田中央庄」的地名，而清代臺灣中部所發生的民變，如在林爽文案、陳周全案、戴潮春案中，官民兩軍的對峙與攻略，「田中央」這個地名全都涉及在內，惟田中央地名如此之多，各戰役所指田中央不盡相同。這種情形造成治史者在研究臺灣中部史實時，容易產生空間指認的混淆。除非研究者對此一史事之相關時、地、物等非常熟悉，否則往往無法立即瞭解其所指稱的確實地點[4]。這還只是發生在以舊彰化縣爲範圍的事例，就整個臺灣來觀察，地名多處同名的例子更多，在研究上所造成的困擾更大。

---

[*] 國立臺灣師範大學地理系副教授。

[1] 陳國章（1994），《台灣地名學文集》，自序，台北市：國立台灣師範大學地理系。

[2] 中央研究院歷史語言研究所、中研院歷史語言研究所計算中心（2000），〈臺灣地區地名學相關論著編目〉，《臺灣地區地名學相關論著編目及研究探討》，台北市：中央研究院。

[3] 內政部（2000），《標準地名審議及地名管理辦法草案總說明》。

[4] 王志宇（2004），〈從田中央到田中庄—彰化平原「田中央」的形成與發展〉，《逢甲人文社會學報》，9：91-110，台中市：逢甲大學人文社會學院。

　　臺灣地名的相關研究與調查成果雖然相當豐碩，學界對臺灣有許多地名同名也相當瞭解，但是臺灣到底有多少個同名地名？同一個地名最多能被多少個不同的地方使用？哪一個地名最常被用來稱呼許多不同的地方？這些同名地名的實際狀況到目前為止，都還沒有被完整的統計過，早期只有陳正祥根據西元1950年代出版的比例尺五萬分之一臺灣地形圖，粗略的計算出：全臺灣有42個新庄和新莊，39個山腳和山子腳，29個溪洲，28個三塊厝，26個公館和公舘子，23個竹圍子，21個尖山，20個番子寮，17個水尾，15個橋頭和橋子頭，14個牛埔，12個觀音山，10個土庫，9個田尾，8個田中央，7個石門，6個東勢，5個坑子內，4個木柵，3個茅子埔[5]；近年則有陳國章根據個人多年蒐集及解讀的臺灣地名資料，在近著《雲林縣地名辭典》中，列出依據作者個人標準所分類的同名地名之重複命名數[6]。由於兩位作者都沒有交待如何界定地名，以及判別地名是否同名的標準，因此讀者無從得知諸如觀音山到底是地形名或是聚落名？竹圍子和竹圍仔是否同名等問題，因此這些數字顯然只能當作參考，實在無法幫助我們深入瞭解臺灣的地名被重複使用到何種程度。

　　針對上述問題，本文企圖從眾多的臺灣地名資料中，選擇一組相對可靠的地名資料來源，作為篩選同名地名的母體，並利用一套嚴謹的判別標準，針對資料來源中的同名地名進行客觀統計，據以瞭解臺灣的地名中多處同名的實際狀況。由於地名的主要資料來源就是地圖，而且運用地圖學的方法來進行地名學的研究，其結果更為明確、客觀，因為地圖不僅是大量的、系統的、集中的表現地名的場合，而且位置精確，地名所指對象的類型以及它們之間的相互關係也一目了然。地圖用來表現地名分佈的區域規律是效果是優良的，所以在地名學的研究中地圖學的方法很重要。具體而言，本文擬從一套普遍可以取得的大比例尺臺灣地圖，作為單一地名資料庫入手，詳細比對地圖中的同名地名，藉以釐清下列事實：

　　1.臺灣地名中，有多少地名有重複命名的情形。

　　2.臺灣地名中，那些地名具有被「多次重複命名」的特性。

　　3.多次重複命名的地名的歷史地理意涵。

　　4.多次重複命名的地名之空間分布特性。

　　在衡量目前臺灣所有可以用為地名研究的地圖後，本文決定使用由遠流出版社復刻出版，明治37年（西元1904）臺灣總督府臨時土地調查局繪製，比例尺二萬分之一的《臺灣堡圖》，本套地圖估計約收錄了15,000個地名[7]。選擇臺灣堡圖作為地名資料來源的主要理由有：

---

[5] 陳正祥（1982），〈台灣的地名－文化層分期〉，收於氏著《中國文化地理》，頁2140-234，台北市：龍田出版社。

[6] 陳國章（2006），《雲林縣地名辭典》，台北市：台灣地理學會。該辭典僅就有同名之地名，在全台灣共重複命名幾次做出總計，例如該書頁1中所列13個地名中，只有十八甲、十七份、十張犂、九芎林等地名被重複命名，分別被註明為：「全台有2處」、「全台有2處」、「全台有5處」和「全台有10處」。

[7] 根據內政部「台灣地區地名查詢系統」的估計數字。

1. 地圖的調繪方法以及圖中各項圖資的精確度相對較高。

2. 地圖中記錄地名使用的文字一致性較高。

3. 地圖中記錄的地名，受政治因素的影響而改變者最少，亦即相對保留較多的舊地
   名。

4. 地圖中的地名與行政區域名稱區分清楚，地名的屬性最爲容易分辨。

5. 地圖附有完整的地名索引，方便資料處理。

然而使用此套地圖作爲地名資料來源也有一些缺點，首先是圖幅含蓋範圍不夠完整，
部分地區，尤其是位於中央山系的山區並未進行調繪，所幸位於山區的地名其重複性並
不高，缺少山地地區的地名資料，應當不致於對本文的分析工作產生太大的影響。其次
是遠流出版社復刻出版的《臺灣堡圖》，沒有收入基隆要塞 12 幅、馬公要塞 24 幅和高
雄要塞 38 幅，總共 74 幅列爲禁圖的各幅地圖[8]，此一資料來源的缺陷將會降低本文研究
結果的完整性。

二、 地名的定義與同名地名的界定

在內政部「標準地名審議及地名管理辦法」中，明確規定「標準地名」是指下列三
者的名稱[9]：

一、自然地理實體：指因天然作用所形成之地形。自然地理實體包含山脈、山峰、高原、
丘陵、臺地、盆地、平原、峽谷、三角洲、河階地、岬角、斷崖、島嶼、沙洲、潟
湖、溼地、河川、湖泊、潭、海灣、礁石、澳…等因天然作用所形成之地形。

二、聚落：指因人文、歷史風貌或地方特色而形成之區域。聚落具人文風貌者，如：北
埔客家聚落、米粉寮、松鶴部落；具歷史風貌者，如：芹壁村、寶藏巖、大龍峒；
具地方特色者，如：九份、金瓜石、南方澳漁村。

三、具有地標意義公共設施：指在地理上具有指標性質之行政、交通、水利、電力、生
活、產業或文教休閒等公共設施。具有地標意義公共設施，行政設施如：各縣（市）
政府辦公處所、天文臺、氣象臺等；交通設施如：港口、火車站、機場、捷運車站、
高鐵站、隧道、橋樑、郵局、電信局等；水利設施如：水庫、抽水站、水圳等；電
力設施如：變電所、電力公司；生活設施如：警察局、垃圾處理場、醫院、衛生所
等；產業設施如：工廠、殯儀館、大型商場、市場等；文教休閒設施如：寺廟、學
校、電影院、活動中心、集會所、風景名勝區、體育場等。

由於本文擬透過同名地名，解讀多次重複命名的地名的歷史地理意涵，因此只選擇
具備顯著歷史地理意義的「居民居住地點之名稱」，作爲論文主要的處理對象。所以本

---

[8] 這些禁圖目前已經可以在中央研究院的「台灣歷史文化地」網站中，以電子地圖的形式方便的提供大眾查閱。基於
   遠流出版社在編輯地名索引時，有其方法的一致性，本文不擬將這些電子地圖形式的圖幅內容納入討論。
[9] 內政部（2000），《標準地名審議及地名管理辦法草案總說明》。

文對地名的定義比內政部所訂定之「標準地名」的定義更為狹窄，只取其中第二項定義的一部分，即聚落名稱，而剔除自然地理實體名稱和具有地標意義公共設施名稱兩類地名，事實上這兩類地名被註記在臺灣堡圖中的數量很少，因此對研究的實質結果並不會產生影響。

此外，政府所規劃之行政區域的名稱，如堡名、里名、鄉名和街庄名等，由於並非居民居住地點的實體名稱，而且在地圖的註記上，常常與實體的居住地點重複標示，故在統計同名地名時，也一併剔除，因為此等名稱並非指稱一個具有實體的聚落，不符合本文地名的定義。

從遠流出版社復刻出版兩鉅冊《臺灣堡圖》的地名索引中，先篩選出符合上述定義的聚落地名，然後再選取索引中同一地名重複註記在不同圖幅之中者，以「竹圍仔」地名為例，該地名在索引中列出：「21，22，23，25，28，79，140，144，145，188，190，193，194，195，197，199，201，202，204，254，259，261，262，266，267，268，271，273，325，340，399」，表示在圖幅編號21、22…等三十一幅堡圖中，每一幅圖皆至少有一個名為「竹圍仔」的聚落。然而由於劃分圖幅時有可能將一個名為「竹圍仔」的聚落，分別置於相鄰最多四幅的堡圖之中，所以必須根據索引重新回到堡圖上確定：

1. 相鄰圖幅中的「竹圍仔」是否為同一聚落，如為同一聚落則必須合併為同一處；
2. 同一圖幅中如果有二個「竹圍仔」，且分別位於兩個不同的街庄中，則視為同名的不同聚落，例如圖幅號21的堡圖中，就有二個「竹圍仔」，其中一個位於芝蘭三堡小八里坌庄，另一個位於芝蘭三堡中田藔庄，事實上為兩個同名的不同聚落，儘管索引中只列出一次的21的圖幅編號，仍然判別為二個同名地名。
3. 如果同一圖幅中如果有二個「竹圍仔」，但卻位於同一街庄之中，基於居民使用地名的方便原則，極不可能同一街庄出現兩個完全相同的地名，故將此種個案合併視為同一聚落。

在諸多的臺灣地名中，有許多使用「仔」的地名，如前述例中的「竹圍仔」，其意義與不加「仔」字的地名「竹圍」，並無明顯的差別，故凡是加上「仔」字的地名，不論是加在地名的中間，或是加在地名的後面，皆視為與未加「仔」字的原地名為同名。

字音（在地的發音）或字義相同，但註記文字不同者，仍然視為同名地名，如竹圍、竹惟、竹圍仔、竹囲仔、竹為仔等皆為同名地名；其他如北勢、北勢仔、北世、北世仔；土人，土塑，土壠；土地公，土治公，土利公；埤頭、埤仔頭、坡仔頭、陂仔頭、碑仔頭、碑雅頭；陂腹、埤腹、埤北；埤斗、坡肚；朴鼎金，破鼎金，覆鼎金等亦皆視為同名地名。

地名註記使用俗體字者，如「舘」、「园」、「邱」、「后」、「蕃」、「滰」、「湳」或「濫」，與使用正體字如「館」、「園」、「坵」、「後」、「番」、「墩」、「杢」者，視為同名地名。有些同名地名的使用的註記文字雖然不同，卻明顯

可以判斷其為註記用字錯誤者，如三塊厝與三磈厝；水碓、水堆與水碓；瓦磘與瓦瑤等，仍然當作同名地名處理。

至於地名中的「腳」與「下」、「厝」與「屋」、「崙」與「墩」、「過」與「背」等，意義雖然相同或近似，但因具有顯著的福佬與客家文化差異，因此視為非同名地名。惟一的例外是在「湖」與「窩」的通名前加上「糞箕」或「糞支」的糞箕湖、糞箕窩、糞支窩三個地名，因為三者的意義完全相同，而且發音也十分接近，故在本文的分析中，以同名地名處理。

三、 同名地名比對的結果及分析

透過前述的判別標準與比對程序，本文一一比對遠流版《臺灣堡圖》中的所有地名，結果發現在《臺灣堡圖》中共記錄了959個同名地名，如表1所示。在這些同名地名中，被重複命名最多次者多達52次，有二個地名被重複命名50次以上，重複命名20次以上的地名有17個。重複命名次數愈少的地名數量愈多，重複命名10次以上的地名有69個，5次以上的地名有234個，2次以上的地名則多達959個。

表1　臺灣堡圖同名地名個數及同名次數統計表

同名次數	52	50	41	38	33	29	26	25	24	23
地名個數	1	1	1	1	1	1	2	1	1	3
累計個數	1	2	3	4	5	6	8	9	10	13

同名次數	22	21	19	18	17	16	15	14	13	12
地名個數	2	2	1	3	3	4	9	2	4	6
累計個數	15	17	18	21	24	28	37	39	43	49

同名次數	11	10	9	8	7	6	5	4	3	2
地名個數	11	9	14	15	32	44	60	82	173	470
累計個數	60	69	83	98	130	174	234	316	489	959

這些多次重複命名的同名地名，如依重複命名多寡次序，由多到少排序，其中重複20次以上的同名地名依序為：竹圍（52次）、新庄（50次）、三塊厝（41次）、山腳（38次）、新厝（33次）、水尾（29次）、崁腳（26次）、番仔藔（26次）、溪州（25次）、田藔（24次）、埤頭（23次）、牛埔（23次）、瓦磘（23次）、下藔（22次）、中庄（22次）、公舘（21次）、田心（21次）等十七個地名。

重複命名 12 次至 19 次的地名有：下庄、大埔、過溝、橋頭、山藔、北勢、後庄、大竹圍、田中央、埔頂、新興、大庄、大湖、後厝、後湖、崁頂、崙頂、頂藔、番社、福興、大坵園、過溪、內湖、後藔、埔尾、湳仔、潭墘、山頂、青埔、崙仔、糞箕湖、舊社等共三十二個同名地名。這些同名地名在《臺灣堡圖》中的註記方式如表 2 所示。

表 2　臺灣堡圖同名地名同名次數 12 次以上之地名表列

排序	地　名	同名次數	註記名稱
1	竹圍	52	竹圍、竹惟、竹圍仔、竹囲仔、竹爲仔
2	新庄	50	新庄、新庄仔
3	三塊厝	41	三塊厝、三塊厝仔、三硯厝
4	山腳	38	山腳、山仔腳
5	新厝	33	新厝、新厝仔
6	水尾	29	水尾、水尾仔
7	崁腳	26	崁腳、崁仔腳
7	番仔藔	26	番仔藔、蕃仔藔
9	溪州	25	溪州、溪州仔、溪洲、溪洲仔
10	田藔	24	田藔、田藔仔
11	埤頭	23	埤頭、埤仔頭、坡仔頭、陂仔頭、碑仔頭、碑雅頭
11	牛埔	23	牛埔、牛埔仔
11	瓦磘	23	瓦磘、瓦磘仔、瓦瑤
14	下藔	22	下藔、下藔仔
14	中庄	22	中庄、中庄仔
16	公舘	21	公舘、公舘仔、公館、公館仔
16	田心	21	田心、田心仔
18	下庄	19	下庄、下庄仔
19	大埔	18	大埔
19	過溝	18	過溝、過溝仔
19	橋頭	18	橋頭、橋仔頭、橋頭仔
22	山藔	17	山藔
22	北勢	17	北勢、北勢仔、北世、北世仔
22	後庄	17	後庄、後庄仔、后庄、后庄仔
25	大竹圍	16	大竹圍、大竹囲、大竹帷
25	田中央	16	田中央、田中
25	埔頂	16	埔頂、埔仔頂、埔頂仔、埔鼎
25	新興	16	新興

29	大庄	15	大庄
29	大湖	15	大湖、大湖仔
29	後厝	15	後厝、後厝仔、后厝、后厝仔
29	後湖	15	後湖、後湖仔、后湖
29	崁頂	15	崁頂、崁仔頂
29	崙頂	15	崙頂、崙仔頂
29	頂寮	15	頂寮
29	番社	15	番社、番社仔、番社街、蕃社
29	福興	15	福興
38	大坵園	14	大坵園、大坵园、大邱園
38	過溪	14	過溪、過溪仔
40	內湖	13	內湖、內湖仔
40	後寮	13	後寮、後寮仔、后寮
40	埔尾	13	埔尾、埔尾仔
40	湳仔	13	湳仔、湳雅、濫仔
44	潭墘	13	潭墘、潭仔墘、潭漧、潭仔漧
44	山頂	12	山頂、山仔頂
44	青埔	12	青埔、青埔仔、菁埔、菁埔仔
44	崙仔	12	崙仔、崙雅
44	糞箕湖	12	糞箕湖、糞箕窩、糞支窩
44	舊社	12	舊社

　　重複命名次數介於 5 次至 11 次的同名地名，共有土庫、中坑、月眉等 184 個地名，如表 3 所示。其他重複命名次數 2 次、3 次和 4 次的同名地名，還有七張犁等 714 個，由於數量過於龐大，將以附錄形式置於文末，以供參考。

表3 臺灣堡圖同名地名同名次數 5 次至 11 次之地名表列

同名次數	同 名 地 名	數量
11	土庫、中坑、月眉、水碓、田尾、竹仔腳、店仔、東勢、苦苓腳、茄苳腳、溝墘	11
10	大坪、中藔、埔心、深坑、頂山腳、魚藔、番仔厝、新藔、溪底	9
9	三角仔、下竹圍、下溪州、大坑、中崙、瓦厝、吳厝、坑內、松仔腳、茅埔、頂厝、新店、劉厝、樹仔腳	14
8	下山腳、大崙、四份、四塊厝、尖山、西勢、坪頂、社仔、洲仔、頂溪州、港仔尾、湖仔內、番仔溝、溪仔尾、員山	15
7	八張犁、下厝、下崙、下湳、大平頂、中州、牛稠、竹林、竹篙厝、坑口、沙崙、拔仔林、南坑、南藔、崁頭、海口、崎頭、埤腳、埤藔、崎頭、頂庄、鹿藔、港墘、番仔田、柴藔、新城、新港、溪頭、過港、蔴園、橫山、南勢坑	32
6	九芎林、二重溪、三角埔、下店、下埔、下湖、土地公埔、大陂、大藔、山猪湖、內城、內灣、六張犁、水汴頭、北坑、北勢坑、外埔、石門、石頭厝、圳頭、安溪藔、竹坑、坪林、社口、虎尾藔、南勢、後壁藔、後埔、泉州厝、崁頭厝、埤斗、埤仔尾、頂湳仔、頂埔、港後、新街、楓樹腳、廣興、潭底、樹林、舊庄、鎮平、雙溪	43
5	八股、十張犁、三坎店、下田藔、下崁、下廍、大林、大崙尾、大窩、大灣、中心崙、中厝、中興、五間、內埔、內藔、公埔、斗門頭、木柵、水井、水底藔、打鐵坑、白沙墩、田洋、同安藔、好收、江厝、冷水坑、西庄、坑頭、車店、枋藔、油車、虎頭山、南窩、城內、埔仔、埔姜崙、海埔、海豐、草湖、草藔、羗仔藔、許厝藔、港口、渡船頭、柴園、番婆、新社、新埔、新廍、溪底藔、溪墘厝、過坑、隘藔、廍仔、蘆竹湳、嶺腳、覆鼎金、楓仔林	60

四、同名地名的歷史地理意涵

　　透過上節統計，在遠流版《臺灣堡圖》中所註記的臺灣地名，至少有 3,576 個聚落重複使用 959 個同名地名，若根據內政部「臺灣地區地名查詢系統」的估計，以明治版《臺灣堡圖》約有 15,000 個地名計算，《臺灣堡圖》的地名中每 5 個就會有 1 個同名地名，地名的同名率相當高。

　　同名次數最多的前三個地名，竹圍、新庄、三塊厝等皆與居民所居住的聚落特性有關，顯示臺灣傳統聚落一般規模較小，且因新移民不斷移來開拓新的墾地，因此不斷有新的聚落出現，再加上清朝社會治安條件不良，居民在聚落外圍種植竹圍以為護衛者，不在少數。在這些農村聚落的週遭，則散落著主要為平埔族的原住民之簡陋屋舍番仔寮。而埤頭、水尾、田心、田寮等地名顯示，早期入墾的農民為求增加農產，乃不斷致力改良耕地，透過修築埤圳系統將產量較少的旱園，改造成產量較大的水田，甚至冒險進入河川行水區的溪州，進行與大自然對賭性質的開墾。牛是農民種地的最佳幫手，放牧牛隻的埔地是大部分農村所必備，因此也能列名在次數較多的同名地名之中。公館是業戶的收租館，眾多的公館顯示臺灣有許多土地是透過「業戶制」的土地開拓方式開墾的。

　　然則到底是何種原因造成臺灣地名的高度同名傾向，我們可以從地名的命名起源尋找原因。西元 1995 年，國史館臺灣文獻館的前身，臺灣省文獻委員會委託國立臺灣師範大學地理系辦理「地名普查計畫」的初期，師範大學地理系陳國川曾草擬一式關於臺灣「地名起源」的表格，將臺灣地名的命名緣起分成：位置與時間、自然環境、維生方式、血緣與地緣、名勝或人文設施、拓墾、軍事與眷村、紀念性人物、合成地名、原住民相關、外來語地名及其他等共 13 項緣由，作為討論新竹市地名所反映的歷史地理意義，[10] 往後該式表格成為「地名普查計畫」成果的各縣市地名辭書，在討論地名起源時的通用格式。為與臺灣目前最完整與最詳盡的地名資料庫能同步對比，乃依照「地名普查計畫」的地名起源分類，將《臺灣堡圖》中同名次數 20 次以上之地名的起源歸類為表 4，同名次數 12 至 19 次之地名的起源歸類為表 5。

---

[10] 陳國川（1996），《台灣地名辭書，卷十八，新竹市》，頁 239 − 243，南投：台灣省文獻委員會。

表 4　臺灣堡圖同名地名同名次數 20 次以上之地名的起源

地名命名源由	同名地名
位置與時間	新庄、新厝、下寮、中庄
自然環境	山腳、崁腳、溪州
維生方式	水尾[11]、埤頭、牛埔、田心
血緣與地緣	
人文設施	竹圍、三塊厝、田寮、瓦磘
拓墾	公舘
軍事與眷村	
意識型態	
紀念性人物	
合成地名	
原住民相關	番仔寮
外來語地名	
其他	

表 5　臺灣堡圖同名地名同名次數 12 至 19 次之地名的起源

地名命名源由	同名地名
位置與時間	下庄、北勢、後庄、後厝、頂寮、後寮
自然環境	大埔、過溝、埔頂、大湖、後湖、崁頂、崙頂、過溪、內湖、埔尾[12]、湳仔、潭墘、山頂、崙仔、糞箕湖
維生方式	田中央、大坵園
血緣或地緣	
人文設施	橋頭、山寮、大竹圍、大庄
拓墾	青埔
軍事與眷村	
意識型態	新興、福興
紀念性人物	
合成地名	
原住民相關	番社、舊社
外來語地名	
其他	

---

[11] 水尾的地名源於該地位於水利灌溉設施的末端，為雙冬稻作維生方式的衍生景觀，故歸類為「維生方式」。

[12] 埔尾地名起源於埔地之盡頭，表示平原至此而盡，故歸類為「自然環境」類。在同樣歸類為自然環境」類的其他地名中，其通名使用的文字，如溝、湖、湳、潭等皆是天然的地形景觀，而非因居民依其維生活動之需而建造。

表 4 中的數字顯示，在重複命名次數超過 20 次，同名率最高的一組十七個地名之中，依聚落成立時間與相對位置命名的地名有四個，即新庄、新厝、下藔、中庄；與維生方式相關的地名有四個：水尾、埤頭、牛埔、田心；源自人文設施的有也四個：竹圍、三塊厝、田藔、瓦磘；以自然環境特徵作為命名依據的只有三個：山腳、崁腳、溪州；與地方拓墾有關的地名為公舘；與原住民相關的地名也有一個，為番仔藔。

在表 5 的資料中，重複命名次數介於 12 至 19 次，同名率次高的三十二個地名之中，以自然環境特徵作為命名依據的同名地名明顯偏多，共有大埔、過溝、埔頂、大湖、後湖、崁頂、崙頂、過溪、內湖、埔尾、湳仔、潭墘、山頂、崙仔、糞箕湖等十四個同名地名，佔了將近一半的比例，而且都是依據地形景觀命名，其中有四個出現在山間窪地，四個與溪溝水潭溼地有關，三個因平坦地面命名，二個地名與沙崙有關，這些都是臺灣居民在日常生活中常見的小地形。

其次有下庄、北勢、後庄、後厝、頂藔、後藔等六個同名地名，是依聚落成立時間與相對位置命名的；源自人文設施的有四個：橋頭、山藔、大竹圍、大庄；與原住民相關的同名地名有番社和舊社等兩個；與維生方式相關的同名地名有田中央和大坵園等兩個；居民為祈求村落能發展興旺的同名地名有新興和福興；與地方拓墾有關的同名地名則有青埔一個。

分析重複命名次數最多的前四十九個地名之命名緣起，可以看出臺灣地區多變的地形景觀，仍然是同名地名命名的主要參照標的，聚落的相對位置則是同名地名次要的命名緣起，重要的人文設施在命名參照標的上排名第三，這些設施地名除了描述聚落的特性外，還有瓦磘、橋頭等輔助居民建立聚落的相關設備。接下來的是和居民的維生方式相關的地名，其中大部分和耕種水稻的水田及相關設施有關，可見水稻農業對臺灣傳統社會的重要性。而和原住民的活動有關的同名地名，也有三個出現在名單之中，顯示漢人在臺灣所展開的生活，在許多地方皆有原住民伴隨，這是臺灣社會的一項重要特質。

五、同名地名的空間分布

臺灣南部與北部的自然環境特性不同，開發的時間前後有異，開墾組織和主要維生方式也大不相同，這些歷史地理的差異勢必影響地名的命名，因此同名地名的命名原因也可能互異其趣。為瞭解同名地名的空間分布特徵，本文選擇臺灣堡圖同名地名同名次數 20 次以上之地名，即竹圍等十七個地名，依地名索引所記錄之圖幅號，逐一查對每一筆地名所在的堡里與街庄，將結果依同名地名區分，做成如表 6 示的空間分布表格，由於數量龐大，表 6 顯示同名地名「竹圍仔」的空間分布，其他十六個同名地名的空間分布表，將以附錄附於文末，以供參考。

表 6　同名地名「竹圍仔」的空間分布

註　記　名　稱	所在圖幅號	所在堡（里）街庄
竹　　圍　　仔	21	芝蘭三堡小八里坌庄
	21	芝蘭三堡中田蒙庄
	22	八里坌堡大八里坌庄
	23	興直堡三重埔庄
	25	八里坌堡南勢埔庄
	28	桃澗堡大竹圍庄
	79	竹南一堡營盤邊庄
	140	線東堡中蒙庄
	144	線西堡大霞佃庄
	145	馬芝堡馬鳴山庄
	188	沙連堡竹圍仔庄
	190	馬芝堡下三塊厝庄
	193	溪州堡竹圍仔庄
	194	斗六堡保長廍庄
	195	二林上堡汴頭庄
	197	東螺西堡路口厝庄
	199	大坵田堡竹圍仔庄
	201	二林下堡竹圍仔庄
	202	深耕堡龍岩厝庄
	204	大坵田堡新興庄
	254	斗六堡高林仔頭庄
	259	打貓東頂堡內林庄
	261	嘉義西堡竹圍仔庄
	262	下茄苳南堡三界埔庄
	266	大槺榔西堡灣內庄
	267	鹿仔草堡後堀庄
	268	下茄苳北堡土溝庄
	271	大槺榔西堡蒜頭庄
	273	龍蛟潭堡義竹圍庄
	325	嘉義東堡後大埔庄
	340	太子宮堡舊廍庄
	399	仁德北里新佃庄

竹 圍	27	桃澗堡竹圍庄
	28	竹北二堡埔心庄
	96	苗栗一堡大坑庄
	102	苗栗一堡竹圍庄
	122	揀東上堡罩蘭庄
	135	藍興堡下橋仔頭庄
	138	大肚中堡鴨母藔庄
	143	線西堡塗厝厝庄
	187	沙連下堡炭藔庄
	254	他里霧堡溫厝角庄
	260	打貓東下堡頂員林庄
	270	蔦松堡新街庄
	329	羅漢外門里溝坪庄
	333	楠梓仙溪西里竹圍庄
	337	善化里東堡北仔店庄
	384	港西上里月眉庄
	385	港西上里九芎林庄
竹 囲 仔	75	竹北二堡貓兒錠庄
竹 為 仔	53	擺接堡四汴頭庄
竹 惟	330	哆囉嘓西堡崁頭厝庄

接著再將各筆地名所在的堡里與街庄，轉換成目前的縣市行政區域，並依照所在縣市別，統計每個同名地名的分布頻率，結果如表 7 示。

表7　臺灣堡圖同名地名同名次數 20 次以上之地名的空間分布

	宜	北	桃	竹	苗	投	中	彰	雲	嘉	南	高	屏	東	計
竹圍	0	6	3	1	4	2	2	10	6	8	7	3	0	0	52
新庄	0	5	1	4	3	2	5	7	11	5	3	1	2	1	50
三塊	1	6	4	1	0	2	3	8	6	7	2	1	0	0	41
山腳	0	11	2	0	1	7	5	1	1	3	5	0	2	0	38
新厝	1	1	2	0	1	2	3	3	9	4	6	1	0	0	33
水尾	0	6	5	0	5	3	0	4	1	3	1	0	0	1	29
崁腳	0	5	7	4	1	1	3	1	1	2	2	0	0	0	27
番蓁	0	0	2	1	3	2	2	2	1	3	7	1	2	0	26
溪州	1	3	5	3	0	2	2	1	2	3	3	0	0	0	25
田寮	0	1	4	0	3	3	2	1	2	4	3	0	1	0	24
埤頭	1	4	2	0	0	0	0	4	3	5	3	0	1	0	23
牛埔	0	6	0	1	1	1	5	2	2	2	1	1	0	0	23
瓦瑤	2	2	2	0	1	1	2	2	2	3	6	0	0	0	23
下寮	0	2	0	1	0	0	1	3	3	6	6	0	0	0	22
中庄	0	3	0	1	0	0	1	4	1	6	3	3	0	0	22
公館	1	2	2	0	3	0	4	2	1	1	1	2	0	2	21
田心	1	5	5	1	4	0	3	0	2	0	0	0	0	0	21
計	8	68	46	18	30	29	43	55	54	65	59	13	8	4	500

　　表7資料顯示，臺灣堡圖同名地名同名次數20次以上的十七個地名中，其空間分布大致可分成集中於北部、集中於中南部和平均分布等三種類型。

　　集中於北部的同名地名有山腳、水尾、崁腳和田心等四個，主要出現在台北和桃園，這四個地名在北臺灣經常重複出現的原因，應該和北臺灣多山地丘陵及高水田率的農耕環境有密切關係。集中在中南部的同名地名較多，有竹圍、新庄、三塊厝、新厝、番仔簝、埠頭、下簝和中庄等八個，主要出現在彰化、雲林、嘉義和台南，地形主體包括濁水溪沖積扇和嘉南平原，平坦而單調，缺乏地名命名的自然參照標的，所以大部份皆以聚落的相對位置及本身的特性來命名。

　　臺灣堡圖中 26 個番仔簝的地名，有 10 個出現在台南和嘉義，或許顯示在漢人的歷史上西拉雅族的活動比較活躍。

　　沒有顯示明顯空間集中型態的同名地名，包括溪州、田簝、瓦磘和公館等四個地名，牛埔則集中在台北和台中兩區，這些地名空間分布的意義暫時無法解讀。

六、結論

　　爲瞭解臺灣地名多處同名的實際狀況，本文以遠流出版社復刻出版的《臺灣堡圖》作爲地名資料來源，利用一套嚴謹的判別標準，針對地圖中的同名地名進行客觀統計，結果發現：

一、在《臺灣堡圖》中共有 959 個同名地名，其中被重複命名最多次者爲竹圍仔，多達 52 次，重複命名 2 次以上的地名則多達 959 個。

二、在《臺灣堡圖》中，只有少數地名被大量重複命名，只被重複命名 2、3 次者，數量往往多達三、四百個。

三、同名次數最多的前三個地名是竹圍、新庄、三塊厝，顯示臺灣傳統聚落一般規模較小，且不斷有新的聚落出現，而早期社會治安條件不良，居民常在聚落外圍種植竹圍以爲護衛。

四、分析同名地名之命名緣起，結果顯示多變的地形景觀，是同名地名命名的主要參照標的，其次爲聚落的相對位置，第三項起源爲重要的人文設施。和居民的維生方式相關的地名，則顯示水稻農業對臺灣傳統社會的重要性。而和原住民的活動有關的同名地名，顯示臺灣社會的重要特質之一，是漢人在許多地方的生活，皆有原住民伴隨左右。

五、同名地名的空間分布可分成集中於北部、集中於中南部和平均分布等三種類型。集中於北部的同名地名和北臺灣多山地丘陵及高水田率的農耕環境有密切關係。集中在中南部的同名地名大部份皆以聚落的相對位置及本身的特性來命名。

附錄

表 1　臺灣堡圖同名地名同名次數 2 次至 4 次之地名表列

4	七張犁、九份、十一份、下山蓁、土地公坑、大牛稠、大湳、小坑、小粗坑、中埔、五塊厝、五塊蓁、六甲、六份、六塊厝、水流東、水梘頭、水頭、北投、北埔、北窩、半路店、外湖、田仔、田厝、宅仔內、尖山腳、竹山、竹巷、竹頭崎、尾蓁、赤土崎、庄仔、店仔街、東勢蓁、東勢角、林尾、林頭、社尾、直坑、社蓁、南庄、南勢埔、南興、後壁厝、挖仔、洲仔尾、施厝蓁、柑宅、茄苳湖、茄苳坑、桃園、海墘厝、烏樹林、草山、崎腳、崩山、崁下、蚵蓁、頂竹圍、頂湖、惠來厝、番仔坑、番仔埔、詔安厝、新陂、新宅、溝貝、溪尾蓁、獅仔頭、莿桐腳、林仔頭、蕃薯蓁、頭社、頭湖、鴨母蓁、龜山、舊廍、雙溪口、羅厝、關帝廳、寶斗厝、灣裡	83
3	七股、九股、二十份、二坪、二重埔、八甲、十八張犁、十份、十股、三份、三角潭、三姓蓁、三重溪、三張犁、三條圳、三條崙、下牛埔、下坑、下南勢、下埤頭、下新厝、下灣、口庄、土地公崎、大平、大宅、大有、大竹林、大茅埔、大肚、大溪、大湖底、大潭、山邊、中社、中港、中隘、五份埔、五甲、五汴頭、井仔頭、內庄、六股、六塊蓁、斗門頭、水坑、水流、水堀頭、火燒厝、火燒蓁、牛欄窩、牛蓁、山水坑、北勢蓁、古亭笨、四股、四張犁、四湖、外蓁、田頭、石坑仔、石牌、石頭埔、同安厝、圳頭坑、圳蓁、庄尾、竹頭角、西坑、西勢蓁、伯公坑、坑底、尾庄、沙坑、汴頭、竿蓁林、車軌蓁、車路頭、店仔口、拔仔埔、東坑、東勢尾、林內、林口、社內、金瓜蓁、阿里史、邱厝、南河、南埔、南港、南靖厝、後壠、巷口、客仔厝、柑仔樹下、紅花園、紅瓦厝、茄苳林、食水坑、員林、埔墘、埔頭、校力林、海豐崙、海尾、桂竹林、草湳、羌園、乾溪、匏仔蓁、埤角、埤腹、崎頂、崩山下、崩坡、崙仔尾、崙仔坪、梅仔腳、深圳、蚶仔蓁、許厝、頂山蓁、頂公舘、頂田蓁、頂店、頂崁、鹿仔坑、頂過溪、溫蓁、渡仔頂、湖仔、湖底、番仔、番仔崙、番仔園、番仔路、茭公堂、茭堂、圓墩、圓潭、新公舘、楓仔坑、楓樹湖、溪心、溪口、溪北、溪南、溪墘、萬興、過嶺、對面、福德坑、管事厝、鼻仔頭、樟空、樣榔、潭內、橫路、頭前溪、頭前厝、龍船、嶺尾、營盤口、謝厝蓁、蔡仔、鹽埔	173
2	七份、七塊厝、九芎坪、九芎湖、九張犁、九間、九塊厝、九蓁、二十張犁、二甲、二城、二崁、二湖、二結、八份、八卦厝、十八份、十八家、十三甲、十三股、十五庄、十六甲、十六份、十四甲、十塊蓁、三十張犁、三合、三汴、三抱竹、三板橋、三股、三重埔、三座屋、三間厝、三塊蓁、三	468

湖、三溝、三層崎、下大湖、下山、下水尾、下北勢、下田心仔、下宅仔、下林仔、下林仔頭、下油車、下社、下南片、下城、下崁頭厝、下員林、下埤圳、下荣園、下荣蓁、下塗溝、下福、下潭、下橫山、下橫坑、下樹林、下橋仔頭、下營、上大窩、上北勢、上田心仔、上崙、上溪洲、口厝、口湖、口蓁、土牛、土地公、土人厝、大水堀、大八里坌、大山腳、大尖山、大車路、大坪林、大客、大洲、大社、大突蓁、大坑口、大坑尾、大坑罟、大茄苳、大埔尾、大桃坪、大草埔、大堀、大粗坑、大新、大湖桶、大崙腳、大溪墘、大崎、大港蓁、大榛榔、小南勢、小新、山仔門、山排、中山、中和、中心埔、中城、中路、中湖、中潭、中營、五里牌、五張犁、允龜橋、內田、內林、六份蓁、六蓁、六結、公地尾、公厝、天花湖、太平、斗六、日南、水泉、水師蓁、水涵、水漆林、水頭排、火燒店、牛角坑、牛屎崎、牛挑灣、牛食水、牛稠埔、牛蓁埔、王田、王爺宮、出水仔、加走、加路蘭、北庄、北馬、北港、北勢頭、北勢坡、北勢湖、北門口、北榛榔、北頭、北蓁、半山、半天蓁、半路厝、古亭、四結、外員山、外崙仔腳、平和厝、打鐵蓁、永定厝、永豐、瓦磘坑、瓦磘蓁、甘蔗崙、田仔墘、白石腳、白石湖、白廟仔、石山、石角、石車、石空、石門坑、石城、石埤腳、石崗仔、石腳桶、石圍墻、石牌嶺、石廟、石壁坑、石壁潭、石槽、石頭圍、石頭坑、后里、圳墘、尖山下、尖山湖、尖筆山、灰磘、竹仔門、竹篙、羊稠坑、羊稠厝、羊稠、老社蓁、西平蓁、西平、西港、西勢尾、西勢社、西勢湖、西廍、西蓁、吳竹仔腳、坑背、尾社、旱坑、更蓁、杉橋、沙崙後、汶水坑、洴水港、秀才、秀水、芎蕉坑、芎蕉灣、角帶圍、赤柯坪、車路腳、車路墘、和興、坪頂埔、坡內、坡內坑、陂仔墘、陂腹、陂塘、坡塘窩、坵厝、店仔後、房里、枕頭山、東庄、東竹圍、東門外、東厝、東港、東湖、東勢社、東勢頭、東勢厝、林仔、林厝、油車店、油車口、社腳、社頭、社皮、松柏崙、河底、河厝、直潭、阿拔泉、王萊宅、社蓁角、虎仔山、前庄、南平、南勢山、南勢湖、南路厝、後山、後堀、後溝仔、後鎮、客庄、泉州蓁、紅毛蓁、紅瓦磘、紅水坑、紅竹圍、柿仔蓁、柑仔林、柯仔林、柳仔溝、柳樹涵、流流、茄拔、茄苳仔、茄苳溪、員岌、苧仔園、倒松仔、凍仔頂、苦瓜蓁、軍功蓁、面前厝、香山、倒照湖、厝仔、員山仔腳、員潭仔坑、埔中央、孫厝、桃米坑、浸水、海汕洲、浮圳、烏山頂、烏山頭、海埔厝、烏塗堀、粉蓁、草地尾、草湖溪、草嶺、蚊港、烏蘇園、破瓦厝仔、茶蓁、草埔尾、馬鳴山、馬稠后、鬼仔空、乾溝、堀仔頭、將軍、崙仔蓁、崙後、張厝、排仔路頭、梘頭、犁頭厝、犁頭標、粗坑、荷苞嶼、陳厝坑、陳厝蓁、頂土庫、頂牛埔、頂竹仔腳、頂坑、頂林仔頭、頂社、頂

廊、頂橋仔頭、鳥松腳、魚池、頂港仔墘、頂茇藔、頂新庄、頂頭、頂塗溝、鹿廚坑、鹿場、圍仔內、塭內、塭底、塭仔、棋盤厝、港仔坪、港墘厝、湯耙凸、無底潭、猫而干、番仔井、番仔陂、番社口、番社後、茶公坑、菓葉園、象鼻嘲、隆恩庄、飯店、黃厝、園尾、塩水坑、新田、新竹圍、新屋、新溫、新開、楊厝、楊厝藔、楣仔藔、溝皂、溪心埧、溪心藔、溪埔仔、溪湖、溪邊厝、萬年、莿仔藔、蜈蜞潭、過山、過田、過圳、過埤、過崙、隘藔腳、隘藔頂、墘溝、廊後、網形、網藔、維祥、艋舺、銀錠山、銅鑼圈、墩仔腳、墩仔頭、廟後、樣仔坑、樟普藔、樟湖、樟樹林、潭尾、潮洋、潮洋厝、蔗廊、蔡厝、蓬萊坑、蘇園藔、鄭仔藔、學界藔、橫平、橫坑、樹林口、磚仔井、興化厝、興化店、興化藔、蕃薯、蕃薯厝、頭份、頭亭溪、頭前、頭前藔、頭家厝、頭張、頭圍、鴨母藔、龍目井、龍岩厝、龍眼林、龜仔港、龜仔頭、營盤埔、營盤腳、營盤邊、礦溪、礁溪、謝厝、雙溪、雙連陂、藤坪、藤藔坑、蘇厝、蘇厝藔、雞油凸、鹽水坑、鹽水港、塩田、鹽埕、灣仔、灣潭、觀音山

表 2　同名地名「新庄仔」的空間分布

註 記 名 稱	所 在 圖 幅 號	所 在 堡（里）街 庄
新 庄 仔	14、15	芝蘭三堡小基隆新庄
	18	大加蚋堡東新庄仔庄
	67	竹北一堡橫山庄
	71	竹北一堡柴梳山庄
	74	竹北二堡新庄仔庄
	102	苗栗二堡福興庄
	106	苗栗三堡新庄仔庄
	134	揀東下堡新庄仔庄
	135	藍興堡頂橋仔頭庄
	139	大肚中堡新庄仔庄
	140	線東堡新庄仔庄
	193	溪州堡新庄仔庄
	195	馬芝堡南勢埔庄
	197	西螺堡莿桐巷庄
	198	西螺堡新庄仔庄
	203	布嶼堡新庄仔庄
	206	深耕堡三塊厝庄
	254	他里霧堡溫厝角庄
	260	打貓南堡新庄仔庄
	264	白沙墩堡內蓁庄
	269	尖山堡四湖庄
	344	廣儲西里西勢庄
	386	港西上里東振新庄
	447	永靖里射麻里庄
新 庄	23	海山堡新庄
	102	苗栗一堡雙連潭庄
	103	苗栗一堡魚藤坪庄
	185	北投堡新庄
	189	鯉魚頭堡新庄
	194	斗六堡新庄
	197	他里霧堡新庄
	199	深耕堡番仔蓁庄
	201	二林下堡二林庄
	203	布嶼堡崩溝蓁庄
	249、254	斗六堡新庄
	259	打貓東頂堡新庄
	260	打貓南堡田中央庄
	272	大坵田西堡新庄
	273	龍蛟潭堡新庄
	274	尖山堡菠仔蓁庄
	305	台東廳
	333	楠梓仙溪西里芒仔芒庄
	338	新化東里山仔頂庄
	384	楠梓仙溪東里新庄
新 庄 仔 庄	15、16、20、21	芝蘭三堡新庄仔庄
	17、18	大加蚋堡新庄仔庄
	28	桃澗堡新庄仔庄
	75	竹北一堡新庄仔庄
	132	揀東上堡新庄仔庄
	260、261	深耕堡新庄仔庄

表 3　同名地名「三塊厝」的空間分佈

註記名稱	所在圖幅號	所在堡（里）街庄
三　塊　厝	20	芝蘭三堡頂圭柔山庄
	21	芝蘭三堡北投仔庄
	25	八里坌堡青埔庄
	27	桃澗堡竹圍庄
	28	竹北二堡埔心庄
	37	民壯圍堡三塊厝庄
	49	文山堡萬盛庄
	53、55	海山堡三塊厝庄
	59	桃澗堡南興庄
	73	竹北二堡蚵殼港庄
	76	竹北一堡浸水庄
	134	揀東上堡三塊厝庄
	137	大肚上堡三塊厝庄
	140	線東堡阿夷庄
	144	線西堡月眉庄
	145	馬芝堡馬興庄
	186	南投堡三塊厝庄
	188	沙連堡猪頭棕庄
	190	燕霧下堡三塊厝庄
	192	武東堡田中央庄
	195	馬芝堡阿媽厝庄
	198	西螺堡三塊厝庄
	199	他里霧堡過溪仔庄
	202	深耕堡內新厝庄
	203	布嶼堡三塊厝庄
	206	深耕堡三塊厝庄
	209	海豐堡東勢厝庄
	256	大目根堡竹頭崎庄
	259	打貓東頂堡溝背庄
	264	打貓北堡舊庄
	267	大槺榔東下堡頂港仔墘庄
	271	大槺榔西堡下雙溪庄
	273	龍蛟潭堡義竹圍庄
	274	尖山堡內湖庄
	276	大坵田西堡三塊厝庄
	324	楠梓仙溪東里六龜里庄
	337	善化東里三塊厝庄
	345	龍蛟潭堡過路仔庄
	399	歸仁南里歸仁南庄
三塊厝仔	138	大肚中堡南勢坑庄
三　磈　厝	21	芝蘭三堡竿蓁林庄

表 4　同名地名「山腳」的空間分布

註 記 名 稱	所 在 圖 幅 號	所在堡（里）街庄
山　腳	17	芝蘭一堡內湖庄
	21	芝蘭二堡北投庄
	22	八里坌堡成仔藔庄
	50	文山堡青潭庄
	53	擺接堡漳和庄
	58	桃澗堡霄裡庄
	59	桃澗堡缺仔庄
	106	苗栗二堡山腳庄
	138	大肚中堡山腳庄
	171	五城堡猫囒庄
	181	南投堡番仔藔庄
	182	沙連堡社藔庄
	185	猫羅堡縣庄
	189	鯉魚頭堡鯉魚尾庄
	255	打貓東頂堡大湖底庄
	332、333	楠梓仙溪西里竹圍庄
	334	外新化南里內庄仔庄
	452	興文里保力庄
山　仔　腳	16	芝蘭二堡北投庄
	17	芝蘭一堡福德洋庄
	17	芝蘭一堡大直庄
	17	大加蚋堡山仔腳庄
	53、55	海山堡山仔腳庄
	139	大肚下堡汫仔頭庄
	140	大肚下堡社腳庄
	182	沙連堡後埔仔庄
	195	馬芝堡四塊厝庄
	204	布嶼堡馬公厝庄
	260	打猫南堡鴨母坔庄
	263	下茄苳北堡詔安厝庄
	267	鹿仔草堡山仔腳庄
	335	果毅後堡山仔腳庄
山　腳　庄	23	興直堡山腳庄
	107	苗栗三堡山腳庄
	185	北投堡山腳庄
	452、461	宣化里山腳庄
山　仔　腳　庄	134、139	揀東下堡山仔腳庄
	346、351	漚汪堡山仔腳庄

表 5　同名地名「新厝」的空間分布

註 記 名 稱	所 在 圖 幅 號	所在堡（里）街庄
新　　厝	27	竹北二堡沙崙庄
	49	文山堡內湖庄
	132	苗栗三堡六份庄
	136	猫羅堡吳厝庄
	144	馬芝堡海埔厝庄
	187	武東堡頂新厝庄
	193	溪州堡蔗園庄
	197	東螺西堡潮洋厝庄
	199	他里霧堡大東庄
	261	嘉義西堡埤仔頭庄
	265	白沙墩堡後溝仔庄
	268	下茄苳北堡竹圍後庄
	270	大槺榔西堡斗六尾庄
	341	赤山堡菁埔庄
新　厝　仔	28	桃澗堡蘆竹厝庄
	84	浮州堡阿里史庄
	103	苗栗二堡石頭坑庄
	134	揀東下堡下石碑庄
	191	武西堡小紅毛社庄
	194	斗六堡溝仔垻庄
	198	西螺堡社口庄
	201	深耕堡路上厝庄
	203	布嶼堡羅厝庄
	208	布嶼堡大有庄
	209	布嶼堡馬鳴山庄
	269	尖山堡四湖庄
	277	大坵田西堡雙連潭庄
	278	大坵田西堡內田庄
	329	楠梓仙溪東里十張犁庄
	336	果毅後堡新厝庄
	342	善化里西堡六份藔庄
	343	新化里西堡橋頭庄
	345	學甲堡蚵藔庄

表6　同名地名「水尾」的空間分布

註記名稱	所在圖幅號	所在堡（里）街庄
水尾	18	大加蚋堡東新庄仔庄
	22	八里坌堡菁埔庄
	23	擺接堡永和庄
	26	八里坌堡牛角陂庄
	28	桃澗堡南崁內厝庄
	50	文山堡直潭庄
	59	桃澗堡社仔庄
	96、101	苗栗一堡中心埔庄
	102	苗栗一堡雙草湖庄
	103	苗栗一堡三叉河庄
	106	苗栗二堡大坪頂庄
	143	線西堡新港庄
	170	埔里社堡水尾庄
	177	五城堡頭社庄
	195	馬芝堡三省庄
	197	東螺西堡水尾庄
	203	布嶼堡崩溝寮庄
	255	打貓東頂堡大草埔庄
	260	打貓東頂堡林仔前庄
	330	哆囉嘓東頂堡崎仔頭庄
水尾仔	21	芝蘭三堡中田寮庄
	30	竹北二堡坡寮庄
	99	苗栗一堡水尾仔庄
	140	線東堡西門口庄
	186	南投堡林仔庄
	256	大目根堡瓦厝埔庄
水尾庄	58	桃澗堡水尾庄
	64	竹北一堡水尾庄
	225	花蓮港廳

表 7　同名地名「崁仔腳」的空間分布

註記名稱	所在圖幅號	所在堡（里）街庄
崁仔腳	14、15	芝蘭三堡頭圍庄
	26	桃澗堡大檜溪庄
	58	桃澗堡內壢庄
	74	竹北二堡紅毛港庄
	75	竹北一堡貓兒錠庄
	76	竹北一堡客雅庄
	77	竹北一堡塩水港庄
	122、123	揀東上堡土牛庄
	135	藍興堡草湖庄
	139	大肚下堡大肚庄
	185	北投堡新庄
	199	他里霧堡過溪仔庄
	256	大目根堡瓦厝埔庄
	394、399	保西里八甲庄
崁腳	18	擺接堡加蚋仔庄
	21	芝蘭三堡林仔街庄
	25	八里坌堡瑞樹腳庄
	27	桃澗堡竹圍庄
	28	桃澗堡埔心庄
	28	桃澗堡新庄仔庄
	30	竹北二堡田心仔庄
	55	海山堡大湖庄
	105	苗栗二堡梅樹腳庄
	254	打猫東頂堡崁腳庄
	399	仁德北里崁腳庄
崁仔腳庄	58	桃澗堡崁腳庄
	145	馬芝堡鎮平庄

表 8　同名地名「番仔藔」的空間分布

註 記 名 稱	所 在 圖 幅 號	所在堡（里）街庄
番 仔 藔	70	竹北一堡隘口庄
	101	苗栗二堡北勢窩庄
	105	苗栗二堡五里牌庄
	130、135	藍興堡番仔藔庄
	181、182、187	南投堡番仔藔庄
	188	東螺東堡鼻仔頭庄
	197	深耕堡番仔藔庄
	209	海豐堡番仔藔庄
	256	打貓東下堡獅子頭庄
	258	嘉義東堡草山庄
	262	下茄苳南堡番仔藔庄
	330	哆囉嘓東頂堡崎仔頭庄
	340	鹽水港堡孫厝藔庄
	342	蔴豆堡謝厝藔庄
	347	蕭壠堡番仔藔庄
	386	港西上里土庫庄
番 仔 藔 庄	60	桃澗堡番仔藔庄
	338、339	新化西里番仔藔庄
蕃 仔 藔	59、60	桃澗堡蕃仔藔庄
	137	大肚上堡高美庄
	182	沙連堡番仔藔庄
	258	嘉義東堡草山庄
	323	楠梓仙溪東里荖濃庄
	344	新化西里蕃仔藔庄
	460	至厚里鵝鑾鼻庄
	107、132	苗栗三堡蕃仔藔庄

表 9 同名地名「溪州」的空間分布

註 記 名 稱	所 在 圖 幅 號	所在堡（里）街庄
溪 州	75	竹北一堡舊港庄
	346	佳里興堡溪州庄
溪 州 仔	75	竹北一堡二十張犂庄
	254	他里霧堡蔴園庄
溪 州 庄	75	竹北一堡溪州庄
	107	苗栗三堡溪州庄
溪 洲	28	桃澗堡埔仔庄
	29	竹北二堡內海墘庄
	43	浮州堡溪州庄
	49	文山堡安坑庄
	182	沙連堡後埔仔庄
	192、197	東螺西堡溪州庄
	256	大目根堡內埔仔庄
	261	打貓東堡塗樓庄
溪 洲 仔	17	芝蘭一堡林仔口庄
	26	桃澗堡大檜溪庄
	27、28	桃澗堡南崁內厝庄
	58	桃澗堡崁仔腳庄
	182	沙連堡後埔仔庄
	254	斗六堡水碓庄
	262	下茄苳南堡番仔寮庄
	328	楠梓仙溪西里竹頭崎庄
溪 洲 庄	53	擺接堡溪洲庄
	109	苗栗三堡溪洲庄
	272273	白鬚公潭堡溪洲庄

表 10　同名地名「田藔」的空間分布

註 記 名 稱	所 在 圖 幅 號	所在堡（里）街庄
田　　　藔	21	芝蘭三堡小八里坌庄
	27	桃澗堡竹圍庄
	29	桃澗堡圳股頭庄
	30	桃澗堡田心仔庄
	95	苗栗一堡田藔庄
	106	苗栗二堡田藔庄
	135	藍興堡大里杙庄
	137	大肚上堡田藔庄
	182	沙連下堡隘藔庄
	195	馬芝堡三塊厝庄
	198	西螺堡永定厝庄
	203	布嶼堡崙背庄
	255	打猫東下堡葉仔藔庄
	257	嘉義東堡白芒埔庄
	271	大棟梔西堡更藔庄
	340	塩水港堡田藔庄
	342	善化里西堡六份藔庄
田　　藔　仔	63	竹北二堡上田心庄
	180	南投堡龍眼林庄
	186	南投堡新街庄
	256	大目根堡竹頭崎庄
	404	新昌里塩埕庄
	461	宣化里鼻仔頭庄
田　　藔　庄	77、79	竹南一堡田藔庄

表 11 同名地名「埤頭」的空間分布

註 記 名 稱	所 在 圖 幅 號	所在堡（里）街庄
埤 頭	18	大加蚋堡三板橋庄
	82	羅東堡武淵庄
	144	馬芝堡頂番婆庄
	196	東螺西堡埤頭庄
	259	他里霧堡埤頭庄
	262	嘉義西堡下路頭庄
	265	打貓西堡埤頭庄
埤 仔 頭	21	八里坌堡小八里坌庄
	141、190	燕霧下堡埤仔頭庄
	194	斗六堡內林庄
	261	嘉義西堡埤仔頭庄
	263	下茄苳南堡埤仔頭庄
	265	打貓西堡埤仔頭庄
	273	龍蛟潭堡埤仔頭庄
	335	哆囉嘓西堡田尾庄
	394、399	保東里埤仔頭庄
	461	德和里龍泉水庄
埤 仔 頭 庄	194	斗六堡埤仔頭庄
坡 仔 頭	23	八里坌堡頂田心仔庄
	26	桃澗堡埔仔庄
陂 仔 頭	74	竹北二堡後湖庄
碑 仔 頭	21	八里坌堡小八里坌庄
碑 雅 頭	140	線西堡大霞佃庄

表 12　同名地名「牛埔」的空間分布

註記名稱	所在圖幅號	所在堡（里）街庄
牛　　埔	49	文山堡大坪林庄
	53	擺接堡中坑庄
	101	苗栗二堡烏眉庄
	109	苗栗三堡牛埔庄
	136	猫羅堡芬園庄
	144	馬芝堡詔安厝庄
	271	大槺榔西堡蒜頭庄
	385	港西上里瀰濃庄
	389、390	內新豐里番社庄
牛　埔　仔	15	金包里頂角庄
	18	大加蚋堡牛埔庄
	20	芝蘭三堡興化店庄
	59	桃澗堡北勢庄
	133	揀東上堡大埔厝庄
	134	揀東下堡頂牛埔仔庄
	135	揀東下堡下牛埔仔庄
	140	大肚下堡番社口庄
	193	溪州堡湖仔內庄
	194	斗六堡石榴班庄
	204	大坵田堡埤腳庄
	257	嘉義東堡番仔路庄
牛　埔　庄	17、18	大加蚋堡牛埔庄
	75、76	竹北一堡牛埔庄

表 13　同名地名「瓦磘」的空間分布

註　記　名　稱	所　在　圖　幅　號	所在堡（里）街庄
瓦　　磘	42	四圍堡武暖庄
	84	浮州堡阿里史庄
瓦　　磘	17	芝蘭一堡大直庄
	18	擺接堡龜崙蘭溪州庄
	28	桃澗堡竹圍庄
	106	苗栗二堡瓦磘庄
	135	藍興堡下橋仔頭庄
	141	線東堡大埔庄
	194	斗六堡海豐崙庄
	259	打貓北堡排仔路庄
	267	鹿仔草堡山仔腳庄
	269	白沙墩堡潭內庄
	336	赤山堡七甲庄
	337	蔴豆堡西庄
	340	塩水港堡岸內庄
	341	赤山堡林鳳營庄
瓦　磘　仔	28	桃澗堡南崁廟口庄
	128、129	揀東上堡瓦磘仔庄
	135	猫羅堡阿罩霧庄
	263	下茄苳南堡店仔口街
	272	白鬚公潭堡龜佛山庄
	341	茅港尾堡茅港尾庄
瓦　磘　庄	145、195	馬芝堡瓦磘庄

表 14　同名地名「下藔」的空間分布

註記名稱	所在圖幅號	所在堡（里）街庄
下　　藔	17	芝蘭一堡永福庄
	76	竹北一堡香山庄
	127	揀東上堡朴子口庄
	145	馬芝堡福興庄
	192	東螺東堡下霸庄
	206	深耕堡三塊厝庄
	249	打貓東頂堡樟湖庄
	250	打貓東頂堡大坪庄
	262	柴頭港堡下藔庄
	264	白沙墩堡下藔庄
	269	尖山堡下藔庄
	270	大槺榔西堡土間厝庄
	271	大槺榔西堡雙溪口庄
	274	尖山堡下崙庄
	330	哆囉嘓東下堡二重溪庄
	335	下茄苳南堡安溪藔庄
	339	大目降里拔林庄
	340	塩水港堡番仔厝庄
	343	安定里東堡港口庄
下　藔　仔	27	八里坌堡小南灣庄
	256	打貓東下堡番仔潭庄
	335	哆囉嘓西堡許秀才庄

表 15　同名地名「中庄」的空間分布

註記名稱	所在圖幅號	所在堡（里）街庄
中　庄	24	八里坌堡小八里坌堡庄
	55、56	海山堡中庄
	75	竹北一堡虎仔山庄
	109	苗栗三堡中庄
	141	燕霧上堡茄苳腳庄
	144	馬芝堡中港尾庄
	255	打貓東頂堡梅仔坑庄
	260	打貓南堡崙仔頂庄
	262	嘉義東堡下六庄
	265	打貓西堡古民庄
	270	大槺榔東頂堡樹仔腳庄
	271	大槺榔西堡蒜頭庄
	273	白鬚公潭堡五間厝庄
	340	塩水港堡下中庄
	348	西港仔堡劉厝庄
	379	楠梓仙溪東里六龜里庄
	384	羅漢外門里圓潭仔庄
中　庄　仔	18	大加蚋堡中庄仔庄
	140	線東堡牛稠仔庄
	144	線西堡下見口庄
	329	楠梓仙溪東里十張犁庄
	341	茅港尾西堡十六甲庄

表 16　同名地名「公舘」的空間分布

註 記 名 稱	所 在 圖 幅 號	所在堡（里）街庄
公　　舘	18	大加蚋堡萬盛庄
	23	擺接堡後埔庄
	31	竹北二堡坑尾庄
	37	民壯圍堡公舘庄
	96	苗栗一堡公舘庄
	102	苗栗二堡南和庄
	127	苗栗三堡公舘庄
	133	大肚上堡公舘庄
	134、135	藍興堡公舘庄
	138	大肚中堡大庄
	144	線西堡七張犁庄
	207	深耕堡公舘庄
	262	嘉義東堡下六庄
	363	台東廳火炕島
	385	港西上里金瓜寮庄
公　舘　仔	94	竹南一堡公舘仔庄
	198	西螺堡三塊厝庄
公　　館	226	奉鄉
	334	外新化南里內庄仔庄
公　館　仔	28	桃澗堡南崁下庄
	384	羅漢外門里圓潭仔庄

表 17　同名地名「田心」的空間分布

註 記 名 稱	所 在 圖 幅 號	所在堡（里）街庄
田　　　心	30	竹北二堡田心仔庄
	84	浮州堡阿里史庄
	107	苗栗三堡新庄仔庄
	134	藍興堡田心庄
田　心　仔	20、21	芝蘭三堡新庄仔庄
	23	興直堡中港厝庄
	24	八里坌堡小八里坌庄
	27	桃澗堡南崁廟口庄
	28	桃澗堡南崁下庄
	53	擺接堡四汴頭庄
	63	竹北二堡上田心庄
	70	竹北二堡田新庄
	75	竹北一堡樹林頭庄
	99	苗栗一堡後壠庄
	100	苗栗一堡三湖庄
	105	苗栗二堡南勢庄
	106	苗栗二堡山柑庄
	128	揀東上堡烏牛欄庄
	194、254	斗六堡水碓庄
	259	他里霧堡埔羌崙庄
田　心　仔　庄	59、60	海山堡田心仔庄

由地名系統建構楠梓仙溪中游的區域特色[1]

許淑娟[*]

一、前言

　　地名為居民對地表特徵與變化所持有的印象，所以地名的出現，可以視為人類在一地活動的記錄。自清代以來臺灣的山地開發情形和平原地區大不相同，居民以地名所描繪的空間印象，應該可以反映所處環境的特殊性。由於山地的位置偏遠、地形崎嶇，且清代受到番界政策的影響，各族群在山區的農墾活動，並不如平地的開放。日治時代國家鼓勵企業進行林野開發，山區的事業類型相對增加。戰後，林務局在山林地帶的經營型態，還是不斷的進行伐木和拓墾的事業。基本上，山地的生產活動都是以第一級產業為主，所以山地的產業經營型態和發展階段性，有別於平原區由農業朝工商業發展的脈絡。在楠梓仙溪中游一帶，為兩岸山峰矗立的河谷，清代本來是屬於番界外的山地，當漢人入墾後，形成了許多聚落，不過卻分屬於不同的行政區；日治時代在山區進行採樟、植林等事業，讓深山的谷地成為吸引外地人群尋找工作機會的地方；戰後，本地經歷伐林與植林事業的興衰、山地的開墾熱潮出現、人口流向外地的變化。長期以來，這些維生活動的特徵和演變，都反映在地名符號之中，因此，本文嘗試從地名系統的分類與時空特徵，建構出本地開發特性的區域面貌。

　　本文所探討的地區為楠梓仙溪中游一帶，北起甲仙鄉小林村，南到旗山鎮中正里，其範圍相當於甲仙鄉、杉林鄉兩鄉全境和旗山鎮的圓潭子，清初泛稱本地為「楠仔仙」（又稱楠梓仙、南馬先、南馬仙）。以圓潭子作為本研究區的南界，是基於該河段也是位在兩山夾峙的河谷之內，就人文開發背景而言，圓潭子和杉林鄉、甲仙鄉同屬清初番界以外的禁地，開發的基礎相似。為行文方便，本文對於單一聚落名，直接使用庄名；若指稱較大的範圍時，清代使用楠梓仙溪東里、港西上里、羅漢外門里作基礎，日治時代使用大字名稱，本區包括阿里關、甲仙埔、十張犁、茄苳湖、山杉林、月眉、新庄、圓潭子等共8個大字；對於全區的稱呼，則以廣義的「楠仔仙」與「楠梓仙溪中游」交互使用。

　　關於本文所要討論的地名，將利用清代方志、契約，以及日治時代的文獻史料、地圖，整理楠梓仙溪流域中游一帶的聚落地名，並進行地名起源之分類，如地形、拓墾、防禦、林業等，同時釐清地名出現的時空發展脈絡，以求從地名發展系統中，串連楠梓仙溪中游長期以來的產業活動特徵，以建構淺山丘陵區長期發展的區域特色。

[*] 國立高雄師範大學地理學系副教授。

[1] 本文得以完成，要感謝近兩年來在歷史地理研究工作坊中，施添福教授的提示與陳國川教授、吳進喜副教授、吳育臻副教授及其他成員的討論，以及審查人劄切提供的的意見與建議。

二、楠梓仙溪流域中游的自然環境

楠梓仙溪中游為兩山對峙的丘陵、山地區，全區以楠梓仙溪為中軸，西側屬烏山丘陵山系的山坡，山嶺的高度約為 500 至 1,000 多公尺，邊坡甚陡，河邊階地的高度，多在 200 至 400 公尺之間。東側為由玉山山脈延伸的內英山山地所盤據，山脈高度由甲仙鄉東北角的 1,600 多公尺逐漸降低，到了杉林鄉，山嶺的高度降為 800 多公尺，而河岸高度緩降為 200 多公尺。（圖 1）楠梓仙溪兩岸的河階發育良好，為主要的聚落所在。

除了河階之外，兩側山地發育不少的河谷，各溪流分別流入楠梓仙溪。接近匯流處的河谷，出現低緩的坡地，成為早期居民拓墾時的聚落點。以下分述兩岸的山地與水系發展，以及主要的河階地分布。

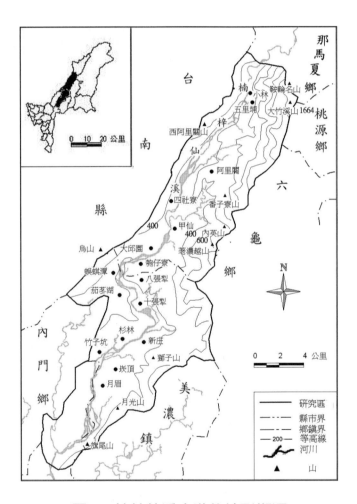

圖 1　楠梓仙溪中游的地形概況

（一）烏山丘陵區

烏山山地屬於阿里山山系之一，延伸到甲仙鄉附近後，名為霍比亞湖山列，再往南延伸即稱烏山。其山嶺由北到南計有：茅山、西阿里關山、出水仔山、圓山、尖山、燈火尖、上四寮山、鹿鳴山、風空仔山、烏山、刣牛湖山。烏山的邊坡相當陡峭，山中河

川的發育，大多是以山溝型態流入楠梓仙溪；北段的山溝多，且細小，缺乏廣闊谷地。從鹿鳴山到風空仔山之間的山腳，河岸平原較廣，出現公館、大坵園、田寮等聚落。到杉林鄉境內，山頭高度已經降到 700 公尺左右，稜線附近的山壁很陡峭，到了海拔 500 公尺左右，坡度才趨緩，已經有緩坡可供開墾。日治初期的資料，顯示在烏山附近，已經有枕頭山、木屐寮、刣牛湖、大條水、田仔頂、田仔腳等地標名和聚落名。重要的河谷，有蜈蜞潭溝、茄苳湖溪、百字坑溪、坑內溪、竹仔坑溪。上游狹窄陡峭多彎，下游谷口變寬，尤其是茄苳湖溪，河谷寬廣，沿岸有許多聚落。

（二）內英山山地區

內英山山脈由甲仙鄉的北大竹溪山、大竹溪山、青番仔寮山、內英山、荖濃越山、廊亭山，延伸到杉林鄉的南廊亭山、大寮山、后山、大貢尖山。內英山的地勢比西岸的烏山系高，但山坡卻是緩降到楠梓仙溪河谷，所以山谷中的溪流較長，所匯集成的數條水系河谷較寬。東岸的水系有甲仙鄉的埔角溪、北勢溪、油礦溪、滴水崁溪，杉林鄉的陳寶坑溪、新厝溪、枋寮溪、新庄小溪、南和溪（隘丁寮溪）、內寮溪。其中內寮溪下游是流經月眉河階的重要溪流，各河谷為日治時代和戰後新移民入山開拓的重要山徑，半世紀以來也出現一些聚落。

（三）楠梓仙溪沿岸的河階

楠梓仙溪中游的兩岸，發育出許多面積相差甚多的河階。本區北段的甲仙鄉境內，北端的小林以上河段屬於峽谷區，由小林往南，河谷漸漸開闊，兩岸出現許多階地。階地的分佈，東岸多於西岸，東岸由北到南有阿里關、甲仙埔、匏仔寮河階；西岸有大邱園、頂公館、下公館等聚落。本區中段杉林鄉一帶，西岸的河階，以杉林河階面積最大，岸邊北有蜈蜞潭、中有嚓吧淵，南有杉林，都是鄰近楠梓仙溪的聚落，河階上面還有山杉林角、火光、糞箕湖、坑內、竹仔坑、紅毛山等聚落。東岸有八張犁、十張犁、月眉等河階，前兩者的面積很小，月眉河階發育良好，面積較大且分成二階，範圍北到新庄，南到寨仔腳。

本地屬冬暖夏熱的氣候型態，夏季是主要雨季，常有午後大雨，下雨時，河水瞬間暴漲，水色混濁，若遇豪大雨，湍急的河水甚至會威脅河岸、橋面，經常出現封橋的警訊，對本地交通的影響甚大。

三、清代楠梓仙溪中游的族群分佈與拓墾

楠梓仙溪流域的中游一帶，清代為位在台南平原與深山之間的淺山丘陵區，最初是屬於內攸（又稱內優）社的居住地與狩獵場。當康熙六十一年（1723）畫出番界以後，[3]

---

[3] 附近的番界，是從九芎林（位於月光山東南），經濁水溪乾，繞到大武壠的楠梓仙溪乾。黃叔璥，《臺海使槎錄》，臺灣研究叢刊第 4 種（台北：臺灣銀行經濟研究室 1957），頁 272-273。

這一片位於旗尾山以北，東方木山以東的山林地帶，成爲官方的界外禁地。由於雍正年間生番在番界附近的活動相當頻繁，漢人在楠梓仙溪下游的拓墾活動也不順利，當時並未進入界外的楠梓仙溪中游，直到乾隆中葉楠梓仙溪中游僅出現「楠仔仙」、[4]「南港仙」的稱呼。[5]（圖2）但是隨著乾隆年間漢人在界內的拓墾已趨穩定，界外埔地成爲新的開發空間，於是各族群自不同方向越過番界進入本地開墾，在南北兩段形成了不同的勢力區。

（一）南段的開發

楠梓仙溪中游南段的開發主力，主要是由來自下游地區羅漢內門、羅漢外門、港西上里等地的人群。乾隆年間漢人逐漸在下游的羅漢外門、港西上里拓墾，而官府也開始在進出番界的出入口處設隘寮，以監視生番的出沒。乾隆二十七年（1762）原本住在羅漢外門里溪洲的大傑巔社被派到旗尾山對面的六張犁，以防守生番在楠梓仙溪的進出；位在楠梓仙南邊的寮仔腳山一帶，至少在乾隆二十九年（1764）間，也因爲有塔樓社設隘寮防守，削弱了生番在附近活動的勢力；[6]乾隆三十三年（1768）因黃教事件，新港社隨官兵到了烏山腳下（今內門鄉中埔一帶，東邊的東方木山爲當時的番界經過處）時，官府發現該地荊棘叢茂，易有奸佞之徒躲藏，於是命令新港社在附近設柵防禦，開闢田園。[7]由於守隘的熟番在番界附近墾耕，且後來官方也允許其在界外開墾，於是漢人以承墾番業的方式，也進入到界外的楠梓仙溪中游進行拓墾。

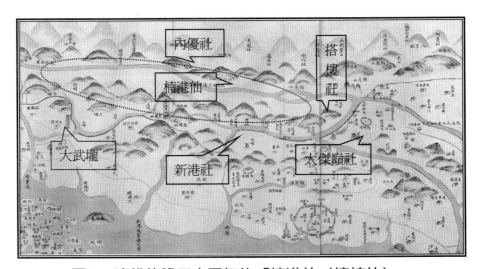

圖2　清代乾隆二十五年的「楠港仙（楠梓仙）」
資料來源：《乾隆中葉臺灣番界圖》，中央研究院歷史語言研究所收藏。

---

[4] 不著撰者，《乾隆臺灣輿圖》，（台北：臺北故宮博物院圖書館收藏，乾隆中葉，國立中央圖書館影印本）。本圖繪製年代不詳，學界對其年代推論尚無定論，本文採施添福推論之乾隆21至24年（1756-1759）。施添福，〈「臺灣地圖」的繪製年代〉，《臺灣風物》，38（2），（臺北：臺灣風物雜誌社，1988），頁95。
[5] 不著撰者，《乾隆中葉臺灣番界圖》，（台北：中央研究院歷史語言研究所收藏，1760）。
[6] 王瑛曾，《重修鳳山縣志》，（臺灣研究叢刊第146種，台北：臺灣銀行經濟研究室1764：1957），頁27。
[7] 旗尾山人，〈蕃著寮管內新港卓猴與大傑巔社熟番之移居及沿革〉，《臺灣慣習記事中譯本》，第參卷上第三號，（臺灣省文獻會，1901），頁123-125。

由相關史料出現的地名，可以進一步確認，在乾隆年間熟番和漢人已經進入楠梓仙溪中游的南段開墾。乾隆四十年（1775）圓潭子的大傑巔社人卓加領已經將位在中隘的自墾埔園，典給漢人殷觀為業。[8] 嘉慶年間，大傑巔社由溪洲移住到隘口社一帶，[9] 可見六張犁以北的界外埔地已經是社民主要的生活領域。直到清末，從六張犁的隘口以北，共形成口隘、圓潭子、圭柔腳、舊三角仔、新三角仔、埔仔厝、中隘、中庄、舊埔姜林、新埔姜林、公館仔、大林、尾莊等聚落。

至於東岸方面，乾隆五十五年（1790）官府清查界外土地時，發現已經有墾地，還有月眉莊，且是賣斷的番業。[10] 開墾月眉莊的漢人，主要是來自瀰濃的客家人。直到清末，月光山以北的這片平原，已經有叛產厝、南雅仙、莿仔寮、莿桐坑、月眉庄、崁頂庄、寨仔腳、竹圍、合新庄、新匠寮等聚落。[11]

（二）北段的開發

楠梓仙溪中游的北段，本來是內攸（優）四社活動的地方，乾隆年間成為四社番的移居地。所謂的四社，是指加拔、芒子芒、大武壠社、頭社等社，他們本來是住在曾文溪中游附近的大武壠四社，因為漢人次第開墾逼近社地，四社才東移到楠梓仙溪流域中游，[12] 據聞在乾隆 20、30 年代，社民在楠梓仙已開墾出不少的土地，且分散在各山谷中，形成了 29 個部落，總稱為楠梓仙庄。[13] 新遷到楠梓仙的四社番，被視為化番，[14] 而遷居到上游山區的內攸（優）社，也被視為歸化的生番。[15] 乾隆五十二年（1787）因為四社番協助官方平定林爽文事件的動亂，所以被納入蕭壠屯。[16] 乾隆五十三年（1788）官方勘查界外土地，並在各隘口分配熟番防守邊區時，內優社 10 名屯丁分到十張犁約 11 甲的埔地，[17] 由於四社番所居住的楠梓仙，原本是頂四社（屬內攸社）的領域，和頂四社易地而居之後，還是要逐年向生番（指內攸社）交地租，稱為「安撫番租」，[18] 內攸社會對荖濃、內攸口山、甲仙埔、阿里關、山（疑為六的訛記）龜里等地的開墾收取安撫番租。[19] 例如在道光年間芒仔芒社的土地買賣契約，即載明社番在阿里關 帶的開墾，需完納生番食谷，因此，乾隆年間楠梓仙溪中游這片界外埔地的開發勢力，是由四

[8] 公文類纂，〈蕃薯廳羅漢門外里李福外三人和解ノ件〉，《臺灣總督府公文類纂》，永久保存，第 225 卷，第 4417 冊。

[9] 謝金鑾，《續修臺灣縣志》，（臺灣文獻叢刊第 140 種，臺灣銀行經濟研究室，1962：1807）頁 11。

[10] 不著撰者，《臺案彙錄甲集》，（臺灣文獻叢刊第 31 種，臺灣銀行經濟研究室），頁 9。

[11] 盧德嘉，《鳳山縣采訪冊》，（臺灣文獻叢刊第 73 種，臺灣銀行經濟研究室），頁 12

[12] 臺灣銀行經濟研究室編，《安平縣雜記》，頁 68。

[13] 伊能嘉矩，《大日本地名辭書續編第三臺灣》，（東京：富山房，1909），頁 140。

[14] 一說是生番化為熟番，臺灣銀行經濟研究室編，《安平縣雜記》，頁 56。一說因為四社番東移到番界外，才被視為化番。洪麗完，〈清代楠梓仙溪、荖濃溪中游之生、熟番族群關係（1760-1888）〉，《台灣史研究》，第十四卷，第三期，（臺北：中央研究院台灣史研究所，2007），頁 35。

[15] 劉良璧，《重修福建臺灣府志》，（臺灣文獻叢刊第 74 種，臺灣銀行經濟研究室，1961），頁 82。

[16] 伊能嘉矩，《大日本地名辭書續編》，頁 140-141。

[17] 不著撰者，《大書取調書付屬參考書下卷》，頁 310。

[18] 臺灣銀行經濟研究室編，《安平縣雜記》，頁 66。

[19] 伊能嘉矩，溫吉譯，《臺灣番政志》，（臺灣省文獻會，1957），頁 456-457。

社番、內攸（優）社主導。

我們可以從另一則合約看出內攸社和四社番在楠梓仙的互動關係。道光十年（1830）內攸社和四社的通事缺乏安撫生番所需採買貨物的費用，向郡城中的林勉先後借貸了 200 元，道光十七年（1837）因為無法償還積欠的款項，所以通事們決議將開墾六龜里田園的收租權利、安撫生番的貨物採買等事務交由林勉、張福記、張正記的公館處理，[20] 以抵債務。合約中除了論及由漢人主導的公館管理六龜里的開發外，另議明內攸社通事支理楠梓仙公館界內的抽收租息、社產、雜餉，以及安撫四社生番應備的番貨。由此可見道光年間四社番在楠梓仙的開墾事業，需要在安撫內攸社的前提下進行。

如果四社番不肯繳納安撫番租，生番會出山抄掠傷人，尤其是在甲仙埔、阿里關、荖濃等地。而四社番應繳的番租，不論豐歉，都要繳納。四社番歸附時，清廷飭其自行耕作，已經不收賦稅，四社番中作屯丁、隘丁者，其耕作之田園，也不需完納供租。光緒十四年（1884）全台清丈，本地屯田、隘田、番田都要照納供賦，至於「安撫」之租，則另籌經費處理。在四社番的開墾處，生番知道已丈量的土地有完正供，就不敢生事；但甲仙埔、阿里關、荖濃三地政府未丈量的土地，還是屬於生番的土地，仍須完納「安撫租」，所以生番會出山殺掠取巧不納租的四社番。「安撫租」通常是由四社番社長的頭人收取，例如陳茂全就掌管了山杉林一帶的租稅。[21] 本地聚落的分佈，除了受到地形的限制之外，因為四社番還要面對生番收取安撫租的威脅，形成本地開墾事業的壓力，而位在東岸的聚落，成為首當其衝的緊張地區。

由於大武壠四社遷居楠梓仙之後，向來由頭人（相當於社總）經理一切事務，所以各聚落的住民都由四社番管理，居民以族人為主，若有閩人雜處在內，通常是自己入番籍，或是被招贅。四社番所管轄的村莊共 40 莊，分佈在現今的甲仙、杉林、六龜境內。[22] 四社番在楠梓仙溪中游一帶的聚落，多分佈在各支流河谷與河邊的階地，因此，接近上游河段的聚落，除了四社寮以外，甲仙埔、姜黃埔、阿里關等聚落都位在東岸，甲仙埔以南到山杉林的聚落，大多分佈在西岸。

清末楠梓仙溪東里的地名，共有山杉林庄、山杉林角、糞箕湖、坑內、竹仔坑、頂埔、八張犁、十張犁、中庄仔、新厝仔、枋寮、大條水、木屐寮、刣牛湖、蜈蜞潭、茄苳湖、木主仔、紅毛山、嘮吧淵、白水際、田仔頂、田仔腳、合枋坑、阿里關、姜黃埔、四社寮、甲仙埔、大邱園、芎蕉腳、頂公館、匏仔寮、隘丁寮、舊匠寮、新庄等地名。[23]

---

[20] 劉澤民、陳文添、賴義芳，〈道光十七年內攸社通事四安邦同立合約〉，《臺灣總督府檔案平埔族關係文獻選集輯》，（台北：臺灣省文獻會，2001），頁 190。不過，另有記載提及，債務的由來，是因為道光十年（1830）社人不滿胥吏需索無度，繼而殺害胥吏、引發陳六生通事被官府拘禁的事件，當時土目們為了向林勉行賄以營救通事，才會向張姓富戶借貸 200 元。伊能嘉矩著，溫吉編譯，《臺灣番政志》，（臺灣省文獻會，1957），頁 140-141。

[21] 臺銀研究室編，《安平縣雜記》，頁 66-67。筆者認為清丈後對「安撫番租」另籌經費支收，所以生番對已丈量土地不繳納番租，不會生事端。而四社番使用未丈量土地時，仍依循舊慣。

[22] 臺銀研究室編，《安平縣雜記》，頁 63-64。

[23] 土屋重雄，《台灣事情一班上卷》，中國方志叢書第 115 號，（台北：成文，1896），頁 66-67。

　　乾隆年間楠梓仙的開墾狀況，已有漢人開始由臺南往東、或由蕃薯寮經過六張犁、由瀰濃翻越月光山往北，到楠梓仙溪中游開墾。直到清末，楠梓仙的北半部為四社番居住之地，有閩籍漢人混居其中，西南方的圓潭子以大傑嶺社為主，並有閩、客籍漢人入墾，但東南方的月眉河階地為客家人拓墾的範圍。（圖3）因為人文活動增加，原本僅以楠梓仙（楠港仙）概稱的山區，可作為空間符號的地名也不斷增加。

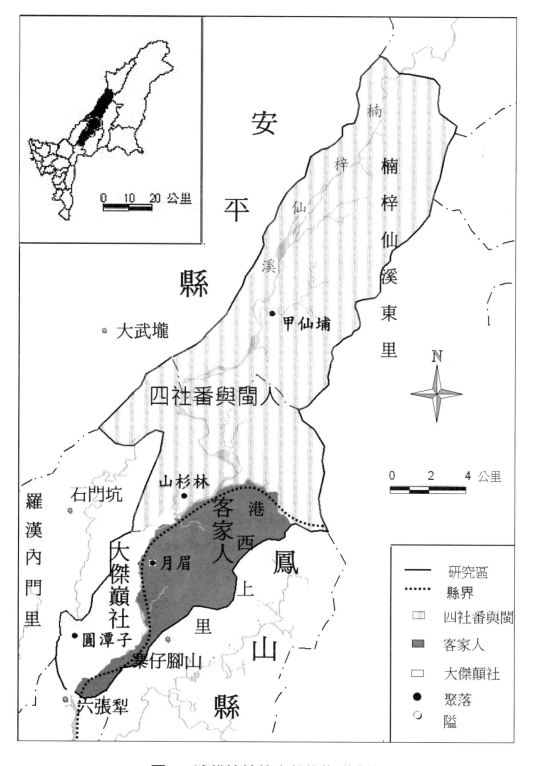

圖3　清代楠梓仙內部的族群分布

四、日治以後新興事業的開發

雖然楠梓仙溪中游在清初被視為界外地區，但是從乾隆以來熟番和福佬、客家各群的勢力已經進入丘陵區活動，日治初期的番界，已經向北推到阿里關、向東推進到荖濃溪的六龜里。在日本政府經營臺灣的興業殖產政策下，[24] 楠梓仙溪流域蓊鬱的森林，成為值得開發的新生地。

明治年間以甲仙埔為中心的樟腦事業，為原本荒蕪的山區帶來人氣，[25] 昭和年間為了探勘、開採甲仙埔的石油，昭和十二年（1932）修築了跨越楠梓仙溪的月眉橋，以及從蕃薯寮進到甲仙的道路，提高甲仙埔和外地聯絡的便利性。[26] 在日治中期左右興起的植林事業，維繫了本地的山林開發。先是藤倉電線護膜合名會社於明治四十五年（1912）在新庄購買 813 甲林地種植護膜樹，因為護膜樹生長情形不好，大正四年（1915）改以種植柚木為主業，並改名為藤倉合名會社。[27] 另外甲仙埔附近的林地則種植咖啡、班芝樹等熱帶林木。[28] 而青果會社也在山杉林附近購置竹林地，作為編製竹籠的材料。[29] 為了進行山區的伐林、植林工作，日治以來從外地移入山區的人口相當多。這些新移入的人群，利用河谷、河階地建立新聚落，除了從事造林工作、燒製木炭之外，同時也在林中隙地進行開墾，以種植姜黃、樹薯、香茅草等作物為主。

山杉林、月眉、圓潭子三地擁有大面積的平地，日治初期還有許多土地是屬於石礫遍布的荒地，或是缺乏水利設施的看天田，日治中期臺灣製糖株式會社的旗尾工場，開始進入楠梓仙溪中游兩岸買收附近的官有地、民有地，作為會社的自營農場。所以日治時期蔗作農場也成為提供工作機會的事業體，農場附近也有新成的聚落，如豬灶、內寮等。

戰後，日本企業撤出臺灣，臺灣的林政與林產由臺灣省農林廳的林務局管理，後來改組為林產管理局，民國 49 年改制為林務局。[30] 戰後初期楠梓仙溪中游的山林事業，在政府無暇管理的狀況下，一度面臨濫墾濫伐的處境。後來本地屬林務局楠濃林區管理處，而林務局和居民對於山區土地利用，出現了林業經營與農業開墾的差異。即使如此，新成聚落的居民，還是一邊造林，一邊利用隙地栽植作物，所以甲仙埔附近的山坡地，出現香茅草和芋頭的栽植，使得香茅油、芋頭食品成為當地重要的農產加工品。而新庄一帶的藤倉合名會社林場附近，移民大多集中在新庄到新厝仔一帶居住，林間隙地多種植樹薯、竹林。所以新厝子的小份尾、茶亭開始成庄。

---

[24] 根據《蕃薯寮第一統計書》的記載，在阿里關、十張犁、新庄等地，已經有許多事業設立。（蕃薯寮廳，1909）頁 63-64。

[25] 日治初期臺灣採腦拓殖株式會社在甲仙埔進行採樟、煉腦，刺激人口快速增加。不著撰人，〈甲仙埔近況〉，《臺灣日日新報漢文版》，雜報，1907-02-20，第三版。

[26] 旗山郡役所，《旗山郡要覽》，（台北：成文，1985），頁 64。

[27] 旗山郡役所，《旗山郡要覽》，（台北：成文，1985），頁 92。

[28] 位於嘉雲巷內的班芝埔附近，原為種植班芝樹的林地。

[29] 山杉林、木梓的耆老提供。

[30] 姚鶴年，《重修臺灣省通志卷經濟志林業篇》，（臺灣省文獻會，1995），頁 793-794。

　　由於蔗作農場引進新的人力，刺激附近聚落人口增加、新聚落出現，相對的，山杉林附近有些聚落的居民，則因位處偏遠，生活不便，開始遷居。例如，烏山山嶺的田仔頂等聚落，日治時代曾因噍吧哖的清庄活動，迫使居民遷徙。戰後，則因往返山下的交通不便，居民漸漸遷移到山下的糞箕湖一帶，形成九塊厝，而烏山上的數個聚落，目前僅有 3 戶居民，已成人煙稀少地。位於山杉林東側山腳下的「內灣仔」，居民搬到接近河道的石頭埔居住。位在木梓附近的噍吧淵，因為與各庄有山頭相隔，成為無人居住的聚落名。

五、地名系統中的區域特色

　　清代的楠梓仙，清末分成楠梓仙溪東里、港西上里、羅漢外門里；在日治初期都劃入蕃薯寮廳轄內，日治中期以後同屬旗山郡，但是地方行政被分為甲仙庄、杉林庄、旗山街，戰後改為甲仙鄉、杉林鄉、旗山鎮。從國家的行政管理系統來看，本地的行政區名逐漸分化，且以各河段主要聚落為名，表示出現分區管理的細緻性。而指稱全區的「楠仔仙」，在地名分化的過程中，是不是還有一整體的區域面貌存在？以下將利用清代拓墾時期所出現的聚落名、日治以來因新興事業發展而新成的聚落名，（圖 4）以理出楠梓仙溪中游的區域發展特色。

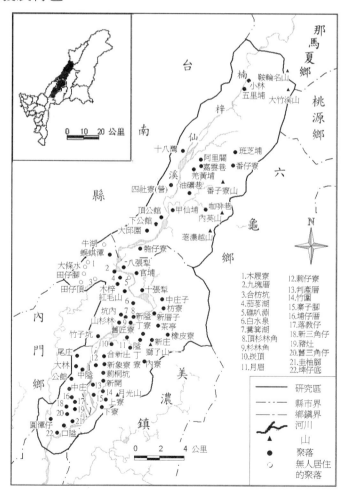

圖 4　楠梓仙中游的聚落名分布

（一）清代的地名與拓墾活動

1.清代出現的地名與空間分布

　　大體來說，楠梓仙是楠梓仙溪中游的總地號，但是不同族群各有墾地，四社番的活動地區被稱爲楠梓仙庄，瀰濃客家人稱月光山以北的地區爲「南馬先（仙）」，「楠梓仙」的對應空間相對縮小。加上人群活動的複雜化，從「楠梓仙」衍生出許多地名。關於「楠梓仙」內部地名的分化，主要是楠梓仙溪東里的四社番、港西上里的客家人、羅漢外門里的大傑巔社社民長期在地活動的結果，根據各文獻記錄，直到清末，區內各里出現的地名數目相當多，（表1）與乾隆年間界外山區罕有地名的景象相比，眞是不可同日而語。這些地名大多位在楠梓仙溪兩岸的河階，以及河階上的溪流兩側，比較特別的是烏山上的刣牛湖、田仔頂庄、田仔腳、木屐寮、大條水等庄，以這幾個地名的涵意與所在地的關係來看，除了木屐寮是因手工業而得名，其他則是因爲附近具有平坦地，可以提供居民發展農業，才形成聚落。由早期地名的分佈，可以歸納出本地聚落發展和農業條件之間的關係。

表1　清代「楠梓仙」各里的地名記載

里＼史料	臺灣事情一班（1896）	臺灣堡圖（1905）
楠梓仙溪東里	平林、溪東、阿里關、姜黃埔、甲仙埔、四社營、下公館、頂公館、大坵園、大坵園分庄、芎蕉腳、匏仔寮、蜈蜞潭、紅毛山、乾巴斬、茄冬湖、木主仔、白水際、山杉林、山杉林角、火光地、頂埔、糞箕湖、新厝仔、枋寮、中庄子、十張犁、八張犁、田仔頂庄、田仔腳、木崎寮、大祭水	平林溪東、阿里關、姜黃埔、甲仙埔、四社營、下公館、頂公館、葡萄田、大坵園、匏仔寮、蜈蜞潭、紅毛山、嘮吧淵、茄冬湖、木主仔、白水際、山杉林、山杉林角、火月、糞箕湖、新厝仔、枋寮、中庄子、十張犁、八張犁、竹仔坑、坑內庄、刣牛湖、田仔頂庄、田仔腳、木屐寮、大條水、新庄、隘丁寮、舊匠寮
港西上里（月眉）	叛產厝、薊仔寮、薊樹坑、月眉、崁頂、寨仔腳、竹園、合新庄、新廠寮、愛廷、舊匠寮、新庄、枋寮	叛產厝、薊仔寮、薊桐坑、月眉庄、崁頂庄、寨仔腳、竹園、合新庄、新匠寮
羅漢外門里	口隘、圓潭子、三角仔、埔仔厝、中庄、公館仔、大藍	口隘、圓潭子、圭柔腳、舊三角仔、新三角仔、埔仔厝、中隘、中庄、舊埔姜林、新埔姜林、公館仔、大林、尾莊

註：□□代表《臺灣堡圖》未登載的地名。███代表《臺灣事情一班上卷》未登載的地名。
資料來源：土屋重雄，《臺灣事情一班上卷》，頁277-278，281-282。
　　　　　臺灣臨時土地調查局，《臺灣堡圖》，（台北：遠流，1905：1995）。

日治初期有關四社番的記載中，伊能嘉矩的記錄和《安平縣雜記》提供了一些聚落名，（表2）可供後人瞭解四社番的活動範圍，是以楠梓仙溪中游的北段爲主，亦即文獻提到「東到東濃底加俚山，…南到南濠仔溝、竹仔坑口、茄苳坑仔、茄苳崙，北至大武壠，加拔、駱駝山」的界址。[31]

伊能嘉矩所記錄的聚落爲四社番的村莊，（圖5）《安平縣雜記》提到的地名則是四社番所管轄的村莊，（圖6）比照兩份資料，前者的資料中，除了「芎蕉腳」、「木欒寮」以外，其他的地名都與四社熟番管理的村莊重疊，若將受四社番管轄且不與番社聚落重疊的地名，視爲非熟番聚落，那麼就可以看出非熟番聚落大多位在四社番領域的邊緣地帶。

表2　清代「楠梓仙」與四社番有關係的聚落

聚落性質	聚落	資料來源
四社番聚落	溪東、阿里關、姜黃埔、甲仙埔、四社寮、頂公館、大邱園、芎蕉腳、匏仔寮、蜈蚣潭、紅毛山、茄苳湖、白水際、山杉林、杉林角、木欒寮、八張犁、枋寮	大日本地名辭書續編（1909）
四社番管理的部落	平林溪東、阿里關、姜黃埔、甲仙埔、四社營、下公館、頂公館、大坵園、匏仔寮、蜈蚣潭、紅毛山、茄苳湖、木主仔、白水際、山杉林、山杉林角、糞箕湖、新厝仔、枋寮、中庄子、十張犁、八張犁、竹仔坑、坑內庄、田仔頂庄、新庄、隘丁寮、舊匠寮	安平縣雜記（1896）

註：⬜⬜ 表示《安平縣雜記》未登載的地名。⬛⬛ 表示《大日本地名辭書續編》未登載的地名。

資料來源：伊能嘉矩，《大日本地名辭書續編》，頁140。不著撰者，《安平縣雜記》，頁64。

其中新庄、隘丁寮、舊匠寮爲客家人的聚落，卻歸四社番管轄一事，反映了客家人向北拓墾是取得四社番的同意，不過他們還是要面對生番從東邊山區侵襲的威脅。[32] 匠寮會南移另成新匠寮，以致南濠（和）溝附近留下舊隘丁寮地名，除了是隨著林木的有

---

[31] 臺銀研究室編，《安平縣雜記》，頁64。

[32] 雖然這三庄屬於熟番管轄的聚落，但是客家人和附近熟番的關係，似乎也是緊張的。清末熟番和客家平時皆配備武器，以提防他族的侵襲。懷特著，費得廉‧羅效德編譯，〈南部福爾摩沙南部之旅〉，《看見19世紀臺灣》，（大雁，2006），頁68-69。

無而移轉的原因，也有可能是因為番害過於嚴重才南遷。伊能嘉矩記錄四社番在楠梓仙溪和荖濃溪的山區共形成 29 庄，[33] 本區佔有 18 個，除了阿里關、姜黃埔、甲仙埔、匏仔寮、八張犁、枋寮 6 個地名之外，大多數的聚落都是分布在楠梓仙溪的西岸，更凸顯出四社番在楠梓仙東岸的勢力較為薄弱。

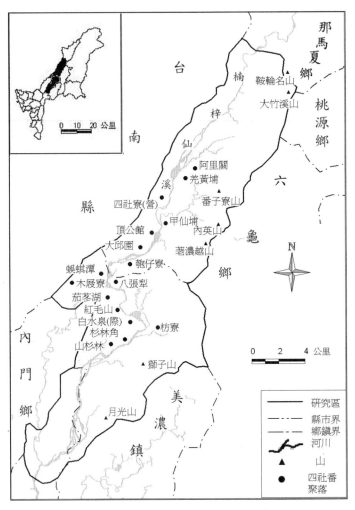

圖 5　楠梓仙的四社番聚落

資料來源：伊能嘉矩，《大日本地名辭書續編》，頁 140。

　　在《安平縣雜記》所登載的 28 個楠梓仙地名中，阿里關、姜黃埔、甲仙埔、匏仔寮、新厝仔、枋寮、中庄子、十張犁、八張犁、新庄、隘丁寮、舊匠寮等 12 個是位在東岸。（圖 6）形成這種分布的原因可能有二，一是與河階位置有關，本區楠梓仙溪北段的河階多位於東岸，所以阿里關、姜黃埔、甲仙埔位在東岸，中段的山杉林河階面積廣大，而對岸的河岸狹小，所以聚落比較少。二來是因為部分生番是從東邊內英山循滴水溪、枋寮溪、南和溝等河谷下山，所以在東岸活動的風險比較高。

---

[33] 伊能嘉矩，《大日本地名辭書續編》，頁 140。

前已提及，四社番的「社總」住在山杉林，他須負責收取安撫租，外人從臺南進入楠梓仙前往六龜里、荖濃附近的途中，有時會經過山杉林，甚至接受社總的招待。[34] 直到日治初期，臺灣總督從蕃薯寮前往甲仙埔的路途，也以山杉林作爲中途站。[35] 四社番各聚落以山杉林爲中心，再以三條道路通往其他三社，所以位在山杉林對岸的聚落，應屬於外圍的危險地帶。

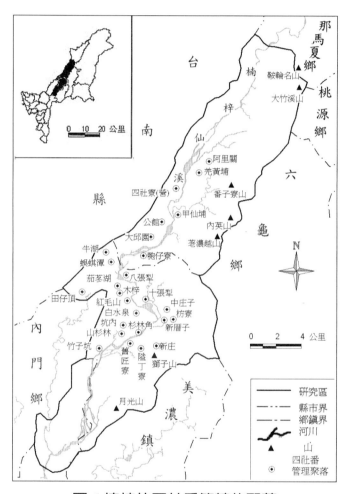

圖 6 楠梓仙四社番管轄的聚落

資料來源：不著撰者，《安平縣雜記》，頁 140。

2.地名的分類與空間分布

　　楠梓仙在清代所出現的地名，大致可以分成「與番社有關」、「與位置、地形或地質有關」、「與土地利用型態有關」、「與開墾事業、防邊、產業活動有關」、「以館、庄、厝、圍、寮爲通名」、「以租稅、墾地面積與形狀爲專名」、「與植物名相關」等共 7 類，（表 3）。各項原則可以歸納出以下的特色：

---

[34] 懷特著，費得廉・羅效德編譯，〈南部福爾摩沙南部之旅〉，頁 68。
[35] 名川生，〈隨輶日記（六）〉，《臺灣日日新報》，雜報，1907-12-28，第二版。

表 3　清代「楠梓仙」地名的分類

地 名 源 起 分 類	地　　　　　　　　　　　　　　　　　　　名	數 量
與番社有關	乾巴斬（又稱嘄吧淵）、木主仔（又稱木梓仔）、山杉林角、山杉林、甲仙埔、阿里關、番仔寮 [1]、四社寮（營）	8
與位置、地形或地質有關的地名	坑內、竹仔坑、糞箕湖、白水際、茄冬湖、刣牛湖、何枋坑、紅毛山、大條水、火光、火山 [1]、蜈蜞潭、寨仔腳、月眉、崁頂、圓潭子、頂埔、平林、溪東、莿桐坑、枕頭山 [2]	21
以「庄、厝、圍、寮」為通名	中庄、中庄子、尾庄、新厝仔、叛產厝、竹圍仔、合新庄、新庄、隘丁寮、舊匠寮、新匠寮（新象寮）、枋寮、木屐寮、匏仔寮、莿仔寮、四社寮（營）	16
與開墾事業、防邊、產業活動有關	口隘、中隘、隘丁寮、舊匠寮、新匠寮（新象寮）、枋寮、四社寮（營）、木屐寮、上寮、下寮	10
與土地利用型態有關	田仔頂、田仔腳、姜黃埔、頂埔、大坵園	6
以租稅、墾地面積與形狀為專名	公館仔、頂公館、下公館、楠梓仙公館[36]、六張犁（2個）、十張犁、八張犁、小份尾、新三角仔、舊三角仔、大坵園	11
與植物名相關	姜黃埔、匏仔寮、莿仔寮、莿桐坑、大林、舊埔姜林、新埔姜林、圭柔腳、合枋坑	9

1.田野訪問所得。番仔寮位於班芝埔附近，為原住民聚落。原住民可能遠從清代就在番仔寮活動。
2.田野訪問所得。
3.◯◯重複出現

（1）大多數的地名都能以漢語釋義，顯示漢人在楠梓仙的開墾活動很活躍，也反映大傑巔社、四社番的漢化相當深。被本文視為與番社有關的地名，如乾巴斬（嘄吧淵）、木主仔（木梓仔）、山杉林角、山杉林、甲仙埔、阿里關等，除了四社寮、番子寮以外，多為無法解釋或無明確證據可釋義的地名，而這些聚落都是四社番的分佈地。

（2）各類地名中，「與地形或地質有關」的地名共 21 個，數量最多，且多「坑、湖、山」，或凸顯位在河階、曲流旁，如月眉、圓潭子。顯示清代各社群在山

---

[36] 因乾隆 51 年（1786）林爽文案被抄封田園的租穀，通常由人民贌辦，並設立公館收租，其中楠梓仙也設置一所。《大書取調書付屬參考書下卷》，頁 272-273。楠梓仙公館位於何地，不得而知（可能是位在大坵園附近的公館），而月眉附近的判產厝，可能是當時墾耕抄封田叛產的農人聚居之地，也有可能是基於收租需要而設置的小館。

區中的聚落發展，深受崎嶇山地的限制，因此河階、低平谷地或盆地成爲聚落發展的依據。

（3）以「庄、厝、圍、寮」爲通名的地名（圖7），共有16個，這些通名表現出楠梓仙聚落的性質，以及彼此間的關係。「庄」通常是居民結庄立社的象徵，「厝、圍、寮」爲屋舍與設備的象徵，「竹圍」就是基於防禦而形成的景觀，「寮」多爲原聚落向外再開墾時，臨時搭建的工寮、農寮。所以「楠梓仙」各地都有「庄」的地名，是否能說明熟番已經在使用漢人的聚落用語？再則是不是反映拓墾時期農人對土地經營出現穩定性，才能集居成「庄」？本地的通名爲「庄」或「厝」的聚落，專名屬空間位置的有3個，代表新聚落的也有3個，都說明了結庄之初和他庄的關係，然而這些聚落爲何取名「庄」，而不稱「寮」？明治38年（1905）日本技師調查中庄的開墾情況，提及該地居民大多是在日治初期由對岸糞箕湖遷出的熟番，約有30多戶；[37] 該地被稱爲「庄」，是不是反映熟番是集體遷移到自家土地開墾營生，而非來往於原聚落和新墾地，所以成庄而非搭寮聚居？若「寮」地名是反映墾民經營邊際土地時，所蓋的簡陋屋舍，以本區共有8個具有「寮」通名的地名，除了位在山上的「木屐寮」、「四社寮」以外，有8個「寮」分布在楠梓仙溪東岸，尤其是月眉就佔了6個，也間接反映月眉地區開墾的空間差異性，除了「月眉」、「叛產厝」、「合新庄」等主要聚落外，莿仔寮、舊匠寮、舊隘丁寮、新匠寮，都是位在臨河近山的邊際土地，由來自不同地方的人各自開墾。

（4）「隘」、「匠寮」、「枋寮」等地名的性質，充分反映了界外開墾的特殊性，亦即展露透過武力防守、限制特定活動的區域特性。若再進一步分析這些地名的空間分布，更能看出拓墾的動態過程。以圓潭子的「口隘」、「中隘」這組地名來看，應該是「隘口」地名的分化，這顯示大傑嶺社在六張犁防守生番的任務，逐步向內山推進的過程。依照方位的順序推測，在中隘的北邊應該還有一個「尾隘」或以「隘」爲名的據點，不過，在圓潭子近山處，只有出現一個尾庄，並無「尾隘」。此外，卻有另一個與「尾庄」相對的「中庄」，位在「中隘」附近，這些聚落名的空間次第性是不是能反映時間的先後性，值得再探討。伊能嘉矩走訪圓潭子時，以口隘、中隘、尾隘三地名作爲大傑嶺社的聚居地，顯然是將尾隘和尾庄視爲同一地。[38] 在圓潭子對岸的月眉，則有「舊匠寮」、「隘丁寮」、「枋寮」等地名，這三個地名所在地，屬於月眉河階北端的盡頭，爲河岸狹小，山河交逼之處，正是山林蓊鬱、生番下山的路線。作爲軍工匠採樟之處的匠寮或民人伐木地的枋寮，加上防守生番越山順著隘寮溪下山偷襲的

---

[37] 〈南部四殖民地（一）〉，《臺灣日日新報漢文版》，雜報，1905-12-21，第四版。
[38] 伊能嘉矩（森口雄稔編），《伊能嘉矩の臺灣踏查日記》，頁108。

「隘丁寮」，構成界外邊區「開墾與防禦活動並進」的鮮明景觀。

（5） 「與土地利用型態有關」、「以租稅、墾地面積與形狀為專名」兩項地名，反映楠梓仙內部農業的積極發展情形，一為在山區、河邊尋找適耕地的積極性，如位在烏山的田仔腳、田子頂、葡萄田，位在河邊的大坵園、小份尾、[39]頂埔、姜黃埔等。二為隱含土地租佃制度的地名，說明漢人在番界外，承墾番業或承租田園的情形，所以在圓潭子、月眉、大坵園各地均設公館，公館名共有4個，其中楠梓仙公館位於何地已經不得而知；[40]另有2個六張犁名，以及十張犁、八張犁等地名，都是源自開墾面積的單位。

（6） 與植物名有關的地名，可以呈現楠梓仙的原始景觀，如莿仔寮、莿桐坑、大林、舊埔姜林、新埔姜林、圭柔腳，或說明了該地聚落所經營的事業項目，如姜黃埔、匏仔寮、合枋坑。

（7） 透過新舊地名比對，可以觀察聚落的遷徙動態，如舊埔姜林分出新埔姜林、新三角仔由舊三角仔分出，這兩組地名的分化，都是因夏季暴雨造成楠梓仙溪河水暴漲，河川沖毀沿岸村莊而起；舊匠寮和新匠寮的關係，則為開採林木地點的移動，這些都說明了環境的變動性。

綜合以上對各類地名的意涵、數量、空間分布之分析，清代楠梓仙溪的開墾，大致上是一個以農為主的世界，即使是位於丘陵、山地之中，河階、河谷、山間小盆地所提供的平坦土地，都成為居民的墾地所在。以地形為聚落命名依據的數量最多，可以證明居民選取居住環境的考量。其他與人文活動或組織有關的隘、犁、厝、寮、公館等地名，也反映屬於界外的土地開發，是由漢人依附在社番土地上拓墾、並利用設隘防守生番，以進行採樟伐木、開墾農田墾的的脈絡，進而有不同的聚落專名和通名，呈現出產業活動的差異與結庄聚社的空間差異，前者如姜黃埔、匏仔寮、隘丁寮、木屐寮和枋寮；後者如中庄、尾庄。清代的楠梓仙，即使是一個位在界外的內山地區，在居民積極開墾下，適合農作的平坦地都成為聚落所在。

---

[39] 小份尾的地名最早見於光緒10年（1884）的地契，當時的小份尾應該是田園名，而非聚落名。

[40] 因乾隆51年（1786）林爽文案被抄封田園的租穀，通常由人民贌辦，並設立公館收租，其中楠梓仙也設置一所。《大書取調書付屬參考書下卷》，頁272-273。月眉附近的判產厝，可能是當時墾耕抄封田叛產的農人聚居之地，也有可能是基於收租需要而設置的小館。

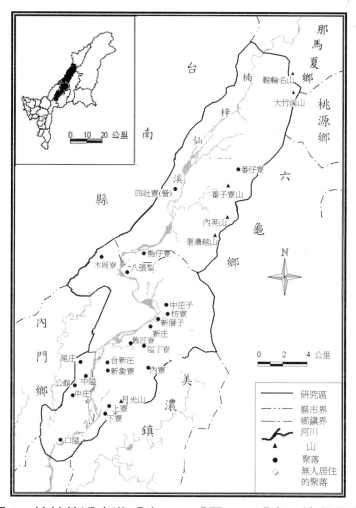

圖7　楠梓仙溪中游「庄」、「厝」、「寮」地名分布

（二）日治以後的地名增減與事業開發

　　清代本地積極發展農業，日治以來則因為臺灣山區多樣性的開發，帶來新的產業活動，也出現了新的地名。不過有些地名，則因為村莊人口的流失，導致地名瀕於消失的情形。以下透過新增地名（表4）及其空間分布（表5）、無人居住的聚落地名，觀察楠梓仙在半世紀多以來的發展面貌。（圖8）

表 4　日治以後楠梓仙新增的地名

時　　間	大 字 名	新　　　　　增　　　　　地　　　　　名	數量
日治時代	甲仙	油礦巷、咖啡巷、班芝埔、小林、牛埔、五里埔、滴水仔、溝子尾	18
	杉林	茶亭、新隘丁寮、湖底、磚仔窯、橡皮寮、小份尾[41]	
	月眉	內寮、新開	
	圓潭子	落教仔、豬灶、埤子底	
戰後	甲仙	十八灣、嘉雲巷、官埔	6
	杉林	九塊厝、石頭埔	
	月眉	新寮	
	圓潭子	--	

資料來源：田野訪問。

1.新增地名的命名分類與空間分佈

　　相較於清代，楠梓仙從日治以來出現的地名數並不多，反映了山地可開發土地的有限性。其中以甲仙和杉林的新增地名比較多，可說明日治以來政府與企業不斷向深山林地開發的趨勢，所以位在楠梓仙溪支流的上游地帶，清代還是番害嚴重的地方，日治以後陸續出現油礦巷、咖啡巷、班芝埔、五里埔、牛埔、嘉雲巷、橡皮寮等地名，甚至連新聚落小林（平埔族移居地）都遷往接近新番界附近。除此之外，在林間隙地、河邊埔地的零星開墾還是不斷進行，因此，茶亭、新隘丁寮、湖底、內寮、新開、落教仔、豬灶、埤子底、十八灣、溝子尾、官埔、九塊厝、石頭埔、新寮等地名都是座落在邊際土地附近的聚落。

表 5　日治以後楠梓仙新增地名的分類

分　　　類	地　　　　　　　　　　　　　　　　　　　　　　名	數
設施與拓墾	茶亭、新隘丁寮、內寮、新開、新寮、橡皮寮	6
土地利用	牛埔、五里埔、官埔、班芝埔、石頭埔	5
產業	油礦巷、咖啡巷、班芝埔、磚仔窯、橡皮寮、豬灶	6
地形	滴水仔、埤子底、十八灣、溝子尾、石頭埔	5
原鄉	嘉雲巷	1
人名	小林	1
宗教	落教仔	1

1.○○重複出現

---

[41] 小份尾位在新厝仔南邊，在清代的土地契約書上已經出現記載，當時並未成庄，日治末期才逐漸有移民遷入，居民主要是在附近的林場和農場工作。

　　以地名命名類型的特徵而言，因為新地名總數並不多，類型也相對單純許多，且各類的個數不多，差異並不大。「設施與拓墾類」的地名有 6 個，數量最多，這些都是位在舊聚落之外的新墾地，其中有 4 個新成聚落以「寮」為名，為接近山區林地的聚落。而「茶亭」以籐倉柚木林場的休息站為名，「新開」是叛產厝被洪水沖毀後的新遷聚落，離附近的其他聚落並不遠。「與土地利用型態有關」的地名，已經沒有「田」字地名，大多還是新開的埔地，且多是河流旁的邊際土地，而和地形有關的滴水仔，雖然因位在進出甲仙埔的山路旁，可能早在清代即出現，但是在採樟煉腦活動開始之後，才形成聚落。埤子底、溝子尾、十八灣等地名，也同樣都是位在臨河的邊際土地上，更凸顯了這些新增地名與新生地的關係。以地名關於產業類的地名，雖然數量不多，卻很能反映山區多樣開發的特徵，這些地名包括開採石油、熱帶栽培業、林業、窯業、畜牧業，呈現楠梓仙在農業發展外，有其他的產業活動發展，是日治時代興業殖產政策的寫照。

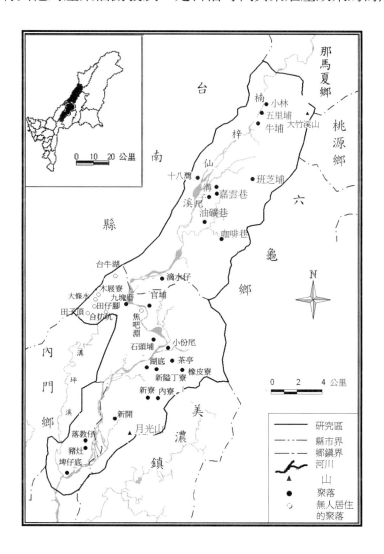

圖 8　日治以來楠梓仙新增地名和消失地名的分布

2.無人居住的聚落名

　　日治以來有些地名，因爲居民遷出他地，出現空有地名，卻已經是少有人居或無人居的聚落，例如位在鳥山頂上的大條水、田仔頂、刣牛湖、木屐寮、田仔腳、合枋坑等聚落，因爲是早期從臺南左鎭、玉井通往本地的山徑所經，居民在附近邊坡開墾，才發展成許多小聚落。大正四年（1915）發生在噍吧哖（今玉井）的抗日事件，導致日軍在附近山區清庄，因此，有些鳥山頂上的庄民就避走他地；戰後因爲外地其他產業的吸引力甚大，加上居民住在山上的生活不便利，於是人口流失更快，甚至有幾條通往山上的道路，已經荒廢不用。而位在山杉林附近的偏遠聚落，也是因爲交通不便，人口的外移更明顯，如噍吧淵、內灣仔、火光。在地方產業的競爭中，因爲杉林已經不是主要交通軸線必經之地，缺乏交通的優勢導致杉林發展緩慢，而位處附近山丘旁的偏遠聚落，對外聯絡的不便，帶來聚落的萎縮，甚至空無一人。有些地圖甚至已經不登載這些地名，所以本文視爲瀕於消失的地名，這些地名所在地，反映出這些地方的產業活動的衰退。

　　以楠梓仙從日治以來的地名系統發展來看，在山區的開發，具有相當的積極性、多樣性、邊際性，因爲新墾民積極的在林中伐木、造林、採礦、煉腦、燒木炭，在溪埔、樹林間尋找新耕地，以進行栽植樹薯、姜黃、香蕉、竹林、芋頭等農事，即使耕地不大又偏遠，終究提供生存的機會。

六、結論

　　地名的出現，可以視爲人類在一地活動的記錄。臺灣淺山丘陵區的開發，有其特殊性，本文以古稱「楠梓仙」的楠梓仙溪中游一帶作爲研究區，探討地名發展的系統，如何呈現出丘陵區的地表景觀、開發過程，並藉以建構本地的區域特色。

　　本文利用各種文獻、田野訪問中整理出來的地名，分出清代、日治和戰後出現的地名。從各時代地名的數量、空間分布，以及各類地名的意義和空間分布，建構出鮮明的山地區域特色。

　　由番社名、「隘」、「犁」、「公館」等人文設施名和「坑」、「湖」、「灣」等地形名，可以看出清代楠梓仙溪的開墾，是在番界與地形限制之下進行的，所以流域內成爲一個以農爲主的世界，即使是位於丘陵、山地之中，河階、河谷、山間的小盆地所提供的平坦土地，都成爲居民的墾地所在。其他的聚落名、植物名、設施名都是山區地景的呈現。

　　本文分析日治以來楠梓仙的地名系統，雖然地名數不多，卻可以反映山地可開發土地的有限性。由新增地名的空間分布與產業地名內涵，又展現出在山區開發的積極性、多樣性、邊際性。總之，位在淺山丘陵中的楠梓仙溪中游，歷經清初被限制開發、乾隆之後各族群分別開發、日治以來的山林開發的特定條件，墾民都是不斷的在丘陵中尋找

平坦地、緩坡地、河埔地從事農、林、礦業，從本地的地名系統，可以一窺長期的人文活動脈絡。

引用書目

土屋重雄

　　1896《臺灣事情一班上卷》，中國方志叢書第 115 號，台北：成文，1896。

不著撰者

　　1905　〈南部四殖民地（一）〉，《臺灣日日新報漢文版》，雜報，12 月 21 日，第四版。

不著撰人

　　1907　〈甲仙埔近況〉，《臺灣日日新報漢文版》，雜報，2 月 20 日，第三版。

臺銀研究室編

　　1959　《安平縣雜記》，（臺灣文獻叢刊第 52 種，臺灣銀行經濟研究室）。

不著撰者

　　1756-1759《乾隆臺灣輿圖》，台北：中央圖書館收藏。

不著撰者

　　1959　《臺案彙錄甲集》，（臺灣文獻叢刊第 31 種，臺灣銀行經濟研究室）。

不著撰者

　　2003　《乾隆中葉臺灣番界圖》，台北：中央研究院歷史語言研究所收藏。

公文類纂

　　1903　〈蕃薯藔廳羅漢門外里李福外三人和解ノ件〉，《臺灣總督府公文類纂》，永久保存，第 225 卷，第 4417 冊。

王瑛曾

　　1957　《重修鳳山縣誌》，臺灣研究叢刊第 146 種，台北：臺灣銀行經濟研究室。

名川生

　　1907　〈隨轅日記（六）〉，《臺灣日日新報》，雜報，12 月 28 日，第二版。

伊能嘉矩

　　1909　《大日本地名辭書續編第三臺灣》，東京：富山房。

伊能嘉矩著，溫吉編譯，

　　1957　《臺灣番政志》，臺灣省文獻會。

伊能嘉矩，森口雄稔編

　　1992　《伊能嘉矩の臺灣踏查日記》，臺灣風物雜誌社。

施添福

　　1988　〈「臺灣地圖」的繪製年代〉，《臺灣風物》，38（2）：95。

　　1991　〈紅線與藍線：清乾隆中葉番界圖〉，《臺灣史田野研究通訊》，19：

46-50。

洪麗完

2007 〈清代楠梓仙溪、荖濃溪中游之生、熟番族群關係（1760-1888）〉，《臺灣史研究》，第十四卷，第三期，（臺北：中央研究院臺灣史研究所，），頁1-71。

姚鶴年

1995 《重修臺灣省通志卷經濟志林業篇》，（臺灣省文獻會）。

許淑娟等

2008 《臺灣地名辭書卷五高雄縣》，南投：國史館臺灣文獻館。

黃叔璥

1957 《臺海使槎錄》，臺灣研究叢刊第4種，台北：臺灣銀行經濟研究室。

旗山郡役所

1985 《旗山郡要覽》，台北：成文，頁64。

旗尾山人

1901 〈蕃薯寮管內新港濁喉與大傑巔社熟番之移居及沿革〉，《臺灣慣習記事中譯本》，第參卷上第三號，臺灣省文獻會，頁123-125。

臺灣臨時土地調查局

1995 《臺灣堡圖》，台北：遠流。

劉澤民、陳文添、賴義芳

2001 〈道光十七年內攸社通事四安邦同立合約〉，《臺灣總督府檔案平埔族關係文獻選集輯》，台北：臺灣省文獻會，頁190。

盧德嘉

1895 《鳳山縣采訪冊》，臺灣文獻叢刊第73種，臺灣銀行經濟研究室。

臨時臺灣土地調查局

1904 《大書取調書付屬參考書下卷》，台北：臺灣日日新報。

謝金鑾

1962 《續修臺灣縣志》，臺灣文獻叢刊第140種，臺灣銀行經濟研究室。

懷特著，費得廉‧羅效德編譯

2006 〈南部福爾摩沙南部之旅〉，《看見19世紀臺灣》，台北：大雁，頁67-71。

綠島的地名與居民的維生方式

李玉芬[1] 田輝鴻[2]

一、前言

綠島原名「火燒島」，爲台東縣二個離島鄉之一，和蘭嶼不同的是，它並非原住民所居住的島嶼，而是清嘉慶初年，來自琉球嶼（今屏東縣琉球鄉）的泉州籍民所拓墾定居的島嶼[3]（圖1）。

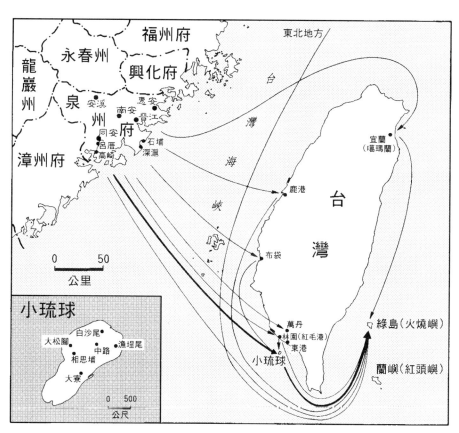

圖1 綠島漢人移民路線圖

資料來源：李玉芬，2002，《綠島的區位人文生態的變遷》（東臺灣研究會，東臺灣叢刊之五），33頁。

二百年來，綠島除了四周低地之外，占百分之七十以上的丘陵山區，曾經處處烙有墾耕的遺跡。隨著臺灣經濟的轉型和變遷，農漁時代的綠島，無論山谷、田園、溪澗、海岸等處，所出現密密麻麻的地名分布，多已不被今日以觀光發展爲主的綠島年輕世代

---

[1] 爲《台東縣地名辭書‧卷三/台東縣》綠島鄉、成功鎮及長濱鄉的撰述人，現任國立台東大學區域政策與發展研究所教授。

[2] 綠島鄉生態保育協會總幹事，綠島鄉公所民政課長退休。

[3] 李玉芬，2002，《綠島的區位人文生態的變遷》（東台灣研究會，東台灣叢刊之五），33頁。

所記憶，代之而起的是，描述自然景點、奇岩怪石的觀光性地名，如造形唯妙唯肖的「哈巴狗、睡美人、將軍岩、牛頭山、孔子岩」，原來就是如此稱呼嗎？全部都不是！綠島地名的空間分布、密度及其命名方式的變遷，無疑反映了島上居民生活方式，尤其是維生方式的轉變，因為地名是居住在當地的人，用以指稱其生活空間的名稱，反映著居民與土地互動的方式與關係[4]。

　　本文的目的，乃要以小範圍的綠島為例，說明一地的地名，如何反映一地居民的維生方式及其與土地互動的關係與演變。

二、綠島地名與居民維生方式的變遷

　　綠島位於臺灣東部海面上，全島面積僅約 15 平方公里，島周約 20 公里，距台東市約十八海浬，島周環繞珊瑚礁，無天然良港、平地狹小、百分之七十以上是丘陵地（圖2），海岸多呈斷崖或陡坡，使島上絕少平地可供耕作或建立聚落。[5]

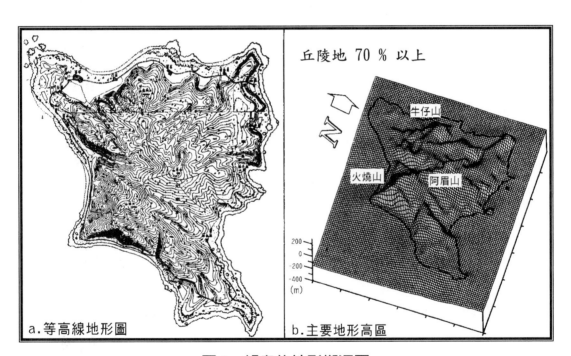

圖 2　綠島的地形概況圖

資料來源：a.臺灣總督府臨時臺灣土地調查局，明治 37（1904）調製，大正 10 年（1921）訂正，〈火燒島〉（二萬分之一堡圖）。

　　　　　b.陳正宏、劉聰桂、楊燦堯、陳于高，1994，〈綠島〉，五萬分之一臺灣地　質圖說明書（圖幅第 65 號），經濟部中央地質調查所。

---

[4] 李玉芬，1999，〈綠島鄉〉，夏黎明等撰述，《台灣地名辭書‧卷三/台東縣》（台灣省文獻委員會），275 頁。

[5] 陳正祥，1960，《台灣地誌(下)》(敷明產業地理研究所研究報告第 94 號)，1269 頁。

　　從二百年前來自小琉球的漢人移入開始，綠島歷經清政府「後山封禁政策」、清政府及日本政府消極管轄、及戰後臺灣社會經濟發展與變遷的背景，從「黑潮主流流路上」的海洋位置、清末及日治時代臺灣東海岸外的孤島位置、再到戰後臺灣東部的離島位置特性中，人口成長由最初60年初墾時期的「社會增加（從小琉球移入）」、清末至日治時代的「封閉性人口成長」、再到民國50年代（1961-）以後的「人口持續外流」階段（圖3），島上聚落由最初民居點多、以血緣為基礎的發展，經清末及日治時代的主姓村發展，再到戰後因島民外流、外來軍公教人口移入，及環島公路的修築，使原來處於小灣澳、以船隻出入為主、位置較偏僻的小聚落消失（如楠仔湖、柚仔湖、海參坪），聚落人口集中於幾個主要聚落之中，如南寮、中寮、公館、及溫泉。[6]

　　在此過程中，島民的維生方式、土地利用與使用地名的分布，隨其對資源環境的認知及生計技術的演變，形成不同的發展階段（圖3）。

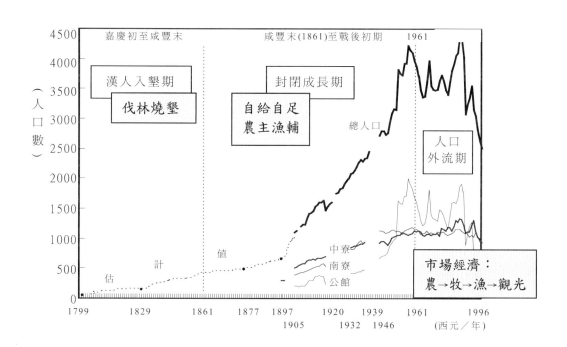

圖3　綠島自漢人入墾以來的人口成長與維生方式

資料來源：李玉芬，2002，《綠島的區位人文生態的變遷》（東臺灣叢刊之五，東臺灣研究會），112頁。

---

[6] 李玉芬，2002，《綠島的區位人文生態的變遷》207-217頁。

（一）初墾期的伐林燒墾與使用地名的分布

根據《綠島鄉志》記載，小琉球漢人共有十二姓，移入綠島者包括其中的十姓。移民絕大多數直接來自小琉球（今屏東縣琉球鄉），只有少數稍後直接從大陸泉州、或經由臺灣其他地方移入。除最晚至綠島的董姓（中寮山仔腳）據說是由中國東北地方移入[7]之外，田、陳、李、蔡、王、蘇、林、鄭、許、何、施、洪、游等姓皆是福建省泉州籍民（圖1）。

移民初至綠島（約嘉慶4年，1799）至咸豐末年（1861），約60年間移民自北部往西、東及南側方向進行拓墾（表1），當時島上的森林與土地、島周沿岸的魚蝦資源，都是島民生活的基礎，島民伐林輸出、利用燒墾方式耕作，不必施肥即可取得生活所需資源，其中伐林輸出尤其快速地改變島上森林茂密的生態環境。因此「火燒島」一名很早便用來形容「童山濯濯」的荒島景觀，我們可由明治37年（1904），二萬分之一的臺灣堡圖，清楚看到火燒島森林僅存於島嶼西南的火燒山附近，其餘全島除登錄的耕作地之外，絕大多數土地為未登錄的游耕地（圖4左上）。漢人入墾期奠定島上聚落及土地拓墾的基礎，所出現的地名至少已有30個，包括聚落名12個、其他地名18個。（表1）

表1　漢人入墾期綠島的土地拓墾及地名使用

時間	土地拓墾	使用的地名			資料來源
		建立的聚落	其他地名	累計	
嘉慶四年以前	陳必先（或記為陳品先、陳困生）率眾前來，襲退雅美族人，試圖移住，旋因覺無望而退去。				13
嘉慶四年（1799）	曾開勝（或記為曾勝開、曾開盛、曾開德）率30人來，24人留下。搭草寮於公館，之後擴大耕漁，先成中寮庄。	公館、中寮	火燒山、阿筆山（即阿眉山）	4	1234
嘉慶中葉	以公館、流麻溝為根據地，向西延伸開墾至中寮山腹平地，並向東開墾楠仔湖、柚仔湖等地。	柴口、楠仔湖、柚仔湖、流麻溝、山仔腳	牛仔山、鼻頭、草山、漏腳、金針腳、草山埔、茶山	16	4

---

[7] 綠島的人稱中寮董姓家的人為「北仔」，據說他們皮膚較白，比最早移入的移民晚一代，日治時代《火燒島戶口調查簿》中，沒有指出他們來自東北的相關記錄，「種族」欄與其他島民一樣記為「福」(福建)，今已全部移出，定居成功鎮新港。

嘉慶末至道光初年	移民向東開墾海參坪、溫泉、左坪、大白沙等；向西至南寮北側之青仔溝等地。	大湖（即「溫泉」）、左坪、大白沙、南寮	小湖、尾湖、青仔溝、田仔墩、石朗、觀重湖、海參坪	27	4
道光中葉	移民向西南進墾，與大白沙接壤，拓墾已具規模。		鼻仔頭、龜灣、安腳園	30	4
咸豐年間（1851-1861）	施姓入墾海參坪、董姓開墾草山埔，綠島全島之拓墾，近完成矣。	海參坪		30	4
合計		12	18		

資料來源 1.臺灣總督府，1897，〈火燒嶼〉，《臺灣總督府公文類纂》，乙種永久，3卷2門，官規官職。

　　　 2.林棲鳳、石川流，1829，〈火燒嶼〉，《臺灣采訪冊》：第26頁，臺灣省文獻委員會（1993重印）。

　　　 3.江慶林等譯，伊能嘉矩原著，1991（1928），《臺灣文化志》下卷:第187頁，臺灣省文獻委員會。

　　　 4.綠島鄉公所，1992，《綠島鄉誌》，第46-47頁。

　　　 *金針腳，約於今中寮綠島國中現址一帶，經查曾有島民於此試種金針，成效不彰作罷，仍因此留下此一地名。

　　這些地名的分布地，主要是建立的聚落及拓墾的土地，範圍已遍及島周及中央丘陵區。島民以直觀的方式，根據相對位置、機能或土地利用、天然動植物景觀、及地景形勢作為地名命名的原則，其中以地景形勢為最主要的地名命名原則，約佔四成（36.7%），其次是與動植物有關的地名，約占四分之一（26.7%）（表2）。

表 2　初墾期綠島使用地名的命名原則

命名原則	使用的地名	數量	％
1.相對位置	中寮、南寮、（溫泉的）尾湖	3	10.0
2.機能或土地利用	公館、柴口、田仔堘、牛仔山、金針腳	5	16.7
3.與動植物有關	楠仔湖、柚仔湖、流麻溝、草山、草山埔、茶山、青仔溝、海參坪。	8	26.7
4.地景形勢	山仔腳、漏腳、鼻頭、大湖（即今「溫泉」）、小湖、石朗、鼻仔頭、龜灣、大白沙、觀重湖（灌漲湖）、火燒山	11	36.7
5.由來不明	左坪、阿筆山（即今阿眉山）、安腳園	3	10.0
合計	30		100

（二）農主漁輔自給自足封閉生活期的地名使用

清咸豐末年（1861-）、日治時代（1895-1945）、至民國 50 年（1961），由於對外交通的限制、當時東部的族群、政治及衛生環境等因素，綠島居民經歷了約百年農主漁輔自給自足的封閉生活[8]，不僅所生產的番薯和花生僅達家戶所需的水準，漁業方面也多僅在農閒時間，以手釣等漁法捕魚，漁獲除自家食用，多製成鹹魚儲存，雖偶以舢舨運至台東平原交換日用品，但數量既少，且非專業性商業行為。

此一時期島民封閉在島上生活，百年之間人口由咸豐末年（1861）的 300 人左右，至明治 38 年（1905）增至 1,097 人，昭和 18 年（1943）2,547 人，至民國 50 年（1961）約達 3,000 人，當人口漸增、且封閉於島上生活時，自給自足的島民需要更多游耕地、在有限的土地上更加集約利用、並使用動物肥料，增加土地肥力，以生產更多所需要的糧食。至日治時代末，島上除原有鹿糞肥之外，豬糞使用也普遍起來，島周平地、島中央丘陵區、火燒山、阿眉山等處，處處有島民墾耕的蹤跡，形成處處種植的景象，坡度達 40 度的山坡地也種植番薯[9]，在耕地無法擴增的情況下，民國 40 年（1951-）以後島上開始蓋廁所，除了原來的豬鹿糞肥外，島民也開始利用大肥（人類糞尿）來增加土地的肥力。由圖 4 右上民國 63 年（1974）的土地利用圖可見島上除火燒山附近一點點僅有的森林地之外，其餘當時已荒廢的農耕地，全部都曾經是島民的旱作與水田的分布地。（圖 4 右上）

---

[8] 李玉芬，2002，《綠島的區位人文生態的變遷》（東台灣叢刊之五，東台灣研究會），39-50 頁。
[9] 李玉芬，2002，《綠島的區位人文生態的變遷》（東台灣叢刊之五，東台灣研究會），129 頁。

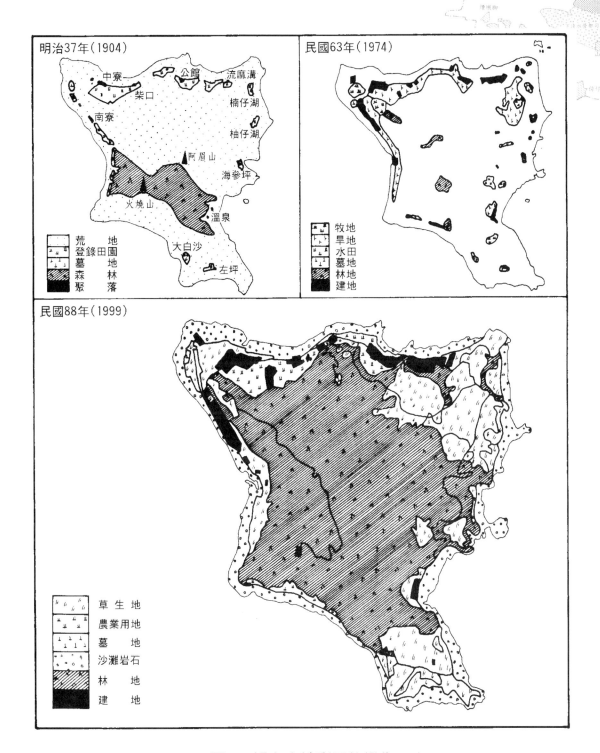

圖 4　綠島土地利用的變化

資料來源：李玉芬，2002，《綠島的區位人文生態的變遷》(東臺灣研究會，東臺灣叢刊之五)，148 頁。

　　雖然歷來的文獻與地圖資料，所記綠島的地名並不多，但從實地訪查中，即可發現當時除了聚落附近、島周沿岸低地之外，目前森林分布的島中央丘陵區，在那個自給自足的農漁時代，都曾經是島民所稱「熱鬧滾滾」的耕作地或柴薪來源地，因此佈滿了生活中所使用的地名。

　　　　「我們山上也有很多地名，像我們要砍柴可從觀重湖（今東管處綠島站）上去，就會經過雙叉路、牛稠門、撒龜扛針、店仔頭、店仔溝」[10]；（圖5）

　　　　「若從南寮溝加油站上去，就是大溝，我們以前也從那裡上山砍柴，有好多地名，南寮溝上去，有三坵園仔、羌仔陷、大坪頭、大坪尾、再去就是赤埕仔、腳背寮、青草頭，跌破卵葩那裡也有人耕作，火燒山就是現在有雷達那裡，在日本時代美軍要來轟炸，日本人就會在山頂豎旗，所以火燒山又叫豎旗仕。那裡日本人設一個三角點，石材是青斗石」[11]（圖6、照片1）。

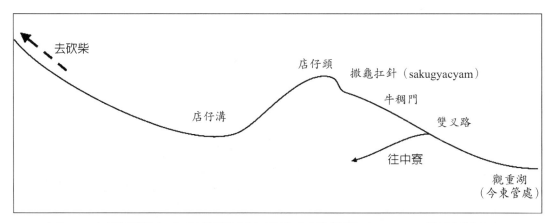

圖5　自觀重湖上山砍柴沿途地名分布示意圖（2007.12.野外調查）

　　位於綠島北方的公館村田先生（71歲）指出：「以前我們到丘陵區耕作，常常聽到南寮那邊的姑娘唱山歌」[12]。

　　果然南寮村蘇鄭女士（76歲）也提及：「我們上山去耕作或砍柴，很喜歡唱歌，山上很熱鬧很多人，不是去牽番薯藤、挖番薯，就是去拼園（清理耕地）、砍柴，我們要把青柴砍下放著讓它乾，再去扛下來，煮飯、洗澡、煮豬菜都要用柴，山上的柴大多砍光光，不然就是太小棵了，所以就要去比較陡的地方砍」。[13]

　　因此綠島，可以說到處都有地名，島中央丘陵區之外，島周的旱作地更是如此，許多小小範圍的耕作地，都出現許多角落名稱。

---

[10] 蘇鄭登英（南寮村，76歲）口述。
[11] 蘇鄭登英（南寮村，76歲）口述。
[12] 田瑞泰（公館村，71歲）口述。
[13] 蘇鄭登英（南寮村，76歲）口述。

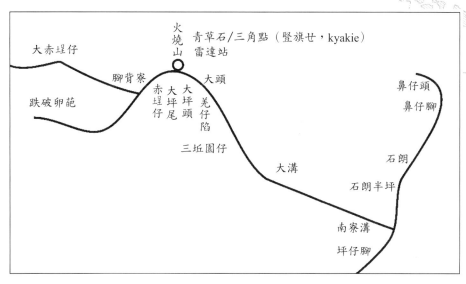

圖6　南寮溝—火燒山一帶地名分布示意圖（2007.12.田野調查）

照片1　由南寮南望綠島火燒山（2007.12.田野調查）

（照片中地名：1 坪仔腳 2 南寮溝 3 大溝 4 三坵園仔 5 羌仔陷 6 大頭 7 大坪頭 8 大坪尾 9 赤埕仔 10 腳背寮 11 跌破卵葩 12 大赤埕仔）

　　以公館村後面的小範圍爲例，該地統稱「公館內」，此一地名不曾被登錄在文獻與地圖資料中，但今七十歲以上的島民，信手拈來，就可在公館村南側的「公館內」小範圍內指認出當時使用的 19 個角落地名[14]。（圖7、照片2）

---

[14] 田王金切（公館村，78 歲）口述。

圖7　「公館內」地名分布圖（2007.12.田野調查）

（圖中地名：1 石埂仔 2 大坵仔　3 土芎腳 4 土泡（tope）　5 坐水仔 6 崎坪仔 7 土香仔　8 大坵園 9 大門腳
10 內坵仔　11 竹腳　12 大榕 13 大榕溝 14 永老仔（ingloa）15 大坵 16 赤土仔內　（溝內）17
赤土 18 曲龍仔（kyawlnga）19 瓦窯

照片 2　位於公館街道後面的「公館內」

說明：「公館內」指公館聚落後方的平地，七十歲以上的島民信手拈來就可指認 19 個地名，參見圖 7。
　　　（本照片從公館西西往東照，照片左上方為公館村，右方上坡至丘陵區）

公館村東側，今人熟知的「人權紀念園區」、「綠洲山莊」、「醫務所」、一直到「技訓所」、「牛頭山」一帶，原來名稱至少達 11 個以上，自從監獄進駐，村民撤離，舊地名早已不被使用，許多四十歲左右以下的綠島年輕世代也多已不知道這些名稱，更非綠島觀光客所能知悉。（照片 3）

照片 3　位於公館的監獄（綠洲山莊/八卦樓、綠指部/新生營、醫務所、技訓所）

此一時期居民所使用的地名，不但遍及島周及中央丘陵區，且數量更多，島民仍以直觀的方式，根據相對位置、與機能或土地利用、天然動植物景觀、及地景形勢作為地名命名的原則，由於地名實在太多，本文僅以前述「火燒山、公館內、及公館監獄」一帶的地名為例，三個地區共有使用地名 43 個，其中四個命名原則既是「相對位置」、也與「機能或土地利用」及「與動植物有關」相關，故以 47 個地名計算，則與維生有關的「機能或土地利用」為最主要的地名命名原則（占 27.7%），其次則是地景形勢及相對位置（各約 25.5%）。（表 3）

表 3　封閉期綠島使用地名的命名原則　（以火燒山、公館內、公館監獄區為例）

命名原則	使用的地名	數量	％
1.相對位置	大坪頭、大坪尾、坪仔腳、內坵仔、赤土仔內、溝仔內、尾角仔、大石碰口、大門腳、土芎腳、豬埂內、竹腳	12	25.5
2.機能或土地利用	三坵園仔、跌破卵葩、石埂仔、大坵仔、土泡、大坵園、內坵仔、竹腳、大坵、瓦窯、豬埂內、砂仔園	13	27.7
3.與動植物有關	羌仔陷、土芎腳、土香仔、大榕、大榕溝、流麻溝、頭山（草山）	7	14.9
4.地景形勢	南寮溝、大溝、赤埕仔、大赤埕仔、坐水仔、崎坪仔、赤土、曲龍仔、半坪仔、白見（沾）土、溜寮、石浮腳	12	25.5
5.由來不明	大頭、腳背寮、永老仔	3	6.4
合計	43、47（原則重複歸類）	47	100

（三）市場經濟期使用地名的分布

民國 50 年代（1961-）以後，島上人口已開始外流，且島民生計已隨市場經濟而變動，其間又經歷了「農牧漁逐次發展期」及「觀光發展期」。首先，戰後至民國 50 年代末，隨著臺灣的農業發展，島上的農業生產也更加興盛，由於已經有臺灣市場，所以島民更加精緻的利用島周土地和丘陵區的耕地，也開始利用人類的糞便及化學肥料施肥，使番薯和花生的產量皆以倍數增加[15]，尤其是花生，多可賣到台東，所以增加最多。

民國 60 年代（1971-）臺灣農業發展沒落，綠島農業也跟著沒落，代之以養鹿事業。此時，島民爭相養鹿，丘陵區的菅茅和蘭嶼鐵莧都成了重要的「鹿草」，農地漸漸荒廢（圖 4 右上），或代之以種植蘭嶼鐵莧。一直到民國 75 年（1986）梅花鹿飼養因市場的沒落而沒落，此時整個綠島的農地已呈現全面廢耕的景象。

漁業方面，綠島雖有優良漁場，但因離島區位不佳，導致民國 50 年代（1961-）漁民已開始外流至東海岸的新港，此後隨新漁法演進，及民國 66 年（1977）漁港擴建與漁船補助等各項措施，民國 70 年代（1981-）漁業發展達到最盛，但仍受區位條件不佳所限，民國 80 年（1991）以後因漁源枯竭，漁業發展從此沒落，適逢觀光業興起，捕魚成為少數老漁民的專業，原有漁港及珊瑚礁海岸都成了觀光發展的據點，早已廢耕的丘陵區也恢復森林景觀（圖 4 下）。[16]

民國 80 年代（1991-）臺灣觀光業熱潮掀起，綠島被納入觀光局東部風景特定區管理處規劃管理，每年遊客人數由 6 萬迅速增至 38 萬人[17]，因島上農牧業皆已停滯，島民紛紛利用自有房屋改建民宿、開設商店、餐飲店、從事浮潛服務、機車出租等觀光相關行業[18]。故島上廢耕的農地、廢棄的聚落（如柚仔湖、楠仔湖、海參坪）、海岸的礁石（如將軍岩、哈巴狗岩等）、丘陵區漸漸恢復的森林景觀、甚至島上的幾所監獄，都成了島民發展觀光業的資源與據點。（照片 3、4、5）

近二十年來，綠島地名隨農耕荒廢、漁業沒落，及觀光業興起，原來島上居民使用密密麻麻的地名，已不被利用和記憶，代之而起的是數量較少的、具觀光性的地名。茲以民國 83 年（1994）及民國 92 年（2003）年綠島鄉公所出版的〈綠島鄉行政區域圖〉與〈綠島導覽圖〉為例，由圖上註記的地名與設施機構，說明民國 80 年代觀光業發展以來，綠島居民使用地名的命名原則與特色。（表 4）

〈綠島鄉行政區域圖〉及〈綠島導覽圖〉二幅地圖主題不同，所註記的地名反映目前居民的地名使用，所註記地名差異不大，共有地名 38 個，因命名原則重複，故以 46 個計算，則以「地景形勢」最多（佔 37.0%），其次是「與動植物有關」的地名（佔

---

[15] 民國 40 年綠島水稻、番薯和花生產量分別是 42577 公斤、2856000 公斤、50000 公斤；到了民國 59 年三者產量分別達到 85863 公斤、9760120 公斤、和 251100 公斤，分別增為 2 倍、3.4 倍、及 5 倍。台東縣政府，《台東縣統計要覽》：民國 40 年、59 年。

[16] 李玉芬，2002，《綠島的區位與人文生態的變遷》，154-188 頁。

[17] 根據東管處綠島站〈歷年綠島遊客人數統計表〉的統計資料，民國 80、85、90、95 年(1991、1996、2001、2006)綠島遊客人數分別為 5.9 萬人、14.9 萬人、35.9 萬人、38.3 萬人。十五年間成長 6.5 倍。

[18] 台東監理站提供資料：96 年底(2007)綠島機車達 4524 台。

21.7%）；早期與「機能或土地利用」有關的地名不再重要，僅佔 10.9%；此期綠島地名最大的不同在於出現了包括「燕子洞、牛頭山、將軍岩、睡美人、哈巴狗、孔子岩、火雞岩」等具「觀光意味」的「新地名」（佔 15.2%）。如綠島最著名的景點是位於東岸的「哈巴狗（岩）」及「睡美人（岩）」，原來的名稱分別是「外塊石、放羊仔石（據說前後曾有三組人在此放羊）」及「石崎（陡之意）」；位於溫泉海岸的「孔石岩」，原來名稱是「尾澳仔險仔」；牛頭山原名「草山」；將軍岩原名石浮腳。此一時期綠島的地名使用，數量上明顯地由多至少，並出現「具觀光意味」的地名命名原則。此外，〈綠島鄉行政區域圖〉設施機構註記數量龐大，除各項行政機構設施之外，也包括「玻璃底遊艇候船室」等 13 個與觀光有關的註記，〈綠島導覽圖〉則有 20 個與觀光有關的設施與機構註記。（表 4）

照片 4　綠島南寮漁港—觀光淡季可見出租機車比漁船多更多（2007.12.拍攝）

照片 5　綠島最著名的景點—位於海參坪南側的「哈巴狗」和「睡美人」

表 4　觀光發展期綠島使用地名的命名原則（以 1994、2003 年兩幅地圖為例）

命名原則	島民使用的地名		數量	%
	〈綠島鄉行政區域圖〉	〈綠島導覽圖〉		
1.相對位置	南寮、中寮、內巖、白沙尾(左坪)、隧道口	南寮村、中寮村、隧道口	5	10.9
2.機能或土地利用	柴口、公館、觀音洞、朝日溫泉、龍蝦洞	柴口、公館村、觀音洞、朝日溫泉、龍蝦洞	5	10.9
3.與動植物有關	燕子洞、牛頭山、青魚嶼、楠仔湖、柚仔湖、海參坪、鳥卵岩、龍蝦洞、龜灣、龜灣鼻	燕子洞、牛頭山、楠子湖、柚子湖、海參坪、鳥卵岩、龍蝦洞、龜灣、龜灣鼻	10	21.7
4.地景形勢	南寮灣、鼻頭角、中寮灣、公館鼻、將軍岩、樓門嶼、三塊石(飛巖)、睡美人岩、哈巴狗岩、孔子岩、溫泉、巖石、火雞岩、帆船鼻、白沙、大白沙、火燒山	鼻頭角、公館鼻、將軍岩、樓門岩、睡美人、哈巴狗、孔子岩、溫泉(大湖)、火雞岩、帆船鼻、火燒山	17	37.0
5.觀光性地名	燕子洞、牛頭山、將軍岩、睡美人岩、哈巴狗岩、孔子岩、火雞岩、	燕子洞、牛頭山、將軍岩、睡美人、哈巴狗、孔子岩、火雞岩	7	15.2
6.由來不明	阿眉山	左坪、阿眉山	2	4.3
合計	37	29	46	100
	二幅圖共 38 個地名、46(原則重複歸類)			

1994〈綠島鄉行政區域圖〉設施機構註記：南寮漁港、玻璃底遊艇候船室、公廁、漁港派出所、綠島區漁會、冷凍製冰廠、漁港北橋、加油站、台電綠島服務所、台電綠島火力發電廠、天后宮、南寮橋、郵局、南寮第一號海堤、南寮、鄉公所、鄉民代表會、郵局、分駐所、南寮第二號海堤、觀光局東管處綠島管理站、中寮橋、市場、衛生所、綠島機場、第一公墓、福德祠、浸信會、更生保護會、綠島國中、綠島國小、東合宮、燈塔、中寮船澳、崇德新村、柴口橋、仁愛之家、民航局綠島助航台、公館公墓、公館社區活動中心、公館派出所、公館船澳、公館橋、公館國小、法務部綠島技能訓練所、勵德班、流麻溝橋、慈航宮、自來水公司淨水廠、觀音橋、海參坪景觀區、溫泉橋、溫泉派出所、海底溫泉景觀區、綠島國民旅舍、露營區、馬蹄橋、環島公路　(■共計 58 個設施機構註記，與觀光業發展直接相關的註記 13 個)

2003〈綠島導覽圖〉設施機構註記：南寮漁港、鄉公所、觀光局東管處綠島管理站遊客服務中心、綠島機場、燈塔、中寮船澳、綠島監獄、柴口浮潛水區、賞梅花鹿、人權紀念公園、綠洲山莊、小長城步道、過山古道、過山步道、左坪步道、露營區、大白沙潛水區、馬蹄橋、石朗浮潛水區、環島公路
(■共計 20 個設施機構註記，皆與觀光業發展需要直接相關)

三、綠島的地名與居民維生方式的關係—代結論

地名的使用，反映一地居民與土地互動的方式與關係，綠島從二百年前，小琉球漢人移入開始，歷經清政府「後山封禁政策」、清政府及日本政府消極管轄、及戰後臺灣社會經濟發展與變遷的大環境背景，島民維生方式及與土地互動的關係也隨著不同的發展階段而變化，這些都反映在島上使用地名的數量、空間分布、分布密度及命名原則上。

在漢人移墾綠島最初 60 年的初墾伐林燒墾時代，島上的森林與土地、島周沿岸的魚蝦資源，都是島民生活的基礎，島民利用伐林、燒墾的方式，不必施肥即可取得生活所需資源，卻快速地改變島上森林茂密的生態環境，此一時期使用地名的空間分布以聚落、島周燒墾地、重要地標為主，數量少且密度小，命名原則以直觀的地景形勢為主。（表 5、圖 8）

清末、日治至民國 50 年的封閉期農主漁輔自給自足時代，由於島上人口漸漸增加、且封閉於島上生活，島民需要更多游耕地、或施用肥料，以增加所需要的糧食，此一時期居民使用地名的空間分布已隨島民處處墾耕的足跡遍及全島，數量多且密度大，命名原則除直觀的「地景形勢」及「相對位置」之外，與維生方式有關的「機能或土地利用」成為最重要的地名命名原則。（表 5、圖 8）

民國 50 年代（1961-）以後，綠島居民維生方式隨市場經濟而變化，經歷「農→牧→漁逐次發展期」及「觀光發展期」。民國 50 年（1961）以後，雖然島上人口已開始外流，但是島上的農業活動，已因有臺灣市場，使島民更加精緻利用島周土地、和丘陵區的耕地，使農業發展達到最顛峰，但民國 60 年代（1971-）也隨著臺灣農業發展的沒落而沒落；此時恰逢臺灣進補熱潮興起，綠島居民爭相養鹿，直到牧業又因臺灣市場而沒落，整個綠島的農地已呈現全面廢耕的景象。民國 80 年代（1991-）臺灣觀光業熱潮的掀起，隨著觀光人潮與日俱增，島民紛紛從事與觀光相關的行業，島上廢耕的農地、海岸的礁石都成了觀光資源與據點。此一時期居民使用地名的空間分布，從「遍及全島」而「觀光據點」；數量與密度由極多且密，變少且疏；命名原則由「機能或土地利用」轉為「地景形勢」，並出現了「觀光性地名」。（表 5、圖 8）

綠島居民使用地名的空間分布、密度及其命名方式的變遷，充分反映島上居民的維生方式及其與土地的互動關係。

表 5　綠島地名與居民維生方式的關係表

維生方式	各時期居民使用的地名			
	空間分布	數量	密度	命名原則
初墾期 伐林燒墾 (1800-1860)	1.島周新建聚落 2.重要地標 3.島周及丘陵區的初墾地	少	小	1.地景形勢 2.與動植物有關 3.機能或土地利用 4.相對位置
封閉期 自給自足農主漁輔 (1861-1960)	1.島周聚落 2.重要地標 2.遍及全島的農耕、游耕、柴薪採集地	多 ↓ 更多	大 ↓ 更大	1.機能或土地利用 2.地景形勢、相對位置 3.與動植物有關
市場經濟期　農→牧→漁逐次發展 (1961-1990)	1.島周聚落 2.重要地標 3.遍及全島的農耕、游耕地	極多 ↓ 少	極大 ↓ 小	1.地景形勢 2.與動植物有關 3.觀光性地名 4.機能或土地利用、相對位置
市場經濟期　觀光發展 (1991~今)	1.島周聚落 2.重要地標 3.觀光據點	少	小	

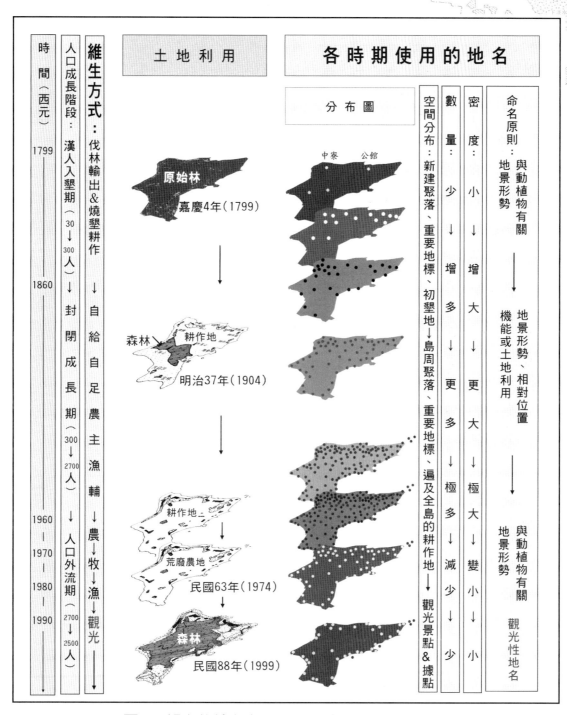

圖 8　綠島的地名與居民維生方式的關係示意圖

參考文獻

台東監理站，2007，〈綠島機車數量統計〉。

台東縣政府，《台東縣統計要覽》：民國 40 年、59 年。

臺灣總督府，1897，〈火燒嶼〉，《臺灣總督府公文類纂》，乙種永久，3 卷 2 門，官規官職。

臺灣總督府臨時臺灣土地調查局，明治 37（1904）調製，大正 10 年（1921）訂正，〈火燒島〉（二萬分之一堡圖）。

交通部觀光局東部海岸特定區管理處綠島站，〈歷年綠島遊客人數統計表〉：民國 80、85、90、95 年。

江慶林等譯，伊能嘉矩原著，1991（1928），《臺灣文化志》下卷，臺灣省文獻委員會。

李玉芬，2002，《綠島的區位人文生態的變遷》（東臺灣研究會，東臺灣叢刊之五）。

李玉芬，1999，〈綠島鄉〉，夏黎明等撰述，《臺灣地名辭書‧卷三/台東縣》（臺灣省文獻委員會）。

林棲鳳、石川流，1829，〈火燒嶼〉，《臺灣采訪冊》：第 26 頁，臺灣省文獻委員會（1993 重印）。

陳正祥，1960，《臺灣地誌（下）》（敷明產業地理研究所研究報告第 94 號）。

陳正宏、劉聰桂、楊燦堯、陳于高，1994，〈綠島〉，五萬分之一臺灣地質圖說明書（圖幅第 65 號），經濟部中央地質調查所。

綠島鄉公所，1992，《綠島鄉誌》。

綠島鄉公所，1994，〈綠島鄉行政區域圖〉。

綠島鄉公所，2003，〈綠島導覽圖〉。

馬來西亞柔佛笨珍縣文律區的聚落特色與地名

陳國川[*]

一、前言

　　十九世紀，馬來半島柔佛地區因熱帶經濟作物的栽培，而導致該地區由傳統的自給農業經濟，轉為商業化的農業經濟。熱帶經濟作物的經營，係由歐洲人為滿足歐洲市場需求而策動。在柔佛地區，其經營的上游階段，包括農場開闢、作物栽培、初級加工、產品蒐集等，主要由華人在柔佛政府特許下進行；經營的下游階段，包括市場價格和運銷等，則主要由歐洲人控制。由於華人從事農場開闢和作物栽培實務，因此一般論者多認為，柔佛地區的土地開發，華人扮演了關鍵性角色。（Swettenham，1906；Winstedt & Litt，1923；Jackson，1968；Drabble，1973）

　　本文的目的是，企圖透過柔佛北部沿海笨珍縣（Daerah Pontian）文律區[1]（Mukim Benut）的聚落清查和地名解讀，探究柔佛地區的土地開發，除了華人外，是否還有其他族群扮演重要的角色？這些人及其開發過程，對當地的聚落型態與地名有何影響？首先釐清馬來半島地名的命名系統，其次說明柔佛在港主制度下的土地開發，第三探究文律地區的環境背景和土地利用的變遷，第四討論文律區的聚落特色及其地名意義，最後透過地名的解讀，說明文律區土地開發過程中，各族群扮演的角色。

二、馬來半島地名的命名系統

　　馬來半島的地名，包括馬來地名和華人地名兩類。傳統馬來地名的命名依據，主要來自直觀的地表景觀和人名轉換。（Zainal Abidin Bin Ahmad，1925）

　　根據地表景觀命名的地名，以自然環境景觀居多，如 Batu Kikir（像爐子一樣的岩石）、Batu Gajah（像大象的石頭）、Sungai Ujong（兩條河流的會口）、Pasir Pelangi（彩虹色的沙灘）、Pulau Pinang（檳榔嶼）、Ipoh（箭毒木）等；和人文活動景觀有關

---

* 國立臺灣師範大學地理系教授兼系主任
[1] 馬來西亞的行政區劃系統如下：

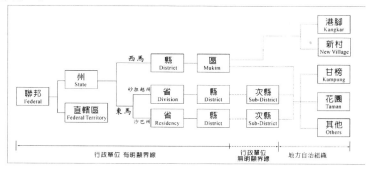

的地名有 Dusun Tua（老的果園）、Ujong（渡船頭）、Labu（南瓜）等，爲數較少。

在馬來西亞的穆斯林世界，有些伊斯蘭信徒爲讓子孫懷念先賢，而在取名時加上伊斯蘭先賢的名字，如 Mohammad, Ali, Hassan, Hussen 等；也有些人爲了突顯自己的皇室身份，而在取名時加上皇室家族的名字，如 Abdul, Ibrahim 等。（Mak，2004）許多這類人名，以及一些對地方有貢獻的人的人名，常被轉換成地名。如 Mohammad Arif, Hassan, Abdul Rahman 等。

在馬來半島，華人地名的命名，幾乎不考慮地表景觀。對已定型聚落的稱呼，多以該聚落的肇始者，或該地的重要物產爲名，如永平港（Yong Peng，在峇株巴轄，潮州發音）、沈香港（Cham Heung Kong，在豐盛港，廣府發音）等。也有一些已有馬來地名的地方，華人進駐之後，予以改名或音譯，如巴生港（Port Klang），係泉州人移入後，由馬來地名 Swettenham 改名；怡保係華人由 Ipoh 音譯（客家發音）的地名。

就柔佛地區而言，幾乎所有的華人地名，均和港主制度（Kangchu System）下的土地開發有關，如公司山（Kong Si Sua^n，在新山，潮州發音）、德和興（Tek Wa Heng，在哥打丁宜，潮州發音）、大厝港腳（Tua Tsu Kang Ka，在麻坡，福建[2]發音）、鄭屋港（Cheng Uk Kong，在新山，廣府發音）、新打山（Sin Ta San，在哥打丁宜，客家發音）等。（Cowgill，1924）

如果柔佛地區的華人地名，和港主制度下的土地開發有關，則要探知一個地區土地墾殖過程中華人扮演的角色，清查該地區的地名及其意涵，似乎是一個重要途徑。

三、柔佛地區的土地開發

柔佛地區的土地開發，和甘蜜、胡椒栽培從新加坡向此地擴散，華人在天猛公（Temenggong）[3]創立港主制度後大舉進入有關。

（一）甘蜜、胡椒栽培的擴散

胡椒向來是歐洲居民日常生活所需的香料，甘蜜又稱檳榔膏，是南洋群島居民嚼食檳榔不可或缺的配料，（潘醒農，1993）十八世紀時，中國人用甘蜜作爲皮革的鞣革劑，而逐漸轉爲商業性作物；十九世紀以後，歐洲的紡織工業者廣泛使用甘蜜作爲棉布、羊毛和絲綢的染料，市場需求大增，栽培區乃擴大及新加坡。（Trocki，1976）

---

[2] 移入馬來半島的福建華人，雖有來自晉江、惠安、永春、東山等縣之分，但其語言統稱福建話。

[3] 天猛公（Temenggong）有「總督」之意。1820年代，柔佛蘇丹偏安廖內群島，1824年英國和荷蘭簽訂條約，劃分勢力範圍，廖內群島歸荷蘭控制，於是柔佛脫離廖內蘇丹，接受英國保護。在英國保護下，柔佛各地統治權力歸阿都拉曼（Abdu'1Rahman）所有，稱天猛公。1825年，阿不都拉曼死後，其子達因‧伊佈拉欣（Daeng Ibrahin）繼位；1868年，伊佈拉欣死，其子阿布巴卡（Abu Bakar）繼位，並於1877趁廖內蘇丹阿里去世的機會統一柔佛，1885年英國以取得柔佛外交權爲條件，承認阿布巴卡爲柔佛蘇丹。

　　由於甘蜜的渣滓可做為胡椒的肥料，且栽培過程較為粗放，有餘力可以照顧較為集約的胡椒栽培，因此新加坡的種植業者，多同時栽培甘蜜和胡椒二種作物。（Pitt Kuan Wah，1987）然而，甘蜜對土壤地力的耗損相當嚴重，一般而言，種植 15 年甘蜜的土地，必須休耕 50 年才能恢復；此外，甘蜜的初級加工，也需要大量的柴薪。新加坡面積不大，土地不多，種植業者乃逐漸向柔佛轉移。

　　甘蜜和胡椒種植園向柔佛擴散，有賴於土地的取得。1833 年天猛公創立港主制度，以一條河川流域為單位，給予一個華人港契（surat sungei）；領有港契者稱為港主（Kangchu），擁有該河川流域的土地使用許可權。港主獲得港契後，即招徠華人進入許可區內，伐林墾地，建立種植園，栽培甘蜜與胡椒。「伐林墾地」當地人稱「開峇」，「種植園」當地人稱「園丘」。

（二）港主制度的組織

　　港主制度由三個階層所組成，其一為頭家（Taukeh）、公司（Kongsi），其二為港主，其三為勞工。（Caroline Wong，1992；Trocki，1976）

1.頭家、公司

　　頭家是居住在新加坡和麻六甲的商人，公司則是一些商人組成的商業集團。頭家和公司的功能有五：（1）提供港主開峇所需的大量資金；（2）供應港主開峇所需的大量勞動力（契約勞工）；（3）壟斷港主所有的港腳園丘產品的購買權；（4）組成公所（Kongsoh），在天猛公保護下控制園丘產品的蒐購價格；（5）和天猛公共組「公家」（Kongkek），管理員丘產品的船隻運輸，保證產品的品質，並分配頭家和公司的產品外銷的配額。

2.港主

　　港主是從天猛公獲得港契，實際主持開峇和園丘生產的人物。許多港主同時兼具頭家的身分，也有一些港主是公司代理人。港主從頭家或公司獲得資金後，把港契許可的土地分成若干港腳，每一港腳的面積 2500ekar 至 20000ekar 不等[4]；每一港腳內部建有一個聚落，稱港腳聚落，是開峇、園丘管理、產品集貨及初級加工的基地。在港腳內的原始林裡，以 50 至 250 ekar 為單位，伐林開闢成園丘，栽培甘蜜和胡椒；若干年後，地力衰退，園丘任其荒廢，另闢新園丘取代。（圖一）

---

[4] 一個 ekar 相當於 0.4047 公頃。

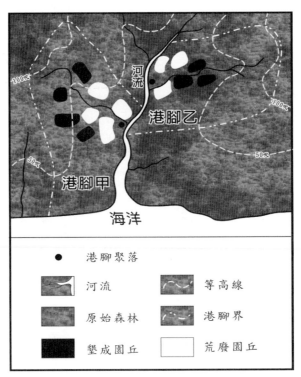

圖一　港腳示意圖（Thomson：

在港主制度中，港主是天猛公在港契許可地內的代理人，其職能包括：（1）在港腳中建築工寮，組織勞工村；（2）任命管理人員，指揮勞工開畬、栽培作物、收成和初級加工等工作；管理人員多由和港主具有血緣或地緣關係的華人擔任；（3）組織運輸船隊，約聘船工，輸送初級加工後的產品至新加坡或麻六甲，並購回日常用品或鴉片；（4）在港腳聚落經營天猛公特許的賭館、當舖，開設商店販賣酒類、豬肉，和經營鴉片煙館等；（5）維持整個許可區內部的治安，代理天猛公執行特許區內的行政事務；（6）向天猛公繳納定額年貢，但年貢的金額，多由付給勞工的薪資中扣取；（7）向新加坡或麻六甲的頭家或公司繳賭博稅、酒稅和鴉片煙稅。（許雲樵，1961；凌雲，1965；Trocki，1975、1976）

3.勞工

勞工包括自由移民和新客兩類。自由移民多為和港主有血緣或地緣關係的移民。他們有的從事園丘或初級加工廠的管理人員，有的散布在園丘中的勞工村，經營雜貨店，有的從事運輸船隊的船工，有的在港腳聚落幫傭、做店員或學徒。基本上，他們都受港主們指揮與制約，但收入較佳。

新客是從新加坡買進來的契約勞工，他們身負從中國原鄉渡海南來的龐大船費債務，只能在園丘中工作抵債。港主付給這些新客的薪水相當微薄，還要扣除一定的金額抵債，並分攤港主繳給天猛公的貢稅。所剩無幾的薪資，港主又常用昂貴的日常用品、衣物，甚至鴉片充數，以致新客們境遇相當凄慘，許多人路死溝埋，終其一生難以翻身。

（三）土地開發

1833 年天猛公創立港主制度，目的在積極招徠華人進入柔佛地區開闢園丘，華人也因有利可圖而紛紛進駐。據估計，至 1860 年代，柔佛已出現 1200 個甘蜜和胡椒園，在裡面工作的華工多達 15,000 人；1880 年代，甘蜜加工廠約有 4,000 間以上；1890 年代，柔佛的華人激增至 21 萬人左右。這些甘蜜加工廠主要分布在河川沿岸的港腳聚落，而華人勞工則分散在園丘中的勞工村內。（Caroline Wong，1992）

港腳聚落的區位大致可分為二類，其一為園丘內部的河岸，（圖二）這些地點有利於產品透過大舟告船輸出到新加坡，或雖不能航行大舟告船，但可利用小舢舨運送到河川下游轉運；這類港腳聚落，在二十世紀後期隨園丘式微而逐漸消失。其二是離園丘較遠的河川下游，此類港腳聚落主要分布在柔佛西岸。（圖二）位居河川下游的港腳聚落，雖因遠離園丘而集貨不便，但都具大舟告船進出方便的優勢，同時扮演甘蜜、胡椒輸往新加坡，以及向新加坡輸入日常用品轉銷內陸港腳的功能。因此，這類港腳聚落有些發展成商業性質濃厚的港埠，故地名後常加「埠」字，如文律埠；「埠」也常書寫成「坡」，如麻「坡」。這一類的港腳聚落目前多已發展成規模不等的市街。

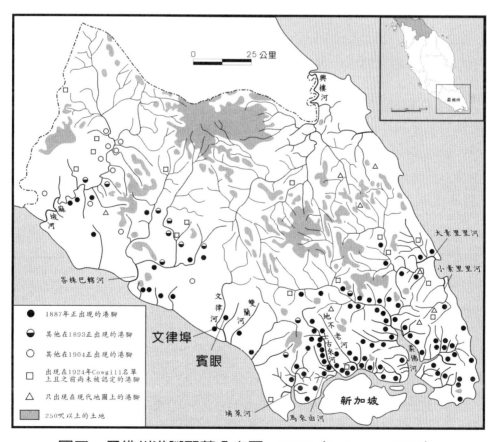

圖二　柔佛州港腳聚落分布圖：1887（Jackson：1976）

儘管有些港腳聚落分布在河川下游靠海之地，但十九世紀華人在柔佛開闢的港腳，卻大部分分布在內陸，西岸的麻六甲海峽沿岸付諸闕如。（圖三）（Jackson，1968）。港腳主要分布在內陸的原因，除了因麻六甲海峽沿岸沼澤廣布，開笞困難外，也和港主制度的運作方式有關。

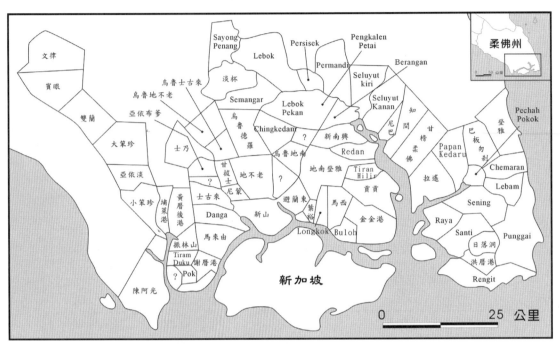

圖三　柔佛州港腳土地範圍分布圖：1887（Jackson：1976）

港主制度下柔佛地區的土地開發，係由天猛公提供土地，收取年貢；由新加坡或麻六甲商人組成的頭家或公司提供資金，由港主規劃開笞經營園丘，以新客為開笞和種植、收成及初級加工的勞力來源。天猛公和頭家、公司共同壟斷園丘經營的大部分利潤，港主的利潤雖然較少，但擁有多項專利，且可透過剝削勞工階層而獲利。換言之，土地開發的主導者在內陸地區可以用最小的成本，即能獲得最高的利潤；反之，進入沿海沼澤區，則伐林開笞之前，還需修築排水工程，增加龐大的額外開發成本。因此，至十九世紀末，柔佛麻六甲海峽沿岸的沼澤地，仍然缺乏港主進入問津。

四、文津的開發與土地利用

文律位於笨珍縣北部，（圖四）發源於居鑾（Kluang）的文律河貫流南北，在文律南部注入麻六甲海峽。1865年，許阿振（Koh Ah Chin）、許灯茂（Koh Feng Moh）等15人合組公司，由許阿振（Koh Ah Chin）擔任港主，獲得文律河上游，今居鑾縣烏魯文律區（Mukim Ulu Benut）和嗎什區（Mukim Machap）的港契。1873年，Tan Nong Kia也獲得文律河上游的另一個港契，但和許阿振的港契的範圍區分已無法分辨。1879年，Tan Nong Kia又獲得文律河支流賓眼河（S.Pinggan）上游，位在烏魯文律區和拉央拉央區（Mukim Layang-Layang）之間的港契。（Trocki，1975）1887年，整個文律河主支流

上游已開發成港腳，但下游的文律區和雙溪賓眼區（Mukim S.Pinggan），除了出現文律埠，以及賓眼河岸，地點已不可考的賓眼兩個港腳聚落外，（圖二）其餘地區仍未開發。
（Jackson，1976）

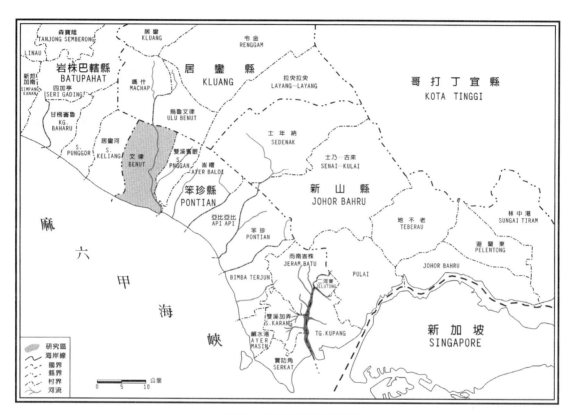

圖四　文律區位置圖

　　文律區的開發，可能和十九世紀末甘蜜栽培式微，橡膠種植興起有關。1857 年，一種從煤焦油中提煉的合成染料發明上市，逐漸取代甘蜜成為絲織業的染料，導致甘蜜的市場價格益連衰退。1878 年，甘蜜的市場價格，由 1869 年的每噸 40 英鎊，減至每噸 10 英鎊。（契波拉，1989；欣斯利，1999）隨著市場價格低落，甘蜜種植業開始式微。與此同時，歐洲的橡膠市場則逐漸興起，價格日益上揚，（Drabble，1973）園丘中的甘蜜與胡椒種植，漸被橡膠取代。

　　1897 年，麻六甲商人陳齊賢在麻六甲西北試種橡膠成功，[5] 於是在 1900 年於麻坡班卒（Panchor）購地 200 英畝，開闢膠園，此為柔佛大規模種植橡膠的嚆矢。（李亦園，1966）1903 年，柔佛政府見種植橡膠有利可圖，乃強制要求各港主，需在港腳中的每一塊園丘，至少種橡膠樹 400 棵。（許雲樵，1961）1906 年以後，港主見橡膠種植比甘蜜、胡椒栽培利多，乃紛紛增加園丘中的橡膠植株，甚至全面改種橡膠。1910 年代以後，為了擴大橡膠的種植面積，沿海沼澤區才開始逐漸開發。（Drabble，1973）

---

[5] Drabble,J.H.根據陳齊賢兒子 Tan Hoon Siang 的報導，指試種成功的年代為 1895 年。參見 Drabble，1973：19。

（一）文律區的環境背景

文律區在文律河下游流域，全境海拔高度在 20 公尺以下，地面被覆黑纖土。黑纖土質地細緻，透水性不佳，沼澤廣布。沼澤大致可分成三部分，在 5 號聯邦道，或阿布都拉曼排水渠（Pt.Abd.Rahman）以南到麻六甲海峽的地區，是感潮沼澤區，原始植被以紅樹林為主；在文律河兩岸，是常年淹水區，原始植被以 Nipah 及其他沼澤植物為主；距離文律河較遠，河岸約一公里以外的地區，為間歇淹水區，雜木林遍佈，其中有西谷椰子（Sago Palm）[6] 和 Duku、紅毛丹等熱帶水果。

在感潮沼澤區，紅樹林之下的水域，藻類眾多。原住民 Orang Asli 在此用紅樹林架高腳屋，過著捕魚的生活。在間歇淹水的沼澤區，大蜥蜴、猴子、鳥類眾多，野生的熱帶水果豐富，在此生活的居民以爪哇人[7]為主，南部五號聯邦道兩側，有武吉斯人[8]分布，西部靠近峇株巴轄縣的地區，則有少數班札爾人（Banjar）[9]居住。爪哇人和武吉斯人，原來過著狩獵、採集，也到常年淹水區捕魚的生活，十九世紀後期文律港腳聚落成立後，則有不少人採集 Sago Palm，送到文律埠出售。班札爾人多居住在河岸，以栽種水稻維生。

（二）土地開發和土地利用

雖然 Drabble 指出，柔佛麻六甲海峽沿岸沼澤區，需迨 1910 年以後，為種植橡膠才得以開發。（Drabble，1973）但幾項訊息顯示，文律區的開發時間可能更早。其一，田野調查發現，目前仍居住在文律園丘中的華人，其祖先多在 1910—1920 年代之間，從廣東潮安、豐順、揭陽及福建永春、晉江、南安、惠安等地遷來。移民之初，除少數在園丘中從事園丘工外，大多從文律埠割貨，在園丘內經營雜貨店。換言之，1910 年代至 1920 年代，文律區內的沼澤地，至少已有部分地區開發成園丘。其二，在文律的沼澤區開峇，首需排水。開築排水渠需要籌集大筆資金，以當時的技術，開渠更需要漫長的時間。因此，文律區的土地墾殖，至少在 1910 年代以前就已開始。

此外，1932 年出版的一幅地圖，（FMS & SS：1932）也提供了本地開發過程的線索。圖五顯示，文律河中游地區，排水渠兩側為除林後的裸地，裸地之外為沼澤林（Fresh water swamp）；下游地區，除河岸仍有少數沼澤林外，排水渠兩側的土地已全部園丘

---

[6]西谷椰子（Sago Palm）為棕櫚科植物，其木髓部可提取澱粉；西谷椰子提取的澱粉加工製成的澱粉粒，稱西米露。

[7]這些爪哇人，是 1830 年代開始，為逃避荷蘭人在爪哇推動強迫栽種制度（The Culture System）而遷來。強迫栽種制度規定，有土地的居民，需撥出五分之一良好的土地，種植由政府規定，在歐洲市場有良好價格的作物，如甘蔗、茶、煙草等；無土地的居民，則須自備糧食，每年為政府服務無償勞動役 66 天。（董教總，1999）

[8]武吉斯人原居蘇拉威西島，十七世紀初在南洋各島間進行商業與海盜活動，十七世紀中葉，荷蘭人入侵蘇拉威西後，武吉斯人被迫離鄉背井，經爪哇、蘇門答臘到馬來半島。（Darford，1959）

[9]班札爾人原居印尼加里曼丹南部馬辰（Banjarmasin），移入馬來半島的原因和時間不詳。在柔佛，班札爾人主要分佈在峇株巴轄縣，少數分佈在笨珍縣文律區。

化；河口和河岸一帶，則仍爲紅樹林分布區。就土地利用而言，文律河河口附近兩側紅樹林外圍的園丘是椰子園；文律河及其支流賓眼河之間的園丘爲橡膠園；文律河中游右岸則爲橡膠和椰子混種的園丘。根據田野調查發現，文律河和賓眼河之間的土地，地勢比文律河右岸地區略高。透過這些訊息，似乎可以推論：1.文律區土地開發的空間順序是，從下游文律埠附近開始，逐漸向中游擴散；2.土地開發的工程程序是，先開排水渠，再除林開峇；3.排水開峇後，新闢成的園丘，土壤仍然過濕，以栽培抗濕性較強的椰子爲主；3.隨著排水效能漸增，土壤比較乾燥後，開始椰子和橡膠混種，最後改爲純橡膠園。

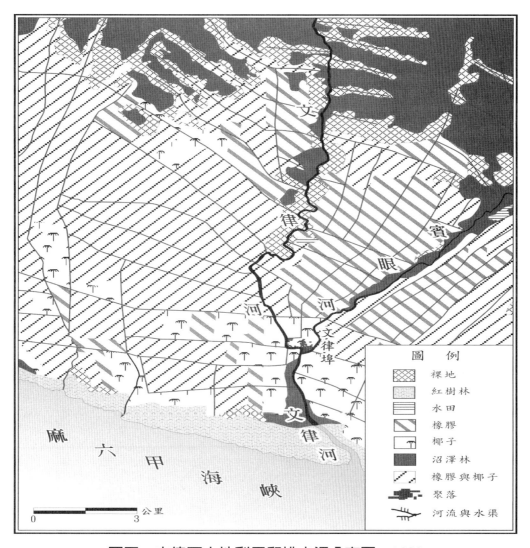

圖五　文律區土地利用和排水渠分布圖：1932

　　田野調查中報導人[10]的說詞，證實了開峇後先種椰子再轉為橡膠園的推論。問題是，開峇前排水渠的修築，是誰的資金？誰的勞力？目前，我們尚沒有足夠的史料釐清此一問題，但是，透過田野調查，清查了文律區目前的 41 條排水渠，（圖六）並調查這些排水渠的名稱，發現其中有 3 條以武吉斯人的人名命名，16 條以爪哇人的人名命名，7 條以植物命名，2 條以環境特性命名，命名不詳者 12 條，而以「公司」命名者只有一條。（表一）

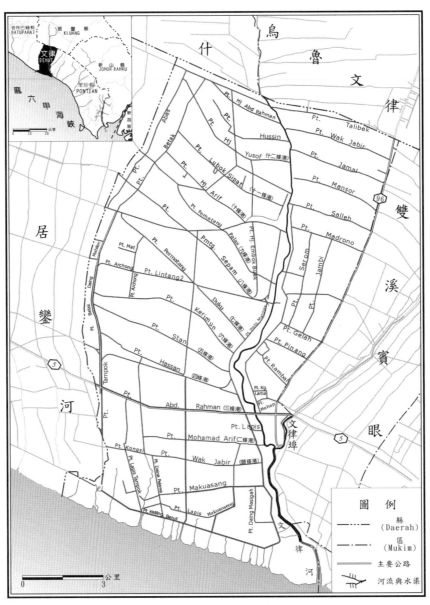

圖六　文律區排水渠分布圖：2007
資料來源：2007 年 8 月田野調查

---

[10] 提供此項資訊的報導人，在田野調查時（2007 年 8 月）的資料是：李水傳，66 歲，文律埠椰加工廠主退休，移居新山地不老；梁宗權，84 歲，大笨珍港主梁怡來族親，住文律埠；蕭淑華，76 歲，文律港主外曾孫女，住文律埠；莊溫治，83 歲，文律埠港主孫媳，住文律埠；Abd. Samad，71 歲，住 Kg. Pt. Jamal。

表一　文律區排水渠的名稱及渠名意義

排　水　渠　名	渠　名　意　義	命名依據	數　量
Pt. Makuasang	武吉斯人名	以開築排水渠領導者的名字命名	3
Pt. Lapis Makuasang	武吉斯人名		
Pt. Daing Masiga	武吉斯人名		
Pt. Wak Jabir（有二條同名）	爪哇人名		16
Pt. Mohd. Ariff	爪哇人名		
Pt. Abd. Rahman	爪哇人名		
Pt. Hj. Abd. Rahman	爪哇人名		
Pt. Hj. Ariff	爪哇人名		
Pt. Hassan	爪哇人名		
Pt. Yusof	爪哇人名		
Pt.Hussin	爪哇人名		
Pt. Abas	爪哇人名		
Pt. Jambi	爪哇人名		
Pt. Serom	爪哇人名		
Pt. Salleh	爪哇人名		
Pt. Mansor	爪哇人名		
Pt. Jamal	爪哇人名		
Kg. Talibek	爪哇人名		
Pt. Lapis Tampok	裂開的果蒂	以水果或樹木的名字或屬性命名	7
Pt. Tampok	裂開的果蒂		
Pt. Keriman	水果名		
Pt. Permatang Duku	水果名		
Pt. Permatang Sepam	樹名		
Pt. Permatang Palas	樹（棕櫚科）名		
Pt. Pinang	檳榔		
Pt. Setan	森林茂密，陰森森，很多鬼怪的地方	以環境特性命名	2
Pt. Lubok Sipat	水果、魚類、動物等（採集）物資豐盛之意		
Pt. Getah	意義不詳	命名依據不詳	12
Pt. Betak			
Pt. Madrono			
Pt. Rambai			
Pt. Mahap			
Pt. Lapis			
Pt. Keliling Benut			
Pt. Daing Pelawa			
Pt. Betak Daing Mabilah			
Pt. Archong			
Pt. Lintang			
Pt. Mat			
合計			41

資料來源：2007 年 8 月田野調查

在以爪哇人或武吉斯人的人名命名的 19 條排水渠中，有 12 條分別有頭條港、二條港、三條港…十二條港的華人名稱（圖六），比對 1932 年出版的地圖，發現爪哇人或武吉斯人命名的排水渠名稱早已存在。換言之，頭條港、二條港…等渠名，並非原始渠名；現在的渠名，也不是馬來西亞獨立後才更改的渠名。以上這些事實顯示，文律區開渠的主角，應是爪哇人和武吉斯人，華人扮演的角色，微乎其微。尚未查明的是，這些原來過著狩獵、採集生活的爪哇人和武吉斯人，開渠所需的龐大資金從哪裡來。

（三）華人的進出與園丘作物內容的改變

華人最早移入文律區，是在 1865 年以許阿振（Koh Ah Chin）為港主的公司，取得文律河上游的港契後，在文律河及其支流賓眼河會流處成立港腳聚落文律埠之時。由於港腳聚落不在許可區之內，兼具有代理新加坡蒐購土產和配銷日用品的商務功能，故又稱文律埠。當時，文律坡的港主雖然是許阿振（Koh Ah Chin），但實際主持事務的卻是楊文罵，因此，一般人均稱楊文罵為港主[11]。楊文罵祖籍福建泉州晉江，和許阿振（Koh Ah Chin）的關係尚未查明，其後人尚有若干人在文律埠經營生鮮魚肉品加工出口公司。

文律埠成立後，福建泉州和廣東潮州的華人，陸續透過族親、姻親或地緣關係移入，其中泉州人主要經營港主委辦的肉店、煙館等商店；潮州人主要從事船舶運輸工作。二者分別在文律埠成立東山廟（現名關聖宮）和大伯公廟，既是信仰中心，也是凝聚共同意識，維持道德秩序，處理公共事務的媒介。

1910 年代前後，隨著文律河下游沼澤的築渠開峇，更多的華人移入。移民的來源，除潮州和泉州外，還擴及永春州。這些新移民，有的在文律埠經營椰加工或當商店學徒、船運勞工，更多的是進入園丘區內，經營雜貨店，並兼作園丘工。1920 年代以後，一些經營雜貨店的華人，累積資金後開始向柔佛政府購買地契，取得闢好園丘的經營權。每一張地契面積 5 ekar，約 2 公頃多。地契賦予華人土地經營權，為期 999 年，可以買賣但沒有形式上的地權。不少華人成為兼具雜貨店商和小園丘主的雙重身份。

1930 年代以後，華人購買地契的風氣日盛，不僅文律區大部分的闢好園丘轉至華人手中，華人之間也出現併購的現象。一些小園丘主成為中園丘主[12]，兼營產品初級加工；出售地契的華人小園丘主，有的遷移到文律埠經商，有的專營其他小園丘主產品的初級加工、買賣，也有少部分淪為中、小園丘主的園丘工。華人經營的園丘，配合市場利潤的高低，和園丘的排水條件，調整栽培作物的內容。原來以種植椰子的土地，有的直接改種橡膠，有的則改採椰子、橡膠混種的方式。1950 年代第二次世界大戰結束後，可可、咖啡的市場需求漸增，也有一些橡膠園或椰園改種咖啡、可可。

---

[11] 根據楊文罵外曾孫女蕭淑華（76 歲）和曾孫女楊秀嬌（歲數不詳）的報導。

[12] 大、中、小園丘為相對的名詞，本文以港腳制度中動輒上千公頃以上的園丘，稱大園丘；100 公頃以上，1000 公頃以下的園丘，稱為中園丘；100 公頃以下的園丘，稱為小園丘。

從 1930 年代起，原來在此生活的 Orang Asli（原住民），逐漸四散到各地的市鎮，如麻坡、新山等地從事木匠或其他零工；爪哇人和武吉斯人，則多淪為華人園丘主的園丘工或初級加工廠的工人。馬來西亞獨立後，政府為保障馬來人[13]的生活，而在 1975 年成立聯邦土地發展局（FELDA，Federal Land Development Authority），頒佈法規鼓勵馬來人購置園丘，包括：（Gulrose Karim：1987）1.整理獨立前發出的港契、地契，清理未開發的原始林，或曾開發但已荒蕪的園丘。2.針對荒蕪且無主的園丘，以及部分交通較方便的原始林，由政府出資進行開發。3.新開發的園丘，優先配售給馬來人。4.鼓勵馬來人向華人購買園丘。5.馬來人購置園丘所需的資金，由政府出貸；每戶每月貸給糧食補助金 90 元馬幣。這些貸款的本息償期不定，可俟作物收成有餘後才逐年償還。6.馬來人購置園丘後，需定居在園丘內，且園丘中作物需種植，管理良好；政府主導數十或數百馬來園丘主，合組合作社，協助作物的產銷，並提供急用貸款。

就在 FELDA 成立前後，許多文律區的華人園丘主，則因下列因素而陸續售園外移。這些因素包括：1.經營園丘有成，開始注意子女的教育問題。為了不放棄自己的語言、文化，許多華人園丘主，乃出售園丘而遷移到設有華校的市鎮，如文律埠、新山等地，以利子女就學。2.馬來西亞獨立後，華人的政治地位普遍不高；財富的多寡，往往成為華人社會階層的衡量標準。許多小園丘主，累積若干資金後，常售地他遷，移到都市經商。FELDA 和華人他遷交互作用的結果，使文律區園丘內的居民，馬來人漸增，華人日減。目前少數留在園丘內的華人，大部分為中園丘主，且在文律埠或新山另有住家。

1980 年代前後，世界市場棕油的需求日增，而橡膠、可可、咖啡則面臨西非和中南美洲的價格競爭，在政府鼓勵（以馬來人園丘為主）與市場追逐（以華人園丘為主）之下，文律區園丘的土地利用再次發生改變。除排水效能較差的地區仍以種植椰子為主外，絕大部分的園丘，已由橡膠、椰子混種園或純橡膠園，改為純油棕園或油棕、椰子混種園。（圖七）

五、文律區的聚落型態與地名

文律區的環境背景影響了該地區的開發過程，開發過程則決定了境內聚落的型態和地名命名。

由於全境地屬沼澤，以致十九世紀施行港主制度所帶來的開發浪潮，對本地區的影響僅限於文律埠的開埠；頭家、公司、港主對本地的沼澤不感興趣，至二十世紀初才可能由柔佛政府出資，爪哇人和武吉斯人出力，在本地築渠排水開咨。1920 年代以後地契出售制度和華人小資本的進出，以及 1975 年 FELDA 發展政策的實施，限制了本區大園

---

[13] 馬來人泛指居住在馬來西亞境內，華人、印度人以外的族群，包括 Orang Asli 及其他原住族群，以及先後移居的武吉斯人、爪哇人、班札爾人等。

丘主的發展，到處小園丘充斥。小園丘主分別散居在各自的園丘中兼做園丘工，以致缺乏形成集村的條件。整個文律區的聚落，除文律市街外，幾乎全部呈現散村的型態。集村只有 6 個，且其中 4 個係近年發展的花園（Taman）。（表二）

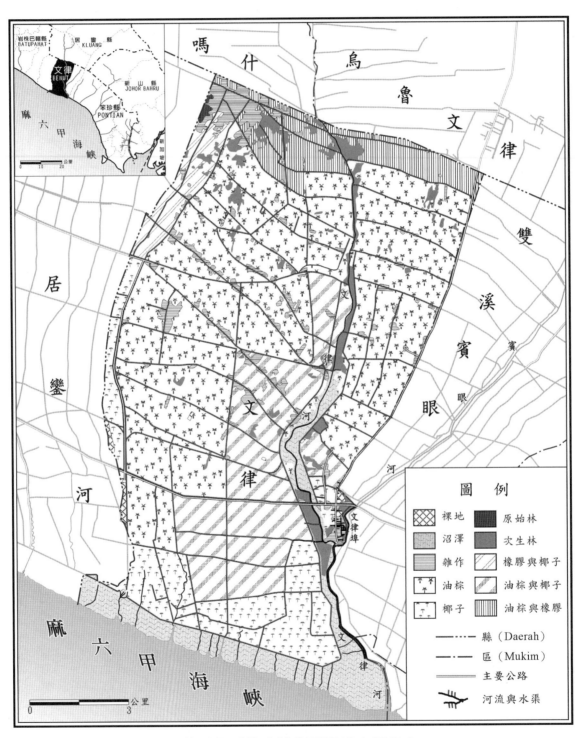

圖七　文律區園丘的土地利用和排水渠分布：2007

資料來源：2007 年 8 月田野調查

表二　文律區的聚落型態及其地名

聚落型態	數量	馬來名	華名	備註
市街	1	Benut	文律埠	
集村	6	Taman Sri Mahkota	皇冠花園	新社區
		Taman Benut Jaya	新文律花園	新社區
		Taman Sri Benut	斯里文律花園	新社區
		Taman Haota Benut	富城花園	新社區
		Kg. Sri. Tanjung	—	
		Kg. Lama	—	已散村化
散村	29	Kg. Pt. Makuasang	-	
		Kg. Pt. Daing Masigah	-	
		Kg. Sri Bugis	-	
		Kg. Pt. Jabir	頭條	
		Kg. Pt. Arif	二條	
		Kg. Pt. Rahaman	三條	
		Kg. Pt. Hassan	四條	
		Kg. Pt. Setan	五條	
		Kg. Pt. Keriman	六條	
		Kg. Pt. Duku	七條	
		Kg. Pt. Sepam	八條	
		Kg. Pt. Palas	九條	
		Kg. Pt. Hj. Arif	十條	
		Kg. Pt. Lubok Sipat	十一條	
		Kg. Pt. Yusof	十二條	
		Kg. Pt. Betak	巴力勿達	
		Kg. Pt. Abas	-	
		Kg. Pt. Hj. Abd. Rahman	-	
		Kg. Pt. Talibek	-	
		Kg. Pt. Wak Jabir	-	
		Kg. Pt. Jamal	-	
		Kg. Pt. Mansor	-	
		Kg. Pt. Salleh	-	
		Kg. Pt. Madrono	-	
		Kg. Pt. Serom	巴力思隆	
		Kg. Pt. Jambi	巴力占美	
		Kg. Pt. Pinang	-	
		Kg. Pt. Tampok	-	正逐漸集村化
		Kg. Pt. Getah	巴力吉打	正逐漸集村化
合計	36			

資料來源：2007 年 8 月田野調查

（一）聚落特色與分布

1.市街

　　文律埠（簡稱文律）（Benut）是文律區唯一的市街，位於文律河下游和支流賓眼河匯流處，（圖八）原為 1865 年以許阿振（Koh Ah Chin）為港主的公司在文律河上游獲得港契後，所建立的港腳聚落。十九世紀後期至 1930 年代，文律埠和新加坡之間，每週有定期小貨輪通航，是文律河流域甘蜜、橡膠、椰子、檳榔等產品輸出，以及日常必需品輸入的門戶。（郭于禎，2003）

　　文律埠成立之初，居民全為華人，主要來自福建泉州和廣東潮州，二十世紀初又有福建永春州人和少數廣府人移入。泉州人稱福幫，人數最多，主要從事商業和椰加工，關聖宮是他們主要活動中心[14]。潮州人數次之，主要從事舟楫航運事業，位於市街南緣文律河畔的聖德宮（祀大伯公，又稱大伯公廟）是其主要活動中心；永春州人較少，主要經營雜貨店，和經營小園丘，永春會館是主要活動中心。三籍華人在文律市街的居地，並無明顯區隔。華人移民為子弟的教育，於 1921 年在市街租屋創立學校，俟後在市街東側賓眼河岸正式建校，名樂育學校，二次戰後，為方便園丘區華人子弟就學，陸續在園丘區內設立了六個分校。

　　文律埠發展的起點，在文律河主支流匯流處，排水渠開築前，每日漲潮時會遭水淹，以致住屋必須挑高。由於聚落發展，係以航運貨物集散為主，故市街多沿河岸擴張。1930 年以後，連接峇株巴轄（Butu Pahat）、笨珍（Pontian）的公路，即目前五號聯邦道通車；1960 年代，通往新邦令金（Simpang Renggam）的公路完成，文律埠的港埠機能消失，市街發展也逐漸脫離河岸，並向北部的公路兩側擴張。

　　二次大戰結束以後，馬來人移入文律者漸增，華人卻有外流的趨勢。目前，文律市街已呈華人、馬來人混居的現象。政府在市街北部設有兩所國中、兩所小學，並建立一間規模相當宏偉的回教堂。在文律市街共同生活的華人和馬來人，雖然宗教信仰和語言習慣不同，但相處和諧，彼此交流也相當密切。市街的商店數不多，工廠也僅鋸木廠、家具廠、冰淇淋廠各一家，以及新成立的兩家電子廠而已。工商不盛，是典型的寧靜鄉間小鎮。

---

[14] 關聖宮原名東山廟，原址在目前行政上屬雙溪賓眼區（Mukim S. Pinggan）的巴力沙央（Pt. Sayang），祠奉關聖帝君。東山廟於第二次世界大戰時毀於戰火，1947 年在原地右側重建，更名關聖宮。1979 年，巴力沙央排水渠開築，渠道途經此廟，關聖宮乃暫遷文律（公）車站附近，並於 1993 年完成遷建於文律市街中部的文律河岸附近現址。（關聖宮廟史石碑）

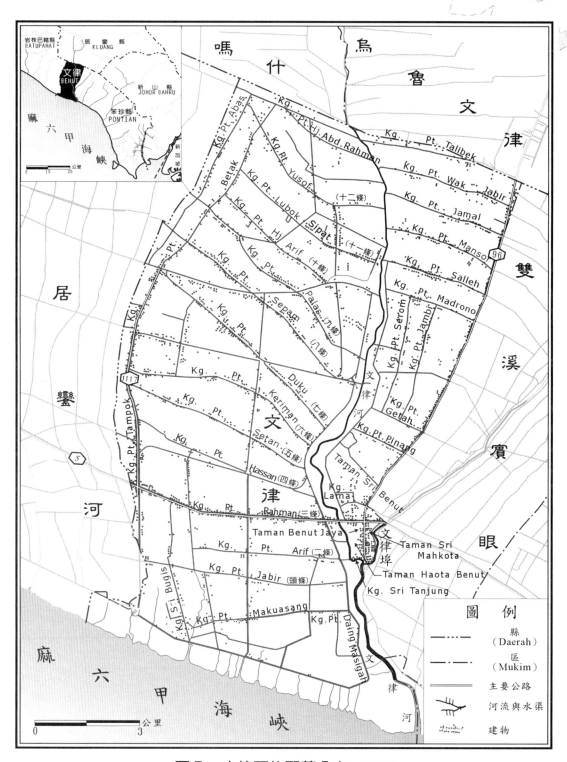

圖八　文律區的聚落分布：2007

資料來源：2007 年 8 月田野調查

2.集村

文律區的集村爲數不多，分布在文律河和支流賓眼河匯流處附近，包括新開發的 Taman[15] 和傳統集村兩類。

Taman華人稱花園，目前有 Taman Sri Mahkota（皇冠花園）、Taman Sri Benut（斯里文律花園）、Taman Benut Jaya（新文律花園）和 Taman Haota Benut（富城花園）四個，都在文律市街外圍。前二者居民以馬來人爲主，後二者居民以華人居多；一般而言，文律區 Taman 的居民社經水準均較高。

傳統集村有 Kg. Sri. Tanjung 和 Kg. Lama 兩個。Kg. Sri. Tanjung 意爲岬角旁的村落，位於文律河和賓眼河匯流處的西岸，原爲文律埠港埠所在。港埠衰退，華人退出後，逐漸荒蕪。1980 年代前後，一些文律區四散到區外各地的馬來人，因謀生不易而陸續回流，在此搭棚居住，逐漸形成沿河分布的線狀集村。居民組成包括爪哇人（約 50%）、武吉斯人（約 45%）和原住民（約 5%），以捕魚和零工維生。Kg. Lama 位文律埠西北方約 3 公里的文律河東岸，可能是文律區開發前即已存在的古老聚落，目前已幾近廢村，由住宅發展商逐漸重建爲別墅型的散村，新住民來源不詳。

3.散村

散村爲文律區聚落型態的主體，29 個散村的居民，均散居於園丘中的排水渠沿岸，居民組成以爪哇人、武吉斯人、班札爾人爲主，華人正迅速減少。大多數居民以經營園丘維生，但爪哇人、武吉斯人、班札爾人經營的園丘規模較小，華人經營的園丘規模則較大。此外，Kg. Pt. Tampok、Kg. Pt. Getah 二個散村，因附近公路交通的建設而正逐漸集村化。（表三）

（二）聚落特色與地名意義

就聚落的地名而言，36 個聚落均爲馬來地名，但其中有 21 個聚落兼有華人地名，使文律區具有馬來地名和華人地名雙軌並行的色彩。（表二）必須特別說明的是，馬來地名才是正統，華人地名是華人移入後，對原地名重新命名，或就馬來地名音譯爲華人地名。

在 36 個馬來地名中，除 4 個花園的地名，有寓吉祥富貴之意外，其他 32 個地名裡，有 28 個係直接以排水渠的名稱爲名，（表四）而這些排水渠的名稱，又多以爪哇人或武

---

[15] Taman 是馬來西亞 1970 年代爲改善居住環境而發展的新社區，中央由「房屋與地方政府部(Ministry of Housing and Local Government)」統籌，地方則由「州經濟發展局(State Economic Development Corporation)」負責規劃，委由私人發展商開發。原先的的設計，係在都市或市鎮邊緣的空地，規劃興建廉價住宅，以分期付款的方式，出售給各族居民。近年，隨著公路交通方便，民間汽車逐漸普及，Taman 有逐漸向郊區園丘擴展，廉價屋逐漸轉向高級住宅的趨勢。

吉斯人的名字爲名。（表一）此一事實顯示，文律區絕大部分的散村聚落，其形成背景和馬來人築渠排水開峇的關係密切，和港主制度的關係薄弱。

在 21 個與馬來地名並行的華人地名裡，除了 4 個花園地名外，其中有 5 個係直接由馬來地名音譯，有 12 個是純華人地名，即頭條、二條…十二條。（表五）這 12 個地名具有二項特色：1.這些地名由頭條港、二條港…十二條港轉換而來；2.以數目字命名的地名，分布由文律埠向北順序排列。

在閩南地區，河、渠等水道多稱爲港；而文律埠實際主持港主事務者楊文罵爲福建晉江人，以文律埠爲基地向園丘區蒐集農產品、運銷日用品的商業經營者也多福建人；因此，頭條、二條…十二條等地名的命名，顯然和文律埠的關係密切。此外，這些地名呈規律性分布，顯然其命名背後有一個華人組織在操作，但命名的操作者及其操作過程，尚未查明的。

表三　文律區的散村聚落的分布與聚落特性

聚落名稱	分布地點	主要居民	華人	戶數	主要維生方式	備註
馬來名	華名					
Kg. Pt. Makuasang	-	Pt. Makuasang 兩側	武吉斯人	一	經營小園丘	
Kg. Pt. Daing Masig-ah		Pt. Daing Masigah 西岸	武吉斯人	一	種植椰子和捕魚	
Kg. Sri Bugis	-	Pt. Lapis Tampok	武吉斯人	一	零工、園丘工	
Kg. Pt. Jabir	頭條	Pt. Jabir 兩側	爪哇人	一	經營小園丘	
Kg. Pt. Arif	二條	Pt. Arif 兩側	班札爾人	一	經營小園丘	
Kg. Pt. Rahaman	三條	五號聯邦道兩側	不祥	4 戶	經營小園丘、雜貨店、工廠及園丘工、工廠工人	
Kg. Pt. Hassan	四條	Pt. Hassan 兩側	爪哇人、班札爾人	4 戶	經營小園丘、中園丘（華人）	
Kg. Pt. Setan	五條	Pt. Setan 兩側	武吉斯人	8 戶		
Kg. Pt. Keriman	六條	Pt. Keriman 兩側	武吉斯人	11 戶	經營小園丘、中園丘（華人）	
Kg. Pt. Duku	七條	Pt. Pematang Duku 兩側	爪哇人	8 戶	經營小園丘、中園丘（華人）、雜貨店（爪哇人）	華人中有 4 戶長住文律埠
Kg. Pt. Sepam	八條	Pt. Pmtg. Sepam 兩側	爪哇人	10 戶	經營小園丘、中園丘，雜貨店	華人中有 2 戶的子女已長住文律埠
Kg. Pt. Palas	九條	Pt. Permatang Palas 兩側	爪哇人	2 戶	經營小園丘	華人已不長住
Kg. Pt. Hj. Arif	十條	Pt. Hj. Arif 兩側	爪哇人、武吉斯人	5 戶	經營小園丘	

Kg. Pt. Lubok Sipat	十一條	Pt. Lubok Sipat 兩側	班札爾人	12 戶	經營小園丘、中園丘（華人）	1.華人子弟大部分已移新加坡、新邦令金定居 2.十一條西竺庵的春、秋祭典，成為散居南洋各地的永春鄭姓族人聚會之所。
Kg. Pt. Yusof	十二條	Pt. Yusof 兩側	班札爾人、爪哇人	8 戶	經營小園丘、中園丘，雜貨店	
Kg. Pt. Betak	巴力勿達	Pt. Betak 兩側	班札爾人、爪哇	—	經營小園丘、雜貨店	
Kg. Pt. Abas	-	Pt. Abas 兩側	爪哇人	—	經營小園丘	
Kg. Pt. Hj. Abd. Rahman	-	Pt. Hj. Abd. Rahman 兩側	爪哇人	—	經營小園丘	
Kg. Pt. Talibek	-	文律區和烏魯文律區交界處，Pt. Tal-	爪哇人	—	經營小園丘	
Kg. Pt. Wak Jabir	-	Pt. Wak Jabir 兩側	爪哇人、武吉斯人（少數）	—	經營小園丘、雜貨店和修車廠（96 號聯邦道旁）	居民有東向 96 號聯邦道旁移居的趨勢
Kg. Pt. Jamal	-	Pt. Jamal 兩側	爪哇人、武吉斯人（3 戶）	2 戶	經營小園丘、油棕集貨運輸	華人中一戶已在新邦令金長住
Kg. Pt. Mansor	-	Pt. Mansor 兩側	爪哇人，少數武吉斯人和班札爾人	1 戶	經營小園丘、雜貨店和小吃店（96 號聯邦道旁）	華人二子已移 Kg. Pt. Salleh
Kg. Pt. Salleh	-	Pt. Salleh 兩側	爪哇人	2 戶	經營小園丘、油棕集貨運輸（華人）	
Kg. Pt. Madrono	-	Pt. Madrono 兩側	爪哇人	—	經營小園丘	
Kg. Pt. Serom	巴力思隆	Pt. Serom 兩側和 96 號聯邦道旁	爪哇人	6 戶	經營小園丘、中園丘（華人）	
Kg. Pt. Jambi	巴力占美	Pt. Jambi 兩側	爪哇人	2 戶	經營小園丘、中園丘（華人）	
Kg. Pt. Pinang	-	Pt. Pinang 兩側	不詳	不詳	不詳	原聚落解體，目前聚落為住宅發展商蒐購油棕園開發的高級新社區
Kg. Pt. Tampok	-	5 號聯邦道和117 號州道交會處	爪哇人（80%）、武吉斯人（20%）	—	園丘主、園丘工、零工、公教人員和商人	正逐漸集村化
Kg. Pt. Getah	巴力吉打	Pt. Getah 兩側	爪哇人	5 戶	經營小園丘、中園丘（4 戶華人）、油棕貿易（1 戶華人）	

資料來源：2007 年 8 月田野調查

表四　文律區馬來地名的命名依據

命　名　依　據	地　　　　　　　　　　名	數　量
寓吉祥富貴之新命名地名	Taman Sri Mahkota	4
	Taman Benut Jaya	
	Taman Sri Benut	
	Taman Haota Benut	
以渠道名爲名的地名	Kg. Pt. Makuasang	28
	Kg. Pt. Daing Masigah	
	Kg. Pt. Jabir	
	Kg. Pt. Arif	
	Kg. Pt. Rahaman	
	Kg. Pt. Hassan	
	Kg. Pt. Setan	
	Kg. Pt. Keriman	
	Kg. Pt. Duku	
	Kg. Pt. Sepam	
	Kg. Pt. Palas	
	Kg. Pt. Hj. Arif	
	Kg. Pt. Lubok Sipat	
	Kg. Pt. Yusof	
	Kg. Pt. Tampok	
	Kg. Pt. Betak	
	Kg. Pt. Abas	
	Kg. Pt. Hj. Abd. Rahman	
	Kg. Pt. Talibek	
	Kg. Pt. Wak Jabir	
	Kg. Pt. Jamal	
	Kg. Pt. Mansor	
	Kg. Pt. Salleh	
	Kg. Pt. Madrono	
	Kg. Pt. Serom	
	Kg. Pt. Jambi	
	Kg. Pt. Getah	
	Kg. Pt. Pinang	
以原生植物爲名的地名	Benut	1
以地形特徵爲名的地名	Kg. Sri. Tanjung	1
以族群爲名的地名	Kg. Sri Bugis	1
其他	Kg. Lama	1
合計		36

資料來源：2007 年 8 月田野調查

表五 文律區華人地名的由來

命 名 依 據	地 名	數 量
寓吉祥富貴之新命名地名	皇冠花園	4
	新文律花園	
	斯里文律花園	
	富城花園	
華人自行命名	頭條	12
	二條	
	三條	
	四條	
	五條	
	六條	
	七條	
	八條	
	九條	
	十條	
	十一條	
	十二條	
馬來地名音譯	文律	5
	巴力勿達	
	巴力思隆	
	巴力占美	
	巴力吉打	
合計		21

資料來源：2007 年 8 月田野調查

六、結論

　　本文企圖透過柔佛北部笨珍縣文律區的聚落清查和地名解讀，釐清柔佛地區土地開發過程中，各族群扮演的角色。研究結果發現：

一、柔佛天猛公在 1833 年創立的港主制度，招徠大量華人移入，砍伐森林、開闢園丘、種植甘蜜與胡椒，並在園丘區內建立許多華人聚落，出現許多華人地名。港主制度固然有助於 19 世紀柔佛的快速發展，但其影響所及，卻多侷限於內陸的淺丘地帶。麻六甲海峽沿岸一帶，沼澤遍布，開畓之前，須先築渠排水，開發成本昂貴，以致缺乏港主問津，至 19 世紀末，仍處於原始狀態。1910 年代前後，橡膠栽培興起，才開啓了沼澤區開發的契機。

二、文律區的個案顯示，沼澤區園丘化的過程，依次爲：開渠排水→伐林開峇→栽培椰子→椰子和橡膠混種→純橡膠園→散村聚落。由於排水渠的空間分布深具幾何規律性，渠道名稱多以爪哇人或武吉斯人的名字命名，且在原始沼澤中開渠需備龐大資金，因此，沿海沼澤區的土地開發，顯然背後有政府的力量支持。由於可能係由政府主導規劃，故沼澤區墾殖的主角，似乎是馬來人而非華人。

三、進一步清查文律區的聚落與地名，發現：

　　1.聚落以散村爲主，散村的居民，無論是華人還是馬來人，多以經營小園丘或中園丘維生。區內缺乏港主制度系統的港腳大園丘，也未出現港腳大園丘中由勞工村或港腳聚落發展出來的集村。

　　2.文律埠是文律區唯一的市街，它是文律河上游文律港腳的不在地港腳聚落。文律埠的出現和開埠，和文律區的土地開發無關，但其發展，則和文律區築渠開峇、華人進出的關係密切。1910 年代以降，文律埠不僅是整個文律河流域的熱帶經濟作物集貨、日常用品運銷的基地，也是陸續移入的華人，進出文律區小園丘從事園丘工，開設雜貨店的門戶，更是整個文律區華人的文教中心。

　　3.文律區內的聚落地名，呈現了馬來地名和華人地名雙軌並行的現象，但以馬來地名爲主體。有些華人地名係直接從馬來地名音譯，而華人自創的地名，如頭條、二條等，則因華人陸續從園丘區移出，以及文律埠集貨功能減弱而漸被遺忘。在馬來地名系統中，絕大部分的地名直接以排水渠的名稱爲名，顯示聚落的形成係築渠開峇的結果。

四、經由馬來半島地名命名系統的檢視，港主制度組織的釐清、文律區土地開發的過程的探究，以及文律區聚落及其地名的清查，本文最後的結論是，「在歐人市場的主導下，以港主制度爲手段，華人對柔佛地區的土地墾殖，扮演關鍵性的角色」的說法，顯然是缺乏「區域差異」思考的論述。文律區的個案研究顯示，華人固然是柔佛內陸淺丘地帶開發的主角，但在沿海沼澤區中，來自爪哇（爪哇人）和蘇拉威西（武吉斯人）的馬來人，才是開發的力源。華人雖然也曾在沼澤的墾成園丘中營生，但時間不長、人數不多，且受 FELDA 限制，對文律區的聚落形成與地名命名，貢獻不大。

參考文獻

Dartford, G. P. 原著，譯者不詳（1959），《馬來亞史略》，新加坡：聯營出版有限公司.

F. H. 欣斯利（Hinsley）編，丁鐘華等譯（1999），《新編劍橋世界近代史》，北京市：中國社會科學出版社。

李亦園（1966），《一個移植的市鎮—馬來西亞華人市鎮生活的調查研究》，臺北：正中書局

林源福（1987），〈義順社區發展概述〉，《義順社區發展史》，頁 37-50，新加坡：義順區基層組織。

契波拉（Cipolla）編著，張彬村譯（1989），《歐洲經濟史—工業革命篇》，臺北市：遠流出版事業股份有限公司。

凌雲（1965），〈柔佛及其港主制度〉，《南洋文摘》，6：29—31

許雲樵（1961），《馬來亞叢談》，新加坡：青年書局

郭于禎主編（2003），〈文律（Benut）簡介〉，《樂育學校創校八十二週年暨新校舍落成紀念特刊》，頁 25-26，文律：樂育學校。

陳鳴鶯（1987），〈義順港腳百年滄桑〉，《義順社區發展史》，頁 51-58，新加坡：義順區基層組織。

董教總（1999），《馬來西亞及其東南亞鄰國史》，加影（Kajang）：馬來西亞華校董事聯合總會

潘醒農（1993），《潮僑溯源集》，新加坡：八方文化企業公司。

Caroline Wong May Leng（1992），Sistem Kangcu Di Johor 1844—1917, Kuala Lumpur：Persatuan Muzium Malaysia.

Cowgill, J. V.（1924），Chinese Place Names in Johore, Journal of the Malaysian Branch of the Royal Asiatic Society, 2（part III）：221—247。

Drabble, S. H（1973），Rubber in Malaya：1876—1922, Oxford：Oxford University Press.

FMS & SS（1932），Map of Johore, Singapore：Direction of the Surveyor General F.M.S. & S.S.

Gulrose Karim（1987），Information Malaysia, 9th eds, Kuala Lumpur：Berita Publishing Sdn. Bhd.

Jackson, J. C.（1968），Planters and Speculators：Chinese and Uropean Agricultural Enterprise in Malaya, 1786—1921, Kuala Lumpur：University of Malaya Press.

Mak, Lau-fong（2004），Naming and Collective Memory in the Malay Muslim World, Taiwan Journal of Anthropology, 2（2）：81—114。

Pitt Kuan Wah（1987），From Palntations To New Town：The Story of Nee Soon.《義順社區發展史》，頁 193-225。

Soettenham, F.（1906）, British Malaya：An Account of the Origin and Progress of British Influence in Malaya, London：George Allen and Unwin Ltd.

Thomson, J. T.（1850）, General Report on the Residency of Singapore, Drawn up Principally with a View of illustrating its Agricultural Statistics, J. I. A,4：134—143。

Trocki, C. A（1975）, The Johor Archives and the Kang ech System 1844—1910, Journal of the Malaysian Branch of the Royal Asiatic Society, 48（part I）：1—47。

Trocki, C. A.（1976）, The origins of the Kangchu System 1740—1860, Journal of the Malaysian Branch of the Royal Asiatic Society, 49（part II）：132—155。

Winstedt, R. O.（1932）, A History of Jahor 1365—1895 A.D., Journal of the Malaysian Branch of the Royal Asiatic Society, 10（part III）：1—167。

Zainal Abidin Bin Ahmad（1925）, The Origin of Some Malay Place-Names, Journal of the Malaysian Branch of the Royal Asiatic Society, 3（part I）：79—82。

國史館臺灣文獻館60週年系列活動—
「臺灣地名研究成果學術研討會」實施計畫

一、目的：為尋根探源，本館長期對臺灣舊地名作系統性且全面性之普查、研究與出版，
　　希冀藉由學術之交流、研討及「臺灣地名普查計畫」研究成果展示，分享國內地名
　　相關之研究成果，以提升地名學術研究與發展。

二、主辦單位：國史館臺灣文獻館
　　　　　　　　中央研究院臺灣史研究所
　　協辦單位：國立臺灣師範大學

三、時間：97年4月25、26日（五、六），為期二日。

四、地點：國史館臺灣文獻館文獻大樓三樓會議室。

五、參加對象：
　　（一）相關領域之專家、學者
　　（二）各大專院校相關科系學生
　　（三）高、國中地理、歷史科教師
　　（四）政府相關機關之行政、研究人員，地方文史工作者及對臺灣地理研究有興趣
　　　　　者。
　　（五）參與臺灣地名普查計畫之研究人員

六、執行內容：
　　（一）地名專論報告
　　（二）論文研討
　　（三）地理研究成果展：包括已出版之地名辭書，及地理普查過程中蒐整之資料及相
　　　　　關地圖等。
　　（四）出版學術研討會論文輯。

七、地名專論報告主題：臺灣地名之多樣性與稀有地名之探討

八、論文主題：
　　（一）尺度、空間與景觀—地名研究的回顧與展望
　　（二）臺灣地名辭書的產生過程
　　（三）地名調查研究法—以屏東為例
　　（四）臺灣同名地名研究—以臺灣堡圖為中心
　　（五）由地名系統建構楠梓仙溪中游的區域特色
　　（六）臺灣「番」與「社」字地名的空間分布特性與意涵
　　（七）臺灣日式地名的時空分布及其意涵

（八）綠島的地名與居民的維生方式

（九）馬來西亞柔佛笨珍縣文律區的聚落特色與地名

（十）臺灣市街町名之探討—以臺灣總督府檔案相關資料爲範圍

九、參加人員由本館供應便餐及茶水，餘請自理；公務人員或教師全程參與者，將核發
終身學習時數。

十、報名方式：採傳眞或通訊報名（請至本館網站下載報名表），預定100名。報名日
期至四月十五日止，額滿即截止。

十一、經費來源：本項系列活動經費由本館與中央研究院台史所共同分攤。

十二、本計畫未盡事宜視實際需要另訂之。

「臺灣地名研究成果學術研討會」
【議程】

97.4.25（星期五）　　　　　　　　地點：文獻大樓三樓會議室

時　　　　　　間	活　　　動　　　內　　　容	
08：30-09：20	報到	
09：30-10：00	開幕式 主持人：謝館長嘉梁 　　　　許所長雪姬	
時間	論文題目	發表人
10：00-12：00	地名研究專論 臺灣地名之多樣性與稀有地名之探討	洪敏麟
12：00-13：30	午餐	
13：30-15：20 第一場	主持人：許所長雪姬	
	地名研究的回顧與展望 臺灣地名辭書的產生過程	康培德 廖秋娥
15：20-15：40	中場休息	
15：40-17：30 第二場	主持人：洪教授敏麟	
	臺灣「番」與「社」字地名的空間分布特性與意涵 臺灣日式地名的時空分布及其意涵	黃雯娟 吳育臻

「臺灣地名研究成果學術研討會」
【議程】

97.4.26（星期六）　　　　　　地點：文獻大樓三樓會議室

時　　間	論　文　題　目	發表人
08：30-10：20 第三場	主持人：施教授添福	
	由地名系統建構楠梓仙溪中游的區域特色 地名調查研究法—以屏東爲例	許淑娟 黃瓊慧
10：20-10：30	中場休息	
10：30-12：20 第四場	主持人：吳教授學明	
	臺灣市街町名之探討—以臺灣總督府檔案相關 資料爲範圍 臺灣同名地名研究—以臺灣堡圖爲中心	劉澤民 吳進喜
12：20-14：00	午餐	
14：00-16：00 第五場	主持人：謝館長嘉梁	
	馬來西亞柔佛笨珍縣文律區的聚落特色與地名 綠島的地名與居民的維生方式	陳國川 李玉芬
16：00	珍重再見	

「學術研討會主持人、論文發表人
【簡歷】

一、主持人

謝嘉梁	國史館臺灣文獻館館長
許雪姬	中央研究院臺灣史研究所所長
施添福	中央研究院臺灣史研究所研究員
洪敏麟	東海大學歷史系副教授
吳學明	國立中央大學歷史所教授

二、論文發表人

洪敏麟	東海大學歷史系副教授
康培德	花蓮教育大學鄉土文化系教授
吳進喜	國立臺灣師範大學地理系副教授
吳育臻	國立高雄師範大地理系副教授
李玉芬	國立台東大學區域所教授兼系主任
廖秋娥	國立台東大學社會科教育學副教授兼系主任
黃雯娟	國立花蓮教育大學鄉土文化系助理教授
許淑娟	國立高雄師範大地理系副教授
陳國川	國立臺灣師範大學地理系教授兼系主任
黃瓊慧	國立高雄師範大學地理系博士生
劉澤民	國史館臺灣文獻館整理組組長

論文發表進行程序

發言順序	時間分配
主持人	5 分鐘
報告人	25 分鐘
開放討輪	20 分鐘
報告人綜合答覆	10 分鐘

說明：

一、主持人致詞：5 分鐘

二、論文發表計有 5 場次，第一至四場次為 110 分鐘、第 5 場次 120 分鐘。

三、論文報告時間為每人 25 分鐘，時間屆至前一分鐘按鈴一聲，時間屆至時，按鈴二聲，請即結束報告。

四、開放討論發言，每一場次每人發言以一次為原則，每人限三分鐘，時間屆至前一分鐘按鈴一聲，時間屆至時，按鈴二聲，請即停止發言。

五、發言者請先報服務單位及姓名，併請於該場次結束後，將發言書面資料交付記錄人員，以便記錄。

國家圖書館出版品預行編目資料

臺灣地名研究成果學術研討會論文集／洪敏麟等撰述
；國史館臺灣文獻館採集組編輯--初版
－－南投市：臺灣文獻館，民 97.12
面： 公分
ISBN 978-986-01-6942-3 （平裝）
1.地名學 2.文集 3.臺灣
733.3707 97024431

臺灣地名研究成果學術研討會論文集

發 行 人：謝嘉梁
撰 述：洪敏麟 康培德 廖秋娥 黃雯娟 吳育臻 劉澤民 黃瓊慧
吳進喜 許淑娟 李玉芬 田輝鴻 陳國川
編 輯：國史館臺灣文獻館採集組
出 版：國史館臺灣文獻館
地 址：南投市中興新村光明一路 254 號
網 址：http://www.th.gov.tw
電 話：（049）2316881
印 刷：晉富印刷有限公司
地 址：臺中市西區明智街 25 號
電 話：04-23140806
出 版 日 期：中華民國九十七年十二月
版（刷）次：初版
定 價：新台幣參佰元整
劃 撥：21271761（戶名：國史館臺灣文獻館）
展 售 處：國家書店松江門市
臺北市松江路 209 號 1 樓（02）25180207
http://www.govbooks.com.tw
五南文化廣場臺中總店
臺中市中山路 6 號（火車站旁）（04）22260330
http：//www.wunanbooks.com.tw
GPN：1009703933
ISBN：978-986-01-6942-3